39.—

Margaret Engeler

Das Zürcher Konzertleben

Margaret Engeler

Das Zürcher Konzertleben

Meinungen – Moden – Medien

Volkskundliche Aspekte
der städtisch-bürgerlichen Kultur

Rothenhäusler Verlag Stäfa

© 1990 Rothenhäusler Verlag Stäfa, 8712 Stäfa ZH
Umschlag: Lilian-Esther Perrin, Niederwangen
Zeichnungen: Linda Graedel, Schaffhausen
Satz und Druck: Zürichsee Druckerei Stäfa AG
Einband: Buchbinderei Burkhardt AG, Mönchaltorf
ISBN 3-907960-33-5
Printed in Switzerland

Inhalt

Vorwort 7

Einleitung

Notwendigkeit und Methode einer volkskundlichen Untersuchung über die Musikpflege – Standortbestimmung und methodischer Zugang für eine musikkulturelle Arbeit – Dorf, Stadt und Internationalität – Ein volkskundlich-musiksoziologisches Modell – Das musikpolitische Orientierungsproblem – Musikkulturelle Interessengruppen als Teil der Stadtkultur 9

Das städtische Konzertpublikum – Eine volkskundliche Studie

Kommunikations- und Rollenverhalten; Thesenbildung – Verbale und nonverbale Kommunikationsmerkmale des Konzertpublikums – Das Rollenverhalten des Konzertbesuchers 23

Das kulturelle Wirkungsfeld der Musik; Die Funktionalität in der Musik – Freizeit und Kulturzeit beim Konzertbesucher – ein Widerspruch? 36

Die E-Musikpflege in der Stadt Zürich

Historische Betrachtungen zum musikkulturellen Leben der Stadt Zürich; Das traditionelle Zürcher Konzertleben – Das städtische Chorwesen 51

Musikalische Primärerlebnisse und Bildungserwartungen des Zürcher Konzertpublikums; Musikalische Vorbildung des Konzertbesuchers – Musikalische Erwartungshaltungen – Symptome der Musikrezeption 61

Das musikkulturelle Selbstverständnis des Zürcher Publikums; Das heutige Konzertpublikum als Interessen-Gemeinschaft – Gruppenspezifische Programmangebote und deren Rezeption – Aussermusikalische Komponenten der Musikrezeption und der Gruppenidentität 74

Die Entstehung neuer musikalischer Zweckgemeinschaften

Musikgemeinschaften, Subkulturen und Teilkulturen 97

Die Frauenmusik 101

Die politische Musik 106

Die Computermusik und ihre musikgesellschaftliche Funktionalität 112

Die Neue Musik; Die erzieherische Absicht der zeitgenössischen Musik – Die Identitätssuche – Die Orientierungskrise in der Aufnahme der zeitgenössischen Musik – Publikumserfolg und Unterstützung 116

Die Funktion der kunstmusikalischen Zweckgemeinschaften: Gruppenidentität und persönliche Identität; Individualisierungstendenzen – Auflösung von Zweckgemeinschaften 130

Die Kulturförderung und ihr Einfluss auf das Beziehungsmuster zwischen Zweckgemeinschaften, Musikproduktion und Rezeption

Fragen zur Kulturförderung durch öffentliche Hand, Sponsoring und private Mäzene — 145

Aufwendungen der Stadt Zürich für Kultur 1990; Entscheidungskriterien für die Unterstützungswürdigkeit — 149

Privates Mäzenatentum — 155

Das Sponsoring — 158

Das musikkulturelle Verständnis der Behörden und Medien

Popularisierungstendenzen und Volkstümlichkeit in der Konzertmusik — 173

Internationalität und lokale Talentförderung — 185

Formen und Auswirkungen von Innovationen — 190

Medien, Kritiker und die professionellen Musikförderer — 192

Bibliographie — 211

Bildnachweis — 214

Namenregister — 215

Vorwort

Das Zürcher Konzertleben ist ein faszinierendes Thema für kulturpolitische und kulturhistorische Betrachtungen und Diskussionen. Für mich ist es mehr als das, weil ich mich diesem Leben sehr verbunden fühle und meinen Beitrag leisten möchte zur Qualität der Musikkultur und deren Relevanz für das Zürcher Publikum. Der Sinn meines Buches aber ist nicht die Erarbeitung von Vorschlägen, was anders oder besser gemacht werden soll. Im Vordergrund steht vielmehr der Versuch einer objektiven Darstellung der Verhältnisse, konkret also meiner Beobachtungen und Erfahrungen mit dem Publikum, den Musikern und den Musikförderern, welche heute und hier das Musikleben prägen. Es handelt sich also um eine volkskundlich-musikkulturelle Fallstudie. Als solche kann sie aber durchaus auch als Entscheidungshilfe für musikalische Aktivitäten dienen, etwa für die Programmgestaltung und für die materielle und soziale Kulturförderung durch Individuen, Sponsoren und die öffentliche Kulturpolitik.

Bei der Arbeit an diesem Buch durfte ich wie immer auf das Verständnis meines lieben Mannes zählen. Besonders danken möchte ich Prof. Dr. E. Leisi, der eine frühere Version dieses Buches kritisch durchgesehen hat, der Künstlerin Linda Graedel für die treffenden Illustrationen und ausserdem den Freunden, Stiftungen und Institutionen (Hans J. Bär, Ulrico Hoepli-Stiftung, Cassinelli-Vogel-Stiftung, Schweizerische Kreditanstalt, Sparkasse der Stadt Zürich u. a.), welche durch finanzielle Beiträge die Herausgabe dieses Werkes ermöglicht haben. Die Verantwortung für die oft persönlich gefärbte Auswahl von Zitaten und die geäusserten Meinungen trage ich allein.

Zürich, im Dezember 1989   Margaret Engeler

Einleitung

Notwendigkeit und Methode einer volkskundlichen Untersuchung über die Musikpflege

Mein Forschungsgegenstand berührt sowohl die Volkskunde, die Ethnologie wie die Musikwissenschaft. Traditionell hat sich die *Volkskunde* auf die Volksmusik beschränkt, unter Umständen auch auf die Unterhaltungs- und die Trivialmusik; die Kunstmusik lag bisher ausserhalb ihres Bereiches.[1] Die *Musik-Ethnologie* betrachtet als ihren Forschungsgegenstand vorwiegend die aussereuropäische Kunst- und Volksmusik. Untersuchungen über die Kunstmusikszene, die sogenannte E-Musikkultur, blieben deshalb der Musikwissenschaft vorbehalten. Die *Musik-Wissenschaft* übernahm als Disziplin die Verantwortung «gegenüber der Mitwelt, Aufgaben zu erfüllen, welche für Praxis, Pädagogik und Bewältigung kulturpolitischer Zeitfragen wesentlich sind».[2] Dadurch sind auch das Selbstverständliche und das Allgemeinbekannte in unserer Literatur über das Kunstmusik-Leben meistens nur vom musikwissenschaftlichen und nicht vom volkskundlichen Standpunkt her behandelt worden. Neben der strikten Sachlichkeit in Untersuchung, Darstellung und Auswertung von musikalischen Quellen ist die Beschreibung der Musikpflege und des Musiklebens aber heute ein wichtiges Teilgebiet der Musikwissenschaft geworden.

Anders in der Volkskunde, wo «es durchaus nicht selbstverständlich (ist), der wissenschaftlichen Disziplin Volkskunde auch Lied- und Musikforschung zuzuweisen».[3]

Die traditionelle Einschränkung des Begriffes «Volkskunde» auf die Betrachtung und Beschreibung des «einfachen» Volkes hatte zur Folge, dass die Volkskunde den Alltag des E-Musikpublikums kaum berücksichtigte. Der Volksbegriff bezweckt aber an sich keine soziale Abgrenzung. Das Forschungsgebiet der Volkskunde beinhaltet, allgemein betrachtet, die subjektiven und objektiven Zeugnisse des «Volkes», ihren Alltag und ihre Lebens- und Denkweise. Schon Herder verstand unter «Volk» «den ehrwürdigen Teil des Publikums».[4]

Im folgenden untersuche ich Alltagskomponenten im Leben des Konzertpublikums der 1980er Jahre. Ich versuche, das aktuelle Konzert-Musikleben der Stadt Zürich in die alltäglichen sozialen, wirtschaftlichen, politischen und musikalischen Bedingungen einzuordnen. Ich befolge nicht eine schichtenspezifische Betrachtungsweise; es ist also keine Beschreibung der «oberen» Bevölkerungsschichten innerhalb der stadtzürcherischen Musikkulturszene. Träger wie Gegenstand der heutigen Musikszene sind nämlich weitgehend unabhängig von den sozialen und den finanziellen Möglichkeiten. Ich werde im Laufe der Arbeit[5] das Postulat aufstellen, dass das E-Musikleben heutzutage als eine *Geschmackskultur* betrachtet wird. Ich gehe mit Allan Bloom einig, wenn er sagt: «Classical music is now a special taste, like Greek language or pre-Columbian archeology, not a common culture of reciprocal communication and psychological shorthand».[6] Den Begriff der *E-Musik* (ernste Musik) werde ich im Laufe der Arbeit näher analysieren; eine genaue Definition ist aber nur zur Abgrenzung gegenüber Unterhaltungsmusik oder Volksmusik notwendig.[7]

Meistens wird in der Volkskunde der Alltag der «einfachen» Leute, vor allem in einer ländlichen, neuerdings auch in der städtischen Umgebung zum Forschungsgegenstand. Was es bisher in der musikkritischen, kulturpolitischen und musikologischen Literatur, in Zeitungskritiken und journalistischen Essays gibt, sind vereinzelte Beobachtungsstudien von Kleingruppen der städtischen Unterschicht.[8] Paul Hugger, ein namhafter Vertreter der Volkskunde, rügt mit Recht, dass «sich die Volkskunde ohnehin zu lange dörflichen Reliktgebieten zugewandt (habe), in der Schweiz im besonderen den abgelegenen alpinen Siedlungen. Dem Phänomen Stadt ist man ausgewichen, wohl wegen der Komplexität des Themas und weil sich in der Hinwendung zum ländlichen Leben auch ein nostalgisches Bedürfnis und eine Sympathie für Klein- und Kleinstgruppen befriedigen liess».[9] Man hat deswegen vor allem Volksmusik, aber auch Unterhaltungsmusik und Jazz soziologisch analysiert, dabei aber vergessen, dass auch die Kunstmusikszene, die «sogenannte E-Musik»,[10] eine wichtige Erscheinung innerhalb unseres alltäglichen Kulturlebens darstellt.

Die *Unterhaltungsfunktion* der Musik ist wohl einer der wichtigsten Faktoren, der gewährleistet ist, solange das gesellschaftliche Urteil und der ästhetische Sachverhalt nicht in eine Konfliktsituation zueinander getreten sind. Die Computermusik z. B. stellt diese Funktion nun in Frage, während die «Neue Musik», falls kombiniert mit Tanz oder Theater, eindeutig für die «Unterhaltung» des Publikums geschaffen wird. Unterhaltungsmusik ist vor allem emotional beschreibend und durch einfaches strukturelles Denken legitimiert, während die Kunstmusik von geschulten Komponisten geschrieben und im Konzertsaal gekonnt und professionell aufgeführt wird. Die E-Musik hat heutzutage weitgehend ihren exklusiven Platz im kulturellen Leben verloren. Auch die experimentelle Musik (Neue Musik)[11] wird von der breiten Schicht der Bevölkerung durch die vorwiegend traditionelle Erwartungshaltung in eine Isolation gedrängt.[12] Andererseits sonnt sich die alternative Musikszene in dieser selbstgewählten Isolation und hält die traditionellen Kulturinstitute für «elitäre» Institutionen. Diese Isolation ist räumlich, ideell und politisch motiviert. Aus der Sicht dieser Interessengruppe erscheint die E-Musikszene als «elitär», was gelegentlich zu Krisen und emotionellen Manifestationen geführt hat.

Eine volkskundliche Studie der Kultur der geschriebenen E(rnsten)-Musik ist deshalb heute ebenso aktuell wie etwa die brisanteren Medienstoffe aus der Improvisations- und Massenkunst des Jazz, Pop, Rock oder der arrangierten Unterhaltungsmusik und der ungeschriebenen Volksmusik. Volkskundlich interessant sind aber die Problematik der Programmgestaltung, der kulturelle Pluralismus und die Popularisierung im zürcherischen Musikleben sowie die Wettbewerbs- und Subventionspolitik und das Sponsoring.[13]

Der Gegenstand dieser Untersuchung ist also das Konzertmusik-Publikum in der Stadt Zürich, seine alltagskulturelle Einordnung im Musikleben, die Vermittlung von kulturellen Impulsen und Werten zwischen den verschiedenen Interessengruppen und Vereinen und die musiksoziologischen Aspekte bei verschiedenen Musikgruppen der zeitgenössischen Kunstmusik-Kulturszene in der Stadt Zürich. Mein Wunsch nach vermehrter Öffnung und Rezeption von zeitgenössischer Musik wird unweigerlich in den Kontext der Arbeit miteinfliessen. Diese Studie verbindet also empirisch erhaltene Erkenntnisse mit der Analyse von kausalen Zusammenhängen in der E-Musikpflege.

Standortbestimmung und methodischer Zugang für eine musikkulturelle Arbeit

Bei meiner Darstellung der Vielfalt musikkultureller Aktivitäten in der Stadt Zürich kann es sich nicht darum handeln, eine vollständige Aufzählung von Veranstaltungen zu liefern. Vielmehr muss ich die Gruppenbildung im Interessenbereich der Kunstmusik zu einer repräsentativen Auswahl benutzen. So kann ich in das Publikum des tradierten Konzertwesens eine gewisse Struktur bringen. Die Hörerschaft der Kirchenkonzerte, der Jazz-, Pop- und Rockmusik sowie der Folklore- und Unterhaltungsmusik verdienen eine selbständige Beobachtungsstudie und werden hier ausgeschlossen.

Für die Informationsgewinnung bin ich folgendermassen vorgegangen:

Mit persönlichen *Interviews* versuchte ich die Beweggründe für den Konzertbesuch herauszufinden. Sind es äussere Anstösse und eigentliches Informations- oder Geselligkeitsbedürfnis? Oder sind es «innere Emotionen», die das Kulturerlebnis bestimmen? Fragen, die das musikhistorische Bewusstsein betreffen, wurden den Informanten nur am Rande gestellt. Die Fragen suchen vor allem eine subjektive Auskunft über die Motive des kulturellen Verhaltens.

Die Auswahl meiner Informanten sollte einen Publikumsquerschnitt ergeben und repräsentativ sein für bestimmte Bevölkerungsgruppen. Die Lebensstile in Beruf, Wohnort und Alter erschienen mir als die wichtigsten Parameter, die ich immer in den direkten Bezug zur E-Musik bringen wollte. Zu den von mir Befragten gehören einerseits beruflich orientierte Personen (z. B. Musiklehrer) wie freizeitorientierte aktive Musikliebhaber (z. B. Chormitglieder), andererseits aber auch junge und ältere passive Musikliebhaber, die in Zürich aufgewachsen sind oder seit einigen Jahren in der inneren Stadt Zürich wohnen. Drittens werden auch E-Musik-Freunde, die in Aussenquartieren (Kreis 4 und Oerlikon) und Vorortsgemeinden (Pfaffhausen, Küsnacht, Rüschlikon) wohnen, erfasst. Die Informanten sind primär aus diesen drei Gruppen gewählt worden und ergänzen sich in verschiedener Hinsicht. So wohnt z. B. der junge aktive musikberuflich orientierte Konzertgänger mitten in der Stadt, der ältere Musikliebhaber in einem Aussenquartier, ein Ehepaar in einer Vorortsgemeinde oder die alleinstehende Frau in einer Stadtwohnung etc.[14]

Ich befragte zehn Personen, die nach den obigen Kriterien ausgewählt wurden, systematisch mit einem Fragebogen. Die Problematik der Interviews besteht freilich darin, ob diese die wirkliche kulturelle Einstellung der Informanten vermitteln oder ob vor allem sozial erwünschte und stereotype Antworten gegeben werden. Weitere Fragen flocht ich zudem in den letzten drei Jahren gezielt in Gespräche über das Musikleben der Stadt Zürich ein. Alle Untersuchungen und Beobachtungen beanspruchen zu beschreiben und nicht zu erklären. Ich fand es deshalb aufschlussreicher, die Arbeit nicht auf eine breite statistische Basis allgemeiner Publikumsbefragungen zu stellen, sondern einen kleinen, aber repräsentativen Informantenkreis sorgfältig auszuwählen. Die Objektivität kann auch durch diese empirische Methodik gewährleistet werden.[15]

Die Methode der *teilnehmenden Beobachtung* bestand in meinem Fall in einem intensiven Besuchsprogramm von verschiedenartigen Konzertanlässen und in der aktiven Mitgliedschaft bei musikalischen Gemeinschaften und Vereinigungen. Auf diese Weise gewann ich einen unmittelbaren Einblick in die vielfältige Problematik des Zürcher Konzertlebens. So habe ich vor allem die Musikrezeption durch das Tonhallepublikum (aber nicht nur dieses) über Jahre hinweg verfolgen können. Es sind wohl nicht im strengen Sinne objektive Beobachtungen, Beobachtungen an sich, über das Verhalten des Konzertpublikums. Trotzdem gewährleisten meine subjektiven Wahrnehmungsstrukturen in dem Sinne eine gewisse Allgemeingültigkeit, da sie – durch mein persönliches Eingebettetsein in das vielfältige Musikleben der Stadt Zürich – im wesentlichen denen des Zürcher Konzertpublikums entsprechen.

Diese teilnehmende Beobachtung, also eine Untersuchung von «unten» her, aber auch eine gleichzeitige Analyse der politischen und wirtschaftlichen Aspekte des Musiklebens, eine Untersuchung von «oben» her, ergeben ein möglichst umfassendes Bild des Zürcher E-Musik-Konzertlebens. Diese *Feldforschung*, ergänzt durch eine zweite Gruppe von Interviews, nämlich solchen mit Verantwortlichen der zürcherischen Musikszene, ermöglichen mir eine *Interdependenzanalyse* (Analyse der gegenseitigen Abhängigkeit). So erhalte ich einen repräsentativen Querschnitt über die Rezeption der Verhaltensbereiche derjenigen musikalischen Interessengruppen, welche als Träger unserer Kunstmusik-Kultur angesehen werden.

Die direkte Publikumsbefragung – also die erste Gruppe der Interviews – wurde ergänzt durch *Presseberichte* aus der «Neuen Zürcher Zeitung» (NZZ), aus dem «Tages-Anzeiger» (TA), aus der «Züri Woche» etc. Solche Rezensionen stehen stellvertretend da für einen Teil des Zürcher Konzertpublikums und erlauben mir einen Breiten- wie einen Tiefenquerschnitt des Meinungsspektrums.

Aus diesen verschiedenen Methoden ergibt sich ein Überdenken und Abwägen unterschiedlicher Sichtweisen komplexer musikkultureller Zusammenhänge und deren möglichen Konsequenzen. Ich hoffe damit, die Grundlage für ein besseres Verständnis des Zürcher Musiklebens schaffen zu können. Die Analysen zu den musiksoziologischen Aspekten der heutigen Situation in der Musikszene Zürichs können sowohl als Entscheidungshilfen für die Programmgestaltung dienen, wie auch für die materielle und soziale Kulturförderung durch Mäzene, durch Firmen (Sponsoring) und durch die öffentliche Kulturpolitik. Die Reflexion über die zeitgenössische Musikkultur soll die Verantwortlichen und die Beteiligten sensibilisieren. Meine *musiksoziologische Fallstudie* kann also, so hoffe ich, auch von einem praktischen Nutzen sein.

Dorf, Stadt und Internationalität – ein volkskundlich-musiksoziologisches Modell

Die Stadt Zürich ist Regionalzentrum einer Agglomeration von ursprünglichen Dorfstrukturen. Zürich könnte, von der Grösse her gesehen, Grossstadtcharakter haben,[16] eine Weltstadt ist sie aber nicht und will es im Grunde auch nicht sein.[17] In unserem Falle sind nun die gesellschaftlichen Strukturen im wesentlichen aus dem Gefüge des Stadtlebens und nicht aus dem der Agglomeration herzuleiten. Sozial aber ist das städtische Zusammenleben teilweise von dörflichen Gemeindestrukturen vorausgebildet worden. Fragen wir uns, was Zürich eigentlich ist, so können wir mit gleichem Recht drei Antworten geben: *Dorf – Stadt – internationaler Bezugspunkt.*

Einerseits gilt auch heute, wenn auch als Reduktion einer komplexen Interdependenzproblematik, was Friedrich Hegar, der erste ständige Dirigent des Zürcher Tonhalle-Orchesters, Musikförderer und Komponist, 1869 an seinen Freund Joseph Viktor Widmann schrieb:[18] «Man stellt sich Zürich gewöhnlich viel zu gross vor; es ist eigentlich ein ganz kleines Nest.» Alt-Stadtpräsident Sigmund Widmer meint andererseits: «In der Stadt entwickelt sich all das, was man unter dem Wort Kultur zu verstehen pflegt.»[19] Zürich ist als *Stadt* geprägt durch die traditionellen Kulturinstitute wie Oper, Kunsthaus, Schauspielhaus und Tonhalle, und gerade hier ergeben sich heutzutage verschiedene aktuelle Problemkreise. Es gibt aber auch in den *Stadtquartieren* eine für diese spezifische lokale Musikszene, z. B. eine Kultur des Chorgesanges, des Kirchengesanges und der Blasmusik. Konzertgänger und einzelne Zürcher Musiker und Komponisten wohnen in bestimmten Stadtquartieren und Vorortsgemeinden und sind in deren sozialem und kulturellem Leben integriert.[20] Diese Art *Dorfgemeinschaft* ist auch die alltägliche Lebenswelt des entsprechenden Konzertpublikums oder des Musikerkreises, in der sich vieles von der gemeinsamen *kulturellen Kommunikation* verwirklicht.

Das Denkmuster, wie es für eine Dorfsoziologie angewendet wird, kann natürlich nicht unmittelbar auf die Stadt Zürich übertragen werden. Die Begriffe «Dorf» oder «Stadt» bezeichnen einen bestimmten Komplex von sozialen Beziehungen und Prozessen, und die ausgedehnten Untersuchungen, welche von der Volkskunde, der Soziologie und der Ethnologie der Dorf- und der Stadtstruktur gewidmet wurden, bieten einen reichhaltigen und anthropologisch reflektierten Hintergrund für die Verwendung des Dorfbegriffes als Paradigma. Ich benütze ihn in diesen Untersuchungen zur Behandlung spezifischer sozialer Erscheinungsformen in der gegenwärtigen Kulturszene der Stadt Zürich. So versuche ich z. B. die Unmittelbarkeit und die Übersichtlichkeit von dörflichen Gesellschaftsverhältnissen mit den Verhaltensmustern von musikalischen Interessengruppen zu vergleichen, etwa mit den Tonhalle-Konzertbesuchern, mit der «Gesellschaft der Freunde des Kammerorchesters» oder der «Tonhalle-Gesellschaft». Ich denke ebenfalls an die Kameraderie in den kulturellen Vereinigungen, an die gesellschaftlichen Normen, an die kritischen und normativen Reaktionen und an das dichte Gewebe der finanziellen Abhängigkeiten und der sozialen Absicherungen.

Als Beispiel einer dorfspezifischen Struktur innerhalb der Stadt werde ich die Entwicklung vom privaten, zürcherischen Musikkollegium zur gegenwärtigen Musikinstitution, der «Tonhalle-Gesellschaft», beschreiben. Historisch gesehen, d.h. vor der Gründung des Tonhalle-Orchesters 1868, bestand die Musikpflege in der Stadt Zürich aus dem Zusammenwirken von Chorwesen, Liebhaber-Orchestern, Schulmusik, Kirchenmusik, Blasmusik und Tanzmusik. Alle diese Musikbereiche bildeten eine Einheit im musikalischen Leben des Stadtbürgers. Die Ungetrenntheit der Bereiche wurde durch die Popularität der verschiedenen Musiksparten unterstützt. Die langjährigen Chefdirigenten des Tonhalle-Orchesters (Friedrich Hegar und Volkmar Andreae) bewahrten und förderten diese Einheitlichkeit. Sie komponierten z. B. Chorwerke und Stücke für Blasmusik. Aber auch der im 19. Jahrhundert aufkommende Starkult ergab dem Musikleben eine gewisse Breitenwirkung. So wohnten, dirigierten, spielten und komponierten Wagner, Liszt, Reger, Busoni und andere Berühmtheiten in Zürich.

Um die Jahrhundertwende traten sich dann die E-Musik (ernste Musik), V-Musik (Volksmusik), U-Musik (Unterhaltungsmusik) und die zeitgenössische Musik als verschiedene Geschmackskulturen gegenüber. Die Gesamtkultur akzeptiert heute V-Musik, U-Musik, E-Musik, Neue Musik, Jazz, Pop und Rockmusik etc. als getrennte Musiksparten. Sie pflegt heutzutage alle diese Bereiche und unterstützt sie gleichermassen. Damit nähern wir uns den musiksoziologischen Merkmalen, die im Kulturleben unserer Stadt bestimmend sind.

In der Kunstmusik besteht allerdings eine *Legitimationskrise*, die sich z. B. in der neuerdings kategorienlosen Bewertung der Musik für die Urheber-Entschädigungen der Suisa zeigt.[21] Dort wird bei der Berechnung für die Entschädigungen an Musiker und Komponisten der «Verzicht auf die Unterscheidung von E- und U-Musik» eingeführt, d.h.: «Der Ertrag aller Werke soll nach den gleichen Regeln berechnet werden». Diese Regeln beziehen sich auf die «Zeitdauer bei Aufführungen und Sendungen und die Einstufung der Sendeprogramme nach der Bedeutung der Musik für den Hörer». Die Programme im Bereich der E-Musikkultur sind hier «Programme, mit denen der Hörerschaft bestimmte, im Sinne eines Konzertprogramms ausgewählte Werke vermittelt und vorgestellt werden».[22] Das Handbuch der Kulturförderung[23] unterteilt wohl die zu unterstützenden Musikgattungen in Volksmusik, Jazz, Rock- und Popmusik, Unterhaltungsmusik, aber die Kunstmusik heisst hier «sogenannte E-Musik». Die E-Musik erhält also auch hier ihre Abwertung, d. h. gekonnte E-Musik ist nurmehr «sogenannte» E-Musik.[24]

Die Analysen der wirkenden Kräfte und der Prozessabläufe der vergangenen und der zeitgenössischen Musikszene müssen schliesslich auch in einem *internationalen Rahmen* gesehen werden. Die Schweiz, und damit auch Zürich, gehört zum westeuropäischen Kulturkreis. Westeuropa ist heute ein Kulturbegriff und stellt kein einheitlich wirtschaftliches und politisches Gebilde dar. Die meisten Schweizer Komponisten fühlen sich denn auch in ihrem Schaffen und in ihrer Rezeption vorwiegend als Westeuropäer, d.h. ihre Musik ist weniger aus einem spezifisch schweizerischen Charakter heraus geschaffen. Auch in der schweizerischen Volksmusik sehen wir Überschneidungen, Belehnungen und Beeinflussungen. Die Interdependenzen und Interaktionen an internationalen Musiktagen und Festivals sind heute eine akzeptierte Tatsache, ja eine Notwendigkeit für das schöpferische Dasein. Der schweizerische, hier im besondern der zürcherische, zeitgenössische Komponist behält durch das vergleichende Verhalten «seinen Geist offen». Bei aller Offenheit und Internationalität aber ist die Unmittelbarkeit des Alltags und das Eingebettetsein in eine bestimmte kulturelle Gruppe für das Kulturverhalten doch bestimmend.

Das musikpolitische Orientierungsproblem

Der *Begriff der Kultur*, so wie er etwa in staatlichen oder kommunalen Kulturförderungsprogrammen verwendet wird, fällt zunehmend mit «*Freizeitbeschäftigung* exklusive Sport» zusammen.[25] Dadurch werden die Zielvorstellungen der Kulturpolitik und der Förderungsbestrebungen zunehmend diffuser. Es wird heutzutage sogar folgendermassen polemisiert: Die Freizeitindustrie verführe teilweise zu einer problematischen Entwicklung, zu einer «Debilisierung der Alltagskultur». Um dieser Entwicklung entgegenzutreten, müsse auf eine «Kulturarisierung der Freizeit» hingewirkt werden.[26] Es besteht jedenfalls die Gefahr, dass gerade jene Kulturbestandteile, welche dem städtischen Kulturleben seine Qualität und sein Image geben, wie z. B. die Kunstmusik, relativiert, undurchsichtiger gemacht und verwässert werden.

Die *Pflege der zeitgenössischen Musik* ergibt ebenso verschiedene Probleme; einmal ein musiksoziologisches, welches oft als *Verfremdung des Musikschaffens* und der sie begleitenden Musikrezeption empfunden wird. Damit ist etwa die zunehmende Verquickung von Musik und Technik (Computermusik) oder von Musik und Theater (Tanz) gemeint.[27] In Gesprächen mit Zürcher Komponisten und Analysen von Werken der Neuen Musik und ihrer Wirkung soll diesem Problem punktuell, hier für die Musikszene Zürich in den 1980er Jahren, nachgegangen werden. Besonders am Verhalten der zeitgenössischen Komponisten können einerseits die Beeinflussungen durch das internationale Musikleben, andererseits durch die lokalen Gegebenheiten wie z. B. die staatliche Förderung oder die geringe Beachtung durch das Zürcher Publikum festgestellt werden. Die kreativen Musiker, aber auch das Konzertpublikum, orientieren sich vor allem an der ihnen vertrauten Wirklichkeit. Dies ist das Spannungsfeld in der Zürcher Musikkultur, so wie es im Laufe der Zeit entstanden ist und tradiert wird.

Aus der Unsicherheit über das *Kunstverständnis* in bezug auf die zeitgenössische Musik ergibt sich ein zweites Problem. Nämlich: worauf kann der Künstler den Anspruch begründen, dass sein Werk «Kunst» sei, und es dadurch abgrenzen gegen *Freizeitbeschäftigung* und *Beschäftigungstherapie*? Worauf, umgekehrt, kann der Förderer seine Entscheidungen basieren, wenn er gezielt moderne Kunstmusik unterstützen will? Inwiefern sind die Publikumsreaktionen relevant? Und schliesslich, wenn Kunstmusik auch dadurch definiert werden kann, dass sie einen Mitteilungsgehalt hat,[28] wo ist nun der Förderungswille anzusiedeln? Ist dieser in der *Selbstrealisierung* des einzelnen Künstlers oder in der staatlichen Protektion zu suchen? Was sind die Denkmuster, welche dem Organisator einer musikalischen Produktion zur Verfügung stehen, wie sind sie entstanden, wie haben sie gewirkt und sich verändert?

Die Frage nach kulturellen Wertmassstäben ist heute komplexer als nur schon vor wenigen Jahrzehnten und erfordert eine höhere Empfindsamkeit wie auch eine konzeptionelle Analyse. Es muss *Orientierungswissen* geschaffen werden, d.h. wertbezogenes Wissen, was angesichts der Komplexität, Ambiguität und Mehrpoligkeit der Entwicklungen vor grossen Schwierigkeiten steht.[29] Die Fragestellungen und ihre Beantwortungen haben jedenfalls einen praktisch-kulturpolitischen Wert. Basierend auf einer Analyse der gegenwärtigen Situation im Kunstmusikleben verweise ich hier auf konkrete Unterscheidungen und Alternativen in der Programmgestaltung und im *Kulturförderungsbereich*. Es soll auch deutlich werden, wie Kunstschaffen und Kunstrezeption voneinander abhängen. Hier soll ein Ansatz zur Beschreibung der Musikpflege als kollektive Tätigkeit, als ein Zusammenwirken von Kunstschaffenden, Ausübenden, Vermittlern, Mäzenen, Kritikern und Konsumenten gegeben werden.

Musikkulturelle Interessengruppen als Teil der Stadtkultur

Im folgenden wird versucht, eine Definition des volkskundlichen *Gruppenbegriffes* zu geben, wie er in der

Musikkultur zutage tritt. Erstens bezeichnet er eine kulturelle Interessengemeinschaft, etwa eine Gruppe von Musikliebhabern, die durch organisiertes Zusammenwirken über eine längere Zeit hinweg bestehen kann. Mit zum Gruppenbegriff gehört die *Überblickbarkeit*. In einer überschaubaren Gruppierung, wie es z. B. die Quartettformation darstellt, engagiert sich der einzelne für den gemeinsamen Zweck. Auch im Kammerorchester, in der Jazzband, im Chor, im Singkreis usw. betrachten die einzelnen Mitglieder den organisatorischen Aufgabenbereich als eine Pflicht der Gruppe gegenüber. Die gemeinsame Aufgabe, der Sinn und Zweck der Interessengruppe, ebenso aber auch die gemeinsame Geselligkeit, bilden die Grundpfeiler. Ich verwende hier den Ausdruck Gesellschaft im Sinne eines Vereins oder einer Gemeinschaft, wie z. B. die Tonhalle-«Gesellschaft» oder die «Gesellschaft» der Freunde des Zürcher Kammerorchesters, und meine damit den Zusammenschluss von Gleichgesinnten, die eine Interessengemeinschaft bilden.

Die ideale Form ist die sogenannte «Primärgruppe», die aus höchstens ein paar Dutzend Personen besteht, welche stetig in direkter Wechselwirkung zueinander stehen. Fast jedes Mitglied übernimmt je nach seinen persönlichen Fähigkeiten eine Aufgabe oder eine bestimmte Rolle solange, wie dies dem *gemeinsamen Zweck*, etwa der Pflege des Liedes[30] oder des Quartettspiels,[31] dient. Die natürliche *Rollenverteilung* funktioniert in der kleinen Gruppe am problemlosesten. Im «Neuen Zürcher Quartett» etwa oder auch in den bereits traditionell etablierten Zürcher Kammerorchestern, der «Camerata» oder dem «Zürcher Kammerorchester», bestehen recht übersichtliche Aufgabenverteilungen. Dagegen braucht eine grössere Zahl von Vereinsmitgliedern eine «Betriebsgesellschaft». Als Beispiel nenne ich die Tonhalle-Gesellschaft mit ihren über 2275 Mitgliedern.[32] Das Musikleben der Stadt Zürich ist aber im allgemeinen eher auf ein Vereinsleben hin orientiert, das der «Primärgruppe» nahesteht.

Neben dem Idealzustand machen sich auch *Individualisierungs-Tendenzen* und sogar *Auflösungs-Erscheinungen* bemerkbar. Zeitmangel für ausgedehntes Solospiel bei einem Quartettmitglied oder etwa eine gewisse Ausschöpfung des angestammten Repertoires können zu einer Konfliktsituation oder sogar zur Auflösung der Gruppe führen.[33]

Dagegen heben die *Jubiläumsschriften* gewöhnlich den Idealzustand einer Interessengruppe hervor. Ein Beispiel dafür ist das Buch, das die «Gesellschaft der Freunde des Zürcher Kammerorchesters» zu dessen 25jährigen Jubiläum herausgab.[34] Dieses Werk wurde den Musikern und (ca. 800) Mitgliedern der Gesellschaft überreicht. Der Gründer und Dirigent, Edmond de Stoutz, schreibt im Abschnitt «Ein Vierteljahrhundert glückliche Arbeit» u.a.: «Jeder Musiker wird persönlich unentbehrlich, und sein Einwirken auf das Musizieren des Ensembles ist für ihn wie für den Zuhörer deutlich spürbar. Die viel menschlicheren Dimensionen des Kammerorchesters vergrössern den Wert des einzelnen Mitgliedes. Wie bei der eigentlichen Kammermusik, wie beim Duo, Trio und Quartett, hängt nicht nur die Virtuosität des Ensembles von der instrumentalen Fertigkeit, sondern auch vom vollkommenen Stil- und Aussageverständnis eines jeden Mitwirkenden ab.» Weiter heisst es in dieser Schrift: «Wir durchleben aber auch eine Epoche, in der die kleineren orchestralen Gruppierungen besonders beliebt sind. Das überschaubare durchsichtig klingende, Persönlichkeitswerte fördernde Kammerorchester erweist sich als für die zweite Hälfte unseres Jahrhunderts zeitgemässe Konzertformation.» In dieser Jubiläumsschrift wird, wie gesagt, vieles überspitzt und idealistisch formuliert, so etwa über das «Eingebettetsein» des einzelnen in der entsprechenden Umwelt und der musikalischen Gemeinschaft: «Den Musikern bringt jeder Tag ein neues begeisterndes Erleben von Verantwortung, Kollegialität und Schöpferfreude.»

Wir sehen also, dass ein Funktionssystem, das auf einer gefühlsmässig bedingten Zusammengehörigkeit basiert, nur den Idealtypus darstellt. Das einzelne Mitglied einer *Interessengemeinschaft* zieht vom Fortbestand einer emotionellen Basis aber durchaus auch *praktischen Nutzen*. Dieser mag neben der persönlichen Motivation, Einsatzbereitschaft und Identität des einzelnen mit der entsprechenden Gruppe ihm ebenso einen sozialen wie materiellen Vorteil bringen.

Mein Interesse gilt einerseits der Analyse von Mechanismen, die Individuen und Gruppen zu ihren Organisationsstrukturen bewegt haben, bzw. solche wieder auflösen. Wichtig sind jedenfalls die Formen, welche sich für die materielle Unterstützung der verschiedenen musikkulturellen Gruppierungen herausgebildet haben, und zwar vom privaten Mäzenatentum bis hin zur städtischen und staatlichen Subventionierung.[35] Andererseits bleibt der Gegenstand meiner Untersuchungen das Individuum im Subjekt-Objekt-Verhältnis, d. h., es wird hier vor allem der Musikliebhaber im gegenseitigen Beziehungsverhältnis zwischen ihm und den Gruppierungen der verschiedensten musikkulturellen Interessen analysiert.

Im Hinblick auf die nachfolgende detaillierte Behandlung dieses Themas stelle ich das Ergebnis meiner bisherigen Überlegungen in einer schematischen Übersicht dar.

Ich unterscheide *vier Stufen der Vergesellschaftung:*

Individuum (z. B. Musikliebhaber, Musiker, Komponisten etc.)
informelle Kollegialität (ad hoc zusammengestelltes kleines Orchester, «Gesellschaft Rezital»,[36] «Komponisten-Sekretariat»[37] etc.)
ausformulierte Interessengruppe (z. B. «Freunde des Zürcher Kammerorchesters»,[38] «Tonhalle-Gesellschaft», «Frauenmusik-Forum»[39] etc.)
kommunale Organisationsformen (z. B. Präsidialabteilung[40])

Ohne auf die schwierige Frage einer zeitgemässen Definition des Begriffes der «bürgerlichen Gesellschaft» einzutreten, möchte ich hier eines ihrer charakteristischsten Merkmale herausstellen. In keiner anderen Gesellschaftsform nimmt der freie Zusammenschluss von Bürgern zu Gemeinschaften und Vereinen irgendwelcher Art – unbeschränkt durch obrigkeitliche oder ideologische Auflagen und Verbote – einen derart wichtigen Teil des kulturellen und sozialen Lebens ein. Durch gewisse ideologisierende Assoziationen wie «Wirtschaftsmacht», «Elite», «bessere Gesellschaft», «Ausbeutung», wird gelegentlich versucht, «bürgerlich» als negativen Erscheinungstyp zu klassifizieren. Unsere moderne pluralistische Gesellschaftsform[41] spricht aber wegen ihres toleranten Verständnisses für alternative Kultur nicht von eigentlichen Gegenkulturen. Die kulturelle Öffnung und der Kulturpluralismus einerseits und die vorhandenen traditionellen Werthaltungen andererseits verlangen allerdings eine grosse Kompromissbereitschaft gegenüber der vielen musikkulturellen Erscheinungen und Aktivitäten.

Ich hoffe, dass diese Untersuchung, gerade weil sie den Versuch der Objektivierung der vielfältigen Bestrebungen, Grundhaltungen und Vorgehensweisen macht, dem Entscheidungsträger und auch dem Bürger die musikkulturellen Optionen und ihre Auswirkungen offenlegt. Sie soll ebenso eine Übersicht in einem zwar kleinen, aber wichtigen Teil des Zürcher Stadtlebens liefern. Ich versuche, einen klaren und transparenten Forschungsvorgang zwischen Themenwahl und Interpretation zu verfolgen, um eine Überprüfbarkeit zu ermöglichen. Im Bereich des Humanen und Sozialen ist eine gewisse Subjektivität unumgänglich. Das *Forschungsobjekt, die aktuelle E-Musikpflege in der Stadt Zürich*, lebt vor allem in den gegenseitigen Begegnungen und Beziehungen zwischen Forscher und Erforschtem. Ich stelle mich hier ganz auf den Standpunkt im Sinne bürgerlicher Wertvorstellungen, welche dem Musikleben seine eigenen zu fördernden Besonderheiten zugesteht.

Anmerkungen zu den Seiten 9–14

1. Wilhelm Schepping schreibt in: *Grundriss der Volkskunde,* Berlin 1988, S. 399 ff., dass das Forschungsgebiet der musikalischen Volkskunde die «Volksmusik in ihren unterschiedlichen Ausprägungen» ist, zu der es inzwischen eine ganze Reihe von «Alternativbenennungen» gibt wie Popularmusik, Musikalische Folklore bzw. Musikfolklore, authentische Folklore, traditionelle Musik; es sind Begriffe, die sich zumindest teilweise überschneiden mit Benennungen wie Laienmusik, Umgangsmusik, Gebrauchsmusik, Unterhaltungsmusik, Trivialmusik etc.
2. Walter Wiora. Artikel «Musikwissenschaft» in: *Die Musik in Geschichte und Gegenwart* (MGG) 9, 1961. Sp. 1192–1215.
3. Wilhelm Schepping. «Lied- und Musikforschung». In: *Grundriss der Volkskunde.* Berlin 1988, S. 399 ff.
4. J. G. Herder, hg. von Bernhard Suphan. Berlin 1877–1913, Bd. V. S. 200.
5. Siehe vor allem S. 60.
6. Allan Bloom. *The Closing of the American Mind.* New York 1987, S. 185–193.
7. Z. B. im Sinne von «Funktionalität in der Musik». Vgl. S. 36 ff.
8. Z. B. Paul Hugger. «Volkskundliche Gemeinde- und Stadtteilforschung». In: *Grundriss der Volkskunde.* Berlin 1988. Uli Gyr. «Stadtkultur». In: *Schweiz. Archiv für Volkskunde.* Heft 1/2, 1986.
9. Paul Hugger. «Das Weiterleben dörflicher Strukturen in der heutigen Stadt Zürich». In: *Innerstädtische Differenzierungen und Prozess im 19. und 20. Jahrhundert.* Hg. von Heinz Heineberg. Köln 1987. S. 85–104.
10. Siehe die Gattungsbestimmung in: *Handbuch der öffentlichen und privaten Kulturförderung,* Verlag Orell Füssli, Zürich 1988. Register S. 9/10.
11. Siehe vor allem S. 97 ff.
12. Weitere Ausführung über die Programmgestaltung und die gesellschaftliche Rolle der «Neuen Musik» auf S. 61 f. und S. 106 f.
13. Auch in den USA ist man noch nicht über die Anfänge von solchen kulturpolitischen Abhandlungen (sociomusical sciences) hinaus gekommen. Ich denke hier an die Bücher von H. S. Becker (*Art Worlds,* Berkeley 1982) und Bloom (Anm. 6) sowie an dasjenige von N. E. Tawa mit dem Titel: *Art Music in the American Society.* Metuchen, N. J./London 1987. Eine gründliche musikwissenschaftliche und volkskundliche Publikumsstudie der bürgerlichen Musikkultur steht also noch aus.
14. Siehe auch S. 23 f.
15. Über die Verfälschungen, die sich bei Erhebungen im kulturellen Bereich ergeben können, vgl. Artikel «Falsche Daten hochpräzis verarbeitet» von Ernst Leisi in: NZZ 28./29.12.1985.
16. In öffentlichen Diskussionen wird öfters diese Problematik aufgeworfen, wie z. B. in einer FDP-Veranstaltung, über welche die NZZ vom 14.8.1987 folgendermassen berichtet: «Zürich möchte zwar eine Grossstadt sein, wenn es Verbindungen mit Kunming in China zu pflegen oder eine Klangwolke (Juni-Festwochen 1987) aufzuführen gilt, aber wenn es um die weniger erfreulichen Seiten geht (Verkehr, Umwelt), will Zürich ein Dorf sein und Ruhe haben.»
17. Von verschiedenen Seiten und Interessen wird ebenso der Vorwurf des «über-die-Verhältnisse-leben» erhoben. Die politischen Strukturen machen die Stadt, trotz der weitgehend kulturellen Eigenständigkeit der umliegenden Gemeinden, zur kulturpolitischen und sozialen Einheit. Das Spannungsfeld zwischen Stadt und Agglomerationsgemeinden berührt die verschiedensten Problemkreise wie etwa auch die Subventionierung der Kulturinstitute.
18. Joseph Viktor Widmann, Dr. h. c., 1842–1911, Pfarrer, Redaktor, Kritiker, Schriftsteller, Opern-Librettist.
19. In: *Wir Brückenbauer* Nr. 32. 10.8.1988.
20. Paul Hugger. «Das Weiterleben dörflicher Strukturen in der heutigen Stadt Zürich». In: *Innerstädtische Differenzierungen und Prozesse im 19. und 20. Jahrhundert.* Köln 1987.
21. Suisa, Schweizerische Gesellschaft für Urheberrechte an Musikaufführungen und -sendungen.
22. *Informationsblatt* Nr. 8, der Suisa. Juni 1989.
23. *Handbuch der öffentlichen und privaten Kulturförderung.* Verlag Orell Füssli Zürich, 1988.

Anmerkungen zu den Seiten 14–18

24 Steht die weitgefasste Bezeichnung «sogenannte E-Musik» mit dem oberflächlichen Hören von Musik (in den Medien) in Zusammenhang? Andererseits soll neuerdings die «sog. E-Musik» die «anspruchsvolle Musik» sein. (NZZ 16.2.1990.)
25 Näheres dazu vgl. S. 145 ff.
26 In einem Bericht über die vermehrte Kulturförderung durch den Bund in: NZZ 30.6.1988.
27 Siehe vor allem S. 113.
28 In einer Besprechung über Benjamin Brittens Musik von R. U. Ringger (in: *Weltwoche* vom 11.10.1978) heisst es z. B.: «Den Botschaftscharakter von Musik erachten gerade die Einsichtigsten als eine Überlebens- und Zukunftschance der E-Musik.»
29 Vgl. H. P. Meier-Dallach. «Aristokratie des Geistes oder Republik des Wissens?» In: *Die Zukunft der Geisteswissenschaften*. Wissenschafts-Politik. Beiheft Nr. 45, 1989. Ich frage mich zugleich, wie stark sich der einzelne im Kulturpluralismus durch die Zugehörigkeit zu einer bestimmten Musikrichtung (Stil), mit bestimmten Kleidermoden, Treffpunkt-Räumlichkeiten etc. identifiziert.
30 Die Gesellschaft der «Freunde des Liedes» wurde 1988 gegründet.
31 Formationen wie z. B. das «Neue Zürcher Quartett», das «Streichsextett Zürich», das «Mendelssohntrio Zürich» etc.
32 Die Mitgliederstatistik der Tonhalle-Gesellschaft von 1986/87 weist 931 Einzelmitglieder, 1252 Ehepaarmitglieder, 87 juristische Personen, 5 Ehrenmitglieder auf.
33 Dieser Problemkreis wird auf S. 133 f. näher betrachtet.
34 Gesellschaft der Freunde des Zürcher Kammerorchesters (Hg.). 25 Jahre Zürcher Kammerorchester. Zürich 1978. S. 7–10.
35 Siehe S. 145 ff. Die Zahlen für die einzelnen Sparten, welche dort angegeben werden, sollen lediglich die Grössenordnung bestimmen; die exakten Beiträge ändern sich von Jahr zu Jahr beträchtlich.
36 Siehe S. 130 f.
37 Siehe S. 116 f.
38 Siehe S. 74 f.
39 Siehe S. 101 f.
40 Siehe S. 149 ff.
41 Über den Zusammenhang zwischen dem kulturellen Pluralismus und der Komplexität der «Gesellschaft» vgl. den Abriss des bekannten Zürcher Soziologen H.-J. Hoffmann-Nowotny. «Auf dem Wege zur individualisierten Gesellschaft» In: *Informationsblatt* der Univ. Zürich, Nr. 6/1989. S. 6–8.

Das städtische Konzertpublikum – Eine volkskundliche Studie

Kommunikations- und Rollenverhalten

Thesenbildung

Die *Publikumsäusserungen* über die Musikpflege in der Stadt Zürich, im speziellen über das E-Musikleben, das sich vor allem im traditionellen Kunstinstitut «Tonhalle» abspielt, spiegeln gewisse Meinungen wider, die ich hier in der Form von *Thesen* zusammenstelle. Es sind Thesen und Vorurteile, welche in der Öffentlichkeit mehr oder weniger deutlich ausformuliert werden, Thesen, die die «sozialen» Verhaltensweisen, d.h. die gesellschaftlichen Beziehungen innerhalb des Zürcher Konzertpublikums betreffen. Sie decken sich keineswegs mit meiner persönlichen Meinung. Ich werde im Gegenteil im Laufe der Arbeit dazu kritisch Stellung nehmen, betrachte also diese Thesen nur als eine Diskussionsgrundlage.

Elite-These:
Das E-Musikpublikum rekrutiere sich vor allem aus konservativen und begüterten Kreisen und betrachte den Konzertbesuch in der Tonhalle als eine traditionelle Veranstaltung mit gesellschaftlichem Zweck. Zeitgenössische Musik könne deshalb nur insoweit in die Programme eingebaut werden, als sie jahrzehntealte Hörgewohnheiten nicht zu sehr beanspruche. Experimente würden abgelehnt.

Business-These:
Die Programmgestaltung der Tonhalle-Konzerte sei dominiert von wirtschaftlichen Überlegungen. Man verzichte deshalb auf eigene Experimente und importiere internationale Star-Solisten, -Dirigenten und -Orchester, um das Bild eines hochstehenden und lebendigen Musiklebens zu erzeugen und vollbesetzte Säle zu bekommen.

Verdrängungs-These:
Der Schweizer Komponist zeitgenössischer Musik sei durch die starre Aufführungspolitik in seiner künstlerischen Freiheit eingeschränkt. Entweder würde er sich anpassen und mit nicht allzu auffallenden Stücken am Rande eventuell noch in der Tonhalle geduldet, aber meistens müsse er in ein Ghetto von musikalisch ungeeigneten Räumen und zu einem Publikum von wenigen

Insidern ausweichen. Dies sei der Grund, dass diese Musiker durchwegs anti-bürgerlich und linksgerichtet seien.

Schwellenangst-These:
Die breite Bevölkerung und vor allem die Jungen empfänden die äusseren Umstände der traditionellen Tonhalle-Veranstaltungen als lästige Zumutung an Verhalten, Kleidung und Portemonnaie und als musikalisch zu traditionell, zu anspruchsvoll und wenig unterhaltsam. Man müsse deshalb Veranstaltungen schaffen, bei welchen diese Hindernisse abgebaut werden, wie z. B. mehr populäre Musikprogramme verbunden mit Tanz und Theater, Konzerte zum Lunch oder Gratiskonzerte.

Auf diese publizistischen und kulturpolitischen Thesen werde ich im Laufe der Arbeit[1] immer wieder eingehen und sie von verschiedenen Seiten her kritisch beleuchten. Als Grundlage für eine sachliche Diskussion dieser Thesen und überhaupt für ein besseres Verständnis des vielschichtigen Zürcher Kunstmusik-Publikums, möchte ich eine volkskundliche Analyse dieses Publikums vornehmen.[2] Die Untersuchung des Konzertpublikums und dessen Alltagsleben[3] wird unweigerlich auch durch meine persönlichen Erfahrungen und Wahrnehmungen geprägt. Die Wirklichkeit, wie ich sie sehe, mag recht persönlich sein und als variabler Faktor mitspielen. Ich versuche also, das Alltagsleben – die Familie, die Herkunft, die Erziehung und Schule, den Beruf und die Freizeit – zu erfassen und zu beschreiben. Dazu stütze ich mich zur Hauptsache auf eigene *Beobachtungen* und Aussagen bei *Interviews*, verwende aber auch diverse *Publikationen* und *Medien-Diskussionen*, deren Aussagekraft ich auf Grund eigener Erfahrungen kritisch beleuchte.

Naturgemäss sind persönliche Beobachtungen Irrtümern ausgesetzt, und eine gewisse Gefahr einer subjektiv gefärbten Beschreibung des Zürcher Konzertpublikums bleibt wohl bestehen. Dennoch versuche ich in den Interviews mit von mir ausgewählten Informanten und durch meine langjährigen teilnehmenden Beobachtungen einen möglichst objektiven Zugang zu meinem Problem zu erhalten.[4] Die vorangegangene Auseinandersetzung mit der Geschichte des Kulturlebens in der Stadt Zürich scheint mir ebenfalls eine wichtige Voraussetzung zu sein.[5] Mein Vorwissen und meine volkskundlich-musikwissenschaftlichen Studien helfen also, diese Erforschungen sinnvoll einzuordnen.

Ich wählte meine *Informanten* aus dem Kreis der Tonhalle-Konzertbesucher. Dieses Konzertpublikum ist hier repräsentiert durch Musiker[6] und Komponisten, durch junge und ältere Männer und Frauen in den verschiedensten Berufen.[7] Es sind z. B. Handwerker, Ärzte, Juristen, Lehrer, Professoren und andere, aber auch Angestellte und Studenten, die in der Stadt Zürich oder im kulturellen Einzugsbereich der Stadt wohnen. Die face-to-face-Interviews basieren zu einem guten Teil auf einem vorbereiteten Fragebogen.[8] Die dadurch entstandenen Notizen und Tonbänder werden in dieser Arbeit von verschiedenen Seiten her ausgewertet. Ich habe ebenfalls in spontanen Gesprächen mit Freunden meine Fragen eingestreut und zum Teil aussagekräftigere Antworten erhalten als in den vorbereiteten Interviews.

Eine andere Gruppe von Publikumsäusserungen sind *Festschriften,*[9] welche allerdings eher ein idealistisches Bild vermitteln. Dagegen machen *Zeitungsartikel* und *Leserbriefe* aus Zürcher Tageszeitungen (NZZ, «Tages-Anzeiger», «Tagblatt», «Züri Woche») mehr auf die aktuelle

Situation im Zürcher Musikleben aufmerksam. Solche musikkulturellen Äusserungen können ebenfalls als Sprachrohr desjenigen Publikums aufgefasst werden, für welches ich mich hier interessiere. Es sind Verbalisierungen der Publikumsmeinung, die zur Verdeutlichung meines Problemkreises dienen.

Konzertbesprechungen[10] und *Kritiken* reflektieren eher den professionellen Standpunkt als den persönlichen Eindruck des Journalisten und Redaktors. Sie bilden aber ein wesentliches Element der Publikumsrezeption. Als informative Bausteine für meine Analyse des musikkulturellen Lebens der Stadt Zürich benütze ich ausserdem verschiedene *Jahresberichte*[11] von musikkulturellen Organisationen. So werde ich öfters den «Rechenschaftsbericht über ein erfolgreiches Musikjahr» oder die «Orientierungen» des Präsidenten der Tonhalle-Gesellschaft an den Jahresversammlungen[12] erwähnen. Ich entnehme aus all diesen schriftlichen Quellen Aussagen, die nach meiner Meinung hier in diesem Zusammenhang nicht näher verifiziert werden müssen und für diese Arbeit als glaubhaft angenommen werden dürfen. So betrachte ich auch z. B. die folgende Notiz aus der «Neuen Zürcher Zeitung» in diesem Rahmen als genügend aussagekräftig:[13] «Es lässt sich zwar nicht allgemein und umfassend, aber doch mit hinreichender Genauigkeit auf Grund der Abonnemente, deren Käufer mit Namen und Adressen bekannt sind, eruieren, woher die Besucher der Konzerte, die von der Tonhalle-Gesellschaft im abgelaufenen Veranstaltungsjahr angeboten wurden, kamen: 36,2 Prozent aus der Stadt Zürich, 50,8 Prozent aus dem Kanton Zürich, 13 Prozent aus nichtzürcherischen Gebieten.»

Verbale und nonverbale Kommunikationsmerkmale des Konzertpublikums

Ich versuche in diesem Abschnitt, das *Verhalten* und die *Kommunikationsweisen*[14] des *Konzertpublikum*s mit volkskundlichen Methoden zu erfassen. Der Themenkreis «Körpersprache beim Konzertpublikum» umfasst einen der wichtigsten Aspekte im Verhalten des Publikums. Die *Gesten und Gebärden* der Bevölkerungsgruppe «Konzertpublikum» sind eine Zeichensprache, die allgemein in unserem Kulturkreis einen «Sinn» haben. Sie werden als eigentliche Abkürzungen von uns akzeptiert. Ich denke hier z. B. an Reaktionen des Publikums im Konzertsaal, an die Gesten des Klatschens, des Wiegens mit dem Kopf im Takt der Musik, des versteckten Mitdirigierens oder an die rhythmischen (oder unrhythmischen) Fingerübungen auf den Knien während eines Konzertes etc.[15]

Meine Beobachtungen in bezug auf die subjektiven Verhaltensweisen des Konzertpublikums haben sich durch die fast wöchentliche Konzertteilnahme über die Jahre hinweg geschärft. Immer deutlicher werden für mich die subjektiven Aspekte des vielschichtigen Publikums und die daran orientierten Verhaltensweisen in den Veranstaltungen des zürcherischen E-Musiklebens, vor allem des Tonhalle-Publikums.[16] So verhält sich z. B. das traditionelle «Dienstag-Abonnements»-Konzertpublikum[17] anders als das jüngere Publikum an den populären Sinfoniekonzerten[18] im Grossen Tonhallesaal.[19] Verglichen aber auch mit den Hörern der neueingeführten[20] Lunchkonzerte zeichnen sich im Verhalten des Publikums, z. B. im *Klatschen,* eindeutige Unterschiede ab. Auch den gelegentlichen Konzertbesuchern fällt auf, wie am Dienstagabend verhalten geklatscht wird. Das Dienstagabend-Publikum wird von den Tonhalle-Musikern denn auch als «einhändiges Publikum» betitelt.[21] Selten erhalten hier der Solist oder der Dirigent eine längere oder gar eine stehende Ovation, während bei anderen Konzertabenden (Freitag-Abonnementskonzert oder Extrakonzert-Reihe z. B.) der Beifall mit Zwischenrufen und Stampfen gemischt sein kann. In einer Tageszeitung kann dann etwa folgendes zu lesen sein: «Dass sich da seit den 1950er Jahren eine Stagnation abzeichnet, scheint unverkennbar. Gab es bei der Uraufführung des ‹Sacre du printemps› noch einen richtigen Skandal, so lassen die Werke der seriellen Musik einen Grossteil des Publikums – und zwar keineswegs nur des auf Klassik und Romantik eingestellten – völlig gleichgültig, so gleichgültig fast wie eine Mathematikaufgabe einen Nichtmathematiker.»[22] Im Kontrast dazu steht das Auftreten des Organisten Matthias Eisenberg am 1.12.1988 im Grossen Tonhallesaal, als er, wie es in der Rezension dann hiess, «witzig und mit humorvollen Anspielungen über ein Volkslied improvisierte, und das Publikum tobte vor Begeisterung».[23] Das Verhalten des vorwiegend musikalisch gebildeten Insiderpublikums der Rezital-Konzerte[24] ist ebenfalls verschieden vom Publikum der Abonnementskonzerte.

Dass es aber zu Anfang dieses Jahrhunderts, als Friedrich Hegar[25] oder Volkmar Andreae[26] das Tonhalle-Orchester dirigierten, zu überaus stürmischen Beifallsäusserungen gekommen sein soll, kann u.a. dem grossen persönlichen Verehrerkreis dieser langjährigen Dirigenten zugeschrieben werden. Die direkte *persönliche Verbundenheit* mit dem Zürcher Musikleben als langjährige Leiter von verschiedenen Chören[27] und als Direktoren des Zürcher Konservatoriums übte auf das Konzertpublikum einen nicht zu unterschätzenden Einfluss im Verhalten aus.

Für das allgemeine Verhalten des Publikums sind sehr verschiedene Vorbedingungen bestimmend. So liegt der *Altersdurchschnitt* der Zuhörer der Rezital-Konzerte, aber auch der Mittwoch-, Donnerstag- oder sogar Freitag-Abonnementskonzerte eindeutig tiefer als am Dienstagabend. Eine oft recht junge Hörerschaft besucht die Sinfoniekonzerte.[28] Der Konzertbesucher kann also mit seinem Verhalten und seinen entsprechenden rituellen Praktiken (Klatschen, Kleidung etc.) der *Zugehörigkeit zu einer bestimmten Gruppe* Ausdruck geben. Eine solche *gruppenspezifische Symbolhandlung* ist im Extremfall an den Schülerkonzerten im Grossen Tonhallesaal vorhanden, wo im allgemeinen begeistert geklatscht wird. Anders wieder benimmt sich das eher ältere (vorwiegend weibliche) Konzertpublikum der Lunchkonzerte. Der Grund für das kurze Klatschen liegt hier in der knappen Mittagspause der Besucher: das Mittagskonzert darf in seiner *zeitlichen*

Ausdehnung nicht durch langes Klatschen oder gar durch eine Zugabe ausgedehnt werden.[29] Das Konzertpublikum strebt am Ende des Lunchkonzertes so rasch wie möglich dem Essen, dem Suppe-Würstli-Stand entgegen.[30] Weiter üben die *Programmwahl* und die entsprechenden *Raumverhältnisse* einen nicht zu unterschätzenden Einfluss auf das Verhalten der Zuhörerschaft aus.[31] So konnte z. B. eine Serenade[32] wegen unsicherer Witterung nicht im Freien abgehalten werden und musste in die sachliche Atmosphäre des Zürcher Stadthauses verschoben werden. Das Zeremoniell des Klatschens an sich, das wiederholte Auf- und Abtreten des Dirigenten und Solisten, das Sich-Erheben der Orchestermusiker etc. ist bei Konzerten in der Tonhalle traditionsgebunden.[33] Es wird aber auch in der Eingangshalle des «nüchternen Stadthauses» wie auch an Veranstaltungen mit avantgardistischer Musik oder in einer Unterhaltungsmusik-Atmosphäre als Rollenverhalten beibehalten.

Hinter dem scheinbar zufälligen Kommunikationsverhalten des Publikums sind aber *Gesetzmässigkeiten* zu erkennen. Die offensichtlichsten Faktoren für die Verhaltenskategorien des Konzertpublikums sind, wie oben illustriert, die *Raumverhältnisse, die Tageszeit und die Gruppenzugehörigkeit*. Diese Faktoren lassen sich in einer Tabelle schematisch darstellen (Tabelle 1). Darin unterscheide ich die Komponenten *Ort* (Konzertgebäude, Saal, Konzertraum etc.), die *Zeit* (Tages- und Jahreszeit, Dauer) und die *Gruppenzugehörigkeit* des Publikums (Berufsmusiker, Musikliebhaber, Insider,[34] Vereinsmitglieder, Touristen, Quartierbewohner etc.)

Anhand dieser Tabelle kann ich das konventionelle Verhalten des Publikums in Kategorien aufgliedern. Dabei gehe ich von den Aufführungsorten aus. Wie wir wissen,

Tabelle 1: Typisierte Korrelationen von Ort, Zeit und Gruppenzugehörigkeit

Ort:	Zeit:	Gruppenzugehörigkeit:
Tonhalle	Abendvorstellung Winterkonzertsaison Sommerkonzerte Mittagsvorstellung Matinée	Musiker Komponist *Abonnementsinhaber* Musikliebhaber Insiderkreis
Neumarkttheater	Abendvorstellung *Matinée*	Musiker Insiderkreis Kritiker *Musikliebhaber* (keine Abonnementsinhaber)
Kunsthaussaal	Feierabendkonzert	Musikliebhaber Passanten Musiker
ETH-Kuppel Vorlesungssaal	Abendvorstellung	Insiderkreis Musiker

werden in der Tonhalle in den Abendprogrammen vor allem traditionelle Konzerte gegeben. Im Saal des Kunsthauses, des Konservatoriums und im Kuppelsaal der ETH sind es dagegen eher avantgardistische Musikveranstaltungen, etwa Konzerte, die Tanz und Theater miteinbeziehen, oder Computermusik-Konzerte. Im Theater am Neumarkt andererseits ist das Festival für «Neue Kammermusik» zur Tradition geworden.[35] Ausgehend vom Ausführungsort kann man z. B. fragen (in Tabelle kursiv): Mit welchen Verhaltensmerkmalen äussern sich *Abonnementsinhaber*, die in eine *Abendvorstellung* in die

Tonhalle gehen,[36] oder welchen Symbolkomplex benutzt ein *Musikliebhaber* der Neuen Musik an einer *Matinée* im *Neumarkttheater*? Meine Arbeit stützt sich also auf Beobachtungen des Zürcher E-Musikpublikums in den verschiedenen Wechselbeziehungen zwischen Raum, Zeit und Gruppenzugehörigkeit.

Das Rollenverhalten des Konzertbesuchers

Das äussere Benehmen eines Konzertbesuchers ist als ein *Rollenverhalten* zu bezeichnen. Als solches will ich es im folgenden darstellen, und zwar als Teil des Tageslaufs eines Konzertbesuchers, der aus der *Alltagswelt* austritt und in die *Kultur- oder Freizeitwelt* eintritt. Es soll zudem ein kurzer Überblick über die zeitliche Einordnung der dabei möglichen rituellen Handlungen gegeben werden.

Das *Rollenverhalten* des Konzertbesuchers beginnt spätestens in der Vorhalle der Tonhalle. Der einzelne Konzertbesucher tritt mit dem Einlass in die Tonhalle in eine ihm spezifische Rolle ein, welche sich durch Zeichen, Symbole und Rituale verdeutlicht. Die Zeit vor dem Konzertbeginn dient im Prinzip der *Einstimmung* in die dem einzelnen zukommende Rolle. Das Eintrittsritual ist schon bei der «Zutrittsprüfung» durch die wohlbekannten Gesichter der beiden «Torhüter» gegeben. Hier ist das Billettvorzeigen ein Verhalten, das wohl noch am meisten von der soeben verlassenen Arbeitswelt geprägt ist. Es ist von der beiläufig-abgewandten Geste des Billettvorzeigens bis zum betulichen oder sogar vertrauten Ansprechen des Billettkontrolleurs alles zu beobachten. Die eigentliche Publikumsrolle des Konzertgängers wird erst nach der Mantelabgabe, dem kurzen Blick in den Spiegel

und dem Zurechtrücken von Kleid oder Krawatte angenommen.

Zu den *Vorbereitungshandlungen* gehören *Essen und Trinken*. Das Kaufen eines Kaffees für sich und den Partner, das kurze, verspätete «Nachtessen» mit Sandwich oder Kuchen im Foyer der Tonhalle, aber auch das Herumstehen, das unverbindliche Plaudern oder das freundschaftliche Erzählen sind Einstimmungshandlungen und schaffen eine Zäsur zum Alltag. Während dieser Periode beginnt die Einordnung in die zukommende gesellschaftliche Rolle. Ein schichtspezifisches Verhalten ist gemäss schweizerischer Usanz nicht besonders scharf ausgeprägt, aber immerhin vorhanden.[37] Die eingesetzten nichtverbalen Kommunikationsmittel bestehen aus Händeschütteln im Vorbeigehen oder Hinzutreten, im lächelnd-flüchtigen oder im herzlich-erfreuten Küssen auf beide Wangen. Aber auch das zerstreute, distanzierte und unverbindliche Zunicken signalisiert eine unmissverständliche Interaktion innerhalb des Konzertpublikums.

Diese verschiedenen *Begrüssungsriten* vor dem Konzert oder in der Pause leiten über entweder zu einer professionellen, formalen oder gesellschaftlichen Kommunikation. Meistens ist das Gespräch von alltäglicher Substanz, aber doch von einer kulturellen Erwartungshaltung geprägt. Es findet hier vor allem eine erste Kontaktnahme statt, die einem Rollenverhalten gleichkommt.[38] Das bestimmte Verhalten der sich Begrüssenden kann aber auch beruflich motiviert sein. Ich denke hier vor allem an die aktiven Mitglieder von musikkulturellen Gesellschaften,[39] die am «innern Leben» der entsprechenden Gesellschaft beteiligt sind.

Der Mechanismus der Gesprächsverkürzung wird nicht nur in der Einstimmungsphase demonstriert, sondern auch in der Pause, der sogenannten «gesellschaftlichen Phase». Das erneute Zuwinken, das rasche Wegeilen, das Durchblättern des Programmes oder das Besorgen eines Getränkes sind symbolische *Ablösungssequenzen* im kommunikativen Verhalten des Konzertgängers. Dieses unter anderen Umständen befremdende Verhalten ist in dieser besonderen Situation des Tonhalle-Konzertlebens fraglos akzeptiert. Aber auch Unterschiede in der Körperhaltung, sowohl beim Eintritt in die Freizeitwelt wie auch später beim Pausengespräch fallen auf. Die rituellen Verhaltensweisen, wie die eher steife Haltung des gelegentlichen Konzertbesuchers oder die entsprechende lässige Gangart des konzertbesuchenden Berufsmusikers, die ihrer Art nach eigentlich ein künstliches Verhalten anzeigen, wirken aber gesellschaftlich unmissverständlich. Solche Signale und Zeichen können nur vom relativ begrenzten Kennerkreis erfasst werden. Auch die Wiederaufnahme der Erwartungshaltung, d.h. das Platznehmen und erneute Programmnachlesen nach der Pause oder das mehr oder weniger unauffällige Wegeilen vor dem zweiten Teil des Konzertes, sind aussagekräftige Signale in der gegenseitigen Kommunikation.

In der nachfolgenden Aufstellung (Tabelle 2), habe ich stichwortartig den chronologischen Handlungsablauf bei einem Konzertbesuch dargestellt. Diese Aufstellung zeigt exemplarisch, wo etwa die offensichtlichsten und gebräuchlichsten Zeichen im Rollenverhalten des Konzertbesuchers beobachtet werden können, wo also die *Symbolik im Handlungsablauf* zu finden ist.[40]

Tabelle 2: Rollenverhalten beim Konzertbesuch

Vorbereitungen:
Arbeitswelt, Berufswelt, Alltagsleben, Normalverhalten, Umwelterfahrung, Orientierung, informierend

Freizeitgestaltung auswählen
Kulturzeit auswählen
Abonnementsverpflichtung eingehen
Programm studieren, Konzert auswählen
Billette bestellen
soziale Verpflichtung berücksichtigen
berufliche Verpflichtung wahrnehmen

Konzert-Vorbereitungsphase:
Übergangsriten, Einstieg in eine andere «Welt», gesuchte Interaktion, Erwartungshaltung

Kleidung wechseln, nicht wechseln
Arbeitskleidung, Freizeitkleidung
Schmuckentscheid
Psychologische Einstellung zum Wechsel von Arbeitszeit zur Kulturzeit
Essen zu Hause, am Arbeitsort, am Veranstaltungsort
Transport, Parkplatz
Billette abholen, kaufen, vorzeigen
Begrüssung des Kontrolleurs
Garderobe: Stammgarderobe, Trinkgeld geben
Kaffeetrinken im Foyer
Programm kaufen

Programm studieren: stehend, sitzend
Gesellschaftliche Vorgespräche
Freundschaftliche Kontaktnahme
Berufliche Gespräche

Konzert erster Teil:
Sozialhandlungen, Aufnahme in Konzertpublikumsgemeinschaft, gemeinsames Bezugssystem, Zugehörigkeitsverhalten

Platz suchen: gezielt, ungewiss
Sitzgewohnheiten
Nachbarn beachten, familiäre Umgebung
Sitzen bei Freunden, Gruppen (beruflich)
Umherschauen
«Erwachen» beim Klatschen
Klatschen: lange, kurz
Konzertsaal verlassen: vorne, hinten, sitzen bleiben

Pause:
Gesellschaftliche und berufliche Position, Kommunikationsverhalten, Einnehmen und Erfüllung der sozialen (beruflichen) Erwartungshaltung, teilweise Erfüllung der musikalischen Erwartung, Gespräche und «Produktanalyse»

Freunde, Kollegen suchen
Kaffee/Champagner trinken
Standort wechseln, Entschuldigungen
Verarbeiten der gehörten Musik
Programm nachlesen
Persönliche, familiäre, fachliche Pausengespräche

Konzert zweiter Teil:
Wiederaufnahme der Erwartungshaltung, Vertiefung, Bestätigung des Rollenverhaltens, Ablösung am Ende des Konzertes

Konzertsaal betreten: vorne, hinten
Platz einnehmen: langsam, bestimmt
Weggehen, freie Plätze, Neubesetzung
Räuspern, «ansteckendes» Husten
Sitzgewohnheiten

Konzentration
Programm nachlesen
Klatschen am Schluss, stampfen oder nicht
Rufen («Buh», «Bravo») oder nicht
Konzertsaal verlassen: vorne, hinten
Aufsuchen des Solistenzimmers
Herumstehen, rasches Weggehen
Garderobe holen
Miene, Kritiken,
Abschiedsgespräche: sachlich, freundschaftlich

Heimkehr:
Ablösung, Austritt, Bestätigung der Erwartung

Herumstehen
Essen, Trinken
Kritiken, Gespräche, Schweigen
Heimtransport

Als Beispiel für symbolische Handlungen erwähne ich hier ein etwas ausgefallenes Publikumsverhalten, das *Husten*. Die Konzentration des Konzertzuhörers ist bei Kammermusikkonzerten oft so gross, dass für das Husten und Räuspern weniger ein Bedürfnis besteht als z. B. bei Orchesterkonzerten,[41] wo das «Hustenkonzert» zwischen den Sätzen störend wirkt. Damit dieses Publikumsverhalten keine «Mode» oder sogar Teil des Rollenverhaltens des Zuhörers werden soll, hat z. B. das Wiener Konzerthaus mit dem Verteilen von Hustenbonbons vorgesorgt.[42]

Auch die *Kleidung* kann symbolisch verstanden werden. Sie drückt im allgemeinen die berufliche oder soziale Selbsteinordnung des Konzertpublikums aus. So erscheinen z. B. die Besucher an verschiedenen Konzertveranstaltungen entweder im dunklen Anzug, im gestrickten Pullover oder im dunklen offenen Hemd etc. Der weisse Rollkragenpullover kennzeichnet etwa die ältere Generation der unter dem Publikum befindlichen etablierten Berufsmusiker, während das offene Hemd eher von jüngeren professionellen Musikern getragen wird. Das musikinteressierte Publikum kleidet sich auch heutzutage im allgemeinen «sonntäglich» für einen Konzertbesuch. Die jeweilige Form der Kleidung ist durch Raum, Zeit und Gruppenzugehörigkeit bedingt. Ihr Sinngehalt wird innerhalb der Interessengruppe akzeptiert.[43]

An den Lunchkonzerten dagegen soll die informelle Kleidung der Orchestermusiker, also durch das Tragen von Pullover, Bluejeans oder sonst farbigen Überwürfen im Grossen Tonhallesaal, eine «lockere Atmosphäre»[44] vortäuschen. Diese Freizeitkleidung in der Tonhalle aber spricht gegen die traditionellen Normen für eine professionelle endgültige Leistung, wo dunkle Hose und weisses Hemd der akzeptierte Kleidercode der Orchestermusiker ist. An den Lunchkonzerten steht ebenfalls die gehobene Alltagskleidung der Zuhörer mit dem Freizeittenue der Orchestermusiker im Widerspruch. In Leserbriefen in den Tageszeitungen werden solche Neuerungen im Zürcher Kulturleben hie und da diskutiert, wie etwa: «Wir sind der Auffassung, dass eine dem Anlass entsprechende Kleidung nicht nur festlich stimmt, sondern auch einer Anerkennung der Leistung der Künstler gleichkommt, welche in jeder Vorstellung ihr Bestes geben.»[45]

Andererseits bestand an einer Vorführung von zeitgenössischer Musik im Neumarkttheater eine Diskrepanz zwischen dem konzertmässigen Habitus der Musiker mit schwarzer Kleidung, weissem Hemd und Krawatte und dem lockeren Freizeitverhalten der Zuhörer im Arbeitstenue und legeren Sitzgewohnheiten.[46] Die Ausführenden von zeitgenössischer Musik im Neumarkttheater verhielten sich gemäss den einem Konzertanlass entsprechenden Normen. Sie verbeugten sich, traten ab und erschienen wiederholt auf der Bühne. Die Werkstattatmosphäre des Theaters, unterstrichen noch durch eine improvisierende Musik, wurde allerdings durch die absolute Ernsthaftigkeit der Zuhörer etwas gemildert. Andererseits widersprachen auch die üppigen weiten Armbewegungen des Dirigenten, «die eine klassische Ungebrochenheit suggerieren sollten»,[47] dem Habitus der unkonventionellen Zuhörerschaft.

Das *Klatschen* ist wie die bereits erwähnte Kleidung eines der nonverbalen Kommunikationsmittel, die zu einem bestimmten Verhalten einer Gruppe gehören. Das Klatschen erfüllt eine bestimmte normative Aufgabe im Benehmen des Konzertbesuchers und wirkt gleichzeitig wieder normativ auf die jeweilige übrige Zuhörerschaft; der Nichtklatschende fällt auf. Mindestens von seinen

Sitznachbarn wird das abweichende Verhalten registriert. Überhaupt gelten die üblichen Normen des gesellschaftlichen Verhaltens im Konzertsaal weiter: Essen, Trinken, Beine hochlagern etc. sind in den Konzertsälen ganz allgemein nicht akzeptiert. Während der Aufführung werden Sprechen, Flüstern, Deuten und Husten als störend empfunden und rufen normative Reaktionen hervor. Das *Sprechen* während eines Konzertes entspricht keinesfalls dem Normverhalten, dem *Schweigen*, während eines Konzertes. Der Sitznachbar wird im allgemeinen auch auf sein eigenes unbewusstes oder unkonventionelles Benehmen durch ein entsprechend befremdetes nachbarliches Verhalten aufmerksam gemacht, z. B. durch Anstarren oder gar durch Abwinken. In der kurzen Pause zwischen zwei Sätzen eines Konzertstückes wird nicht geklatscht, ausser gelegentlich von einigen «Unbedachten», die aus Unkenntnis einen solchen Ausrutscher und zur Belustigung der Habitués produzieren.[48] Es ist aber «gestattet», zu husten oder zu flüstern. Wenn aber gleich nach Verklingen der Musik z. B. des ersten Satzes das Husten explosiv ausbricht, so hat dies eine kommunikative Aufgabe. Es bedeutet dann oft, dass die rezeptive Konzentration beim Publikum noch nicht begonnen hat.

Das Klatschen resp. das kurze oder lange Klatschen wird also vom anwesenden Publikum entsprechend gedeutet und verstanden. Die Intensität, das stampfende Applaudieren oder das besondere rhythmische Klatschen kann den Zeit- oder Raumverhältnissen entsprechend verschiedene Bedeutungen bekommen. In der Tonhalle z. B. ist das kurze Klatschen eher ein negatives Zeichen, mitunter eine Kritik für das Konzertprogramm oder für die Ausführenden. Bei Konzerten mit zeitgenössischer Musik im Neumarkttheater aber bedeutet das kurze Klatschen einfach eine Quittung für das Gehörte. Es hat die gleiche Bedeutung wie etwa bei einem wissenschaftlichen Vortrag. Die Funktion des dreimaligen Applaudierens nach einem Konzert dagegen ist beim Tonhalle-Publikum eine normative. Es bedeutet dort die Aufforderung zu einem *encore*. Bei einem entsprechenden Verhalten nach einem wissenschaftlichen Vortrag erwartet wohl niemand die Wiederholung des Gesagten.

Ich gehe nun noch etwas näher auf das *Klatschen* im Konzertsaal ein. Das Verb «klatschen» an sich hat seine Wurzeln im 17. Jahrhundert (frühneuhochdeutsch heisst es auch «klatzen») und gehört zu den Verben der *Schallnachahmungen*.[49] Das «Klatschen» im Konzertsaal, z. B. in der Tonhalle Zürich, bezeichnet ein rituelles Verhalten, das, von vielen Menschen zugleich, in der Öffentlichkeit stattfindet. Dort bedeutet es aber nicht die *Betonung* eines Klangeindruckes, wie dies etwa bei Musikveranstaltungen mit afrikanischer Musik der Fall wäre. Das «Klatschen» ist ebenfalls Ausdruck der persönlichen Erfah-

rungswelt bei *kulturellen Handlungen* (z. B. auch bei gewissen religiösen Handlungen). Das Klatschen kann als symbolisches Verhalten dementsprechend *kulturvariabel* sein. Die Gestik «Klatschen» ist jedenfalls nicht an ein E-Musik-Publikum gebunden, d. h., das Klatschen ist *gruppenübergreifend*. Beim Publikum der E-Musikkonzerte hat das Hände-Zusammenschlagen auch keine eigentliche Verstärkungsfunktion in der Musikgestaltung selbst, wie etwa in Unterhaltungsmusik- oder Volksmusik-Veranstaltungen. Das in dieser Arbeit beschriebene Konzertpublikum klatscht übrigens verschieden vom Massenpublikum, das man bei Open-air-Konzerten, in Jazz- oder Rockveranstaltungen antrifft.[50] Die Bedeutung dieser Zeichensprache muss «gelernt» werden, d. h., das Klatschen ist *traditionsgebunden*. In einem Zeitungsbericht werden folgende Komponenten der Beifallsäusserungen unterschieden: «Das Beifallsritual unserer Zeit ist Ritual eher im Sinne einer vererbten Verhaltensweise denn als religiöse Ergriffenheit, aber die Elemente der Verehrung und der Gläubigkeit sind zweifellos vorhanden. Mit dem Auftrittsapplaus, der Solisten im Konzertsaal begrüsst, bekennen wir uns zu ihnen, und von Danksagung kann nicht die Rede sein, da sie noch nichts geboten haben. Just dieser Vorschuss aber leitet zur dritten Komponente Selbstanerkennung (neben Ritual und Danksagung).»[51] Diese Rollenzuweisung des «Klatschens als Selbstanerkennung» scheint mir eher gekünstelt. Die Begründung lautet dort: «Wenn der traditionelle Konzertbesucher den Klängen und Klangformen (der Neuen Musik) applaudiert, deren Wert oder Unwert sich unbedingt seiner Beurteilung entzieht, spendet er sich selbst Beifall dafür, dass er erstens überhaupt da ist und nicht zu Hause, und weiter dafür, dass er um Verstehen bemüht ist – ein Verstehen, dessen Schwierigkeiten er sogar zu übertreiben neigt.»

Wir haben gesehen, dass die Symbolhandlungen und ihre Ausdrucksformen präzise abgegrenzte Gruppen sozialer, beruflicher oder kultureller Art bestimmen. Diese musikkulturellen Interessengruppen repräsentieren damit einen speziellen *Lebensstil*, welcher wiederum zur *Identität* von verschiedenen Bevölkerungsgruppen in der Stadt Zürich beiträgt.[52] Die Zeichensprache einer anderen Interessengruppe wird entweder nicht anerkannt oder einfach nicht beachtet. So wird z. B. der weisse Rollkragenpullover, der die professionellen Musiker unter dem Konzertpublikum kennzeichnet, vom übrigen Tonhalle-Publikum kaum mehr beachtet, aber auch nicht kopiert. Es ergeben sich so vor allem *berufsspezifische Verhaltenssysteme*, d. h., die konzertbesuchenden Berufsmusiker bleiben auch in der Pause unter sich. Dagegen bestehen an den Konzertveranstaltungen für zeitgenössische Musik im Theater am Neumarkt oder im Saal einer Musikschule wieder andere Kommunikationssituationen. Dort findet die musikalische Präsentation vor einem beinahe ausschliesslich professionellen Musikerpublikum statt, d.h., Interpret und Zuhörer gehören sozusagen dem gleichen Interessenkreis an. Das Zeremoniell eines formellen Konzertes aber wird zum Teil trotzdem beibehalten. Das Rollenverhalten, wie die Verneigung des Dirigenten, das Hervortreten des anwesenden Komponisten, das Aufstehen der ausübenden Musiker, das Klatschen etc. wiederholt sich mehr oder weniger auch in dieser professionellen musikorientierten Umgebung. Das Rollenverhalten wird aber wohl nur der Form halber beibehalten. Raum, Zeit und Gruppenzugehörigkeit liessen andere Verhaltensweisen zu, wie z. B. das oben erwähnte Händezusammenschlagen über dem Kopf, die sehr entspannte Sitzweise oder die unkonventionelle Bekleidung.

Das kulturelle Wirkungsfeld der Musik

Die Funktionalität in der Musik

In der Volksmusik, genauer gesagt in der historischen Volksmusik,[53] ist die *funktionale Bedeutung* der Musik für den Zuhörer eindeutig definiert: es wird dazu getanzt, gesungen oder geklatscht. Es ist aber schon verschiedentlich versucht worden, die Volksmusik aus ihrem natürlichen funktionalen Zusammenhang zu lösen und sie in den Konzertsaal zu bringen. So kann sich die Volksmusik unter Umständen von einer Gebrauchs- (Tanz) zu einer *Repräsentationskunst* wandeln, in «l'art pour l'art».[54] Auf diese Weise kann auch sie für viele Zuhörer zum passiv genossenen Kunstvergnügen werden. Dies geschieht etwa, sobald die ursprünglich funktional konzipierte Musik im Grossen Tonhallesaal aufgeführt wird. Die virtuose Interpretation eines Strauss-Walzers wird heutzutage z. B. von Rezensenten als «eine Kaffeehaus-Schnulze, die vom klassisch-klassizistischen Konzertprogramm denkbar weit entfernt ist», charakterisiert.[55] Ich denke aber auch an die Aufführung des Zürcher Kammerorchesters mit der Appenzeller Streichmusik,[56] an den Einbezug einer Pop-Gruppe im Sinfonieorchester,[57] an das «Concerto Grosso für Jazzband und Sinfonieorchester»[58] oder auch an Wysel Gyrs Jodel- und Handorgelveranstaltung[59] im Grossen Tonhallesaal. Solche Veranstaltungen in der Tonhalle bleiben vorläufig eher noch eine «Sensation». Das Hörerlebnis ist hier denn auch zwiespältig. Es heisst in der Berichterstattung eines solchen Konzertes dann: «Fragwürdige Übersetzung ins Sinfonische» oder: «Man wird den Verdacht nicht los, dass sich hier ein Meister in ein

Gewässer hineinmanövriert hat, in dem er sich nicht so selbstverständlich bewegen kann wie in seinem Stammelement».[60] Bei den an sich mutigen Veranstaltungen rührt ein gewisses Unbehagen davon, dass eine Musik mit bestimmten Funktionen «umfunktioniert» worden ist. Allerdings ist der Funktionswandel der Musik von einer Gebrauchs- in eine Repräsentationskunst im heutigen Kulturpluralismus voll akzeptiert.[61]

Die *Funktionalität in der Musik* betrifft nicht nur zweckgerichtete Musik, wie z.B. Tanzmusik, sondern unter Funktionalität in der Musik verstehe ich allgemein die Wirkungsweise der Musik in der *Gesamtheit der Beziehungen* zwischen dem Menschen und seiner kulturellen Umwelt.[62] Wenn ich also nach der funktionalen Bedeutung der Musik frage, treffe ich einerseits auf die Problemkreise des *Unterhaltungswertes*, des *Genusswertes*, des *Erlebniswertes* und der Publikumswirksamkeit der Musik, und andererseits auf den materiellen Stellenwert der Musik, d.h. auf die Kommerzialisierung und Professionalisierung, die sich in der Programmgestaltung auswirken können. Für eine Publikumsforschung ist die *gesellschaftliche Funktionalität* der Musik überaus wichtig. Kurt Blaukopf[63] teilt die Musik funktional in «Umgangsmusik» und «Darbietungsmusik». Die Funktion der «Umgangsmusik» liegt bei ihm vor allem in der Interpretation; die *funktionale Substanz* der «Darbietungsmusik» dagegen liegt eher in der «autorisierten Originalität des Musikwerkes und in ihrer ästhetischen Wirkung». Der Gebrauchswert der Musik ist also überaus variabel.

Für eine *funktionalistische Betrachtungsweise* des Musiklebens ist erstens die *historische Komponente* von grosser Wichtigkeit. Im folgenden Kapitel (S. 51 ff.) werde ich von einer geschichtlichen Betrachtungsweise des Konzertpublikums in der Zürcher Musikpflege ausgehen. Ganz ähnlich geht auch das viel weiter gefasste Nationale Forschungsprogramm 21 über die kulturelle Vielfalt der Schweiz vor.[64] Ihm liegt eine historische Primärstudie zugrunde, welche die *Funktionalität der Kultur* untersucht. Die Problemstellung dieses NFP-Programmes kann mutatis mutandis auch auf die vorliegende Studie des Zürcher Musiklebens angewendet werden. Sie lautet: «Die mit dem sozialen Wandel verbundene Homogenisierung, Universalisierung, Nivellierung bedroht die kulturelle Vielfalt, die innere Vielfalt der Schweiz wie die schweizerische Eigenheit in einer äusseren, globalen Vielfalt. Die Einebnung wirkt desintegrierend, löst die Verankerungen im gesellschaftlichen Umfeld, ermöglicht andererseits aber auch eine private Individualisierung und begünstigt zugleich Egoismus und Egozentrik.»

Die funktionalistische Betrachtungsweise der E-Musikpflege in der Stadt Zürich fragt zweitens nach den Zusammenhängen und den *wechselseitigen Beziehungen* von Vorgängen im Alltagsleben des Konzertpublikums. Die *gesellschaftliche Funktion* der Musik diktiert die Abgrenzungskriterien für die Begriffe Massenkultur, Individualkultur, Volkskultur oder Popularkultur. Die Bewertung der Musik für Urheberrechts-Entschädigungen erfolgt allerdings nach den «Suisa-Richtlinien»,[65] die nicht mehr nach der herkömmlichen «funktionalen» Musikgattungseinteilung wie Ernste Musik, Unterhaltungs-Musik, Volksmusik etc. gehen. Die neuen Verteilerklassen heissen Programmdauer und Besetzungszahl. Zur Kategorie «Konzerte» gehören etwa «Konzerte, Kirchenmusik, Blasmusiken, Chöre und Jodelclubs».

Drittens: Diese Kriterien auf der Basis der *«zeitlichen und räumlichen»* Funktionalität erleichtern z. B. die Frage nach der «Klassen»-Zugehörigkeit des Jazz: Gehört Jazzmusik zu E-Musik oder zu U-Musik? Auch Radio DRS 2 (der Kanal der «klassischen Musik») hat den Begriff der E-Musik in Grenzbereiche ausgeweitet: «Nicht mehr nur der Konzertsaal – um einmal dieses Bild zu verwenden –, sondern auch das Kleintheater, der Folk- und der Jazzklub markieren jetzt die Grenzen. Die Palette reicht vom Mittelalter bis zur unmittelbaren Gegenwart, umfasst Oper wie Operette und Musical, Ethnomusik und Jazz so gut wie die Musik von Salon und Kaffeehaus.»[66]

Die meisten Musikstile haben eine primäre *kulturpolitische Rollenfunktion,* und sie nehmen eine entsprechende in der städtischen Musikkultur ein. Auf diesen musikalischen Kulturpluralismus wird vor allem beim *Gebrauchswert der Musik im Alltag* hingewiesen.[67] Für diesen ist die Vermischung von verschiedenen Musikstilen oder Musikgattungen nicht allein ausschlaggebend, denn auch die *Instrumentenwahl* kann den Gebrauchswert der Musik vergrössern oder verkleinern. Eine traditionelle Instrumentation kann für den Hörer eine verbindende Beziehung zur Musik schaffen. So hat z. B. das Saxophon in der Jazzmusik die Funktion der Identifizierbarkeit eines Musikstückes mit dieser Musikgattung.[68] Dieses traditionelle Klanginstrument ist – trotz Ravels «Bolero», Mussorgskis «Bilder einer Ausstellung»[69] oder Gershwins Kompositionen – heute noch nicht eigentlich im Konzertsaal heimisch geworden.[70] So hat auch Georges Bizet das eigentlich erforderliche Saxophon in der Suite «L'Arlésienne» als nicht obligat notiert.[71] Umgekehrt ist die Violine selten in Jazzkompositionen zu hören.

Eine unübliche Instrumentenwahl kann aber auch eine verbindende Funktion zwischen Hörer und Musikstil ausüben. Ein zeitgenössischer Zürcher Jazzmusiker verfolgt mit einem Saxophonsolo in einer E-Musik-Komposition gerade diesen Effekt. Das Ziel seiner Kompositionen ist, wie er selber sagt: «eigenständige E-Musik zu machen, die ohne Effekthascherei auskommt, aber das Publikum erreicht».[72] Seine Absicht ist, in seinen Kompositionen eine Synthese von Jazz und europäischer zeitgenössischer E-Musik zu erreichen. Er hofft, dass die Funktion der interdisziplinären Kompositionsweise dem Hörer den Zugang zu seiner Musik erleichtern werde.[73]

Für viele Hörer besteht die Funktion der Musik in «*Psychohygiene* neben dem Berufsalltag».[74] Der *Genuss* von Musik an sich hat auf den Zuhörer eine verschiedene funktionale Wirkung im Gegensatz zur Begleitmusik oder Tanzmusik. Die Computermusik bietet z. B. keine offensichtliche funktionale Bedeutung an, dagegen üben die Ausdrucksweisen der Alternativkultur[75], wie Pop/Rockmusik oder Tanz- und Theatermusik oft grossen Einfluss auf das Publikum aus. Musik als Gebrauchskunst wird vor allem in den massenkulturellen Darbietungen[76] konsumiert. Die *gesellschaftliche Funktion* eines solchen Musikereignisses und das gleichzeitige *persönliche Vergnügen* daran können aber, wie schon erwähnt, ein recht differenziertes Musikverständnis fördern. Aber auch mündliche Erklärungen und Programmbemerkungen können eine erzieherische und soziale Funktion der Musik, z. B. bei einer unkonventionellen Kompositionsweise, begründen. Die «basel sinfonietta» stellte im Radiostudio DRS ein solches Konzertprogramm mit der folgenden Einführung vor: «Stilbruch? Das vorliegende Konzertprogramm lebt von der Gegensätzlichkeit der ausgewählten Werke. Doch, wer hätte es nicht anders erwartet, ein roter Faden wurde gelegt, dem zu folgen wir Sie herzlich einladen. In allen vier Werken arbeiten die Komponisten mit einem Grundmaterial, einer ‹Urzelle›, welche aber, ihrer jeweiligen Zeit entsprechend, auf unterschiedliche Weise behandelt wird.»[77] Die Struktur der Komposition wird hier dem Hörer nähergebracht, d.h., durch das «Verstehen» der Musik kann ein entsprechender «Gebrauchswert» der Musik festgelegt werden.

Eine wesentliche Auswirkung des Pluralismus im heutigen musikkulturellen Leben in der Stadt Zürich ist nicht nur die soziale, sondern auch die akustische Angewöhnung an verschiedene Musikstile und Musikgattungen. So entsteht heutzutage im Musikleben eine immer breiter werdende *Mischzone* zwischen populärer, alternativer und elitärer Musikkultur und zwischen der *Instrumental- und Darstellungsfunktion* der Musik. Der Begriff des «gesunkenen Kulturgutes» muss zurückhaltend verwendet werden, weil die Alternativmusik[78] und die Unterhaltungsmusik nicht einfach als Absinken der elitären Musikkultur oder gar als Phänomene der künstlerischen Desorientierung oder der geschmacklichen Unsicherheiten aufgefasst werden dürfen. Der Aufstieg der populären Musik in die «klassische» Musik ist aber als verbindende gesellschaftliche und musikalische Funktion heute voll anerkannt. Nicht nur Werke aus der Spätromantik, sondern auch zeitgenössische Kompositionen klingen dann «gefährlich schön».[79] Ein solches Urteil über ästhetische Kategorien in der Musik bedeutet heute meistens eine dementsprechende Entscheidung über die Gebrauchsfähigkeit dieser Musik.[80] Im Unterhaltungsmusik-Sektor ist ein so verstandenes Kriterium oft ausschlaggebend für eine marktgerechte Einschätzung.

Der *Programmgestalter* denkt meistens aus *ökonomischen Gründen* an den Gebrauchswert und an die Funktion der offerierten Musik. Er ist selbstverständlich publikumsfreundlich eingestellt und missachtet öfters den Geschmack von «Minderheiten» auf eigene Gefahr.[81] Für ihn ist es allerdings schwierig zu beurteilen, wie der Zuhörer den musikalisch-funktionalen Stellenwert in der Tonart, im Tempo, in der Thematik des Klangereignisses, im musikalischen Ausdruck oder auch in einer Inszenierung einstuft.[82] Wenn die musikalische Darbietung Mängel aufweist, wie z. B. bei einer Aufführung von Haydns «Abschiedssinfonie»,[83] kann das *Optische* gewissermassen die Funktion eines Erlebnisses übernehmen. So hiess es dann in einer Tageszeitung u.a.: «Mehr als einen Unfall in der Spielpräsenz gab's im Finale: im Horn und die ersten Geigen wirkten nicht immer unfehlbar rein. Und bei dieser ‹grossen› Besetzung störte es halt doppelt, wenn die Musiker das Podium einzeln bis scharenweise verliessen. Das Publikum amüsierte es trotzdem: es nahm's vor allem von der optischen Seite. Und diese kam nicht zu kurz.»[84]

Falls aber die Ausgewogenheit zwischen Optischem und musikalischem Inhalt fehlt, so kann es zu einer «Buh- und Pfeif-Kakophonie» kommen. Eine solche fand im Opernhaus Zürich im April 1986 anlässlich der vielbesprochenen Aufführung von «Salome» von Richard Strauss statt. Das Zürcher Opern-Publikum wurde damals mit einer neuartigen Interpretation der Oper konfrontiert. Es zeigte sich aber, dass für den Konzert- und Opernbesucher die *musikalische mit der optischen Funktion* der Musik nicht übereinstimmten. Weil die Inszenierung weit entfernt war vom Erwarteten (hier «traditionelle» Inszenierung), war der Unterhaltungswert dieser Aufführung beeinträchtigt. Der musikalische Genusswert wird aber im wesentlichen durch die Qualität der musikalischen Substanz und deren Interpretation getragen.

Soll also eine musikalische Veranstaltung für die Hörerschaft anspruchslos sein? Diese Forderung wird am ehesten durch die Kürze des Programmes, durch eine vordergründige, rhythmusgeladene oder programmatische Musik erfüllt. So kann *der Rhythmus* allenfalls die Funktion haben, den musikalischen Zugang zur zeitgenössischen E-Musik zu erleichtern.[85] Doch darf das Publikum nicht unterschätzt werden, denn wie es in einer Besprechung heisst: «Es buht nicht aus Verlegenheit, sondern weil schlicht zu vieles aufgemotzt wirkt. Man muss die Gunst des Publikums nicht strapazieren. Dann folgt es auch jeder Musik resp. Inszenierung, ob alt, ältlich, modisch, modern.»[86]

Viele zeitgenössische Komponisten haben gelernt, die Funktion ihrer Musik offenzulegen und ihre Musik *publikumsfreundlich* anzupreisen, wie etwa: «Meine Musik ist geprägt durch den Umgang mit verschiedenen Musiksprachen. Sie soll sich dem Hörer sinnfällig und unmittelbar erschliessen, ohne sich dabei anzubiedern.» Am aussichtsreichsten sichert aber immer das Optische einen Publikumserfolg. An einem erfolgreichen Konzert folgte z. B. auf Mozart- und Haydnkompositionen[87] Orgelmusik eines «überaus engagierten Interpreten, der die neue Tonhalle-Orgel diszipliniert traktierte».[88] Wegen einer Fehlmanipulation liess er zudem den Orgelprospekt christbaumhaft erleuchten, was von vornherein den Publikumserfolg garantierte. Eine Improvisation über ein Volkslied auf der Konzertorgel provozierte dann schliesslich auch den gewünschten enthusiastischen Applaus. So ist eine wesentliche *Funktion des Programmablaufes* und der optischen Wirksamkeit der Musik das Erzielen des *Publikumserfolges*. Dieselbe Funktion hat ebenfalls die ausführliche *Publizität* über die ausverkauften Lunchkonzerte, die

Seenachtsfest-Einstimmungen im Grossen Tonhallesaal, die Opernspektakel im Hallenstadion.[89]

Die *wichtigste Funktion* der Musik allgemein aber bleibt die *Kulturvermittlung*. Dass der Erfolg dieser Funktion in Radiosendungen z. B. nur bedingt mit «Einschaltquoten» zu messen sei, ist unbestritten. Selbst das Suisa-«Informationsblatt» schreibt in diesem Sinne über «das Diktat der Einschaltquoten» und stellt fest, dass «für die kulturellen Sendungen es deshalb kein Diktat der Einschaltquoten geben dürfe, weil einzig die *Kulturvermittlung* (als wichtigste Funktion der Musik) zu Gebote stehe».[90]

Freizeit und Kulturzeit beim Konzertbesucher – ein Widerspruch?

Der *Alltag* des Tonhalle-Konzertbesuchers setzt sich generell aus *Arbeitszeit, Freizeit und Kulturzeit* zusammen. Soziologisch wird die Kulturzeit definiert als «jene Zeitzone, wo ein Individuum oder eine Gruppe als Konsument, Zuschauer, Hörer – also eher rezeptiv – an Kultur teilnimmt».[91] Die städtische Bevölkerung, im Gegensatz zur ländlichen, unterscheidet auch heute noch deutlicher die Arbeitszeit von der Kulturzeit. Die Kulturvermittlung muss sich also in den konzeptionellen Rahmen von Freizeit und Arbeitswelt einordnen. Da beide Begriffe sich heutzutage inhaltlich verändern, ist es nötig, die Realität des Kultur- und Freizeitverhaltens volkskundlich zu erforschen. Die teilnehmende Beobachtung verschiedener musikkultureller Interessengemeinschaften innerhalb des Kulturlebens der Stadt Zürich ermöglichte mir den volkskundlichen Zugang für das Studium des kulturellen Verhaltens des Konzertpublikums.

Der *Kulturbegriff*[92] ist ein Produkt des ausgehenden 18. Jahrhunderts. Kultur wurde damals zum Selbstverständnis des gebildeten Bürgers. Wir finden diesen Kulturbegriff noch in der üblichen Form formuliert z. B. in Meyers Lexikon: «Das von Menschen zu bestimmten Zeiten in angrenzbaren Regionen in Auseinandersetzung mit der Umwelt in ihrem Handeln Hervorgebrachte, auch der Prozess des Hervorbringens der verschiedenen Kulturinhalte und -modelle und entsprechender individueller und gesellschaftlicher Lebens- und Handlungsformen».[93] Heute aber scheint ein Kulturbegriff vorzuherrschen, der es erlaubt, in Zeitungsartikeln unwidersprochen von «Auch Affen haben Kultur» oder «Vermittlung von Brauchtum bei Affen» zu sprechen.[94] Darf nun aber der Kulturbegriff heute derart ausgeweitet werden, dass auch Titel wie «Kultur anstelle von Drogen»[95] ernst genommen werden müssen? Wir müssen uns im klaren sein, dass menschliche Kultur auf überlieferten, oft schriftlichen Traditionen beruht und dass unser symbolisches Verhalten keine triviale Projektion auf andere Lebewesen rechtfertigt. «Kultur» wird von Rolf Degen im Artikel «Auch Affen haben Kultur» in einem eher naturwissenschaftlichen als geisteswissenschaftlichen Sinn verwendet: «jedes in einer Gemeinschaft verbreitete Verhalten, das nicht in einem instinktiven, genetischen Muster wurzelt, sondern nachweislich aus der Interaktion der Gruppe herausgewachsen ist und von dieser weitergegeben wird».[96] Diese allgemeinste Form des Kulturbegriffes eignet sich meines Erachtens aber wenig für eine anspruchsvolle, spezifisch zivilisierte Kultur wie die der E-Musik. Die «Kultur» der E-Musik-Pflege ist nicht nur ausschliesslich Ausdruck gegenseitiger kultureller Verständigung, sondern beinhaltet auch individuelle Komponenten wie z. B. *Geschmack und Kreativität* beim Komponisten und beim Publikum.

Eine andere («modernere?») Definition des Kulturbegriffes in der Musikpflege hat Werner Jauk in seiner Studie über das Grazer Musikpublikum versucht: «Der Begriff Kultur umschliesst die Lebensqualität von der wirtschaftlichen Sicherheit bis zur sozialen Versorgung, von der Gestaltung des unmittelbaren Lebensraumes bis zum allgemeinen Wohlbefinden in der Stadt. Er beinhaltet die Offenheit der Stadt nach aussen sowie die Bereitschaft, internationales Geschehen nach innen dringen zu lassen. Zu ihm gehört schliesslich der grosse Bereich der Kunst zwischen Tradition und Innovation.»[97] Auch diese Definition ist meiner Ansicht zu umfassend.

Mit dem erfolgreichen Buch von Allan Bloom[98] wurde die Frage nach der pluralistischen und «demokratischen» Kulturpflege problematisiert. Er verficht eine viel eingeschränktere Interpretation des Kulturbegriffes. Dieser amerikanische Soziologe schreibt über die Erziehung der Kinder, dass man ihnen in der Schule beibringt, alle Lebensstile, Künste und Kulturen seien gleichwertig. Bloom zeigt sich aber überaus erstaunt, dass heutzutage keine «klassische Musik» produziert werde, die von der Jugend im «walkman» mitgeführt werden kann. Die *Musikkultur der Jugendlichen* bewege sich vor allem auf der *individualistischen Rezeption* von Rock/Popmusik. Bei den Jugendlichen wäre also das freizeitliche Verhalten kulturlos. Die Freizeit-Musikindustrie kann z. B., wie es so schön heisst, zu einer «Debilisierung der Alltagskultur» verführen.[99] Entspricht der so entstehende nivellierende Trend in der Programmgestaltung der Medien und des Konzertlebens wirklich dem Bedürfnis des Publikums? Allerdings sind es nur wenige Verantwortliche, die glauben, als Sponsor, Mäzen oder Kulturpolitiker dieser neuen Mode nachleben zu müssen. Im allgemeinen aber kommt die pluralistische Programmgestaltung eher dem Freizeitgeschmack entgegen. Ich frage mich, ob die Erwartungshaltung beim Konzertpublikum wirklich so tief liegt.

Wie wichtig die *Gestaltung der Freizeit* zur «Lebensverwirklichung» geworden ist, zeigt die Tatsache, dass ungefähr ein Viertel des Einkommens für Freizeit (und Verkehrsmittel) ausgegeben wird. Die Stadt Zürich, vor allem die Präsidialabteilung und das Sozialamt beschäftigen sich deshalb intensiv mit dem Themenkreis *Kulturzeit und Freizeit*.[100] Die Stadtbehörden versuchen, auf eine «Kulturalisierung der Freizeit» hinzuwirken.[101] Die Gestaltung des Zeitbudgets in bezug auf Berufstätigkeit und auf Erholungsaktivitäten im individuellen Lebensablauf des Stadtbewohners nimmt da einen hohen Stellenwert ein.[102] Deshalb begann das Sozialamt im März 1988 bei 800 Zürcherinnen und Zürchern eine Umfrage für ein städtisches Freizeitkonzept. Ein internationales Symposium mit den Themenkreisen «die Stadt zwischen Stress und Musse, Freizeit und neue Medien, sowie Fragen des Lebensstils in Zusammenhang mit Ansprüchen an die Freizeit» fand in Zürich vom 25. bis 28. Oktober 1988 statt.[103] Zu den Themen gehörte die Struktur der Freizeit, die in diesem Jahrhundert grundlegende Veränderungen erfahren hat. Ein genussreiches Leben sei ein heute fraglos akzeptiertes Privileg. Der «Genuss der Kultur» finde in der Freizeit statt, und der *Kulturpluralismus* («für jeden etwas») habe nicht nur für die Freizeit, sondern auch für die Kulturzeit seine Berechtigung. «Kultur» sei für eine sinnvolle «Alltagsgestaltung» des einzelnen überaus wichtig geworden. Freizeit und Kultur, das musikkulturelle Angebot im speziellen, sind deshalb aktuelle Themen in der städtischen Kulturpolitik. Auch die Medien dienen heutzutage nicht nur der Information und Meinungsbildung, sondern sind ebenfalls in die Alltagsgestaltung und die Erholungsaktivitäten des Publikums miteinbezogen. Der Einfluss Medien ist als wichtiger kultureller Faktor aber nicht zu unterschätzen; «Kultur» wird dort so publikumsfreundlich wie möglich präsentiert.[104]

Im *Tourismus* wird ebenfalls eine freizeitorientierte Kulturzeit, resp. Musikkultur, angestrebt. Die Publizität für den organisierten Musikkultur-Tourismus läuft jedenfalls auf Hochtouren, und die Musikfestival-Arrangements der Touristik-Unternehmen sind meistens frühzeitig ausgebucht. So ist es also nicht nur die Volksmusik, die als «Folklore» vom Tourismus zur Schau gestellt wird, sondern auch die E-Musik wird als eine zur «Schau gestellte Musikkultur» behandelt. Am Kongress über «Volksmusik und Tourismus» in Fribourg 1987 wurde die Problematik als *freizeitorientierte Kulturzeit* in verschiedenen Arbeitsgruppen behandelt. Die ausgearbeiteten Thesen waren: «Ehrlichkeit zwischen Veranstaltern, Interpreten und Publikum; vermehrte Aufklärung der Zuhörer über die Umstände und Begebenheiten einer Veranstaltung». Tourismus und Kultur verbinden sich am gängigsten in einer Freizeitatmosphäre. Entsprechende Veranstaltungen werden denn auch mit populär-journalistischen Argumenten angepriesen, so z. B. ein Musiktreffen in St. Moritz mit dem Schlagwort «Tourismus und Kultur»: «Sämtliche Proben stehen dem Publikum offen. Zu vernünftigen Preisen. Eine Hörer-Tageskarte bei den öffentlichen Proben kostet zum Beispiel zwanzig Franken, ebensoviel ein Eintritt zu einem Kammerkonzert. Nur gerade beim Abschlusskonzert liegen die Preise zwischen fünfzig und hundert Franken.»

Die Freizeitkultur als Kompensation und als Gegensatz zur Arbeitskultur, in der der Mensch die «Eintönigkeit» des Alltags zu durchbrechen sucht, spielt wohl in allen Lebensbereichen und Altersklassen eine wichtige Rolle. Steht nun eine Freizeitbekleidung des Konzertpublikums (z. B. im Lunchkonzert) im Widerspruch zur hohen kulturellen Musikdarbietung?[105] Umgekehrt wird auch der Berufsmusiker bei seiner «Arbeit» in eine Freizeitatmosphäre versetzt: d. h., zur Überwindung der «Schwellenangst» beim Konzertpublikum wird bei den Lunchkonzerten für den Dirigenten und den Interpreten ein Freizeittenue angeordnet. Beim Publikum stellt sich dann allerdings erst eine sichtbare Entspannung ein, wenn der letzte (oder vorletzte) Ton des Musikstückes verklungen ist und es im Foyer der Tonhalle nach Suppe und Würstchen riecht. Bei den Lunchkonzerten entsteht also eine neuartige Beziehung zwischen Freizeit und Kulturzeit, zwischen Essen und Musik. Meiner Ansicht nach bildet der barocke Tonhallesaal gegenüber der Festhüttenatmosphäre mit Wienerli- und Suppenständen einen kulturellen Stilbruch. E-Musik, ebenso wie «Arbeit»[106] verlangen Konzentration und Anstrengung, im Unterschied etwa auch zur Salon-Musik des 19. Jahrhunderts.[107]

Beruf und Freizeit gehen nur bei einem kleinen Teil der Konzertbesucher ineinander über. Berufliche Interessen am Konzertbesuch haben z. B. diejenigen Musiker und Komponisten, welche sich in den Konzerten weiterbilden möchten. Sie betrachten das Anhören der Musik als eigentliche Arbeit. Für sie ist es *gelebte Kulturzeit*. Die Komponisten setzen sich dort auch einer musikalischen Beeinflussung aus. Für den allgemeinen Konzertgänger

allerdings bedeutet der Konzertbesuch ein Erlebnis, ist also eine freizeitlich *erlebte Kulturzeit*. Zu den Emblemen der Musiker, die also nicht freizeitmässig ein Konzert besuchen, gehört das Mitbringen von Partituren. Die Noten liegen offen auf den Knien und werden intensiv verfolgt. Auch die mitgebrachten Musikinstrumente, die die Berufsmusiker an der Garderobe abzugeben «vergessen» haben, sind solche Embleme. Der charakteristische kleine Notizblock des Musikkritikers widerspiegelt ebenfalls dessen Professionalität und seine Teilnahme als gelebte Kulturzeit. Auch die Verantwortlichen der Programmkommissionen z. B. nützen den Konzertbesuch, und vor allem die Pause, als eigentliche Arbeitszeit.

Aber auch dem musikalischen Laien wird eine gewisse Form gelebter Musik geboten. Ein Beispiel dafür sind die immer häufiger werdenden *Live-Aufnahmen* für Schallplatten und Compact-Discs. Die *aktive Mitwirkung des Publikums* wird reichlich idealisierend und marktbewusst auf die folgende Weise in der Werbung dargestellt: «Der Pianist hat für diese Produktion den Weg der Live-Aufnahme gewählt, weil im *Dialog mit einem erwartungsvollen, gespannten Publikum* im Konzertsaal die Energien freier und intensiver fliessen als im Studio, wo der Künstler auf sich allein gestellt ist.»[108] Das Publikum hat also seinen Teil zum Gelingen solcher Live-Aufnahmen beigesteuert und erhält deshalb «die Compact-Disc zu einem günstigeren Subskriptionspreis angeboten».[109]

Anmerkungen zu den Seiten 24–26

1. Vor allem S. 145ff.
2. In der Soziologie werden heute verschiedene Definitionen von «Gesellschaft» und «bürgerlich» diskutiert. Den Begriff «Gesellschaft» verwende ich hier im Sinne von «bürgerliche Gesellschaft», d.h., ich meine damit eine pluralistische Gesellschaft, die die kulturellen, politischen und wirtschaftlichen Interessen der Bevölkerung wahrnimmt. Ich verstehe ausserdem «bürgerlich» nicht im Kontext von «kapitalistisch», sondern im weiteren Sinne als «mittelständisch».
3. Eine neuere theoretische Untersuchung zu diesem Problemkreis findet sich in: Ina-Maria Greverus. *Kultur und Alltagswelt*. Frankfurt am Main 1987.
4. Die gegenwartsorientierte volkskundliche Forschung bedient sich vor allem der Methoden der empirischen Sozialforschung wie der Befragung und der Beobachtung, wobei die direkte teilnehmende Beobachtung einen hohen Partizipationsgrad des Forschers verlangt.
5. Siehe: Margaret Engeler (Hg.). *Briefe an Volkmar Andreae*. Zürich 1986.
6. Ich verstehe «Musiker» und «Komponist» als Berufsgattung und nicht nur als allgemeine Bezeichnung für eine musikalische Betätigung. Seit der «alternativen» Bewegung der sechziger Jahre haben diese Berufsbezeichnungen eine Abschwächung und Nivellierung erfahren (z. B. Improvisation für Selbstverwirklichung, avantgardistische Gruppierungen).
7. Die geographische Verteilung der Informanten wurde in der Einleitung erwähnt.
8. Fragebogen mit Fragen (Interviews in informeller Weise gehalten) über:
   1. Biographie, Erziehung, Ausbildung etc.
   2. Verhaltensnormen, Werte, kommunikative Faktoren etc.
   3. Gesellschaftliche Umwelt, musik-kulturpolitische Fragen, Imagebildung, Rezeption etc.
   4. Werkspezifische musikalische und musikwissenschaftliche Fragen, Schaffensprozess etc.
9. Jubiläumsschriften zum 25-, 50-, 75-, 100- und 150jährigen Bestehen des Gemischten Chores Zürich. *25 Jahre Zürcher Kammerorchester*. Jubiläumsschrift der Camerata etc.
10. Konzertbesprechungen in Programmheften und Tageszeitungen.
11. Die *Jahresberichte* der Tonhalle-Gesellschaft 1985–89, der *Geschäftsbericht* der Präsidialabteilung der Stadt Zürich 1986 oder die *Schwerpunkte der Zürcher Kulturpolitik* vom November 1985 und andere werden hier öfters erwähnt. Siehe auch Bibliographie.
12. Die Dokumente über die Tonhalle-Gesellschaft sind im Archiv in der Tonhalle und im Stadtarchiv eingelagert.
13. NZZ 1.2.1989.
14. Symbole, Embleme, Rituale und Interaktionen prägen die Verhaltensweisen des entsprechenden Konzertpublikums und stehen in gegenseitigem Wechselverhältnis und übergreifenden Zusammenhängen.
15. Kommunikationsmerkmale mit dem Publikum sind ebenfalls die Gesten eines Dirigenten oder eines Solisten wie das Verbeugen vor dem Publikum oder das Wegtreten und Wieder-Erscheinen am Ende jedes Konzertstückes.
16. Ich beobachtete das Tonhalle-Publikum an den Konzerten des Abonnements G (grosses Abonnement mit 10 Konzerten), A, B (je 5 Konzerte), C, D, M (je 7 Konzerte und verschiedene Wochentage, Dienstag, Mittwoch, Donnerstag, Freitag), an Extrakonzerten, an Sinfoniekonzerten, an Kammermusikabenden und -Matinées, an Jugendkonzerten, an den Juni-Festwochen-Konzerten und an Rezitalen etc.
17. Das «Grosse Abonnement» (Abo G, Dienstagabend) weist die höchste «Belegung» mit über 90% auf. Weitere Angaben sind in den jährlichen Geschäftsberichten der Tonhalle-Gesellschaft zu finden.
18. 1896/97 wurde zum erstenmal ein Zyklus von vier «Populären Sinfoniekonzerten» eingeführt. Ich verweise auf die Zusammenstellung der «Entwicklung der Konzertzyklen» in: Rudolf Schoch. *Hundert Jahre Tonhalle Zürich*. Zürich 1968, S. 226/227.
19. Bei jugendlichen Konzertbesuchern in gewissen Konzerten (z. B. Sinfoniekonzerte, Konzertreihe «Klassik-Plus») ist rein optisch wie auch in der Stimmung und der Beifallsäusserung nach den einzelnen Werken ein anderes Rollenverhalten zu konstatieren.

Anmerkungen zu den Seiten 26–33

[20] Eingeführt im Januar 1987.
[21] Ich lasse hier die Frage offen, inwiefern die Zurückhaltung im Klatschen am Dienstagabend mit der erst am Donnerstag in der Zeitung erscheinenden Konzertbesprechung zusammenhängt.
[22] In: NZZ 2.9.1988.
[23] In: NZZ 2.12.1988.
[24] Für eine nähere Beschreibung der «Gesellschaft Rezital», die sich als private Förderungsgesellschaft für den Pianisten Werner Bärtschi gebildet hat, vgl. S. 131 f.
[25] Friedrich Hegar, Dirigent des Tonhalle-Orchesters von 1868 bis 1906.
[26] Volkmar Andreae, Dirigent des Tonhalle-Orchesters von 1906 bis 1949.
[27] Männerchor, Gemischter Chor, Akademisches Orchester etc. (s. S. 56 f.).
[28] Eintrittskarten für Sinfoniekonzerte kosten Franken 15.– und 25.–; für Abonnementskonzerte bis Franken 100.–.
[29] Die Lunchkonzerte beginnen um 12.15 Uhr.
[30] Weitere Ausführungen über die Lunchkonzerte S. 173 ff.
[31] Ich werde später auf die Raumproblematik bei Konzertveranstaltungen zurückkommen (z. B. S. 70 ff. und S. 106).
[32] Die Aussage betrifft die Serenade vom 5.8.1988, die im Park der Villa Schönberg (Rietbergmuseum) vorgesehen war.
[33] Hanns-Werner Heister. «Der Konzert-Beifall als Honorar- und Aktivitätsform». In: IRASM 15 *(International Review of the Aestetics and Sociology of Music)* 1984.
[34] Gemeint sind die Kreise von «habitués» im musikkulturellen Bereich.
[35] Die «Tage für Neue Musik» werden 1990 in neuen Aufführungsräumen stattfinden.
[36] In Tabelle 1 sind die in diesem Beispiel erwähnten Faktoren kursiv geschrieben, z. B. *Tonhalle, Abendvorstellung, Abonnementsinhaber* bzw. *Neumarkttheater, Matinée, Musikliebhaber*.
[37] Das schichtspezifische Verhalten richtet sich vorwiegend nach Berufsgattungen.
[38] Also traditionsgebunden, gruppenübergreifend oder kulturvariabel.
[39] Es sind z. B. Mitglieder der Tonhalle-Gesellschaft, des Gönnervereins, des Vorstandes, der Musikkommission der Tonhalle-Gesellschaft etc., die jeweils sofort aufeinander zueilen und «Geschäftliches» erledigen.
[40] Das Rollenverhalten des Konzertgängers wird hier vor allem anhand der Tonhalle-Konzerte dargestellt. Besuche im Theater am Neumarkt, im Konservatorium, im Kunsthaus, in der Roten Fabrik, im Kanzleischulhaus, im Radiostudio etc. geben ebenfalls Einblick in die Verhaltensweisen und schaffen Vergleichsmöglichkeiten.
[41] In der NZZ vom 16./17.1.1988 heisst es von der Aufführung des 1. Violinkonzertes in Es-Dur op.107 von Schostakowitsch: «Wir konzentrierten uns, hörten genau hin, vielleicht zu genau. Tatsächlich waren die leisen – und stellenweise nicht nur die leisen – Töne nicht zu vernehmen, weil hartnäckiges und andauerndes Husten die Musik übertönte. Schostakowitsch beziehungsweise das Spiel von Heinrich Schiff wurde verdrängt, ja gerade zerschmettert. Nicht lediglich ein Cello, sondern Pauke, Posaune – vielleicht eine Orgel wäre nötig gewesen, um vernommen zu werden. Wie mag die Akustik des Tonhallesaales erst während eines kalten und nassen Winters sein?»
[42] In der NZZ vom 10.7.1989 wird auf diese Sitte im Wiener Konzerthaus aufmerksam gemacht. Es heisst dort: «Das Konzerthaus ist ein ungewöhnliches Musikinstitut – nicht nur wegen der Hustenbonbon, die, in wohlvorbereiteter Prophylaxe, an den Eingängen zum Grossen Saal zur freien Bedienung angeboten werden.»
[43] Solche äusserlich sichtbare Merkmale (wie Stehkragenpullover) sind wohl Klassifikationen mit Kriterien, die gesellschaftlich bei uns in Gebrauch sind («Moden»). Sie scheinen aber rein soziologisch (schichtspezifisch) wenig Relevanz zu haben.
[44] Siehe auch Kapitel S. 64 f. und S. 173 ff.
[45] Leserbrief in: NZZ 2.12.1988.
[46] Ich denke an das Konzert vom 11.11.1988 am Festival für Neue Musik im Neumarkttheater.

Anmerkungen zu den Seiten 33–39

47 NZZ 15.11.1988.
48 Dies geschah z. B. an Lunchkonzerten (Gitarrenkonzert vom 15.11.1989). Es fiel den Interpreten peinlich auf, dass sie vor einem «ungebildeten» Publikum spielten (Quartett D-Dur von G. F. Telemann etc.). Dies war allerdings vor 1900 anders, denn damals wurde nach jedem Satz applaudiert, und das Publikum bewies damit Sachkenntnis!
49 An sich war das Händeklatschen als Zeichen des Beifalls schon in der Antike üblich.
50 Dort werden z. B. aus Begeisterung oft die Hände über dem Kopf zusammengeschlagen. Das Publikum von Rockmusik-Veranstaltungen würde sich an einem Anlass (Konzert) mit traditionsgebundenem Verhalten kaum entspannt genug fühlen.
51 NZZ 2.8.1989.
52 Der Lebensstil von musikkulturellen Interessengruppen wie diejenigen der Alternativmusik, der Neuen Musik, der Tonhalle-Konzertmusik, der Frauenmusik etc. ist recht verschieden.
53 Die «historische» Volksmusik steht der «zeitgenössischen» Volksmusik gegenüber, die zur Hauptsache eine demonstrative Funktion im Tourismusgewerbe wahrnimmt.
54 Volksmusik (Volkslied) von einem Sinfonieorchester im Konzertsaal aufgeführt, bleibt «volkstümliche» Musik.
55 Konzert der Moskauer Virtuosen in der Tonhalle am 6.8.1988. NZZ 6.8.1988 und NZZ 8.8.1988.
56 Konzert des Zürcher Kammerorchesters am 25.11.1982.
57 Sommersinfoniekonzert in St. Gallen 1981.
58 NZZ 30.8.1988.
59 Veranstaltung organisiert von Wiesel Gyr, der freier Mitarbeiter vor allem für volkstümliche Sendungen beim Schweizer Fernsehen ist. Konzert der Internationalen Juni-Festwochen 1987 im Grossen Tonhallesaal 30./31. Mai 1987.
60 NZZ 8.8.1988.
61 Ich werde das Thema des Funktionswandels der Musik ab S. 173 unter dem Gesichtspunkt des Popularismus und der Volkstümlichkeit wieder aufgreifen.
62 Siehe: Wolfgang Suppan. *Der musizierende Mensch*. Mainz 1984.
63 Kurt Blaukopf. *Musik im Wandel der Gesellschaft*. München/Zürich 1982, S. 271ff.
64 Nationales Forschungsprogramm 21. «Kulturelle Vielfalt und nationale Identität». In: *Info* 21, Nr. 1, 1987, S. 2. Projektleiter ist Prof. Dr. Georg Kreis, Basel.
65 Weitere Informationen über dieses Thema S. 192ff. Suisa, Schweizerische Gesellschaft für Urheberrechte bei Musik-Aufführungen und -Sendungen.
66 NZZ 14.10.1988.
67 Ich verweise hier auf den nachfolgenden Abschnitt «Freizeit und Kulturzeit beim Konzertbesucher» und auf die dortigen Zitate aus dem Buch *The Closing of the American Mind* von Allan Bloom 1987, in bezug auf die Funktion der Musik bei Jugendlichen.
68 Das Saxophon gehört im Jazz seit den zwanziger Jahren zum wichtigsten Soloinstrument.
69 In Ravels Orchestrierung.
70 1904 hatte Richard Strauss Mühe, ein Quartett von Saxophonisten für die Aufführung seiner «Sinfonia Domestica» zu finden.
71 Anmerkung der Original-Ausgabe (1872): «On pourra supprimer le Saxophone en faisant exécuter par les Clarinettes, les Bassons et les Cors les parties supplémentaires graveés en petits caractières.»
72 Daniel Schnyder in der *Züri Woche* 17.3.1988.
73 Ich werde in diesem Sinne die weiteren Untersuchungen über die Zusammenhänge von einzelnen Elementen und von funktionalen Phänomenen des sozialen Umfelds beim heutigen Konzertpublikum vornehmen. Das Wort «Umfeld» ist eigentliches Modewort geworden. Die begriffliche Unschärfe rührt daher, dass das Umfeld subjektiv wahrgenommen und empfunden wird und sich nur im jeweiligen konkreten Sachverhalt und Zusammenhang annähernd bestimmt.
74 Wie es in einer Rezension in der NZZ 12.3.1988 heisst. Ein Konzertbesucher kommentiert ein Konzert mit moderner Musik folgendermassen: «Es war für mich der schönste Konzertabend bis hin zu körperlichen Reaktionen; waren doch Kopfschmerzen und Verspannung völlig verschwunden». In: *Info* der Tonhalle Zürich, Nr. 13, Mai 1989.

Anmerkungen zu den Seiten 39–42

75 Ganzheitliches Musikerlebnis mit Tanz, Malerei etc. oder die Rote-Fabrik-Diskussion, siehe S. 97 ff.
76 Meistens werden musikkulturelle Massenveranstaltungen entsprechend auch unreflektiert konsumiert.
77 Konzert im Radiostudio DRS 30.4.1989 mit Werken von R. Wagner, B. A. Zimmermann, J. Adams und B. Martinů.
78 Alternativmusik wird als «spontane, nicht schon destillierte Kunst» betrachtet. In: NZZ 10.8.1989.
79 Besprechung über Kompositionen von P. M. Davies in: NZZ 8.3.1988.
80 Ina-Maria Greverus schreibt in *Kultur und Alltagswelt,* Frankfurt am Main 1987, S. 129: «Erst in dem Moment, wo das Kunstwerk um nichts als seiner selbst willen begehrt wird, verliert es seinen Gebrauchswert und wird zur Ware, sein Marktwert bemisst sich an ästhetischen Kriterien, die von seinem vormaligen oder auch gegenwärtig intendierten Gebrauchswert abstrahieren.»
81 In *Dissonanz* Nr. 23, Februar 1990, S. 20, plädiert Mathias Spohr für ein Komponieren als «Dienstleistung, bei der Aufwand und Ertrag in einem sinnvollen Verhältnis stehen».
82 Die Ausweitung der funktionalen Harmonik in der Musik seit Beginn dieses Jahrhunderts hat zur Folge, dass auch auf aussereuropäische Musikkulturen aufmerksam gemacht wurde.
83 Konzert in der Tonhalle vom 25.11.1988.
84 NZZ 28.11.1988.
85 Es fällt auf, wie häufig heutzutage Werke für Schlagzeug komponiert werden.
86 In der *Züri Woche* vom 30.4.1986 wird dargelegt, wie die progressive Aufführungspraxis der «Salome» wie ein Schock auf das Zürcher Publikum wirkte. Den Zürcher Opernbesuchern wurde seit Jahren kaum Gelegenheit gegeben, sich mit, «nennen wir es progressive Regieästhetik», vertraut zu machen. Es heisst über das «Buhkonzert» an der «Salome»-Aufführung: «Seit einem ähnlichen Proteststurm vor nahezu 35 Jahren anlässlich der Premiere von Webers «Der Freischütz» in der Inszenierung des damaligen Direktors Karl-Heinz Krahl hat es das im Opernhaus Zürich nie mehr gegeben.» Natürlich galt die Kritik von 1986 mehr der Inszenierung.
87 Konzert 30.11.1988: J. Haydn, Konzert in C-Dur für Orgel und Orchester (Hob.XVII,I); A. Mozart, Sinfonie in B-Dur (KV 319).
88 NZZ 2.12.1988.
89 Die Vielfältigkeit der Alternativmusikszene überzeugt mich noch nicht, dass das Zürcher Konzertpublikum mehr populäre Unterhaltung suche, denn die Resonanz solcher Veranstaltungen in journalistisch aufgemachten kulturellen Essays widerspiegelt wohl kaum den wirklichen musikkulturellen Alltag.
90 *Suisa Informationsblatt.* März 1988. Ich frage mich, ob nicht gerade ein sog. Servicekanal, wie Opus-Radio, den Kulturauftrag besonders ernst nimmt. Siehe S. 173 ff.
91 Hans-Klaus Jungheinrich (Hg.). *Nicht Versöhnt.* Bärenreiter-Verlag, Kassel 1987.
92 «Kultur» beinhaltet ein Nachdenken über die Antworten, die an verschiedenen Orten und zu verschiedenen Zeiten auf Fragen, die den Menschen betreffen, gegeben werden.
93 Meyers Grosses Standard Lexikon (in 3 Bänden). Mannheim/Wien/Zürich 1983.
94 NZZ 16.11.1988.
95 *Tagblatt der Stadt Zürich* 6.5.1988.
96 Rolf Degen. «Auch Affen haben Kultur.» In: NZZ 16.11.1988.
97 Werner Jauk. «Die Musik und ihr Publikum der 80er Jahre.» In: *Grazer musikwissenschaftliche Arbeiten.* Band 8, Graz 1988, S. 7.
98 Allan Bloom. *The Closing of the American Mind.* New York 1987. Der Autor schreibt, dass die Ausweitung des Kulturbegriffes so weit gehe, «dass von der Popmusik über schausportliche Manifestationen bis zu den Spots, Clips und Jingles heute alles kulturell ist». «Der Begriff steht nicht mehr für eine künstlerische oder intellektuelle Anstrengung, er verkommt zum Synonym jeglicher Freizeitaktivität – alles muss Spass machen, Lesen lustvoll sein...»

Anmerkungen zu den Seiten 42–44

[99] Der Begriff «Musik des Alltags» wird in einem Artikel von Kurt Blaukopf definiert: «als jene Musik, die zum Alltag des Individuums gehört, deren Verständnis keine intellektuelle Anstrengung erfordert und deren Reproduktion ohne Ausbildung oder besonderes Lernen möglich ist». In: NZZ 18.7.1980.

[100] Die oben erwähnte Voruntersuchung des Nationalfondsprojektes 21, «Kulturelle Vielfalt und nationale Identität» beschäftigt sich deshalb mit dem breiten Spektrum von Vorstellungen über die Kultur: «Neben einer engeren, auf Freizeitangebote wie Theater, Oper und Konzerte ausgerichteten Kulturvorstellung, zeigten andere Aussagen die starke Abhängigkeit des kulturellen Lebens von Raum und Zeit. In Städten und selbst auf dem Land sei die Auseinandersetzung um Kulturraum aktuell.»

[101] NZZ 13.10.1988; 28.10.1988; 29./30.10.1988.

[102] In diesem Zusammenhang interessierte ich mich für die horizontale Mobilität, die eine wichtige Voraussetzung für den musikalischen Tätigkeitsbereich des verfügbaren Freizeitraumes ist. Ich habe im Fragenkatalog nach der Distanz zu einer Konzertveranstaltung gefragt und gesehen, dass praktische Gründe wie Parkierungsmöglichkeiten oder Tramverbindungen oft ausschlaggebend für einen Konzertbesuch sein können. Der Berufsmusiker gibt z. B. einem speziellen Konzertstück im Konzertprogramm vor allem aus beruflichen Interessen den Vorrang. Er besucht Konzerte mit zeitgenössischer Musik in Boswil AG oder Luzern etc. (ca. 30, resp. 50 Kilometer von Zürich entfernt). Andererseits zieht auch die musikalisch leichtere Zugänglichkeit eines Opernerlebnisses vermehrt Publikum aus der weiteren Umgebung der Stadt an. Der internationalen Atmosphäre des Opernpublikums steht allerdings diejenige des einheimischen ländlich-kleinstädtischen Publikums bei operettenhaften Aufführungen gegenüber. Die Tonhalle-Abonnementskonzerte dagegen werden vorwiegend von Zürchern aus der näheren Umgebung besucht.

[103] NZZ 18.3.1988.

[104] Siehe S. 192 ff.

[105] Auf den Eintrittskarten für Musikfestival-Aufführungen wird oft der Vermerk «Abendanzug erwünscht» angebracht. Am «Siebenten Sinfoniekonzert an den Internationalen Musikfestwochen Luzern» aber «fehlte auf den Eintrittskarten für einmal der etwas peinlich anmutende Hinweis auf den gewünschten Abendanzug. Das ‹Sofia-Festival-Orchestra› gehört demnach nicht zu den renommiertesten Orchestern», hiess es. In: NZZ 30.8.1989.

[106] Zur Wandlung des Arbeitsbegriffes schreibt Erich A. Kägi in der NZZ vom 15./16.7.1989 allerdings: «Die schrittweise Ausdehnung der Freizeit im Zeichen der Arbeitsverkürzung haben der Arbeit viel von ihrem einst sinnstiftenden Nimbus genommen und den Beruf, der ja insbesondere die Integrierung in die Gesellschaft verbürgte, recht eigentlich entmythologisiert.» Siehe auch Anm. 52.

[107] Ich erinnere in diesem Zusammenhang an die Zeit der Salonmusik in der zweiten Hälfte des 19. Jahrhunderts. Dort waren Werke nicht gefragt, die Kompliziertes, Schwerverdauliches, Anstrengendes, allzu Ermüdendes oder gar künstlerisch Provokatives brachten.

[108] Im Programm heisst es weiter: «Das Anliegen von Werner Bärtschi konzentriert sich ganz und gar auf die Vermittlung von lebendiger Musik, jenseits von Leistungs- und Perfektionszwang.»

[109] Brief an den Freundeskreis der Gesellschaft «Rezital» von Musikhaus Jecklin, Zürich.

Die E-Musik-Pflege in der Stadt Zürich

Historische Betrachtungen zum musikkulturellen Leben der Stadt Zürich

Das traditionelle Zürcher Konzertleben

Die Entwicklungsgeschichte des Zürcher Konzertlebens beginnt mit den Sing-Gemeinschaften, dem Chorwesen (vokal) und den Liebhaberorchestern oder «Collegien» (instrumental). Das vokale Musikleben entwickelte sich z.T. aus dem Kirchengesang zur Zeit der Reformation und aus der Pflege des vierstimmigen Gesanges im 17. Jahrhundert. Der hauptsächlichste Zweck dieses vokalen Musiklebens lag in der Gestaltung und Mitwirkung beim Gottesdienst. Die *instrumentale Musik* gehört erst seit dem 18. Jahrhundert mit ihren Collegien zum traditionellen Musikleben der Stadt Zürich. Sie war zeitweise von den Reformatoren aus der Kirche verbannt, doch sind stadtzürcherische Konzerte schon seit 1613 urkundlich belegt. Neben dem kirchlichen Gesangswesen entwickelte sich auch das Chorwesen der Sängervereine, welche im bürgerlichen Musikleben dann vor allem im 19. Jahrhundert eine überaus wichtige Rolle spielten, insbesondere bei der Gründung der Tonhalle-Gesellschaft. Das «Nägeli'sche Singinstitut»[1] veranstaltete seit 1805 «regelmässig drei Mal wöchentlich Gesangsübungen, theils für Erwachsene, theils für Kinder von 11 bis 14 Jahren etc.».[2] Solche *Singinstitute* waren in Zürich sehr beliebt.

Das 19. Jahrhundert war eine wichtige Zeit für die Formung der jetzigen Strukturen im Musikleben der Stadt Zürich. Eine, wie es hiess «Gemeinschaft musikbeflissener Zürcher Bürger» begann damals öffentliche Konzerte (instrumentale und vokale) zu organisieren und finanzierte diese auch. 1812 schlossen sich dann die drei grössten und wichtigsten Musikkollegien (das waren Laien-Orchester) der Stadt Zürich zur «Allgemeinen Musikgesellschaft» (AMG) zusammen.[3] Das Jahres-Programm wurde nach festgelegten Grundsätzen aufgebaut: es gab vorerst sechs «Hauptkonzerte» mit Chorwerken, Soli und Orchester. Dazu kamen verschiedene «Galanterie-Konzerte», die aus beliebten und gefälligen Vokal- und Instrumentalstücken zusammengestellt wurden. Da die musikinteressierten Bürger der Stadt Zürich in den folgenden Jahren immer *höhere musikalische Anforderungen* an die Orchester stellten, mussten auch Berufsmusiker engagiert werden. Dies ergab die musikalische Voraussetzung für die *Bildung eines ständigen Zürcher Sinfonieorchesters.* Die Gründung eines Sinfonieorchesters durfte aber auch auf die *wirtschaftliche und soziale Unterstützung* bekannter Persönlichkeiten und auf das musikkulturelle Interesse der Zürcher Bürger zählen. Der wohl bekannteste unter den professionellen Orchesterleitern in Zürich war Richard Wagner, der in Zürich in den Jahren 1849 bis 1855 dirigierte. Wagner war zudem einer der eifrigsten Initianten für die Gründung eines ständigen Stadtzürcherischen Sinfonieorchesters. Er schrieb an Franz Liszt: «Was sagst Du dazu, dass unsere Bürgerschaft das Geld aufgebracht hat? – Ich glaube, mit der Zeit kann ich hier etwas Unerhörtes zu Stande bringen. Für jetzt hat es mich aber auch eine unerhörte Anstrengung gekostet.»[4]

Die Hauptaufgabe bestand also in der Bereitstellung von Mitteln, um ein stehendes Orchester und einen ganzjährigen Konzertbetrieb zu erhalten.[5] Dazu trugen die Musikliebhaber durch Spenden und Zeichnung von Aktien bei. Diese Anstrengungen ermöglichten 1862 die Gründung einer «Kapelle des Orchestervereins» von dreissig Musikern als erstem ständigen Orchester in Zürich. Diese stand nun der Dachorganisation, der «Allgemeinen Musikgesellschaft» (AMG) für acht Konzerte zur Verfügung. Die AMG kam ebenfalls für die Kosten von 500.– Franken pro Konzert auf und überliess dem Orchester die Benützung von Musikalien und Instrumenten. Die traditionelle Form der Mitwirkung in den Collegien, also das *Aktiv-Musizieren* in Liebhaber-Orchestern, war mit der Gründung der AMG, der «Musik-Gesellschaft», zu Ende. Von jetzt an gehörten der Gesellschaft auch «*Passiv-Mitglieder*» an, also Bürger, die nur am Zuhören interessiert waren. Solche «passive» Konzertgänger wurden nun gleichzeitig «aktive» Mitglieder der Musik-Gesellschaft. Dieses Beispiel zeigt den Übergang einer Interessengruppe[6] *von aktiven Musikern zu passiven Gesellschafts-Mitgliedern, welche wiederum «aktiv» im Musikleben der Stadt Zürich mitwirken.*[7]

Der Orchesterverein wurde aber bald in seiner Funktion abgelöst durch die Tonhalle-Gesellschaft. Diese entstand im Zusammenhang mit der grossen Musikbegeisterung, welche das eidgenössische Musikfest 1867 erregte, eine Begeisterung, die nicht zuletzt auf die grosse Popularität des Chorgesanges zurückzuführen ist. Ausserdem waren durch den Umbau des alten Kornhauses im Hinblick auf dieses Fest auch bessere räumliche Vorbedingungen entstanden.

Die Bildung einer Aktiengesellschaft mit dem Namen «Tonhalle-Gesellschaft» hatte als Ziel, die «Hebung und Vereinigung der musikalischen Interessen und Bestrebungen von Zürich und Umgebung».[8] Das Konzertleben der Tonhalle-Gesellschaft[9] konnte damals – wie auch heute – mit einer breit abgestützten Hörerschaft schon deswegen rechnen, weil die Aussengemeinden Zürichs seit der offiziellen Gründung[10] des Tonhalle-Orchesters wirtschaftlich und organisatorisch miteinbezogen wurden. Die Formulierung eines ausgesprochenen Gemeinschaftszweckes (finanziell und sozial) findet sich schon im ersten Jahresbericht der Tonhalle-Gesellschaft. Es heisst dort: «Sodann dachten wir, es habe das gebildete zürcherische Publikum immer so viel Sinn für ernstere und höhere Tonkunst an den Tag gelegt, sich um die Pflege derselben so sehr interessiert und an den gelungenen Aufführungen musikalischer Meisterwerke stets so viel Gefallen gefunden, dass es gewissermassen eine Pflicht sei, ihm solche Hoch-

genüsse auch im Sommer nicht vorzuenthalten, da ja nunmehr im geräumigen Tonhallesaal und stehenden Orchester die wünschbaren Mittel dazu gegeben seien. Auch wollten wir dem musikliebenden Publikum Gelegenheit verschaffen, durch Anhörung einer grösseren Zahl von gut ausgeführten Tonwerken verschiedener Zeitperioden und Gattungen sich eine vielseitigere Kenntnis der musikalischen Literatur zu erwerben, als dies bei einer kleinen Zahl von Winterkonzerten, in welchen wegen Mangel an Raum die verschiedenen Richtungen nie gebührend vertreten werden können, möglich ist.»[11]
Diese zeitgenössische Konzeption der Aufgabe der Tonhalle fand ihren bildlichen Ausdruck ebenfalls in der damaligen Deckenbemalung des Grossen Tonhallesaals.[12]
Die Grossen Komponisten[13] standen in den Nebenfeldern. In den Hauptfeldern wurde die *Vielfalt in der Einheit der Musik* zelebriert, d. h. es kamen sinnbildlich zur Darstellung die Kirchenmusik (Orgelpositiv), die Kammermusik (als Flötenquartett), die Tanzmusik (durch tanzende Paare) und die Volksmusik (natürlich durch einen Sennen mit Alphorn und einen Hirten mit Schalmei).
Historisch gesehen, bestand vor der Gründung des Tonhalle-Orchesters eine *konzeptionelle musikkulturelle Einheit in der Musikpflege* der Stadt Zürich, und zwar zwischen Chorwesen, E-Musik-Liebhaberorchester, Kirchenmusik, Schulmusik, Blasmusik und Unterhaltungsmusik. Alle diese Bereiche bildeten eine musikalische Einheitlichkeit im Leben des Stadtbürgers. Das Konzertpublikum interessierte sich im 19. Jahrhundert im allgemeinen auch für eine Programmgestaltung mit einem ausgeglichenen Angebot von Werken aus verschiedenen Musikepochen. Die Ungetrenntheit der verschiedenen Musikbereiche wurde durch die gleichmässige Popularität der verschiedenen Musikformen unterstützt. Dazu trug auch der aufkommende Starkult bei. So dirigierten oder spielten z. B. Wagner, Liszt, Brahms, Busoni, Reger in Zürich. Andererseits komponierten damals die Chefdirigenten des Tonhalle-Orchesters Chorwerke, Lieder, Stücke für Blasmusik ebenso wie Orchesterwerke.[14] Auf diese Weise bildete das Zürcher Publikum seine eigene *musikkulturelle Identität*, eben *das Zürcher Musikleben*, so wie wir es heute kennen.[15] Die Tradition der Leitung von Chören und Orchester zugleich führten auch die Nachfolger des ersten Dirigenten des Tonhalle-Orchesters, Friedrich Hegar,[16] weiter. Vor allem Volkmar Andreae[17] und auch Erich Schmid[18] hatten ihre Dirigentenlaufbahn als Chorleiter begonnen. Volkmar Andreae dirigierte z. B. nicht nur das Tonhalle-Orchester 43 Jahre (1906–1949), sondern auch den Gemischten Chor 47 Jahre[19] (1902–1949) und den Männerchor 45 Jahre (1904–1949).
Die Kombination von E-Musik und U-Musik in Tonhalle-Konzerten hat also ihre traditionellen Wurzeln. So bot schon die Veranstaltung zur Eröffnung der Tonhalle 1895 gleichzeitig ein Unterhaltungskonzert durch die Kapelle des badischen Infanterie-Regimentes, ein Programm mit Brahms und Beethoven «unter der Direktion der Herren Dr. Johannes Brahms und Dr. Friedrich Hegar» und am gleichen Abend noch eine Abendunterhaltung. Rudolf Schoch schreibt: «Da seit Jahrzehnten die Balladen Hegars kaum mehr erklingen, vermögen jüngere Sänger und Leser dieser Schrift[20] sich kein rechtes Bild mehr davon zu machen, welch gewaltige Eindrücke an Fest- und Vereinskonzerten die neuen Gesänge[21] auf Ausführende und auf Hörer machten.»[22]
Die vielseitige Programmgestaltung mit Werken bekannter Klassiker verfolgte den Zweck einer eigentlichen

Eröffnung der Tonhalle, 1895

Publikumserziehung. Es wurden deshalb nicht nur publikumsfreundliche Werke geboten, sondern die erzieherische Komponente verpflichtete gleichsam den Chefdirigenten des Tonhalle-Orchesters, «gute» Musikwerke zu vermitteln. Das aussergewöhnlich langjährige Wirken von Friedrich Hegar und Volkmar Andreae, (1865–1906 resp. 1906–1949) war aber auch ein wichtiger Faktor in der Verbreitung des zeitgenössischen, schweizerischen musikalischen Schaffens. Beide fanden neben der Konzerttätigkeit, wenn auch immer seltener, noch Zeit zum Komponieren.[23] Diese Konstellation ist denkbar verschieden von der heutigen, die geprägt ist von einem häufigen Dirigentenwechsel. Dadurch leidet z. B. auch die Rezeption von zeitgenössischer Musik, und es kann aus verschiedenen Zeit- und Repertoiregründen wenig Abwechslung in den Programmablauf der Konzerte gebracht werden.

Der erste und der zweite Weltkrieg[24] bewirkten durch die entstehende Isolation der Schweiz, dass sich auch Volkmar Andreae stärker auf die einheimischen Komponisten zu besinnen hatte. Diese notwendige Einschränkung in der ohnehin eher traditionsgebundenen Programmgestaltung schuf eine Balance im Kennenlernen von «klassischen» Werken und zeitgenössischer (schweizerischer) Musik. Das Zürcher Konzertpublikum wurde auf diese Weise langsam in die neuen Tendenzen des Musikschaffens eingeführt und zu dessen Rezeption geradezu erzogen. Auch wurde versucht, die zeitgenössische Musik mit berühmten Künstlernamen (Reger, Busoni, Gebrüder Busch u.a.) zu verbinden, um damit beim Hörerkreis leichter auf Anerkennung zu stossen.[25]

Volkmar Andreae hatte zu seiner Zeit also gezeigt, dass selbst unter schwierigen sozialen und wirtschaftlichen

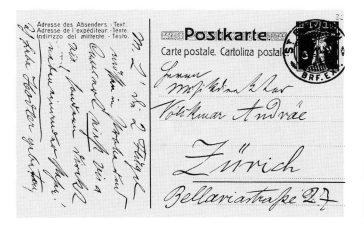

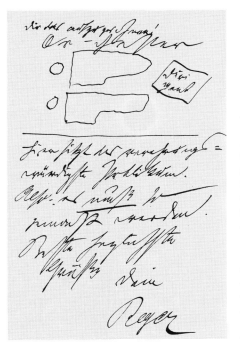

3.11.1911
«Mein Lieber!
Die 2 Flügel
müssen in Probe
und Concert nicht
vis-à-vis, sondern
direkt
nebeneinander
stehen!»
Reger

Aus: Margaret
Engeler (Hg.),
*Briefe an Volkmar
Andreae*. Zürich
1986.
Brief Nr. 1239

6.11.1911
«Mein Lieber!
Bitte telefonieren
Sie sofort Hug,
damit 2 ‹Ibach-
Concertflügel› zur
Probe absolut sicher
in der Tonhalle
stehen.»
Reger

Aus: Margaret
Engeler (Hg.),
*Briefe an Volkmar
Andreae*. Zürich
1986.
Brief Nr. 1240

Verhältnissen mit zeitgenössischen schweizerischen Musikwerken Erfolg erzielt werden konnte. Die vermehrte Einflechtung zeitgenössischer Werke in den Tonhalle-Konzertprogrammen war damals recht publikumswirksam. Zum damaligen Zeitgeist gehörte allerdings auch ein ungebrochener *Fortschrittsglaube*, der der Förderung des schweizerischen Musikschaffens nur zugute kam. Heute bringen Konzerte mit einem musikgeschichtlichen Bezug zur ersten Hälfte des 20. Jahrhunderts auf die Werke von Hegar und Andreae gewiss ihre *Aufführungsprobleme* mit sich.[26] Ich denke hier an Konzerte, welche die kulturelle Bedeutung des schweizerischen Chorwesens und Konzertlebens des 19. Jahrhunderts, die Komponisten und Dirigenten aus der Anfangsgeschichte des Tonhalle-Orchesters und den damaligen Programmablauf zur Darstellung bringen wollen. Ein solches Konzertprogamm bot in einer Abendveranstaltung mit der damaligen Vielfältigkeit z. B. Werke von Friedrich Hegar, Volkmar Andreae, Ferruccio Busoni, Johannes Brahms, Othmar Schoeck, Carl Vogler und Hans Huber. Die Interpreten solcher traditionsbezogenen Konzerte haben die Aufgabe, die «schwierige Aktualisierung vergessener Musik» zu erreichen.[27] Die damals übliche Üppigkeit der Gattungen und Formen, welche zudem für eine andere Raumwirkung komponiert worden waren, fordern heutzutage vor allem die Dirigenten und Interpreten zum Versuch eines zeitgemässen Klangbildes heraus.[28]

Das städtische Chorwesen

Der Beginn der musikalischen Laufbahn als Chordirigent ist bei den ersten beiden Tonhalleorchester-Dirigenten, bei Hegar und bei Andreae, bezeichnend für die zürcheri-

---

TONHALLE ZÜRICH

Dienstag, den 7. November 1911, abends 8 Uhr
im kleinen Saale:

Extra-Konzert
(II. Kammer-Konzert)
der
Tonhallegesellschaft.

Direktion: VOLKMAR ANDREAE.
Solisten: Prof. Dr. Max Reger aus Leipzig (Klavier),
Prof. Dr. Philipp Wolfrum aus Heidelberg (Klavier).

Programm:

1. **Konzert in c-moll für 2 Klaviere mit Streichorchesterbegleitung** . *J. S. Bach*
   Allegro — Adagio — Allegro.
2. **Konzert in C-dur für 2 Klaviere mit Streichorchesterbegleitung** . *J. S. Bach*
   Allegro — Adagio — Fuga.
3. **V. Brandenburgisches Konzert in D-dur für Klavier, Violine, Flöte und Streichorchester** . . . . *J. S. Bach*
   Klavier: Prof. Dr. Max Reger.   Violine: Willem de Boer.
   Flöte: Oskar Köhler.
   Allegro — Adagio affettuoso — Allegro.
4. **Variationen und Fuge über ein Thema von Beethoven, op. 86, für 2 Klaviere** . . . . *Max Reger*

Oeffnung der Türen 7 ½ Uhr. — Beginn des Konzertes 8 Uhr. — Ende 10 Uhr.

Zwei Konzertflügel IBACH, Vertreter HUG & Cie., Zürich.

schen musikalischen Verhältnisse. Volkmar Andreaes Laufbahn sei hier kurz stellvertretend für die damalige Zeit dargestellt: Der 23jährige Volkmar Andreae dirigierte am 28. Oktober 1902 mit dem Gemischten Chor Zürich seine eigene Komposition, die Kantate «Charons Nachen» (op. 3), und 1903 studierte er mit dem Gemischten Chor die Matthäuspassion für das Karfreitagskonzert ein. Im Jahre 1905 führte er den grossen Festchor am *Eidgenössischen Sängerfest* an, zu dem sich *alle Chöre der Stadt Zürich*, «eine Tausendschaft von Sängerinnen und Sängern, begleitet vom Tonhalle-Orchester, den Regimentskapellen von Konstanz und Weingarten und zürcherischen Blasmusiken zusammengetan hatten».[29] Aufgrund der Erfolge mit diesen Einstudierungen wurde er 1906, als Nachfolger Friedrich Hegars, zum Dirigenten des Gemischten Chores und zugleich des Tonhalle-Orchesters gewählt.

Heutzutage weiss wohl nur ein kleiner Teil des Zürcher Publikums die musik-historische Bedeutung des Chorwesens zu schätzen. Die *traditionellen jährlichen Karfreitagskonzerte* des Gemischten Chors Zürich (der 1863 gegründet wurde) im Grossen Tonhallesaal bringen allerdings auch heute noch einen grossen Publikumserfolg. Dieser Chor ist vollends zu einer symbolträchtigen Institution des Zürcher Musiklebens geworden. Auffallend ist auch heute eine «volksnahe» und historisierende Ausdrucksweise des Berichterstatters dieses Konzertes: «Das Karfreitagskonzert, das sich auf eine Überlieferung von weit über hundert Jahren berufen kann, widmete der Gemischte Chor Zürich *heuer* dem Oratorium «Der Messias» von Georg Friedrich Händel.»[30] In den Zürcher Tageszeitungen erhalten also die Gründerchöre[31] des Zürcher Musiklebens immer noch ihre traditionelle Publizität

TONHALLE ZÜRICH

Montag, den 26. und Dienstag, den 27. November 1917, abends 7½ Uhr im grossen Saale

V. ABONNEMENTS-KONZERT

ZU GUNSTEN DER HILFS- UND PENSIONS-KASSE DES TONHALLE-ORCHESTERS

Direktion: Dr. VOLKMAR ANDREAE
Solisten: ILONA DURIGO (Alt),
WILLEM DE BOER (Violine)

PROGRAMM:

1. Sinfonie in B-dur (K. V. Nr. 319) . . . . . W. A. Mozart
   Allegro assai — Andante moderato — Menuetto — Allegro assai
2. Drei Gesänge für eine Altstimme mit Orchesterbegleitung (instrumentiert von Fritz Brun) . . O. Schoeck
   a) Auf meines Kindes Tod
   b) Jugendgedenken
   c) Die drei Zigeuner
3. Konzert in a-moll für Violine und Orchester . A. Dvorak
   Allegro ma non troppo — Adagio ma non troppo — Allegro giocoso
   ——— 10 MINUTEN PAUSE ———
4. Lieder mit Klavierbegleitung (Am Klavier: der Komponist) . . . . O. Schoeck
   a) Parabase
   b) Mit einem gemalten Bande
   c) Mailied
   d) Dämmrung senkte sich von oben
   e) Rastlose Liebe
5. „Till Eulenspiegels lustige Streiche", sinfonische Dichtung op. 28 . . . . R. Strauss

Oeffnen der Türen 7 Uhr. Beginn 7½ Uhr. Ende halb 10 Uhr

Montag u. Dienstag, den 10. u. 11. Dezember 1917: VI Abonnements-Konzert.

und können ebenfalls auf einen vollbesetzten Grossen Tonhallesaal rechnen. Auch der Männerchor Zürich folgte mit der «Alt-Rhapsodie von Brahms» der traditionellen jährlichen Einladung der Tonhalle-Gesellschaft.»[32] Zu den «klassischen» Chorwerken strömen denn die Zürcher Musikliebhaber, obwohl, wie der Musikkritiker in einer Tageszeitung bemerkt, die Aufführungen von Laienchören «stets Wünsche ästhetischer und stilistischer, auch musikologischer, vor allem aber musikalischer Art offen lassen».[33]

Eine erneute Aktualität erhielt der Gemischte Chor im Zusammenhang mit der Debatte über den Umbau und die Einweihung der neuen Orgel im Grossen Tonhallesaal am 11.1.1988.[34] In der «Orgeldebatte» wurde immer wieder darauf hingewiesen, dass «sich die bisherige Orgel traditionsgemäss für Konzertbegleitung, jedoch nicht für Solistenkonzerte eignet»[35] und die neue Orgel vor allem «nur» eine Solistenorgel sei. Trotzdem aber mieten die verschiedenen Zürcher Chorvereinigungen gerne und wie bisher für ihre jährlichen Konzerte das Tonhalle-Orchester. Die obligate Orgelbegleitung bleibt traditionsgemäss dabei miteinbezogen.[36] Das heisst, dass die *historische Rolle des zürcherischen Chorwesens* ihre wichtige Stellung im Musikleben der Stadt Zürich keineswegs eingebüsst hat. Auch beim erst 1981 gegründete Symphonischen Orchester Zürich wird die Verbindung zum traditionellen Chorwesen hervorgehoben: «Ein organisatorisch und künstlerisch gefestigtes, auch einsatzfreudiges Orchester, und als solches kann das SOZ heute wohl gelten, das auch eine variable Besetzung zur Verfügung stellen kann, ist für das Musikleben der Stadt Zürich, das von den Aktivitäten zahlreicher Chorgemeinschaften geprägt, von grosser Wichtigkeit.»[37]

TONHALLE ZÜRICH

Aufführungen

des

Gemischten Chors Zürich

Donnerstag, den 1. April 1920, abends 7½ Uhr

und

Karfreitag, den 2. April 1920, nachm. 4 Uhr
(I. Konzert im Abonnement)

Konzertmäßige Hauptprobe

Dienstag, den 30. März 1920, abends 7½ Uhr

Öffnen der Türen: ½ Stunde vor Beginn
- Ende gegen 10½ Uhr (bezw. 7 Uhr) -

Nach dem ersten Teil 10 Minuten Pause

Preis des Textes: 30 Cts.

Wie verschieden ist nun das Zürcher Konzertleben von heute von demjenigen der 1. Hälfte des 20. Jahrhunderts? Wie wir oben gesehen haben, stand das vokale Musikleben in der Stadt Zürich, vor allem das Chorwesen, aber auch die *Liedkunst,* in der ersten Hälfte des 20. Jahrhunderts unter anderen Voraussetzungen als heute. Die zürcherischen Komponisten (u. a. Friedrich Hegar, Volkmar Andreae, Othmar Schoeck) vertonten damals vor allem Gedichte von in der Schweiz ansässigen Autoren wie Hermann Hesse, Meinrad Lienert, Gottfried Keller und C. F. Meyer. Für die Komponisten von heute spielt (vielleicht wie nie zuvor) eine andere musiksoziale Gebundenheit eine wichtige Rolle: *Chorkompositionen* oder Blasmusikstücke werden von zeitgenössischen E-Musik-Komponisten heute kaum mehr geschrieben. Diese möchten mit ihren Kompositionen vor allem international wirken und kümmern sich deshalb wenig um die Schaffung bloss regional verwendbarer Chorliteratur. Chorkompositionen, so lautet das Argument, seien vorwiegend nur für die lokalen Vereine wichtig und haben dementsprechend für den Komponisten wenig Publizitäts- und Marktwert. *Zeitgenössische Vokalwerke* werden daher eher für *Opern* bestimmt oder als modernes *Kunstlied* geschaffen.[38]

Die Tradition der *Liedkunst* hat deshalb seit einigen Jahren wieder neue Beachtung gefunden. Von privaten Initianten, den «Freunden des Liedes», wird diese intimere Musikkultur in einer Reihe von Konzerten gepflegt.[39] Im Einführungsprogramm heisst es u.a.: «Liederabende, es ist zu beklagen, stellen im emsigen Konzertbetrieb unserer Tage eine Seltenheit dar. Die diffizile Kunst des klavierbegleiteten Sologesanges, der artifizielle Ausdruck des vertonten Gedichtes, die Intimität des Rahmens, in dem der Solist und sein Begleiter, die Ausführenden und ihre Zuhörer aufeinander zugehen – sie sind heute, wo sich der Kunstgenuss eher an grossen Wirkungen und öffentlicher Ausstrahlung orientiert, nur noch einem Kreis von Eingeweihten willkommen.»[40] Es bilden sich also hier wie bei anderen Formen der E-Musik eigentliche kleine Kreis von «Geschmackskulturen».

In der Chorvereinigung ist auch heute das *aktive Mitwirken des einzelnen Mitgliedes* und zugleich die *gemeinschaftliche musikalische Leistung* des Vereins wichtig. Das einzelne Mitglied tritt dabei nicht besonders hervor. Entgegen dieser Tradition bilden sich nun heutzutage Chöre, bei denen z. B. die einzelnen Chormitglieder mit Namen im Programmheft aufgeführt werden. Ich denke an eine Aufführung der h-Moll-Messe im Grossmünster mit einer gewissermassen solistischen Besetzung des Chores. Die «Chorbesetzung» bestand aus je drei Sängerinnen und Sänger für jede Stimme, es wurden keine Berufs-Solisten (für die Protagonisten) zugezogen. Die Mitglieder des kleinen Chores wirkten zugleich als Solisten für Arien und Duette und für die Chöre. Begleitet wurde dieser Chor traditionsgemäss von einem Orchester. Was hier nun in dieser Besetzung entsteht, ist eine Individualisierung und Professionalisierung im Chorwesen. Dadurch wird dem sogenannten Starkult von Solisten entgegengesteuert, und zugleich soll die Attraktivität der Mitwirkung in einem Chor verstärkt werden.[41] Lässt sich wohl auf diese Weise das immer deutlicher werdende Problem des Sänger-Nachwuchses bei den Chören lösen, indem sich jeder Sänger als Chormitglied fühlt und sich gleichzeitig als Solist und als Berufsmusiker präsentieren kann?[42]

Musikalische Primärerlebnisse und Bildungserwartungen des Zürcher Konzertpublikums

Musikalische Vorbildung des Konzertbesuchers

Bei der Befragung von Konzertbesuchern nach ihrer musikalischen Ausbildung ergibt sich das Bild eines ausgeglichenen musikalischen Wissens, das ihnen die schweizerische Schulbildung offeriert hat. Im Gegensatz zu den Volksmusikern, bei denen das Statussymbol heisst: «Ich kenne keine Noten, ich spiele einfach nach Gehör etc.», haben die meisten Tonhalle-Konzertbesucher «einmal» Musikunterricht für Klavier oder Geige genossen. Die Instrumentalausbildung sprach früher traditionsgemäss eine eher oberschichtlich-orientierte Schülerschaft an. Diese gesellschaftliche Differenzierung bedeutet heute nicht mehr so viel, da die lokalen Musikschulen zusätzlich zum vokalen Musikunterricht der Schule eine instrumentale Musikausbildung offerieren.

Schon Heinrich Pestalozzi und Hans Georg Nägeli[43] haben eine Musikerziehung verfolgt, bei der vor allem das *Singen für die «Volksbildung»* gepflegt wurde. Ich möchte hier nicht näher auf die musikpädagogischen Einzelheiten einer Musikausbildung im Stile des 19. Jahrhunderts eingehen, sondern feststellen, dass die Hörgewohnheiten des heranwachsenden Konzertpublikums vor allem in der Schule geprägt werden. Die allgemeine musikalische Grunderziehung in der Volksschule ist heute mit dem Schulfach «Singen» abgedeckt, d.h., die *vokale Musikerziehung ist zur Tradition geworden.* Der heutige Lehrplan der zürcherischen Schule gewährleistet eine musikalische Erziehung zur Offenheit gegenüber der traditionell-zürcherischen Musikausübung (Lied- und Chorwesen und Liebhaberorchester), aber auch gegenüber der natürlichen Anpassung an den zeitgenössischen Musikgeschmack, wie etwa Volksmusik, Unterhaltungsmusik und auch gegenüber der Musik der Hitparade. Es stellt sich allerdings die Frage, ob diese Musikerziehung der musikalischen Bildungserwartung des Zürcher Publikums entspricht.

Das *Erlernen eines Musikinstrumentes* gehört im allgemeinen in den Bereich der *individuellen Freizeitbeschäftigung.* Eine aktive instrumentale Musikausübung wird nur mehr in den wenigsten Familien gemeinsam gepflegt. Das Chorsingen dagegen verlangt keine zusätzliche materielle und zeitliche Beanspruchung des Schülers, solange die traditionelle Ausbildung im Chorsingen in den Bereich des Volksschulunterrichtes integriert ist. Die «klassische» instrumentale Musikausbildung[44] dagegen wird weiterhin vorwiegend auf privater Basis organisiert, die lokalen Musikschulen bieten den Instrumentalunterricht allerdings auf subventionierter Basis an.[45]

Zudem gibt es heute auch Unterricht für Volksmusikinstrumente.[46] Solche Kurse haben zum Ziel, die Durchsichtigkeit und die Strukturiertheit der Volksmusik als pädagogisches Mittel anzuwenden und so die «Musik» zu einem Statussymbol des «Volksnahen» zu stilisieren. Der Initiator und Musikpädagoge eines solchen Volksmusikkurses im Konservatorium meinte ausserdem, dass «man annehmen könne, dass die Förderung der Volksmusik im Bereich der Musikpädagogik auch der zeitgenössischen Musik zu Impulsen verhelfen könne.»[47] In den Musikschulen wird also der Leitgedanke der *Gebrauchsmusik* (der «volksnahen» Musik oder «Volksmusik») pädagogisch eingesetzt, wobei das bisher wesentlichste Definitionsmerkmal der Volksmusik, die Mündlichkeit der Weitergabe von Melodien und Texten fallengelassen wird.

Wichtig scheint in einer neuzeitlichen musikalischen Bildung, dass «das an der Wirklichkeit kontrollierte und durch diese Wirklichkeit korrigierte Musizieren»[48] gefördert werde (übrigens eine sehr «offene» Definition der Bildung). Die *Funktion der Musik* sei es, (wie an musikpädagogischen Kongressen postuliert wird), vermehrt die verschiedensten gesellschaftlichen und kulturellen Aktivitäten zu ergänzen. Ein solch praktisch ausgerichteter Musikunterricht soll zugleich den willkommenen Nebeneffekt haben, «die Musikschulen jeglicher politischer Opposition mit unsachlichen Schlagwörtern wie «elitär» oder «Elfenbeinturm» zu entziehen».[49]

Das jugendliche Ohr gewöhnt sich überaus leicht an eine Berieselung durch die Unterhaltungsmusik, und eine vermehrte Konzessionsbereitschaft für solche Musik ergibt sich fast natürlich. Auch die Lehrer entsprechen oft allzurasch dem Wunsch der Schüler nach einem Unterricht im Stile der leichten Musik der Hitparade. Die zeitgenössische Propaganda zur Offenheit gegenüber allen musikalischen Stilen (Rock, Pop, Unterhaltungsmusik, Volksmusik, E-Musik) führt ebenfalls zu einer Oberflächlichkeit und zu einer Banalisierung der musikalischen Bedürfnisse. Will ein Jugendlicher, der sich an die einfachen tonalfunktionalen Gebilde mit leicht fasslicher Periodik und eingängigen Wiederholungsformen der Unterhaltungsmusik gewöhnt hat, die komplizierten Strukturen und Harmonien der zeitgenössischen E-Musik-Kompositionen überhaupt noch verstehen lernen? Gerade die zeitgenössische Musik hat ja vorwiegend diejenigen Merkmale (Harmonien, Strukturen) fallen gelassen, welche das musikalische Verständnis erleichtern.[50]

In den letzten Jahren sind sich die Musikpädagogen allerdings einig geworden, dass sich die Hör- und Musiziergewohnheiten der Kinder auch auf alle Sparten der zeitgenössischen Musik auszudehnen haben. Dieses pädagogische Problem kann von verschiedenen Seiten her angegangen und auch begründet werden. Im allgemeinen besteht auch heute noch die verfügbare Musikliteratur für den *instrumentalen Unterricht* zum grössten Teil aus klar gegliederten Musikstücken der Klassik oder Romantik. Darüber hinaus bleibt es vorläufig noch bei vereinzelten neu komponierten Notenbüchern wie z. B. die Reihe «Zeitgenössische Klaviermusik für den Unterricht, mit mittelschweren Klavierstücken von Schweizer Komponisten».[51] Es werden deshalb kurze offene Formen für den instrumentalen Musikunterricht vorgezogen, weil diese einen leichten Einstieg in ein differenziertes Musikhören haben. Zudem finden übersichtliche Liedkompositionen und kurze Instrumentalstücke leichter Interpreten und haben damit die willkommene Chance, populäre Musikstücke zu werden. Offenheit gegenüber allen Musikstilen wird allerdings insofern zur Gefahr, als dadurch ein klarer Werk- und Gattungsbegriff der Musik verloren geht und die «geübten Zufälligkeiten» in der Musizierpraxis,[52] wie etwa die heute hochangesehene Improvisationstechnik, überhand nehmen. Andererseits besteht aber die Möglichkeit, dass durch eine Hörbildung anhand von Stilkontrasten ein wählerisches Musikpublikum anerzogen werden kann. Die musikalische Bildung soll heute also eine Generation von Hörern erziehen, die ein Interesse für das Beste eines individuell bevorzugten Musikstiles zeigt. Die Vielfältigkeit der in der Musikschule offerierten Stilrichtungen können durchaus geschmacksbildend für einen späteren Konzertbesuch sein.

Die Problematik der musikalischen Bildungserwartung ist von den Pädagogen erkannt worden, und jedes Jahr werden *Wettbewerbe* für zeitgenössische Kompositionen, die für den Musikunterricht geeignet sind, ausgeschrieben.[53] Die Jubiläumsstiftung «Kind und Musik» des Musikverlags Hug & Co. schrieb z. B. 1988 schon zum sechstenmal den Kompositionswettbewerb mit dem Thema «Neue Musik für Kinder» aus. Auf diese Weise sucht man einfache zeitgenössische Musikstücke «für die untere und mittlere Stufe (5- bis 15jährige), für 1 bis 5 Spieler in beliebiger Besetzung». Auch die Musikkommission der Stadt Zürich hat unter dem Motto «Junge Komponisten schreiben für junge Pianisten» Kompositionsaufträge für ein «Zürcher Klavierbuch»[54] vergeben. Die Schwierigkeiten, die solche Neukompositionen für die Anwendung im Musikunterricht geben, werden vom Berichterstatter der Uraufführung[55] dieser Klavierstücke folgendermassen beschrieben: «Die sieben Komponisten, alle zwischen 30 und 40 Jahre alt, kommen bis auf eine Ausnahme von der Gitarre her. Das ist vielleicht auch der Grund, weshalb ihre Stücke kaum «pianistisch» klingen, ja sich dem Effekt und der Brillanz sogar verweigern.»[56]

Es scheint, dass solche Kompositionen mit «süsslich-kitschigen Harmonien», mit einer «beklemmenden Epigonialität der Jazz-Einflüsse» oder dem «etwas problematischen Zeitverständnis» nicht das Ziel von Kompositionen für junge Pianisten erreicht haben dürften.[57]

Musikalische Erwartungshaltungen

Meistens kommt der Konzertbesucher mit einer bestimmten Erwartungshaltung in eine Musikvorführung. Wie wird diese nun gebildet? Ich werde im folgenden ein paar Faktoren in bezug auf die Erwartungshaltung des Konzertpublikums beschreiben und anschliessend auch auf die Auseinandersetzung mit diesem Problem durch den zeitgenössischen Komponisten eintreten.

Sicher üben einmal die *übernommenen Hörerlebnisse* auf die musikalischen Erwartungen des Konzertpublikums einen Einfluss aus. Ein Konzert mit schon einmal gehörten Musikwerken wird im allgemeinen vom breiten Konzertpublikum geschätzt, man könnte sogar sagen, es wurde erwartet. Ein Programmablauf mit Musik ist dann besonders beliebt, wenn eine *«ausgeglichene Normalität»* offeriert wird. So kann auch der Rezensent nach einem Sinfoniekonzert[58] mit Webers Oberon-Ouverture, dem Violinkonzert von Tschaikowsky und Brahms Vierter Sinfonie von «einem grundsoliden Vergnügen» sprechen, an dem «nichts ein Zeichen des Aussergewöhnlichen trug und kein Ausschlag, weder in positiver noch in negativer Richtung das grundsolide Vergnügen störte».[59] Anscheinend sind solche Konzerte beim Zürcher Konzertpublikum recht beliebt, was darauf hindeutet, dass sich der «Normalbesucher» auf ein Wiedererkennen mehr freut als auf eine neue Bekanntschaft.

Dienstag, 6. Juni 1989 20.15 Uhr

3. Juni-Festwochen-Konzert

Debüt in der Tonhalle

Tonhalle-Orchester
Tzimon Barto, Leitung
Julian Rachlin, Violine

Liadow
«Der Zaubersee» op. 62

Mendelssohn
Violinkonzert e-Moll op. 64

Rachmaninow
Sinfonische Tänze op. 45

Programmheft 26

Die vor dem Konzert gelesenen *Berichterstattungen des Musikkritikers* beeinflussen den Konzertgänger der Wiederholungskonzerte[60] mehr oder weniger in seiner Erwartungshaltung.[61] Der Zeitungsbericht über das Abonnementskonzert vom Dienstagabend kann z. B. die musikalische Erlebnisfähigkeit des Publikums vom Donnerstag- oder Freitagabend verändern. Solche vorprogrammierten Rezeptionen erlauben es dem Konzertbesucher, sich auf den zu erwartenden Erlebnisgehalt einzustellen. Der Hörer reflektiert die neuen musikalischen Eindrücke und Erlebnisse im Zusammenhang mit vorhergegangenen musikalischen Erlebnissen. Musikgeschichtliche und analytische *Informationen*, wie z. B. diejenigen des Programmheftes der Tonhalle-Gesellschaft, können ebenfalls die Erwartungshaltung der Hörerschaft entsprechend lenken.[62] Diese Programmhefte enthalten deshalb allgemein verständliche musikwissenschaftliche Erläuterungen, aber auch gern gelesene biographische Angaben über Künstler.[63] Ein sporadischer Konzertbesuch erschwert allerdings ein zufriedenstellendes Hörerlebnis deshalb, weil zu wenig auf musikalische Erinnerungen zurückgegriffen werden kann. So hat sich etwa das Zürcher Konzertpublikum durch die seit jeher gespielten Werke aus der Barockzeit, der Klassik oder der Romantik ebenfalls gewisse Hörgewohnheiten eingeprägt. Seine Erwartungshaltung ist dementsprechend vorprogrammiert.[64] Eine Programmgestaltung mit überwiegend Werken aus diesen Epochen und auch Sinfonien, mit z. B. üppigen Klangvolumen aus der Spätromantik, sind im allgemeinen sehr beliebt.[65]

Aber nicht nur Konzertbesprechungen prägen die musikalische Erwartungshaltung des Konzertgängers, sondern auch die eingangs beschriebenen *Alltagsbedingungen*. Eine Beschreibung des musikalischen Alltags des Konzertbesuchers[66] kann deshalb recht aufschlussreich sein. Die E-Musik hat in den verschiedensten Alltagsbereichen des Stadtzürchers seinen bestimmten Stellenwert eingenommen, wie z. B. das Radiohören im Auto (auf dem Arbeitsweg)[67] oder die Musikeinspielungen auf Kassetten und Platten. Ich möchte in diesem Zusammenhang zwischen dem passiven und dem aktiven Musikerlebnis unterscheiden. Das *passive Musikhören*, die «erlebte» Musik, spielt in der Erwartungshaltung des Konzertgängers eine andere Rolle als das *aktive Musizieren*, als die sogenannte «gelebte» Musik. Eine aktive musikkulturelle Leistung erbringen z. B. die Chorsänger. Diese wenden nur schon dafür viel mehr Zeit auf als der blosse Musikkonsument, wie etwa der «Normal»-Konzertbesucher. Obwohl im allgemeinen die volkserzieherische Funktion des Chorwesens heute unwichtig erscheint, ist nicht zu verkennen, dass die aktiven Musiker, gemeint sind vor allem Chorsänger und Laienmusiker, trotzdem einen beträchtlichen Teil der Konzertbesucher darstellen. Ihre Hörgewohnheiten erklären allenfalls auch die Vorliebe für eine Programmgestaltung mit einem eher traditionellen Klangbild.

Bestimmte Erwartungshaltungen des Publikums können andererseits den *Erfolg eines Konzertes* weitgehend mitbestimmen. Dies kam in der Rezension eines zeitgenössischen Werkes zum Ausdruck,[68] nach welcher «Stellen insofern gefährlich schön klingen, als die Vorbilder überdeutlich werden». Die *Vorbilder* waren allerdings eine willkommene *Hörerhilfe*. Auch durch die riesige Schallplattenproduktionen der letzten Jahre haben sich die Hörgewohnheiten verfeinert, z. B. dadurch, dass der «Musik-Konsument» verschiedene Interpretationen eines Musikwerkes vergleichen kann. Im Extremfall erwartet deshalb der Hörer im Konzert eine absolute Perfektion, oder wie der Rezensent dann mit Recht meinte: «Es ist, als ob die Musik durch eine Waschmaschine gegangen wäre. Doch die Schönheit bleibt in der Waschmaschine hängen. Der Reinheit fehlt es an Charakter.»[69] Die Hörgewohnheiten des Konzertpublikums werden ebenfalls durch die Musikauswahl in den Medien, vor allem aus der Unterhaltungsbranche, geprägt, welche ihrerseits wieder auf den Einschaltquoten-Erhebungen basieren.[70]

Gegenüber der *Neuen Musik* wird die Erwartungshaltung durch Informationen, vor allem über besonders ausgefallene «happenings», geformt und oft auch verfälscht. Der Konzertbesucher wird dadurch von Konzerten mit Neuer Musik, im besonderen mit Computermusik, allzu leicht ferngehalten. Vor allem das Verstehen von Neuer Musik hat eine breite Vermittlungbasis nötig, denn mit traditionell geformten Hörgewohnheiten ist das Einhören und Entziffern fast unmöglich. Ein wiederholter Konzertbesuch ermöglicht das *Herstellen von Relationen*, d.h., die traditionellen musikalischen Hörgewohnheiten können sich dadurch langsam verändern. Durch wiederholtes Anhören von zeitgenössischer Musik können ebenfalls musikalische Beurteilungskriterien leichter erworben werden. Die Werke in der Neuen Musik sind eigentlich selten ausschliesslich revolutionierend neu, und die Erfahrungen, die wir an bestehenden Musikwerken gewonnen haben, können als Kriterien bei einem Vergleich in Anwendung gebracht werden. Für ein ausgewogenes Verhältnis zwischen übernommenen Hörgewohnheiten und der «Musik an sich» muss also eine gewisse *Leistung* erbracht werden. Erklärungen über neuartige Klangformen sind deshalb vor allem bei Schülerkonzerten, d.h beim potentiellen Konzertpublikum, überaus wichtig. Das Konzertpublikum von morgen muss also das Neue anhören, verstehen und dann entziffern lernen. Bei Uraufführungen kann auch ein zweimaliges Vorführen desselben Werkes eine Vergleichsbasis erstellen. So spielte das Collegium Musicum z. B. Elliott Carters «Konzert für Oboe und Orchester»[71] einmal vor und einmal nach der Pause, was vom Publikum freudig begrüsst wurde.

Wir dürfen aber nicht vergessen, dass das Zürcher Konzertpublikum auch Musikliebhaber umfasst, deren musikalische Erwartungen durch langjährige und *internationale Erlebnisse* geschult sind. Ihre Hörgewohnheiten sind an internationalen Musik-Festivals, aber auch an Aufführungen von erstklassigen Interpreten und auf hohem professionellem Niveau spielenden Orchestern, die in Zürich und in anderen Kulturzentren auftraten, geschult. Von solchen Konzertbesuchern ist oft der Wunsch nach einer *«authentischen» Interpretation* zu hören. Der Begriff der «authentischen» Interpretation scheint mir aber recht problematisch zu sein. Einen verbindlichen Massstab, an dem sich der Grad der Authentizität erkennen liesse, gibt es wohl nicht.[72] Hörgewohnheiten und «authentische» Aufführung dürfen deshalb nicht in gegenseitiger Abhängigkeit gesehen werden.[73] Zudem kann sich ein Dirigent in seiner momentanen Interpretation, vor allem von zeitgenössischer Musik, viel freier fühlen, als noch vor zwanzig Jahren. Dies resultiert zum grossen Teil aus der Tatsache, dass der zeitgenössische Komponist die meisten Entscheide in der Interpretation dem ausübenden Musiker abgetreten hat. Jede Interpretation, nicht nur von zeitgenössischer Musik, legitimiert sich aus immer wieder veränderten Voraussetzungen heraus, die sich aus den räumlichen, zeitlichen oder personellen Bedingungen ergeben.

Eine werkimmanente Annäherung in der Interpretation ist also in der zeitgenössischen Musik am ehesten möglich.[74] Allerdings muss sich auch das Konzertpublikum mit seinen erworbenen Hörgewohnheiten stets an die entsprechenden Bedingungen anpassen. Jede Aufführung sollte also im Extremfall eine neues Hörerlebnis werden, das heisst aber auch, dass die Erwartungshaltung des Zuhörers oft nicht eingelöst wird. Aus dem Vorhergegangenen wird deutlich, dass es dem Konzertpublikum deshalb oft schwer fällt, *das ästhetisch Hochstehende* in der immer breiter werdenden Palette der E-Musik zu erkennen und einzuordnen.

Wie kann die Erwartungshaltung der Konzertbesucher weiterhin befriedigt werden? Die *Ausstrahlung der Musik* deckt sich im Idealfall mit der Erwartungshaltung des Zuhörers. Aus einer emotionalen Übereinstimmung zwischen dem Dirigenten, den Musikern und dem zu spielenden Musikwerk ergibt sich eine «Partnerschaft»[75] zwischen Publikum, Dirigent und Musiker.[76] Dieses Spannungsfeld scheint die beste Voraussetzung für die maximale Ausstrahlungskraft der Musik zu sein. Dabei ist für ein bleibendes Erlebnis *das Optische* und das Theatralische in der Präsentation der Musik nicht zu übersehen.[77] So kann auch die Inszenierung eines traditionellen Musikwerkes wie z. B. der «Abschiedssinfonie» von Haydn (Hob. I 45), immer wieder zu einem neuen Hörerlebnis werden. Die Zuhörerschaft amüsiert sich jedesmal sichtlich, wenn die Musiker programmgemäss das Podium einzeln und gruppenweise verlassen.

Was prägt die Erwartungshaltung des Musikhörers weiter?

Die musikalischen Erwartungshaltungen des Konzertpublikums bestimmen z. B. auch die *Mitgliedschaften* zu verschiedenen musikkulturellen Interessengruppen. Die «Freunde des Zürcher Kammerorchesters» erwarten z. B. ein eher traditionelles Konzertprogramm, die Mitglieder der «Internationalen Gesellschaft für Neue Musik» (IGNM) sind auf moderne Musik eingestellt etc.[78] So sind in der Musikkultur die Hörgewohnheiten im weitesten Sinn ebenfalls *Ausdruck unserer Lebensweise* geworden.[79] Die Zugehörigkeit zu den verschiedensten musikkulturellen Interessengruppen führt auch zur zunehmenden Schrumpfung des sinfonischen Repertoires, denn Kompositionen für kleine Besetzungen werden in entsprechenden Interessengruppen eher aufgeführt. Die persönliche Vorliebe kann in den vielen kleinen einheitlichen Musik-Gruppen eben leichter befriedigt werden. Die Tätigkeiten der spezialisierten Ensembles in den Bereichen der alten oder der neuen Musik verunsichern deshalb nicht nur das Konzertpublikum, sondern auch den E-Musikkomponisten. Er fragt sich, wie er sich orientieren soll, wenn er den Erwartungen des Publikums in seinen Kompositionen entsprechen möchte und wenn ein einheitliches Konzertpublikum gar nicht zu erkennen ist. Soll sich der Musikhörer ebenfalls nur an seine Hörerwartungen halten, um befriedigt zu werden?[80]

Die traditionellen Hörgewohnheiten des Zuhörers und des Komponisten genügen wohl nicht, in der Musik das schwer definierbare «Ästhetisch-Schöne» zu finden. Was ist z. B. «gut» in der Computermusik, welche ja ausserhalb der musikkulturellen Umwelt der meisten Konzertgänger steht? Die neuen technischen Strukturen der Computermusik scheinen dazu weitgehend eine allzu fortgeschrittene Musikstruktur aufzuweisen. Kann das Zürcher Konzertpublikum auch dort ästhetische Werte empfinden und akzeptieren lernen, oder muss diese

partiturauszug von ‹poème électronique› von edgar varèse

Musik einem Kreis von Kennern vorbehalten bleiben?[81] Die jährlich stattfindenden «Konzertreihen mit Computer-Musik»[82] werden z. B. lediglich von einem «Insiderkreis» besucht. Solche musikalische Erfahrungen ergeben daher nur einem kleinen Kreis von Musikliebhabern neue Qualitätskriterien.[83]

Ich habe oben dargelegt, wie sich die Erwartungshaltung des Publikums in den Mitgliedschaften bei musikalischen Vereinigungen ausdrückt und wie umgekehrt diese Strukturierung des Konzertpublikums die Erwartungshaltungen prägt. In diesem Umfeld müssen der Komponist und der Berufsmusiker operieren, wenn sie die *musikalische Erwartungshaltung* des Publikums *beeinflussen* wollen. Das allgemeine Musikpublikum besitzt vorwiegend ein Gedächtnis für traditionelle Aufführungen. Es kann neue musikkulturelle Strömungen deshalb weniger leicht verarbeiten. Demgemäss wären die erfolgreichsten Komponisten diejenigen, die, wie ein Musikkritiker meint: «versierte Eklektiker sind, die sich in der Musikgeschichte zwischen Stravinsky und Benjamin Britten metiersicher auskennen».[84] Erfolgreiche Kompositionen in diesem Sinne zeichnen sich aus durch «die swingenden Rhythmen, hübschen Melodiezügen mit jazzoiden Einsprengseln, die kaum einen Effekt auslassen, der nicht spontan beim Hörer ankommen kann».[85] Das Zürcher Konzertpublikum schätzt allerdings solche unterhaltsamen Konzertveranstaltungen. Doch lässt sich auch eine musikalisch interessantere Tendenz herauslesen: Das Publikum kann sich am ehesten für moderne Werke mit einer *durchsichtigen Klanglichkeit* erwärmen. Solche Voraussetzungen aus der Erwartungshaltung des Publikums heraus zwingen u. a. die zeitgenössischen Komponisten, in einer feinabgestuften Transparenz zu komponieren. Dann kann der Komponist aber auch mit einer gewissen Offenheit des Publikums rechnen, da er «im allgemeinen lieber für ein offenes Publikum komponiert, denn ein gleichgültiges Publikum lässt mich kühl; ein interessiertes Publikum dagegen ist von neuen guten musikalischen Einfällen begeistert».[86]

Wenn nun, wie heutzutage oft üblich, *raschere Tempi* auch bei traditionellen Werken angeschlagen werden, muss sich der Zuhörer ebenfalls in seinen Hörgewohnheiten umstellen. Raschere Tempi z. B. bei der Interpretation von Beethoven-Sinfonien treten der üblichen Erwartung eines historisch-heroischen Interpretationsklanges des 19. Jahrhunderts entgegen. Die *wechselhaften Tempi*[87] in den zeitgenössischen Werken werden dagegen eher auf einen modernen Folklorismus- und Unterhaltungsmusik-Trend bezogen.[88] Der Rezensent eines Konzertes mit Neuer Musik schloss z. B. voreilig, dass dem Komponisten-Dirigenten einfach das Temperament durchgegangen sei. Der Komponist stehe eben der Folklore und der Unterhaltungsmusik nahe, und die Komposition weise viele charakteristisch brasilianische Musikelemente auf. Dies sei besonders im rhythmischen Sektor bestimmend und komme deshalb beim Publikum gut an.[89]

Warum sprechen nun solche Kompositionen, die andersartige Musikkulturen mit den uns vertrauten verschmelzen lassen, einen Grossteil des Konzertpublikums an?[90] Durch die täglichen Musiksendungen der Medien und durch den Tourismus kann auf gewisse Hör-Erlebnisse zurückgegriffen werden. Der Erfolg einer Komposition stellt sich gewöhnlich dort am leichtesten ein, wo das Publikum eine Beziehung (z. B. zur Folkore) leicht herstellen kann.[91] Ein Komponist aber, der kompositorisch seinen eigenen Weg geht und ziemlich unabhängig davon schreibt, was international als «Trend» gilt, wird oft wenig bekannt.[92] Ein Rückgriff auf die Tradition schweizerischer Kompositionen, z. B. der 30er Jahre, erscheint dem Zürcher Publikum ebenfalls zu schwierig. Ein zeitgenössischer Komponist, der die «klassischen» melodischen Floskeln, die an die Schweizer Musik der dreissiger Jahre erinnern, einsetzt, hat dadurch keineswegs leichter Anschluss an das Verständnis des Zürcher Publikums gewonnen. Es fällt dem Hörer meistens schwer, eine formale Einheit und Klarheit aus den vielen, klanglich sehr aparten Einfällen solcher Kompositionen herauszuhören.[93] Die Hörgewohnheiten des Konzertgängers sind also, ungeachtet der Musikperiode, vorwiegend auf eine *klargegliederte Kompositionsstruktur* abgestimmt.[94] Hier ist als extremes Beispiel eine Aufführung zu nennen, bei der die Kompositionsstruktur soweit reduziert war, dass nur der Interpret die gesamte Komposition zu hören bekam, nämlich über einen Kopfhörer. Der Konzertbesucher vernahm lediglich die Melodiestimme des Interpreten, dafür dann allerdings eine klar definierte Tonreihe.[95] Die Rezeption dieser Komposition fiel recht positiv aus; der übersichtlichen Struktur war es zu verdanken, dass das Publikum nicht protestierte. Ich konstatierte trotzdem eine gewisse Resignation der zeitgenössischen Musik gegenüber. Eine derartige Minimal-Komposition schränkt ja den Hörerkreis im Extremfall bis auf den Komponisten und den Interpreten ein. Die Erwartungshaltung, d.h. das Vorurteil vom Nicht-Verstehen der Neuen Musik, wurde in diesem Konzert der einfachen Struktur wegen nicht eingelöst. Ist ein kompositorisches und instrumentales Rückzugsphänomen, wie in dieser Komposition, aufgrund von Erfahrungen mit einer schlechten Publikumsakzeptanz zu erklären? Dasselbe *Rückzugsphänomen* ist auch in den Instrumentierungen zu beobachten, indem manche (Zürcher) Komponisten lieber für eine kleine Besetzung schreiben. Dies hat seine praktischen Gründe, denn kleine Besetzungen sind aufführungstechnisch erfolgversprechender. Die Akzeptanz einer zeitgenössischen Komposition mit grosser sinfonischen Besetzung gelingt allerdings doch einigen etablierten Komponisten.[96]

Die *Verwischung der Grenzen zwischen E-Musik und U-Musik* ergibt die grössere Akzeptanz der Musik bei einer breiten Bevölkerungsschicht und hat der sogenannten Kunstmusik[97] beim Überleben geholfen. Die Komponisten, die die E-Musik mit viel Unterhaltungswert mischen, befriedigen die Erwartungshaltung des Konzertpublikums wohl am besten. Die meisten Konzertgänger suchen im Konzertbesuch *Vergnügen, Genuss oder Erholung*, die in den (vermeintlich) leicht verstehbaren Musikwerken, z. B. programmatischen, zu finden sind. Gerade in diesem Zwischenbereich ist aber das Problem der *musikalischen Qualität* besonders akut und «gute» kompositorische Arbeit selten. Auch aus diesem Grunde ist es zu begrüssen, dass dem Zürcher Komponisten Franz Tischhauser der Musikpreis 1988 der Stadt Zürich für die «handwerklich hervorragende und von feinem Humor geprägte Musik zwischen Ernst und Unterhaltung» zugesprochen wurde.[98] Traditionsgemäss kommen allerdings die meisten Neu-Kompositionen, die die Grenzen von E- und U-Musik verwischen, aus Amerika. Der Berichterstatter kommentierte aber eine den Hörgewohnheiten entgegenkommende amerikanische Komposition folgendermassen: «Die Musik scheint in ihrer seichten Süsslichkeit direkt aus Hollywoods Traumfabrik zu kommen, und solche stilistische Unbedarftheit muss natürlich nachdenklich stimmen. Die Komposition liegt jenseits aller ernst zu nehmenden Tendenzen neotonaler Einfachheit, und man wundert sich nicht über die leichte Verunsicherung des Publikums, das sich wohl angesichts der Zeitgenossenschaft des Werks auf ganz andere Töne eingestellt hatte.»[99] Solche Musik scheint für ein Publikum geschrieben, das der Dirigent Francis Travis wie folgt glossiert: «Das Publikum geht immer häufiger ins Konzert wie in ein warmes Bad. Ernste Musik braucht aber immer mehr ein hellwaches, risikobereites Publikum.»[100]

Symptome der Musikrezeption

Für den Erfolg eines Konzerts ist die *Übereinstimmung der Konzert-Atmosphäre* mit dem *Geschmack des Publikums* eine wesentliche Vorbedingung.[101]

Das Publikum reagiert also nicht nur objektiv auf das musikalisch Angebotene, sondern auch auf die *Atmosphäre des Konzertanlasses*. Damit es zum «Klingen» kommt, müssen die Umweltbedingungen im allgemeinsten Sinne stimmig sein. Entspannte lächelnde Gesichter, Taktschlagen, verstecktes Dirigieren, Körperwiegen und andere Gesten sind vor allem bei humorvollen Kompositionen anzutreffen. So war es z. B. beim Konzert des Empire Brass Quintetts,[102] das für die Mitglieder der Tonhalle-Gesellschaft gegeben wurde. Auch am Lunchkonzert[103] wurde begeistert geklatscht, als die «The King's Trumpeters» ansprechende Melodien brachten. Der offene Klang der Blechinstrumente trug wesentlich zur lockeren Stimmung bei. Die Blechinstrumente, eine in gewissem Sinne schichtspezifische Instrumentation, bekannt als Harmoniemusik einer lokalen und dörflichen Gemeinschaft, wirkte offensichtlich auch auf die zahlreich erschienenen Zürcher Geschäftsleute entspannend. Sogar der formelle Frack der Musiker und die anderssprachigen (englischen) Erklärungen zu den Musikstücken hemmten den Erfolg dieses Mittagskonzertes keineswegs. An diesem Lunchkonzert fiel auf, dass die älteren Konzertbesucher fehlten, welche zu Beginn diese, auch ihretwegen, veranstaltete Konzertreihe so begrüsst hatten. Bevorzugt diese Gruppe von Konzertbesuchern das sinfonische Konzertprogramm eines vollen Orchesters und assoziiert sie Blasinstrumente unbewusst mit Musizieren im Freien?

In Konzertbesprechungen wird öfters hervorgehoben, dass das Publikum die «*Atmosphäre*» geschätzt habe. «Atmosphäre» bedeutet heute aber vor allem «Entspannung», «Ungezwungenheit». War es nun die Instrumentierung oder die Lockerung des Tenuezwangs, die beim Lunchkonzert den eindeutigen Erfolg für eine zeitgenössische Schlagzeugkomposition von Heinz Karl Gruber brachte?[104] Die gleiche Musik erhielt in der nachfolgenden Abendvorstellung nur gerade «höflichen» Applaus. Bei einem Lunchkonzert im Grossen Tonhallesaal wird vom Berichterstatter vorerst die Stimmung und nicht der musikkulturelle Programminhalt hervorgehoben. Die «lockere Atmosphäre» scheint das wichtigste für die Musiker und den Dirigenten zu sein. Sie ist auch schon dadurch gegeben, dass eine Art Probensituation mit abgekürztem Musikprogramm projiziert wird.[105] Eine lockere Atmosphäre bietet auch das Radiostudio mit Sonntagvormittags-Aufführungen an. Der Rezensent beschreibt das Konzert ebenfalls mit der Betonung der «lockeren Atmosphäre»: «Musiker und Publikum schätzen die lockere Atmosphäre um 11 Uhr morgens im Studiosaal. Diese Vormittagskonzerte eignen sich zudem besonders für ältere Leute und Familien mit Kindern, für welche abendliche Konzertbesuche weniger in Frage kommen.»[106] «Lockerung» der Atmosphäre bedeutet also konkret Vormittags- oder Mittagskonzert und Vereinfachung des Tenues, wie etwa das Tragen von Pullover und Bluejeans.

Lockere Atmosphäre braucht aber nicht ausschliesslich «Bluejeans» zu bedeuten, wie folgendes Beispiel belegt.[107] Der Berichterstatter stellte fest, dass Neue Musik sich neben traditioneller Musik behaupten, ja sogar die Veranstaltung «retten» kann: Die «gelockerte» Stimmung im kleinen Tonhallesaal, hiess es, die Begeisterung des Orchesters, das sich für die ungewohnte Aufgabe einer Uraufführung einsetzte, habe zum grossen Erfolg beigetragen. Diese Uraufführung des Konzertes für Trompeten-Improvisationen mit einem durchgestalteten Orchesterpart habe «die allzu gewöhnliche erste Programmhälfte» gerettet. Die zeitgenössische Musik wurde also in diesem Konzert zum Höhepunkt. Aber auch das traditionelle Publikum musste hier seine etablierten Hör-Erinnerungen nicht vollständig aufgeben. Es hiess, dass der Orchesterpart streng durchgestaltet wurde, wobei in der Harmonik, die der Tonalität oft nahe komme und in der Periodik, die meistens übersichtlichen und regelmässigen Gestaltungen folge, eine besondere «Stabilität» erreicht wurde. Das Ohr des Zuhörers konnte sich also an den tonalen und periodischen Strukturen dieser improvisierenden Musik orientieren.

Für die Einschätzung der Rezeption ist für mich die Beobachtung der oft ausführlichen und *engagierten Pausengespräche* aufschlussreich. Man stellt bald einmal fest, dass die Programmnotizen, die der Besucher sich vor Konzertbeginn erworben und flüchtig studiert hat, als Verbalisierungshilfen für die musikalischen Gespräche dienen. Sie vermitteln vor allem enzyklopädisches Wissen in bezug auf Personenbeschreibung, Musikgeschichte oder musikwissenschaftliche Analyse des programmierten Musikwerkes. Das musikalisch orientierte Pausengespräch des Konzertbesuchers dreht sich deshalb auch notwendigerweise um Karrierestationen der Solisten, wie: «ist aufgewachsen...»; «stammt aus...»; «schloss die Studien ab...»; «absolvierte...»; «wirkte in...»; «leitete...»; «widmet sich...»; «gewann...» etc. Der musikhistorische Teil der Programmnotizen liefert Gesprächsstoff zu vergleichenden Betrachtungen zur eben gehörten Aufführung. Mit dem folgenden Beispiel illustriere ich weiter die Sprache und die Begriffswelt des Konzertpublikums, die in Pausendiskussionen einfliessen. Ein Zuhörer empfand z. B.: «Enthusiasmus und Notentreue der Interpretation, welche sich in idealer Weise verbanden». «Notentreue» und «Ausstrahlung der Musik» sind beliebte Gesprächsgegenstände beim langjährigen Konzertbesucher. Müsste nun «Notentreue» bei einer Interpretation nicht eher als schlechte Kritik gelten? Ist das angestrebte höchste Ziel eines Interpreten nicht die sogenannte musikalische Ausstrahlung der Komposition?[108]

Da sich die Verbalisierung der Musikrezeption hauptsächlich auf enzyklopädische Angaben beschränkt, bot z. B. ein Konzert der Gesellschaft Rezital[109] wenig Pausen-Gesprächsstoff. Man stand irgendwie verlegen da, denn das Programmblatt lieferte die folgenden Angaben: «Dieses Programm ist ein Spiel. Ein Spiel mit bekannten und weniger bekannten Teilnehmern, den Werken; ein Spiel um Tonarten, feste und bewegliche; ein Spiel um Anfänge und Schlüsse; um poetische, zögernde, direkte, zupackende Anfänge; um offene Schlüsse, schliessende Schlüsse, Trugschlüsse, Schlüsse, die in die Stille auslaufen, triumphal prunkende Schlüsse. In diesem Programm kommt auch ein Spiel um ein Thema vor, um ein Thema, das man verschieden spielen, dessen verschiedene Erscheinungsformen man wiederum verschieden variieren kann. Dieses Programm ist aber auch ein Spiel um die Möglichkeiten des Klavierspiels; um Klänge, um Gestalten, um Aussagen, um Stimmungen, um Ausdruck; ein Spiel zwischen Vertiefung und Artistik, zwischen Witz und Trauer, ein Spiel um des Spielens willen, ein selbstvergessenes Selbstzweckspiel.»[110] Dieser musikalische Essay bot also weniger eine Verbalisierungs- als eine Hörhilfe. Musikwissenschaftliche Analysen können dagegen durch Überlagerung von fremdem mit individuellem Wissen arbeiten und damit das verbale Operieren mit Begriffen über neue musikalische Strukturen, Formen und Harmonien suggerieren.

Die Rezeption aus der Sicht des Interpreten sowie des Veranstalters findet die verschiedensten Ausdrucksformen. Da die Musikausübung tiefster und konzentriertester Ausdruck der Kreativität des einzelnen ist, soll der Musikhörer, der als Liebhaber ins Konzert kommt, dies spüren. Die Musik gefällt ihm, es ist ihm wohl ums Herz. Das Studium der Physiognomie des Zuhörers sagt recht viel aus über sein Geschmacksempfinden. Das Gesicht des Kritikers bleibt dagegen unverbindlich. Sein professionelles, musikalisches Denken und Fühlen ist pragmatisch und basiert meistens auf grossen Erfahrungen hinsichtlich Kompositionstechnik und Interpretation: Seine Beobachtungsgabe ist durch den Beruf geschärft. Die Grundlage für eine differenzierte Sinneswahrnehmung ist wohl das persönliche Empfindungsvermögen, welches sich aus der Auseinandersetzung mit der Umwelt und der Lebenserfahrung herauskristallisiert hat. Auch für den Komponisten ist das Hören konzentrierte Arbeit. Der Konzertbesuch ist für ihn Arbeitszeit, aus der er ohne langes Verweilen am Ende weggeht.

Andere *Ausdrucksformen* in der Auseinandersetzung mit dem Musikwerk sind eher *literarischer Art*. So erklärt der Komponist im Programmheft sein Vorgehen bei der Komposition von «Teamwork»: «Einer Anregung des Solisten folgend bestand die recht ungewöhnliche Aufgabe darin, eine Partitur für die Besetzung eines Streichorchesters und eines Schlagzeugers, den ich mir zusätzlich gewünscht hatte, zu schreiben.»[111] Besonders für die improvisierende und experimentierende Klangwelt lassen sich schöne Worte finden wie «greifbare Figuren», «fassbare Formen», «erinnerbare Bilder mit Konturen und Farben, mit Inhalten, Strukturen oder Ornamenten». Solche assoziative Beschreibungen einer zeitgenössischen Komposition stossen beim Publikum auf unmittelbares Verständnis. Da die Spontaneität des Musikers in der kulturellen Identität vorgeprägt ist, kann also auch der ernsthafte zeitgenössische Komponist, «der sich nicht nach den gewohnten Massstäben der Musikwelt ausrichtet und der den Sinn des Konzertierens immer wieder neu definieren will», mit improvisierenden Werken erfolgreich sein. Werner Bärtschi hatte das Auftragswerk «Teamwork» als ernsthafte Auseinandersetzung und als «improvisierendes Gespräch» zwischen einer geschriebenen Partitur und der spontan improvisierenden Solostimme (Trompete) komponiert.[112]

Das musikkulturelle Selbstverständnis des Zürcher Publikums

Das heutige Konzertpublikum als Interessen-Gemeinschaft

Eine der wichtigsten Auswirkungen der Funktionalität der Musik (siehe S. 36 f.) und der Erwartungshaltung des Konzertpublikums (siehe S. 64 f.) ist die *Bildung von musikkulturellen Gruppierungen*. Zu solchen Interessengruppen haben sich Musikliebhaber zusammengeschlossen, um sich aktiv oder passiv musikalisch zu betätigen. Ich denke an die verschiedensten Aktivitätsinteressen wie Chorsingen, Improvisieren, aber auch an die Gruppen, die sich für Politische Musik oder Computermusik etc. interessieren. Diese Gruppierungen sind oft bewusste Abspaltungen von der bürgerlichen Interessensphäre,

(Frauenmusik-Forum, Politische Musik). Solche «Insiderkreise» suchen ihre eigenen Aufführungsorte[113] und erleben dann oft, dass sie von der restlichen musikkulturellen Gesellschaft kaum beachtet werden.[114]

Es wäre aber vereinfachend, solche Gruppierungen nur als «*Geschmackskulturen*» einzustufen, denn auch diese Gruppierungen sind in der zürcherischen Gesellschaftsstruktur mannigfaltig eingebunden. Jede musikalische *Interessengruppe* vertritt eine von Bürgern miterlebte Musikkultur, die sich aus ihrer alltäglichen Lebenswelt herausgebildet hat. Idealerweise fühlt sich die Gruppe, aber auch das *Gruppenmitglied*, der bürgerlichen Gesellschaft[115] gegenüber dann auch mehr oder weniger verpflichtet, wie z. B. das Kirchenchor-Mitglied eine gewisse Verantwortung für die Mitwirkung im Gottesdienst wahrnimmt. Die «Gesellschaft», aber auch die Interessengruppe, kann dem Mitglied eine soziale oder finanzielle Abhängigkeit aufoktroyieren.[116] Der Mitgliederbeitrag z. B. verpflichtet einerseits den einzelnen zum Mitmachen, andererseits bezahlt ja auch jeder passive Konzertbesucher neben seinem Eintrittspreis zum Konzertbesuch zusätzlich noch Steuern (wiederum gebraucht für Subventionen). Auf diese Weise unterstützt er ebenfalls diverse Kulturinteressen, indirekt also auch die Bildung neuer Interessengruppen in der Stadt Zürich.

Das pluralistische Kulturleben der Stadt Zürich erlaubt die Ausübung verschiedenster gruppenspezifischer Interessen. Eine nähere Betrachtung des Musiklebens in der Stadt Zürich zeigt, dass das ganze öffentliche musikkulturelle Leben traditionellerweise eine mitgliedschaftsorientierte Kultur mit *Vereinscharakter* ist. Die musikorientierten Vereine sind heutzutage aber nicht mehr ausschliesslich auf das Chorwesen und die Volksmusik beschränkt.

Eine verbalisierte Musikkomposition, vgl. S. 74.

Ich denke hier nicht nur an die musikalischen Alternativgruppen, wie etwa das Frauenmusik-Forum oder die Kooperative,[117] sondern im besonderen an das E-Musik-Publikum, das sich etwa in der «Tonhalle-Gesellschaft», der Gesellschaft «Freunde des Liedes», den «Freunden des Zürcher Kammerorchesters» etc. zusammengeschlossen hat. Auch die Tonhalle-Konzertbesucher können als eine Teil-Gruppe, ja vielleicht sogar als Subkultur innerhalb eines pluralistischen Ganzen angesehen werden.[118] Der Lebensstil und das Verhalten, die Kleidung, das Benehmen, die Sprache, d.h. die Normen und Werte der Mitglieder solcher Gruppen, bestimmen zum grossen Teil die Identität dieser Interessengemeinschaften.[119] Die Verhaltensmerkmale innerhalb solcher städtischen Gemeinschaften unterscheiden sich heute nicht mehr stark von denjenigen der Vereine (Kirchenchor, Jazzgruppe, Laienorchester, Volksmusikensemble) in einer schweizerischen Dorfgemeinschaft. Solange die Gruppe einigermassen überschaubar ist, erkennt man sich, d.h., die Mitglieder der «Freunde des Zürcher Kammerorchesters», der «Camerata» oder der «Gesellschaft Rezital» grüssen sich und lächeln sich beim Herumstehen im Foyer der Tonhalle zu. Man erkennt sich auch ausserhalb von Konzertanlässen, auf der Strasse, im Café oder bei andern Begebenheiten.[120]

Die volkskundliche Ausrichtung meiner Untersuchung sieht in den Reaktionen und Verhaltensmerkmalen des Konzertpublikums wichtige gruppenspezifische Unterschiede. Auch das einzelne Mitglied demonstriert nach aussen hin mehr oder weniger deutlich seine Gruppen-Verhaltensmerkmale.[121] Die *Identifikation des einzelnen* mit seiner musikkulturellen Interessengruppe gibt ihm emotionelles, aber auch musikkritisches Selbstvertrauen. Dieses Selbstbewusstsein kann sich im musikorientierten Pausengespräch äussern. Soziale Abgrenzungen sind bei den verschiedenen Interessengruppen in unserem pluralistischen Gesellschaftsbild immer mehr verwischt, d. h., es sind nicht nur die oberen Schichten, die das klassische Musikangebot annehmen, und es sind auch nicht nur die Jugendlichen, die sich auf alternative und avantgardistische Musik konzentrieren. Auch die sogenannten unteren Schichten repräsentieren nicht mehr nur die volkstümliche oder populäre Massenkultur. Es sind also nicht die sozialen Unterschiede in der schweizerischen Bevölkerung, die sich im Musikleben manifestieren, sondern eher die *berufs- und altersbedingten Voraussetzungen*. Diese gesellschaftliche Auswahl der Zuhörerschaft bestimmt zum grössten Teil auch den Repräsentationswert einer musikkulturellen Gruppe.[122] Das *Image* solcher Gruppen ist wiederum in der Gestaltung der städtischen Musikkultur wirksam, besonders dann, wenn von der Finanzierung von Gruppen mit kleinen und grossen Mitgliedschaften die Rede ist.[123]

Ich möchte auf die überaus wichtige praktische Seite einer Interessengruppe, d.h die Finanzierung, noch etwas näher eingehen. Die rein *wirtschaftlichen* Faktoren üben einen nicht geringen Einfluss auf die Zugehörigkeit zu einer bestimmten Interessengruppe aus. Die Mitgliederbeiträge der musikalisch orientierten Gesellschaften variieren denn auch stark.[124] Der Durchschnittsschweizer gibt im allgemeinen viel Geld für seine kulturellen Bedürfnisse aus, das heisst aber auch, dass er seine gegenwärtige soziale Sicherheit als eine Selbstverständlichkeit akzeptiert. Nach einer statistischen Untersuchung zahlt jeder Bewohner der Stadt Zürich für Kulturelles im Jahr durchschnittlich Fr. 481.–, derjenige von Winterthur Fr. 241.–, der Luzerner Fr. 303.–, der Bieler Fr. 245.–.¹²⁵ Durch eine solche finanzielle Beteiligung entsteht gleichermassen eine Identifikation des einzelnen mit dem Konzept seiner kulturellen Gesellschaft.¹²⁶ In diesem Zusammenhang werfe ich ein paar aktuelle Fragen auf, die in diesem Buche von verschiedenen Seiten her beleuchtet werden: Wie weit haben die (zahlenden) Konzertbesucher Anrecht auf eine individuelle musikalische Berücksichtigung und Befriedigung ihrer programmatischen Vorliebe? Legitimieren die städtischen Subventionsgelder den Zürcher Konzertgänger zur *aktiven Mitsprache* in der Programmgestaltung der verschiedenen Veranstaltungen? Sind vollbesetzte Konzertsäle immer eine wirtschaftliche und gesellschaftliche Notwendigkeit?¹²⁷

Zur ersten Frage nach der Programm-Mitgestaltung gemäss persönlichen Vorlieben ist zu sagen, dass im allgemeinen der Konzertgänger sich vorwiegend an der *Programmgestaltung* seiner betreffenden Mitglied-Gesellschaft orientiert.¹²⁸ Das ungeschriebene und eigentlich unrealistische Anrecht auf persönliche Mitsprache in der Programmgestaltung hat den Konzertgänger deshalb auch bewogen, einer entsprechenden musikkulturellen Interessengruppe anzugehören. Man kann in diesen Gruppen durchaus von einer Partnerschaft zwischen Veranstalter und Publikum sprechen; allerdings liegt die Verantwortung für die Programmgestaltung beim Veranstalter.¹²⁹ Es wird ebenfalls allgemein akzeptiert, dass dieser sich wesentlich von wirtschaftlichen Gesichtspunkten leiten lässt. Die *emotionale Teilnahme* des Mitgliedes einer Gemeinschaft spielt in der städtischen wie in der ländlichen Musikwelt eine fundamentale Rolle. Etwas idealisiert formuliert dies ein Dirigent folgendermassen: «Ein Konzert ist fast wie ein Gottesdienst. Nebst der Atmosphäre der Nähe zum Werk sollten die Zuhörer für kurze Zeit schicksalshaft zusammenkommen, das unerklärbare Erlebnis gemeinsamen Hinhörens erfahren, vielleicht auch ähnliche Gedanken mit nach Hause nehmen.»¹³⁰ Auf Emotionales verweist auch der Präsident der Tonhalle-Gesellschaft: «Jedes Orchester ist dann besonders leistungsfähig und in guter Spielverfassung, wenn es sich getragen weiss von einer möglichst grossen und interessierten Gemeinschaft von engagierten Musikfreunden und Behörden, welche seine Arbeit zu schätzen wissen und für seine Anliegen Verständnis zeigen.»¹³¹

Claus Peter Flor, Gastdirigent des Tonhalle-Orchesters.

Im Sport, in der Religion, aber auch in der Musikkultur wird die *Zugehörigkeit zu einer Interessengemeinschaft* zum *Statussymbol*. Und auch hier drückt die Kleidung oft emblematisch den Status aus. Ein offensichtliches Emblem der Orchestermusiker ist z. B. die schwarze Kleidung (Frack) mit weissem Hemd und Krawatte. Das Tragen des weissen Rollkragenpullovers als Statussymbol von etablierten Musikprofessoren fällt allerdings auf, wenn einer von ihnen am «Festival für Neue Musik» im Neumarkttheater teilnimmt, wo vor allem Karohemden in dunkelgrauen, grünen und schwarzen Farben getragen werden. Der schwarze Frack der italienischen improvisierenden Musikergruppe in derselben Umgebung wirkte auch eher deplaziert.[132] Die aufgezwungen legere Kleidung der Musiker an den Lunchkonzerten durchbricht ebenfalls das Image der Interessengemeinschaft Tonhalle-Gesellschaft.[133] Die formelle Konzertkleidung eines improvisierenden Musikers im Grossen Tonhallesaal ergab dagegen von vornherein eine professionelle Wirkung. Diese Professionalität bei Tonhalle-Konzerten einerseits oder die alternativ-musikalische Musikatmosphäre an Konzerten in der Roten Fabrik andererseits tragen wesentlich zu einem intensiven *Zusammengehörigkeitsgefühl* unter den jeweiligen Zuhörern bei.

Zu den gruppenspezifischen Verhaltensweisen gehören auch Mechanismen für das *Ausbrechen aus der Norm der Gemeinschaft*.[134] Ein Austreten aus dem kollektiven Verhalten, wie z. B. das Verlassen eines Konzertes einer Interessengruppe, kommt fast einer skandalösen Begebenheit gleich. In zahlenmässig kleineren Gemeinschaften (z. B. bei Konzerten der Gesellschaft Rezital, der Camerata Zürich, des Zürcher Kammerorchesters etc.) fällt sogar das Wegbleiben bei Abonnementskonzerten auf. Im Abonnementskonzert der Tonhalle-Gesellschaft im Grossen Tonhallesaal hingegen wurden die Hörer, die sogar inmitten eines Satzes der «Turangalila-Symphonie» von Messiaen[135] den Saal verliessen, kaum beachtet. Das Verlassen eines Konzertes schien viel eher ein Protestieren gegenüber den «Zumutungen» der zeitgenössischen Musik zu sein als ein Absetzen von der Interessengemeinschaft der Tonhalle-Gesellschaft. In dieser Nichtbeachtung des Protestes zeigt sich vielleicht auch eine geschmackliche Unsicherheit des breiten Publikums.[136]

Andere Gründe der *Lockerung des Zusammenhalt*s einer Gruppe gibt es in der traditionellsten musikorientierten Gemeinschaft, im Chorwesen. Heute ist das Pflichtgefühl zur Mitgliedschaft bei einem Chor[137] nicht mehr politisch fundiert wie zur Blütezeit des Chorwesens im 19. Jahrhundert.[138] Nur eine Zwangsmitgliedschaft, und diese kommt aus verschiedenen Gründen nicht in Frage, könnte den Zusammenhalt von Individuen aus den unterschiedlichsten Milieus wieder gewährleisten. Das Singen als einziges konstituierendes Moment der Chorvereinigung genügt heutzutage allerdings nicht mehr. Die «Zahlungsmoral» bei den Mitgliederbeiträgen und die Präsenz an den Proben variieren ebenfalls stark von Chor zu Chor. Die Präsenz-Moral hat sich im allgemeinen der modernen Auffassung einer individuell gestalteten Freizeit angepasst. Ohne eine stetige Mitgliederkontrolle für die Anwesenheit vor allem bei Proben kann leicht geschehen, was die «Orchesterschule»[139] erfahren musste. Wegen zunehmendem Nichterscheinen der Mitglieder wurde das Orchester schliesslich aufgelöst. Das ununterbrochene Mitmachen (Singen, Musizieren) und auch die dazugehörende führende und anfeuernde Funktion des Dirigenten sind wohl für die Erhaltung einer aktiven Mitgliedschaft die ausschlaggebenden Faktoren.

Um die Jahrhundertwende, d.h. zu Hegars und Andreaes Zeiten,[140] hing die Identifikation mit einem Chor im allgemeinen an der Persönlichkeit des Chordirigenten. Die Geschichte des Zürcher Chorwesens zeigt deutlich, dass die *Loyalität* gegenüber einem Chor auch *Identität* der Gruppe mit dem Dirigenten hiess. Auch heute wird ein Wechsel am Dirigentenpult (z. B. des Lehrergesangsvereins oder des Kammerchors etc.) eingehend über längere Zeit hinweg eifrig diskutiert, denn die Mitglieder dieser Chor-Vereinigungen wissen, dass die Persönlichkeit des Dirigenten nicht nur die *musikalische Identität*, sondern auch das *gesellschaftliche Leben* ihrer Gruppe prägt.[141] Solche Interessengruppen (Chöre, Quartett-, Blasformationen etc.) treffen sich auch ausserhalb des musikalischen Arbeitens mindestens einmal pro Jahr zu einem geselligen Abend oder gemeinsamen Ausflug. Ausserdem bilden sich z. B. innerhalb solcher städtischer Chorgemeinschaften wiederum kleinere Gruppierungen, die wöchentlich nach der Probe im Stammlokal noch etwas trinken. Es entstehen ebenfalls Freundeskreise, vor allem unter den weiblichen Chormitgliedern, die zusammen andere Musikveranstaltungen (Opern, Liederabende) besuchen. Diese Aufgliederung des Zusammenhaltes einer Gemeinschaft tritt vor allem dann auf, wenn die Gruppe zahlreich und unübersichtlich geworden ist. Als Beispiel könnte hier aufgeführt werden, wie sich aus dem Tonhalle-Orchester-Verband kleinere Formationen (Trio, Quartett, Sextett etc.) herausgebildet haben, wobei allerdings neben geselligen vor allem musikalische Gründe mitwirken. In diesen Aspekten unterscheidet sich das traditionelle Muster eines städtischen Interessen-Vereins nicht von demjenigen auf dem Land.

Gruppenspezifische Programmangebote und deren Rezeption

In diesem Abschnitt werde ich das Konzertpublikum, im speziellen das Tonhalle-Publikum, als eigentliche Interessengemeinschaft betrachten und an einigen Aspekten aufzeigen, wie auch diese Gruppe im Musikleben der Stadt Zürich ihre Funktion hat. Das Zürcher Konzertpublikum bildet eine wesentliche Komponente im Mechanismus von Angebot und Nachfrage im Musikleben.[142] In einer Kulturdebatte[143] am Radio DRS wurde heftig über die finanzielle Unterstützung diskutiert, insbesondere, ob sie nach dem Schlüssel der Publikums-Wirksamkeit und -Beliebtheit verteilt werden sollte. Den dahingehenden Wünschen der Unterhaltungsmusiker und Pop/Rockmusiker wurde aber entgegengehalten (ich zitiere den Rezensenten), dass «es im Kunstbereich Dinge gebe, die geschehen müssen, auch wenn fast kein Publikum dafür vorhanden ist; einfach, weil es für die Weiterentwicklung der Kunst wichtig ist».[144] Solche Diskussionen gehen meistens unbefriedigend zu Ende. Es ist aber unbestritten, dass Rezeption und Publikumserfolg das musikkulturelle Angebot im Musikleben der Stadt Zürich bis zu einem gewissen Grade beeinflussen, wenn auch nicht diktieren können.

In der Programmgestaltung sollte, so wird gewünscht, ein «engagierter Kunstwille», was immer dies heissen mag, verwirklicht werden. Im Subventionsvertrag von 1985 zwischen der Stadt und der Tonhalle-Gesellschaft wird diese Vorstellung als Auftrag der Tonhalle-Gesellschaft so formuliert, dass «der musikliebenden Bevölkerung Werke und Interpreten vorzustellen (sind), die etwas ausserhalb des Wunschkonzert-Konzeptes liegen».[145] Man ist sich also bewusst, dass das Konzertpublikum als Interessengemeinschaft auf das Musikleben der Stadt Zürich weitgehenden Einfluss nehmen will. Dies wurde besonders deutlich in der politisch und journalistisch breit angelegten Roten-Fabrik-Debatte.[146] Sind Publikumsrücksichten die beste Rechtfertigung für ein «braves» Angebot von «Nichts-Aussergewöhnlichem»? Publikumsrücksichten haben ihre Rechtfertigung aber eher in kleinen, übersichtlichen musikkulturellen Interessen-Gemeinschaften, wie etwa im folgenden Beispiel. Eine persönlich orientierte Programmgestaltung wurde für das Jubiläumskonzert der «Freunde des Zürcher Kammerorchesters»[147] mittels einer Umfrage erreicht. Den «Freunden» wurde ein Programm-Wunschzettel verteilt und unter vierzehn, vom Dirigenten Edmond de Stoutz vorgeschlagenen Werken konnten die 1300 Mitglieder der Gesellschaft vier Lieblingswerke auswählen. Die Programmgestaltung orientierte sich also direkt an der Zuhörerschaft. Wie erwartet, war das Resultat ein recht traditionelles und ausgeglichenes Programm: Dvořák, Pergolesi, Vivaldi und Offenbach. Nichts Aussergewöhnliches also, ein Programm, «in dem Musik malt, spricht, etwas ausdrückt, darstellt».[148] Ein Programm also innerhalb des Tonalitätsempfindens und der klassischen Formgebung.[149] Solche traditionell gestalteten Konzerte erfreuen sich selbstverständlich der «Gunst eines Publikums», welches die Jubiläumsschrift als das treue Publikum lobt. Solche Beispiele zeigen, wie gern und wie stark sich der Konzertbesucher musikalisch am Bekannten orientiert. Es wäre aber falsch, dies nur einer beschränkt konservativen Haltung zuzuschreiben. Vielmehr ist es doch wohl ein verständliches Bedürfnis, erst einmal innerhalb eines bekannten Horizontes vertiefte Kenntnisse und Wertschätzungen zu erwerben, statt passiv dem ohnehin immensen Innovationsangebot ausgesetzt zu sein.[150]

Die Konzertgänger verschaffen sich als Mitglieder, Freunde oder Gönner von verschiedenen Trägervereinen *Zugang zu neuen Musiksprachen*. So bietet das Programm der «Gesellschaft Rezital» etwa aussergewöhnliche Interpretationen moderner und klassischer Werke. Die Mitgliedschaften zum «Collegium Musicum» garantieren ebenfalls eine Auseinandersetzung mit zeitgenössischer Musik, während die «Freunde des Zürcher Kammerorchesters» vor allem barocke oder klassische Werke erwarten.[151]

Als Mitglied nehmen sie Teil am Konzert und erhalten dadurch Impulse für eine weitere Auseinandersetzung mit werkspezifischen und interpretatorischen Neuigkeiten. Sie identifizieren sich mit Konzertprogrammen von unverwechselbarem Gepräge «ihres» Orchesters. Für die grossen Gruppierungen, wie es z. B. die Tonhalle-Gesellschaft darstellt, ist es wesentlich schwerer, einen Mittelweg zwischen *Risikobereitschaft* und *Beharrungsvermögen* zu suchen und zu finden. Die Gefahr nämlich, dass bei Neueinstudierungen von zeitgenössischen Kompositionen der Eindruck des Ausprobierens, des «workshops», entsteht, ist gross.[152] Dies würde dem heutigen gesellschaftspolitischen Selbstverständnis der Tonhalle-Gesellschaft widersprechen. Eine solche Ausdifferenzierung ist innerhalb eines derart grossen Musikinstitutes fast unmöglich.

Bei einem Konzertprogramm, an dem ein geschlossener Mitgliederkreis durch Wünsche aktiv mitarbeitet,[153] kann sich das Mitglied auch besser auf das zu Erwartende einstellen. Selbst bei Gesellschaften mit vorwiegend traditionell zusammengestelltem Konzertprogramm mit Werken aus Barock und Klassik kann das Mitglied seine Urteils- und Kritikfähigkeit vertiefen.[154] In der heutigen pluralistischen Musikkultur der Stadt Zürich werden deshalb oft bewusst keine starren Kriterien für die Programmauswahl mehr aufgestellt, damit, wie es so schön heisst: «die Sache nicht elitär wird».[155] Aber nicht jede

Publikum-Gemeinschaft darf, wie es für das Tonhalle-Publikum verallgemeinernd formuliert wird, als rückwärtsbezogen und traditionalistisch eingeschätzt werden. In diesem Zusammenhang kann an die Interessengruppierung[156] erinnert werden, die zur Gründung der Tonhalle-Gesellschaft geführt hat. Wir haben dort gesehen, dass ein aufgeschlossenes Publikum eine ästhetische Ausgewogenheit in der Programmgestaltung schätzt.

Die Vorteile der Vielschichtigkeit in den Interessen des Zürcher Konzertpublikums werden vor allem in Jubiläumsschriften von kleineren Orchestern hervorgehoben Es heisst dort etwa:[157] «Neben den Konzerten der Tonhalle-Gesellschaft spielt in unserer Stadt das Wirken einiger weniger Kammerorchester seit Jahrzehnten eine ganz wichtige Rolle. Ihnen vor allem ist es zu verdanken, dass neben wenig bekannter vorklassischer Musik immer wieder Werke von zeitgenössischen Komponisten erst- oder gar uraufgeführt wurden, wobei ganz besonders das schweizerische Musikschaffen systematisch gepflegt wurde.» Diese Absicht konnte wohl nicht genau eingehalten werden, gab aber dem Orchester sein bestimmtes Gesicht. Das Publikum des Zürcher Konzertlebens identifiziert sich zwar im allgemeinen mit dem bürgerlichen Konsens des Nebeneinanders von Kontinuität und Wandel. Trotzdem ist ein traditionelles Musikverständnis oft schwer zu durchbrechen. Bei der «Camerata» werden Mitglieder und Hörerschaft nun in einen sanften Erziehungsprozess einbezogen, und zwar durch die Einflechtung von zeitgenössischen Kompositionen in die Programme. Das Konzertpublikum wird so Schritt für Schritt zu einer Art objektiver Hörakzeptanz der Neuen Musik erzogen. Die Kammerorchester haben doch vor allem die Aufgabe, den zeitgenössischen und einheimischen Komponisten zu ermöglichen, ihre Kompositionen im Programm einzubetten.

Im Kreise der überschaubaren Gruppe eines Kammerorchesters kann das gemeinsame Musikinteresse, z. B. an Kirchenmusik, an zeitgenössischer Musik oder an Computermusik, den Mitgliedern eine Identität, ja eine moralische Stütze geben. Das *gesellschaftliche Zusammenkommen* an einem Konzertbesuch spielt eine nicht zu unterschätzende Rolle. Die verbreitete Ängstlichkeit oder sogar Abneigung dem Neuen gegenüber wird durch das Gefühl des Dazugehörens zu der entsprechenden Interessengesellschaft überwunden. Nur schon die Verpflichtung als Mitglied kann zum Konzertbesuch animieren. Die Solidarität der Gruppe gegenüber ist in diesem Sinne traditionsgebunden. Trotzdem sind es meistens ältere Zuhörer, die sogar mitten aus einem Konzert weglaufen. Sie wagen und demonstrieren eine deutliche Stellungnahme. Fühlen sich diese älteren Mitglieder gesellschaftlich ungebunden oder erscheint ihnen der «Unwert» solcher Musik grösser? Dieses Verhalten wird von jüngeren (neuen) Gesellschafts-Mitgliedern noch nicht riskiert. Es gibt also verschiedene Schattierungen von Solidaritäts-Verhalten der Gruppe gegenüber. Der Grund des «Ausharrens» in einem Konzert mit zeitgenössischer Musik kann allerdings auch die Beurteilung der Musik sein und nicht nur die gesellschaftliche Verpflichtung.

Den *Kammerorchestern,* wie etwa dem Zürcher Kammerorchester, der Camerata und dem Collegium Musicum, kommt vor allem die wichtige Rolle zu, *das lokale und das zeitgenössische Musikschaffen* systematisch zu pflegen. Der eigene unverwechselbare Programmstil jedes dieser Orchester hat auch sein entsprechendes Publikum geprägt. Kompositionsaufträge an zeitgenössische Schweizer Komponisten werden deshalb auch im Stil des betreffenden Orchesters und des zu erwartenden Hörerkreises vergeben. Damit ist es eher möglich, den individuellen Voraussetzungen der Komponisten zu entsprechen. Der Komponist ist ebenfalls glücklich, dass realistische Aufführungsmöglichkeiten bestehen.[158] Wie würde aber das Zürcher Publikum reagieren, wenn neben den neueingeführten Konzertreihen «Klassik» und «Klassik-Plus» auch eine Abonnementsserie mit ausschliesslich zeitgenössischer Musik in der Tonhalle angeboten würde, wie in den 1960er Jahren der Zyklus der «Musica viva»-Konzerte? Auch beim «Musica viva»-Zyklus «war der Erfolg nicht überwältigend, aber doch ermutigend», schreibt Rudolf Schoch.[159] Auch eine intellektuell anspruchsvolle Neue Musik könnte also gefällig sein.

Zum Vergleich ein kleiner Abstecher in die Zeit von Volkmar Andreaes Dirigententätigkeit (1906–1949). Als Beispiel sei das Programm des fünften Abonnements-Konzertes von 1917 aufgeführt. Es wurden damals gespielt: das Violinkonzert a-Moll von Anton Dvořák (1841–1904), die «Gesänge für eine Altstimme mit Orchester von Othmar Schoeck (1886–1957) in der Instrumentation von Fritz Brun (1878–1959), nach der Pause «Lieder» von Othmar Schoeck mit dem Komponisten am Klavier und die sinfonische Dichtung «Till Eulenspiegels lustige Streiche» von Richard Strauss (1864–1949). Das ganze Konzert bestand also fast ausschliesslich aus Werken von damals lebenden Komponisten.[160]

Es ist eher die *Wahrung der Kontinuität* als die Durchsetzung eines Wandels in der Programmgestaltung, welche den entsprechenden Interessengruppen das sicherste Rezept für volle Säle bietet und den «Erfolg» für ihre Mitglieder-Konzerte garantiert. Das Programm der Tonhalle-Gesellschaft der Saison 1989/90 ist z. B. unter dem Titel «Im Zeichen der Kontinuität» in den Tageszeitungen dem Zürcher Konzertpublikum vorgestellt worden. Allerdings bemerkt der Berichterstatter auch dazu: «Wenn man das Programm überblickt, ist man beeindruckt von der Fülle der Aktivitäten – aber man vermisst zugleich die eindeutige Handschrift im einzelnen.»[161]

Persönliches Urteil und Gruppenloyalität fliessen bei solchen Konzerten ineinander über. Dies lässt sich etwa am Aufsuchen der Solisten nach dem Konzert illustrieren. Ist die Qualität der Musik der ausschlaggebende Grund der Begeisterung, oder ist es die persönliche Freundschaft dem Solisten gegenüber, die den Korridor zum Künstlerzimmer bevölkert? Die Warteschlange vor dem Künstlerzimmer nach einem solchen «Mitglieder-Konzert» kann oft überaus lang sein. Besonders nach Solokonzerten im Rahmen einer kleineren Gesellschaft gehen viele Mitglieder «nach hinten» zum Gratulieren. Zählt die gesellschaftliche Verpflichtung der Mitgliedschaft und das Erkanntwerden oder die Identifikation mit «seinem» Orchester? Der Anlass für den Besuch des Künstlerzimmers ist meistens die solistische Leistung. Die Besucher bemühen sich deshalb auch, gemäss möglichst musikalischen Kriterien zu gratulieren. In den Abonnementskonzerten der Tonhalle-Gesellschaft dagegen wird dieser Brauch eines Besuches im Künstlerzimmer fast nur noch von Bekannten und Verwandten der Solisten und allenfalls noch von Vorstandsmitgliedern ausgeübt.

Zur musikalischen *Gruppenidentität* trägt ganz wesentlich auch der betreffende *Dirigent* bei. Seine persönliche Ausstrahlung und die «prickelnde Sponaneität» – so eine Kritikerstimme – wirkt beim ganzheitlichen Hörerlebnis des Publikums. Sogar eine gewisse Selbstdarstellung des

Dirigenten, der die persönliche Ausstrahlung über den Dienst am musikalischen Werk zu setzen scheint oder, wie eine ältere Dame meinte, dass er «recht sexy dirigiere», erhöht das Musikerlebnis. Diese Sensibilität reisst die Zuhörer sogar recht oft zu Bravorufen hin.[162] In einem Interview mit einem Dirigenten hebt dieser die Wichtigkeit der Ausstrahlungskraft besonders hervor: «Die Psychologie (!) ist für mich das Allerwichtigste.»[163]

Aussermusikalische Komponenten der Musikrezeption und der Gruppenidentität

Zur Schaffung einer Gruppenidentität ist eine *Kontinuität der äusserlichen Bedingungen* von grosser Bedeutung, z. B. die Wahl von *Aufführungsraum und Zeit*. Die mit dieser Kontinuität erreichte Atmosphäre ist für das Aufkommen von Gesprächen fast wichtiger als für die unmittelbare Rezeption der Musik. Dabei spielen die Verpflegungsmöglichkeiten eine grosse Rolle. Wie wichtig das *Essen und Trinken* für das Wohlgefühl des Zuhörers sein kann, zeigt die Unbeliebtheit gewisser Aufführungsräumlichkeiten, bei denen die Möglichkeit des Kaffeetrinkens in der Pause fehlt. Veranstaltungen, selbst mit zeitgenössischer Musik, im sonst eher nüchternen Neumarkt-Theater, wo aber ein ansprechendes Buffet offeriert wird, werden erstaunlicherweise gut besucht,[164] während dasselbe Programm etwa in der Aula des Gymnasiums Rämibühl nicht viel Publikum anzieht. Gleichermassen unpopulär sind andere stadtzürcherische Konzertsäle ohne Verpflegungsmöglichkeiten. Dazu gehören der neurenovierte Saal des Konservatoriums, aber auch der sehr zentral gelegene Stadthaussaal. Bei Aufführungen im Saal des Konservatoriums spielt das «professionelle Klima» der Musikschule mit, im Stadthaussaal überwiegt die Atmosphäre der städtischen Büros.

Den sichersten Publikumserfolg verspricht also die Verbindung von *optischer Ablenkung*, *kulinarischen Genüssen* und *leichter Musik*. Die so konzipierten Sommerserenaden im Rieterpark (Rietbergmuseum) haben dies auch bewiesen. Bei schlechtem Wetter musste aber die Veranstaltung in den nüchternen Stadthaussaal verlegt werden, wo dann die Einheitlichkeit von Atmosphäre und Musik nicht mehr gegeben war. Ein Rezensent meinte: «In der nüchternen Umgebung des Verwaltungsbaus hatte man statt dessen Gelegenheit, sich voll auf die Musik zu konzentrieren, was angesichts der eher leichtgewichtigen, ohne weiteres eine optische Ablenkung oder auch einen begleitenden kulinarischen Genuss zulassenden Kompositionen kaum ein Vorteil war.»[165]

Dagegen war die Unfreundlichkeit des Volkshaussaals, der dem Sinfonieorchester der Musikhochschule Peking offeriert wurde, wahrscheinlich ausschlaggebend für den spärlichen Publikumserfolg. Mitverantwortlich war die beim Publikum eingebürgerte Assoziation des Volkshaussaales mit Rock/Pop- und politischen Veranstaltungen. Der Rezensent suchte die Schuld allerdings anderswo, nämlich bei der fehlenden «Solidarität» des Zürcher Konzertpublikums.[166] Es scheint aber, dass die Kombination Sinfonieorchester und Volkshaussaal, also die ungewöhnlichen Räumlichkeiten, für den Publikums-Misserfolg verantwortlich war.

Die *Räumlichkeiten* einer Veranstaltung sind auch bei primär geschlossenen Interessengruppen[167] für den Erfolg mitbestimmend. Trotz professioneller Atmosphäre und viel zeitgenössischer Musik ziehen die Sonntagmorgen-

Konzerte im Radio DRS-Studiosaal in Zürich-Unterstrass nicht nur Habitués an. Die Zuhörer sind neben Abonnements-Mitgliedern dieser Konzertreihen auch Anwohner aus der Nachbarschaft. Es kommen ältere Leute und Kinder, für die abendliche Konzertbesuche in der Innenstadt weniger in Frage kommen. Das Publikum im Zürcher Radiostudio ist demgemäss bildungs- und altersmässig durchmischt. Es bewegt und benimmt sich im Studiosaal recht frei (Kinder sitzen auf dem Boden), die Zuhörer kleiden sich werktäglich und schaffen so eine Atmosphäre wie bei einer anderen Freizeitveranstaltung. Dieser *quartierbezogenen Zuhörerschaft* wird im Radiostudio-Saal meistens eine Wiederholung des Tonhalle-Konzertes geboten.[168] Das gleiche Konzert, im Tonhallesaal gespielt, wird dagegen weniger gemäss dem Freizeitwert als nach musikalischer Professionalität bewertet. Allerdings erscheinen die Anwohner auch zu den Konzerten mit Kompositionen von zeitgenössischen Schweizer Komponisten, die sonst im traditionellen Musikleben der Stadt Zürich eher vernachlässigt werden.[169] Die Konzerte im Radiostudiosaal haben sich im Quartier eingespielt, fast ritualisiert. Die Programmwahl spielt dabei eine untergeordnete Rolle.[170]

Auch Unterhaltungsmusiker und Volksmusikanten haben ihre Vorlieben für bestimmte Säle, von denen sie wissen, dass sie dort ihre entsprechende Zuhörerschaft und Zielgruppe ansprechen. Umgekehrt bestimmt die Erwartungshaltung des Publikums ebenfalls die Möglichkeiten in der Auswahl der Raumbedingungen. So wird jedenfalls unter dem Titel «Konzessionen zum Einstand» über die *Verlegung* eines Konzertes des Symphonischen Orchesters Zürich von der St. Peter-Kirche in den Grossen Tonhallesaal folgendermassen berichtet:[171] «ein Wechsel, der neben musikalisch-akustischen Vorteilen auch Risiken birgt, nicht nur in bezug auf die veränderten räumlichen Dimensionen, sondern auch auf die unwillkürlich sich erhöhende Erwartungshaltung des Publikums. Vor allem das weitaus grössere Platzangebot hat das Ensemble bewogen(...) bewusst von seinem Konzept, neben jungen Solisten auch musikalische Raritäten vorzustellen, abzuweichen. Mit Rossinis Tancredi-Ouverture, dem G-Dur-Klavierkonzert von Beethoven und Mendelssohns Schottischer Sinfonie war ein, wenn auch nicht reisserisches, so doch populäres Programm zu hören.»

Interessant zu beobachten war aber auch die Zusammensetzung des Publikums der 1987 neueingeführten Lunchkonzerte in der Tonhalle. Zu Beginn der Konzertreihe waren es besonders ältere Leute: «da wir am Abend nicht mehr ausgehen möchten. Es war einfach herrlich, wieder einmal, zusammen mit vielen Musikfreunden, klassische Musik im schönen Konzertsaal zu hören. Ich freue mich schon auf das nächste Mal.»[172] Diesem Zuhörer ist die *Ambiance des Konzertraumes* von grosser Bedeutung. «Klassische Musik im schönen Tonhallesaal» anzuhören, war hier ausschlaggebend für den Besuch.

Für die «Werkstatt für Improvisierte Musik»[173] ist die Schaffung der geeigneten *Raumatmosphäre* so wichtig, dass sich diese Gruppe in einer Tageszeitung darüber ausführlich äusserte. Der Aufführungsraum musste für ihre Musik sorgfältig hergerichtet werden und wurde genauestens beschrieben: «Der grosse Raum ist blendend weiss gestrichen, unter den Fenstern mit den Milchglasscheiben laufen die offen geführten Leitungsrohre. In einer Ecke stehen ein mit weissem Tuch bedeckter Flügel, unbenutzte Rhythmusinstrumente und Mikrophone. In einer anderen Ecke des Raumes ein grosser, in gleissendes

Scheinwerferlicht getauchter Teppich usw. Dem äusseren Rahmen solcher Konzerte entspricht auch die Musik: Gefragt sind aus der Stimmung des Augenblickes heraus entstehende Klanggespräche und nicht Note für Note festgelegte Stücke.»[174] Es scheint, dass mindestens in diesem Fall die Suche nach der Raumidentität das wichtigste *konstituierende Mittel zur Bildung einer Gemeinschaft* war.

Es ist für das Mitglied einer Interessen-Gemeinschaft wie für das Publikum wichtig, dass es sich an *etwas Vertrautes* halten kann. Etwas Vertrautes in einem Raum oder in einer Komposition erahnen, ist vor allem bei Neuer Musik überaus wichtig. Anhand von Vertrautem kann der Hörer denn auch eher wieder Neues entdecken; ein im strengen Sinn «wahrnehmendes Hören» schafft wieder eine Sensibilisierung für Neues. Die zeitgenössische Musik bietet denn auch mit kompositionstechnischem Material genügend Neues.[175] Wie wir gesehen haben, spielt der *äussere Rahmen* für die Publikumsakzeptanz oft die ausschlaggebende Rolle. Gerade in der zeitgenössischen Musik werden *unkonventionelle Hörmodi*, wie Sitzen auf dem Boden, Konzertgespräche, kommentierte Konzerte, Werkstattatmospäre und musikalische Animation eines ganzen Konzertsaales etc. neu ausprobiert. Diese sollen dadurch ebenfalls eine Annäherung an neue Hörgewohnheiten und ein entsprechendes Zusammengehörigkeitsgefühl unter den Zuhörern fördern.

Umgekehrt kann aber auch das konventionelle Vertraute die Publikumsakzeptanz von ungewohnten Klängen erleichtern. Der Grosse Tonhallesaal widerspricht zwar aus mehreren Gründen einer Improvisations-Atmosphäre. Trotzdem kann ein Konzert dort unter akustisch und ästhetisch vortrefflichen Raumverhältnissen, auch zu verschiedenen Tageszeiten, dem Zuhörer zu einem grossen Erlebnis werden. Auch diese Beispiele zeigen, dass ein Musikerlebnis vom *Raum*, von der *Zeit* und von der *Programmgestaltung* etc. abhängt, dass aber der *gesellschaftliche Aspekt* einer kleinen Interessengruppe das musikalische Erlebnis verstärken kann.

Ist das Zürcher Konzertpublikum als Gemeinschaft von Musikliebhabern verunsichert, wo, wann und was es besuchen soll? Durch viele Veranstalter wird vor allem «eine Atmosphäre ohne Pomp» angestrebt, die «manchen Besuchern die *Schwellenangst* nehmen soll».[176] So hiess es noch in der Reklame für das erste Lunchkonzert in der Tonhalle Zürich, zu dem die Konzertbesucher in Scharen strömten.[177] «Schwellenangst» wirkt heutzutage als recht populäres und publikumsfreundliches Schlagwort. Sollte sich das Publikum durch eine populäre Stimmung zu einem kollektiven Verhalten auch in bezug auf Tonhallekonzerte (ver-)leiten lassen? Das Verhalten des Lunchkonzert-Publikums aber hat sich auch in der vielgepriesenen «lockeren Atmosphäre» mit der Zeit in bezug auf Kleidung- und Sitzgewohnheiten ausbalanciert, d.h. wir treffen neuerdings einen grossen Teil des regulären Zürcher Konzertpublikums auch am Mittagkonzert an. Das Lunch-Konzertpublikum präsentiert sich heute altermässig, berufs- und schichtspezifisch durchmischt. Eine «Schwellenangst» hat beim Lunchkonzert-Publikum eigentlich nie bestanden. Seit dem Erfolg der Lunchkonzerte haben auch andere Veranstalter versucht, ihre Konzerte auf die Mittagszeit, als «Geheimtip am Mittag», zu verlegen und mit zugehörigen Beigaben (Sandwichbuffet) auszustatten.[178]

Es zeigt sich im allgemeinen, dass kleinere Gruppierungen wie ein Kammerorchester, ein Quartett oder die

Gruppe der «Werkstatt für Improvisierte Musik» etc. rascher auf einen Stimmungswandel im Kulturleben und auf Modeerscheinungen reagieren können. Die verschiedensten Werthaltungen der bürgerlichen Musikkultur werden im kleineren Verband problemloser gebündelt. Das labile Gleichgewicht zwischen den traditionellen Wertüberzeugungen des Konzertpublikums und den veränderten Phänomenen der Lebenswelt kann sich hier ungehemmter und leichter bewegen und einpendeln.

Anmerkungen zu den Seiten 51–56

1. Hans Georg Nägeli 1773–1836.
2. Festschrift zur Feier des 25jährigen Bestehens des Gemischten Chores Zürich. Zürich 1888, S. 7.
3. Es waren dies das Musikkollegium zum Chorherrensaal, das Musikkollegium zum Fraumünster und die Musikgesellschaft zum Kornhaus. Diese Orchestergesellschaften vereinigten sich 1772 zur Musikgesellschaft der «Mehreren Stadt» und 1812 zur Allgemeinen Musikgesellschaft (AMG).
4. In: Rudolf Schoch. *Hundert Jahre Tonhalle Zürich*, Zürich 1968, S. 19 (Zitat aus *Neujahrsblatt* 1902 der AMG).
5. Der Entstehung des Orchestervereins lag nicht die Absicht zugrunde, ein Institut zu schaffen, welches im Gegensatz zu schon bestehenden Gesellschaften in musikalischen Dingen neue Bahnen zu eröffnen habe.
6. Alte Zürcherische Gesellschaften wie die Allgemeine Musikgesellschaft, die Naturforschende Gesellschaft, die Feuerwerk-Gesellschaft verteilen am Bächtelistag (2. Januar) ihre Neujahrsblätter. Es sind spezielle für diesen Zweck hergestellte kleine Publikationen aus dem Interessengebiet der entsprechenden Gesellschaft.
7. Ich habe auf S. 26 ff. das ausgesprochene Traditionsverständnis des Dienstag-Abonnements-Konzertpublikums beschrieben. Dieses lässt sich z. T. auch historisch begründen: Nach der Bestimmung von 1904 konnten Mitglieder der «Allgemeinen Musikgesellschaft» verbilligte Abonnemente für das Dienstagskonzert erhalten. Die über Generationen hinweg vererbten Platzkarten («Abonnement G») formen das heutige Dienstag-Abonnements-Konzertpublikum, das nun aus traditionellen und dann auch gesellschaftlichen Gründen die Konzerte am Dienstagabend besucht.
8. Rudolf Schoch. *Hundert Jahre Tonhalle Zürich*. Zürich 1968, S. 44, und Gerold Fierz: «Die Tonhalle Zürich» in: *Die Geschichte der Tonhalle-Gesellschaft und ihres Orchesters*, hrg. von der Tonhalle-Gesellschaft, Zürich 1977.
9. 1865 wurde Friedrich Hegar von der Allgemeinen Musikgesellschaft zum ersten Kapellmeister des Sinfonieorchesters gewählt. Er blieb dann bis 1906 Dirigent des Tonhalle-Orchesters.
10. Am 27. 2. 1868.
11. Wie Anmerkung 8.
12. Durch die Wiener Maler Peregrin von Gastgeb und J. Karl Peyfuss.
13. Haydn, Mozart, Beethoven, Schumann.
14. In: AMG *Neujahrsblatt* 1959 ist eine Liste von Volkmar Andreaes Kompositionen aufgeführt.
15. Siehe dazu auch S. 173 ff.
16. Dirigent des Tonhalle-Orchesters 1868–1906.
17. Dirigent des Tonhalle-Orchesters 1906–1949. Gastdirigent bis 1959.
18. Der letzte Chefdirigent, der diese Tradition noch weiterführte, war Erich Schmid, der zwischen 1949 und 1957 Chef des Tonhalle-Orchesters war.
19. Der gemischte Chor wurde 1863 gegründet.
20. Rudolf Schoch. *Hundert Jahre Tonhalle Zürich*. Zürich 1968, S. 40.
21. Für die Rezeption der zeitgenössischen Musik hat der stetige Wechsel am Dirigentenpult des Tonhalle-Orchesters eine hemmende Wirkung.
22. Rudolf Schoch. *Hundert Jahre Tonhalle Zürich*. Zürich 1968, S. 63.
23. Siehe Friedrich Hegar. In: *Schweizer Musikerlexikon*. Zürich 1964, S. 159, und das Werkverzeichnis von Volkmar Andreae im AMG-*Neujahrsblatt* 1959.
24. Ebenfalls die Wirtschaftskrise der dreissiger Jahre.
25. Siehe auch Briefnachlass von Volkmar Andreae. In: Margaret Engeler (Hg.). *Briefe an Volkmar Andreae*. Zürich 1986.
26. Z. B. im Tonhalle-Konzert vom 24. 1. 1987, im Podium-Konzert vom 30. 6. 1987 und im Orchesterkonzert des Musik Podiums der Stadt Zürich vom 24. 1. 1987.

Anmerkungen zu den Seiten 56–60

[27] In der NZZ vom 10./11.12.1988 heisst es über die Aktualisierung alter Musikwerke folgendes: «Die etwas bemühend konventionelle Erinnerung an ein Thema wirkte in ihrer späteren, aleatorischen Auffächerung monoton, und der musikalisch unmotivierte Ausbruch zum Schluss geriet unversehens zum Sinnbild des Zwanghaften eines solchen Auftrages.» Die Aktualisierung von Interpretationen von Werken früherer Epochen könne aber auch die musikalischen Probleme der gegenwärtigen Musikkultur erkennen helfen. Ein ausgewogenes Verhältnis zwischen musikalischer Vergangenheit und den zeitgenössischen musikkulturellen Bedingungen mache die Neue Musik eher «zukunftsfähig, d. h., es sollte eine Musik sein, die sich über zeitgeschichtliche Brüche hinweg sinnvoll fortsetzen lässt».

[28] Grossen Erfolg beim Publikum ernten deshalb eher zeitgenössische Komponisten, die bewusst nicht modern sein wollen. «Modern» kann wohl das Instrumentarium sein, «modern» aber auch das Selbstverständnis des Komponisten, der die Art seiner Einstellung zur Musik deutlich zeigt und gelegentlich klassische melodische Floskeln, die an die Musik der dreissiger Jahre erinnern, einsetzt.

[29] Gerold Fierz. In: Margaret Engeler (Hg.), *Briefe an Volkmar Andreae*. Zürich 1986, S. 16.

[30] In der NZZ vom 5. 4. 1988 heisst es weiter: «Es gab zwei Aufführungen: die erste am Abend des Gründonnerstags, die zweite traditionsgemäss am Nachmittag des Karfreitags. Das Werk erfreute sich unverbrüchlicher Beliebtheit: Grosser Tonhallesaal und Verbindungsgang waren vollbesetzt, und bis weit in den Kleinen Saal hinein sassen die Besucher.»

[31] Diese Chöre (z. B. Gemischter Chor, Sängerverein Harmonie, Männerchor Zürich) waren wesentlich beteiligt an der Gründung der Tonhalle-Gesellschaft. Im neuen Subventionsvertrag mit der Stadt Zürich (1989) werden sie unter den 14 bestehenden Zürcher Chören aber kaum mehr bevorzugt.

[32] Im *Tagblatt der Stadt Zürich* vom 3. 2. 1988 gibt der Rezensent ein Bild der ausgedehnten Probenarbeit: «Seit fünf Monaten haben sich der MCZ-Dirigent (Männerchor Zürich) und sein sechzigköpfiger Chor auf das Tonhalle-Konzert vorbereitet. Geprobt wurde einmal pro Woche, jedoch nur mit Klavierbegleitung, denn das Orchester und die auswärtige Solistin standen erst in dieser Woche zur Verfügung. Bei solchen Bedingungen kommt einem Dirigenten die Erfahrung zugute, weil es doch wichtig ist, auch ohne Orchester bereits im Ohr zu haben, wie es am Ende schliesslich tönen muss. Bei den Proben ging es zuerst einmal darum, dass sich die Sänger, die aus verschiedenen Berufen stammen, vom Alltag lösen und sich auf das Chorstück einstimmen. Um die Stimme anzuwärmen, wird mit einfachen Passagen begonnen und die Stimmbildung geübt.»

[33] NZZ 2. 11. 1988.

[34] Am 4. und 5. Juli 1986 beschlossen die Kongresshaus-Stiftung («das zuständige Organ»), die Tonhalle-Gesellschaft und der Gemischte Chor, die neue Orgel für den Grossen Tonhallesaal zu akzeptieren. In: NZZ 19. 9. 1986; NZZ 11. 12. 1987; NZZ 12. 1. 1988.

[35] *Tagblatt der Stadt Zürich* 21. 12. 1987. Auch an der Generalversammlung der Tonhalle-Gesellschaft (27.2.1990) wurde die Unzufriedenheit der Chöre mit der Orgelbegleitung diskutiert.

[36] Im Geschäftsjahr 1986/87 wurde das Tonhalle-Orchester z. B. für zehn Chorkonzerte vermietet.

[37] In der NZZ vom 9. 3. 1988 heisst es weiter: «Das Symphonische Orchester Zürich kann von Veranstaltern verpflichtet werden. Wichtig sind dem SOZ Verpflichtungen zur Chorbegleitung. Für die Zürcher Chöre ist daher das SOZ eine hochwillkommene Alternative. Hier findet ein Orchester eine echte, sozusagen öffentliche Aufgabe.»

[38] Dasselbe «schichtspezifische» Argument des Komponierens gilt wohl auch für die leichte Musik, z. B. für die zeitgenössische Operette. Andererseits wird das Jahresfest des Tonkünstlervereins von 1990 vorwiegend Kompositionen für Laienchöre und Laienorchester bringen.

[39] NZZ 7. 12. 1988.

[40] Der Versuch der «Freunde des Liedes», dem Kunstlied eine eigene Konzertreihe zu schaffen und es damit neu aufleben zu lassen, ist im pluralistischen Zürcher Konzertleben eine erwünschte Bereicherung der E-Musik.

Anmerkungen zu den Seiten 60–64

[41] Man besann sich ebenfalls auf musikhistorische Hinweise für eine kleine Besetzung zu Zeiten von J. S. Bach.

[42] Anscheinend ist beim Zürcher Opernchor das Nachwuchsproblem auf die mangelnde Attraktivität des professionellen Choristenberufes zurückzuführen. Ein Chordirigent meinte dazu, dass «den deutschsprechenden Chören die Luft ausgehe. Zu viele alte Sänger, kein Nachwuchs. Im Jahr 2000 wird jede dritte Stelle nicht besetzt werden können». In: NZZ 21. 10. 1988. Räto Tschupp, Dirigent der Camerata-Zürich, ist seit 1975 Dirigent des Gemischten Chors. Seine Nachwuchsprobleme sind in diesem traditionellen Chor klein.

[43] Heinrich Pestalozzi, 1746–1827; Hans Georg Nägeli 1773–1836.

[44] Vor allem der Saiteninstrumente (Geige, Cello, Bratsche) und Klavier.

[45] Der Schüler zahlt in den Musikschulen jährlich zwischen 600–900 Franken, während private Musikstunden mehr als das Doppelte kosten. In der Primarlehrerausbildung allerdings ist die Ausbildung in mindestens einem Instrument obligatorisch.

[46] Unterricht in Hackbrett, Alphorn, Geige, Cello, Bass, besonders auch in Gitarre u. a., um einfache und klargegliederte Volksmusikstücke kennenzulernen. So offerieren neuerdings Musikschulen und Konservatorien Volksmusikkurse «in der Erkenntnis, dass die Komponisten aller Stilbereiche durch ihre Volksmusik beeinflusst wurden». So begannen an der Musikschule in Münsingen BE 1985 Weiterbildungskurse für solche Musiklehrer, welche als Ergänzung zur traditionellen E-Musikausbildung auch Volksmusik in den Konservatorien lehren.

[47] Ein Musikpädagoge meinte: «Die Volksmusik solle auch deshalb in den Musikschulen und Konservatorien gepflegt werden, um durch die Mitwirkung in Ensembles verschiedener Stilrichtungen das Verständnis füreinander zu fördern. Das Ziel eines solchen Musikunterrichts sei, dass man sich neben der Volksmusik mit Jazz-Improvisationen beschäftigen könne und sich anschliessend vermehrt für barocke, klassische und romantische Kammermusik interessiere. Dies sei vor allem als Gegenpol in einer Zeit wichtig, in der man täglich von kommerzieller Musik dauerberieselt werde.» In: *Schweizer Musiker-Revue*, 64. Jg., Oktober 1987.

[48] Wolfgang Suppan. Eröffnungsansprache an der 30. Weltkonferenz des International Council for Traditional Music (ICTM). Schladming, 24. 7. 1989.

[49] Siehe in: *Schweizer Musiker-Revue*, 64. Jg. Oktober 1987.

[50] Gedanken aus: «Hörvorlieben jugendlicher Musikhörer» von Andres Briner. In: *Querschnitt, Kulturelle Erscheinungen unserer Zeit*. Zürich 1982. Ich verweise hier auch auf S. 116 ff. (Neue Musik) und auf die Beobachtungstatsache, dass auch unter dem Musiker- und Publikumskreis der zeitgenössischen Musik sich mehrheitlich Hörer befinden, welche eine Gitarrenausbildung oder Jazz-Vorliebe haben.

[51] Damit ist die Reihe «CH-Piano» gemeint, die im Musikverlag Nepomuk herauskommt. Weitere Angaben darüber in: *Dissonanz*, Nr. 18, November 1988. Auch die «12 kleinen Stücke für den zeitgenössischen Violinenunterricht» von Armin Schibler sind eher für den fortgeschrittenen Geiger geschrieben.

[52] Gemeint sind Improvisationen und Aleatorik in der zeitgenössischen Musikpraxis.

[53] *Suisa Informationenblatt*. März 1988.

[54] 1986 gab das Musikpodium der Stadt Zürich ein Zürcher Liederbuch in Auftrag. Dieses ist nun als Koproduktion mit Radio DRS bei Jecklin auf zwei CDs erschienen (JS 270/1–2). Auch die Migros und die Göhner-Stiftung unterstützen musikalische Jugendliche.

[55] Uraufführung der Klavierstücke aus dem Zürcher Klavierbuch im Konservatorium Zürich am 8. 5. 1989.

[56] In: *Dissonanz*, Nr. 21, August 1989, und NZZ 11. 5. 1989.

[57] Es heisst dort ferner: «Der Flügel wird vor allem als Schlagzeug verwendet. Als Melodieinstrument tritt er kaum in Erscheinung». In: *Dissonanz*, Nr. 21. August 1989.

[58] Sinfoniekonzert vom 14. 9. 1989. In: NZZ 16./17. 9. 1989.

Anmerkungen zu den Seiten 64–67

[59] Der Rezensent fuhr dann fort: «Was dem Abend fehlte? Eigentlich nichts – und doch auch wieder alles, wenn man mehr als die zuverlässige Reproduktion des Gängigen erwartete.»

[60] Abonnementskonzerte am Dienstag, Mittwoch, Donnerstag, Freitag.

[61] Siehe S. 192 ff.

[62] Wie z. B. das Aufzählen von biographischen Daten, von Starlehrern und von berühmten Festivals, welche vom Solisten oder vom Dirigenten frequentiert werden.

[63] Mehr darüber auf S. 192 ff.

[64] Aber auch der Musikkritiker ist recht stark durch seine Hörerfahrungen geprägt. Zudem lechzt er wegen seiner häufigen Konzertbesuche viel mehr als das «Normalpublikum» nach Neuem. Das Publikum aber orientiert sich am Vertrauten, auch an den musikalischen Versatzstücken, die für Medienproduktionen (z. B. Filmmusik) gebraucht werden. Siehe auch S. 192 ff.

[65] Die Vorliebe für Klangvolumen könnte auch in der Angewöhnung an einen erhöhten Klangpegel (Verkehr, Rockkonzerte) erklärt werden. Ist die Tendenz für eine erhöhte Lautstärke als Zeitgeschmack auch im Konzertsaal bemerkbar? Siehe auch Ausführungen von J. Frei. *Die Gehörbelastung des Orchestermusikers*. Zürich 1979.

[66] Auf S. 28 ff. versuchte ich eine kurze Analyse des Konzertpublikums.

[67] Im Dezember 1989 konnte versuchsweise auf dem Privatsender «Opus-Radio» vermehrt E-Musik angehört werden.

[68] Violinkonzert (1985) von P. M. Davies. In: NZZ 8. 3. 1988.

[69] *Züri Woche* 28. 1. 1988.

[70] Siehe S. 192 ff.

[71] Elliott Carter. Konzert für Oboe und Orchester 1987. Collegium Musicum 17. 6. 1988.

[72] Eine Ausnahme bilden allenfalls historische Platten und Pianola-Rollen, deren Interpretationen uns aber eher befremden.

[73] Fragwürdig ist jedoch derselbe Einheitsstil für die Interpretation von Musik aus ganz verschiedenen Epochen und Stilbereichen. Der Rezensent meint, dass sich «daraus eine Nivellierung ergibt, von der zwar einige Anhänger behaupten können, diese Art des Musizierens entspräche unseren heutigen Ohren (und die «historisierende» Art könne halt das Wesentliche nicht wiederbeleben, nämlich die damaligen Ohren), von der man aber sagen muss, dass sie, weil aus romantischem Empfinden resultierend, der Musik von Schumann, Brahms oder Wagner vollauf gerecht wird, der vorromantischen Musik dagegen nicht». In: NZZ 12./13. 11. 1988.

[74] Ina-Maria Greverus. *Kultur und Alltagswelt*. 1987, S. 92/109.

[75] Die langjährige Dirigentschaft von Volkmar Andreae hat z. B. eine emotionale Übereinstimmung des Publikums mit seiner Interpretation von Bruckners Werken ergeben.

[76] Eine solche Gelegenheit versuchte z. B. eine Tagung in Boswil mit dem Thema «Um die Zukunft des Sinfonieorchesters» (29.3. bis 2.4.1989) zu bieten. Es wurde dort über die aktuellen Probleme u. a. inbezug auf die neuen Kompositionen für ein Sinfonieorchester diskutiert – «darüber kann auch der florierende Konzertbetrieb nicht hinwegtäuschen – es stehen schwierige Zeiten bevor. Darauf weisen äussere Symptome wie etwa die Infragestellung der finanziellen Mittel, die den Orchestern für die Aufrechterhaltung des Betriebes zur Verfügung stehen», hiess es.

[77] Siehe auch S. 173 ff. So wurde z. B. schon im Vorprogramm für ein Konzert des Collegium Musicums dem Publikum gesagt, dass «Patricia (Jünger) mit besonderer Leidenschaft dirigiert». (22. 10. 1989). Die «optische» Aufführung ihrer Komposition «Heller Schein» blieb denn auch besonders deutlich in Erinnerung.

[78] Siehe S. 116 ff.

[79] Ich bin früher darauf eingegangen, wie es dabei zur Bildung von Begriffen wie «alternative Musikkultur» aus dem Aktualitätsbezug kam. Siehe auch S. 97 ff.

[80] Über das pluralistische Musikleben in der Stadt Zürich, siehe S. 173 ff.

Anmerkungen zu den Seiten 68–70

[81] Selbst wenn das Konzertpublikum «Echtes» von «Falschem» in bezug auf die technische Realität unterscheiden kann, so ist damit der Schritt zum Erkennen von «guter» Musik im ästhetischen Sinne noch nicht geleistet.

[82] Im Konservatorium Zürich vom 9.–12. 12. 1988.

[83] Einerseits dokumentiert zwar die Häufigkeit solcher Aktivitäten das musikpluralistische Verhalten der Zürcher Kulturpolitik, andererseits subventioniert gerade das traditionelle Konzertpublikum auch Konzerte mit zeitgenössischer Musik, ohne aber daran teilzunehmen. Das ist eigentlich zu bedauern, denn in der Verbindung des Traditionellen mit dem Neuartigen kann Vertrautes und Unvertrautes als ein bleibendes Ereignis wahrgenommen werden. So äussert sich jedenfalls auch ein bekannter Dirigent, wenn er meint: «Die Einsicht hat sich allgemein durchgesetzt, dass neue Musik auf die Dauer nicht von ephemeren Erfolgen in Spezialveranstaltungen leben kann. Nur ihre verständnisvolle Integration in gemischte Programme kann sie allmählich zum inneren Besitz einer breiteren Zuhörerschaft werden lassen und das weitere Auseinanderleben von Komponisten und Publikum hemmen» In: Der *Bund* 29. 12. 1988.

[84] Hier sind vor allem amerikanische Komponisten gemeint, die beim Publikum Erfolg haben (wie z. B. L. Bernstein etc.). In: NZZ 28. 11. 1988.

[85] Ich denke hier z. B. an das Violinkonzert von William Bolcom (geboren 1938) vom 25. November 1988 im Grossen Tonhallesaal. Der Rezensent meint dazu: «Das Publikum erlebte in den fast 25 Minuten (Violinkonzert) eine tüchtige Darstellung der Novität von gestern, aber nicht unbedingt eine raffiniert überhöhende.»

[86] Der Zürcher Komponist Roland Moser über: «Was sich ein Komponist von der Musikwissenschaft wünscht». Vortragsreihe mit dem Thema «Musikwissenschaft gegen Musik?» an der Universität Zürich 1988.

[87] Der pulsierende Rhythmus erleichtert im allgemeinen gerade das, was als Rezeption der entsprechenden Musik betrachtet werden kann.

[88] Wie z. B. bei Bartok-Kompositionen oder in der Jazzimprovisation. Die folgende Aussage bezieht sich auf eine Komposition von Ernst Widmer (geboren 1927). In: NZZ 10./11. 12. 1988.

[89] Rezension in: NZZ 10./11. 12. 1988.

[90] Folklore-Musik und ethnische Musik wird in der zeitgenössischen E-Musik-Komposition oft als direktes musikalisches Stilmittel gebraucht.

[91] Zu diesem Themenkreis vergleiche : M. Engeler. *Das Beziehungsfeld zwischen Volksmusik, Volksmusiker und Volksmusikpflege*. Herisau 1984, S. 85–88.

[92] NZZ 10./11. 12. 1988.

[93] In: NZZ 10./11. 12. 1989.

[94] Mathias Spohr (*Dissonanz* Nr. 23, S. 21) meint: «Je mehr wir die Musik in ihren geschichtlichen Bedingtheiten verstehen und durch historische Aufführungspraxis versachlichen, desto wertfreier wird sie.» Allerdings werden auch Kompositionen der «älteren Schweizer Generation» (wie z. B. Paul Juon, Paul Müller, Ernst Hess, Rolf Losser, Ernst Widmer) im Tonhalle-Konzertbetrieb genauso wenig gespielt wie solche der jüngeren Generation.

[95] Betrifft Konzert im Konservatorium Zürich am 18.11.1988. (NZZ 12.11.1988:) «Sisyphi in memoriam» (1970) in der Neufassung für Kontrabass und Tonband von Roland Moser.

[96] Z. B. bei Klaus Huber, Rudolf Kelterborn, Josef Haselbach, Hans Ulrich Lehmann etc.

[97] Siehe S. 97f.

[98] NZZ 14. 11. 1988. So plädiert auch Mathias Spohr für ein «Komponieren als Dienstleistung». In: *Dissonanz* Nr. 23, S. 20.

[99] Dies betrifft ein Konzert im Grossen Tonhallesaal vom 25.8.1989 mit der Erstaufführung von «Old and Lost Rivers», einer 1986 entstandenen Komposition des Amerikaners Tobias Picker (geb.1954). In: NZZ 28. 8. 1989.

[100] Francis Travis meinte im Interview mit dem Musikkritiker weiter: «Sonst wird das potentielle Publikum schliesslich zur Masse, das nur noch Comics, Computerspiele, einsilbige Wörter verkraftet.» In: NZZ 13. 3. 1989.

Anmerkungen zu den Seiten 70–76

101 Ein Musikschriftsteller formuliert diesen Gedanken folgendermassen: «Jede Musik aber (ganz gleich, ob alt oder neu), die wir auf neue Art hören, die uns bewegt und uns etwas zu sagen hat, können wir als neu und aktuell für uns auffassen. Wie weit die ihr zugrunde liegende schriftliche Aufzeichnung zurückliegt oder in welchem Jahrhundert sie erfunden worden ist, spielt dabei eine sekundäre Rolle. Für viele Menschen gibt es heute modernste Musik, von der sie gefühls- und verstandesmässig nicht angesprochen werden, wogegen sie eine Bach-Passion oder eine Mozart-Oper hören können, die sie in einer neuartigen Interpretation auch ganz neu empfinden. Eine unkonventionelle Haltung und neue Fragestellungen an das Alte können es unerhört aktuell für uns machen.» In: NZZ 12./13. 11. 1988.

102 Konzert vom 5. 11. 1987.

103 Konzert vom 28. 4. 1988.

104 NZZ 11. 10. 1988.

105 Verschiedene Tageszeitungen heben diese Situation auch mit publizistischen Titeln hervor: «Musik in Karohemd», «Lokkere Atmosphäre» etc. Im Gegensatz dazu wird z. B. bei «Fabrik-Jazz»-Veranstaltungen in der Roten Fabrik eine sehr ernsthafte Atmosphäre angestrebt. Siehe auch S. 149 ff.

106 In: NZZ 16. 3. 1988.

107 Betrifft das Nachmittagskonzert der Camerata Zürich am 31.1.1988 in der Tonhalle. Uraufführung von Werner Bärtschis «Teamwork». In: NZZ 1. 2. 1988.

108 In einer Veranstaltung im Grossen Tonhallesaal präsentierte ein von über hundert jungen Berufsmusikern zusammengesetztes Sinfonieorchester sich dem nicht sehr zahlreichen Publikum in der Tonhalle mit einem ausserordentlich anspruchsvollen Programm. Die emotionale Ausstrahlung der Musikstücke von Alban Berg, Arnold Schönberg und Richard Strauss konnte sich aber nicht entfalten. Die Interpretation blieb, gemäss Rezensent, auf der «Suche nach Wegen etwas abseits des üblichen Abonnementsrepertoires stehen, und das Streben nach Kompensation der mangelnden Orchestererfahrung wurde durch die intensive Auseinandersetzung mit dem Werk und die besonders engagierte Spielweise unterstrichen». In diesem Konzert wurde aber deutlich, dass die Rezeption der Musik nicht nur mit der Programmwahl zusammenhängt und die Auswahl von beliebten Musikstücken an sich noch keinen Publikumserfolg gewährleisten kann. (Konzert der «Neuen Philharmonie Schweiz» in der Tonhalle am 7. 9. 1987 mit Werken von Alban Berg, Richard Strauss und Arnold Schönberg).

109 Konzert im Kleinen Tonhallesaal vom 13. März 1988.

110 Werner Bärtschi. Programmnotizen.

111 Konzert der Camerata Zürich am 30. 1. 1988: Werner Bärtschi (Komponist) und René Krebs (Trompete).

112 Die Improvisationen des Trompeters René Krebs verliessen sich gewöhnlich auf den Moment ihres unmittelbaren Entstehens. Ein solcher Rahmen, d. h. vordergründige Inhalte und Formen und ein Anklingen an Bekanntes, versprechen im allgemeinen Erfolg auch bei Konzerten mit zeitgenössischer Musik. Die Beschaffenheit dieser Neuen-Musik-Komposition konnte ebenfalls dem tonalen Bild weitgehend entsprechen, d. h., die Komposition von Werner Bärtschi wurde allgemein akzeptiert und als schön empfunden.

113 Z.B. Kanzleischulhaus, Theatersäle, Quartierzentren etc.

114 Zum Teil werden solche Konzerte auch nicht beachtet, weil sie weniger oder gar nicht in den üblichen Tageszeitungen (NZZ, *Tages-Anzeiger*) inseriert werden.

115 Hier ist mit «Gesellschaft» nicht eine Interessengruppe, sondern die Struktur der bürgerlichen Gesellschaftsordnung gemeint.

116 Vgl. S. 145 ff.

117 Näheres darüber s. S. 101 ff.

118 Über den Begriff «Subkultur» siehe S. 97 ff.

119 Siehe S. 23 ff.

120 Ein Konzertgänger, der z. B. Mitglied der Interessengemeinschaft «Tonhalle-Gesellschaft» ist, will sich trotz verschiedenster alltäglichen Voraussetzung als Beteiligter und zugehörig zum Kreis derer fühlen, welche seinen bevorzugten Musikstil pflegen. So zieht der Liebhaber von traditioneller Musik (Barock, Klassik etc.) vielleicht die Konzerte des Zürcher Kammerorchesters einer Programmgestaltung der Gesellschaft Rezital mit neuartigen Interpretationen vor.

Anmerkungen zu den Seiten 76–78

[121] So kleiden sich z. B. die MusikerInnen (!) des Frauenmusik-Forums in langer Hose und überhängender Hemdbluse, die jungen Musiker erscheinen in Lederjacke etc.

[122] Ab S. 192 werde ich auf die Medien-Erhebungen in bezug auf die Hörerschichten etwas eingehen. Wird Volksmusik z. B. wirklich nur von älteren, wenig gebildeten Leuten bevorzugt?

[123] Siehe S. 145 ff.

[124] Mitgliederbeiträge bewegen sich zwischen Fr. 20.– (IGNM), Fr. 50.– (Frauenmusik-Forum), Fr. 250.– (Gesellschaft Rezital), Fr. 1300.– (Gönnerverein u. a.).

[125] Leider wird daraus, wie so oft in solchen Fällen, nicht ganz klar, ob es sich nur um die von der öffentlichen Hand verteilten Gelder handelt oder auch um solche von privaten Mäzenen. Die Erhebung wurde vom Sozialamt der Stadt Zürich durchgeführt. In: NZZ 2. 11. 1988.

[126] Das Publikum der Stadt Zürich ist sich vielleicht nur wenig bewusst, was ihm unter Kultur alles vorgesetzt wird. «Kultur» ist heute ein Schlüsselwort ethnologisch-anthropologischen Selbstverständnisses geworden. Die «Kultur» verbindet die Menschen auf einem hohen Niveau, im sozialen Leben, in ihren Bräuchen, Lebensstilen und ihrem Geschmack. Es ist die «Kultur», die den einzelnen ebenfalls an eine Interessengruppe binden kann, in der er sich wohl fühlen kann.

[127] Die beiden letzten Fragen werden vor allem auf S. 145 ff. behandelt.

[128] Siehe S. 79 f.

[129] Die Publikumsrezeptionen werden von der Programmkommission denn auch ernst genommen, nur ist es oft schwer, gegenteilige Meinungen zu befriedigen, wie z. B. die folgenden Zuschriften zeigen: «Die ‹Turangalila›-Sinfonie (von O. Messiaen) war für mich einer der Höhepunkte. Ich schätze sehr Ihre Bemühungen, weniger bekannte Werke im Programm einzubauen, ebenso wie Ihre Berücksichtigung zeitgenössischer Musik». Oder: «Ich empfinde es als eine Zumutung, schon im ersten Konzert dieser Saison (1989), ausschliesslich mit einem modernen Werk bedacht zu werden, das ich beim besten Willen nicht als eine Annehmlichkeit empfinden kann. Eine derartige laute Kakophonie über mich ergehen zu lassen, war ich nicht bereit. Ich habe mit meiner Frau, und anderen Teilnehmern, nach der Pause das Konzert fluchtartig verlassen» (betrifft: «Turangalila» von O. Messiaen, Konzert am 27. 9. 1988).

[130] Gespräch mit dem Dirigenten Claus Peter Flor. In: *Schweizerische Handels Zeitung,* Nr. 39, 29. 9. 1988. C. P. Flor wird ab 1989 ständiger Gastdirigent des Tonhalle-Orchesters sein.

[131] Hans Bär. In: *Info,* Informationsblatt der Tonhalle Zürich, Nr. 11, Februar 1989.

[132] Tage für Neue Musik: 10.–13. 11. 1988.

[133] Ein Orchester, in dem Musiker und Dirigent am Mittag in Pullover, Leibchen und Bluejeans erscheinen, evoziert ungewollt die emotionale Einstellung auf eine Probensituation. Den Erfahrungen aus vorhergegangenen Konzertereignissen und den tradierten Erwartungen wird hier nicht mehr entsprochen. Die Freizeitkleidung der Musiker und auch die ungewöhnliche Tageszeit wird vom Publikum bewusst und unbewusst wahrgenommen. Es empfindet dies als grundlegende Normverletzungen in der tradierten Symbolstruktur des Zürcher Konzertlebens. Dies ist eine Konfliktsituation, die hervorgerufen wird durch den Gegensatz der Freizeitbekleidung der Musiker und eines Konzertanlasses, für welches das Publikum in städtischer Strassenkleidung erscheint.

[134] Siehe weitere Ausführungen S. 130 ff.

[135] Olivier Messiaen. Turangalila. Symphonie pour Piano principal et grand Orchestre. UA 1949. Konzert am 27. 9. 1988. In einem Leserbrief in: *Info* der Tonhalle-Gesellschaft (Mai 1989) wird die Frage gestellt, ob es angebracht sei, «eine derartige wertlose Musik einem Abonnementspublikum vorzusetzen».

[136] Kann das Publikum wirklich das Wertvolle vom Seichten, das Echte vom Falschen in der Musik unterscheiden? Weiss es auch wirklich, was im ästhetischen Sinne gut ist?

[137] Siehe dazu S. 56 f.

Anmerkungen zu den Seiten 78–82

[138] Um der Verfallstendenz entgegenzuwirken, haben sich 22 Kantonsvereine 1977 zur Schweizerischen Chorvereinigung (SCV) zusammengeschlossen. Die 1900 Einzelchöre mit über 60 000 Sängern möchten mit der regelmässigen Durchführung von schweizerischen Gesangsfesten, Singtreffen und Chorwettbewerben die «Kulturpolitik unseres Landes stärker beeinflussen» (NZZ 18. 4. 1988).

[139] Kammerorchester mit angehenden professionellen Musikern, das 1985 aufgelöst wurde.

[140] Siehe S. 51 ff.

[141] Bei der Wahl eines neuen Dirigenten ist die Mitsprache verschiedener Gruppen wichtig, welche jedoch nicht einer eigentlichen Mitbestimmung gleichkommt.

[142] Ab S. 173 beschreibe ich weitere Aspekte, unter denen das Publikum direkt und indirekt bei der Programmgestaltung mitbestimmend ist.

[143] Vom 29.8.1986.

[144] Der Komponist beispielsweise muss sein Werk einmal hören können, und es muss einmal, wenn auch in einem kleinen Kreis, diskutiert werden. (NZZ 19. 9. 1986).

[145] Siehe S. 123 ff.

[146] Abstimmung über die Subventionen der Stadt Zürich an das Kulturzentrum Rote Fabrik im Dezember 1987.

[147] Jubiläumskonzert vom 8. 1. 1988.

[148] In der NZZ vom 30. 1. 1988 meint der Rezensent, im Gegensatz dazu «genüge die zeitgenössische Musik sich selbst».

[149] Über Hörgewohnheiten siehe S. 61 ff.

[150] Vgl. auch S. 51 ff., wo der Erfolg von Programmzyklen (wie z. B. der Beethoven-, Haydn-, Mozart-Zyklus zu Andreaes Zeiten) geschildert ist.

[151] Die Einführung von Konzertabenden im Opernhaus Zürich (seit 1986) hat sich im Musikleben der Stadt Zürich überaus rasch etabliert, vielleicht gerade, weil deshalb die Identität dieser Programme sehr stark mit dem Opernhaus und dessen Programmierung zusammenhängt. Das Stammpublikum besteht dort zum grossen Teil aus Freunden der Opern- und Liedmusik.

[152] Der Musikkritiker eines Konzertes (NZZ 6.3.1988) tituliert eine Neukomposition von Peter Maxwell Davis als «eine Art geregelten Unfugs mit vermeintlich sakrosanten Vorbildern».

[153] Wie z. B. beim Zürcher Kammerorchester.

[154] Der Kritiker Anton Krättli schreibt im folgenden Zitat zwar über die Legitimationskrise des Theaters und des vermeintlichen Publikumsbedürfnisses. Seine Gedanken können aber auch auf die Musikkultur angewendet werden. Er schreibt: «Zwar trifft zu, dass das Publikum keine genau bestimmten Wünsche, keine Vorstellungen und kaum auch ein im Detail begründetes Urteil hat. Es ist eine Gemeinschaft im Dunkeln, und das heisst auch: mit verminderter Kritik- und Urteilsfähigkeit zu kollektivem, von Stimmung und Affekt geleitetem Verhalten wenigstens auf Zeit. Wenn es hell wird im Theater, lösen sich erst wieder Individuen aus der Masse, die für die Dauer der Aufführung auf die Gegenwelt der Szene ausgerichtet war. Hier erst, meist sogar erst am Tag darauf, wird sich zeigen, wie nachhaltig diese Gegenwelt zu wirken vermochte. Die Demagogie des Theaters übt ihre Macht, wenn überhaupt, im Augenblick der Vorstellung aus; aber nur was darüber hinausgeht, als innere Wahrhaftigkeit des Inhaltes und der Form, vermag nachhaltig zu überzeugen.» In: *Schweizer Monatsheft,* Bd. 68, Nr. 4, April 1988, Seiten 313–325.

[155] Betrifft Programm-Zusammenstellung für eine Veranstaltung in der Roten Fabrik. In: *Tagblatt der Stadt Zürich* 11. 3. 1988. Ein Informant meinte, dass er dort gerne spiele, weil er ein «breites» und nicht ein «elitäres» Publikum antreffe.

[156] Vgl. S. 51 ff.

[157] *Jubiläumsschrift* der Camerata Zürich. Februar 1987.

[158] Wie schon erwähnt, wird heutzutage vor allem für kleine Besetzungen komponiert.

[159] Rudolf Schoch schreibt, dass auch die «Sinfonia domestica» von Richard Strauss nur durch wiederholte Aufführungen (1904, 1905, 1911, 1913, 1918) beim Zürcher Konzertpublikum akzeptiert wurde. In: *Hundert Jahre Tonhalle Zürich.* Zürich 1968. S. 159/160 bzw. S. 220. Siehe auch M. Engeler. (Hg.) *Briefe an Volkmar Andreae.* Briefe Nr. 1389 und 1390.

Anmerkungen zu den Seiten 82–85

[160] Als Kontrast: 1989 wurden für ein Tonhalle-Sinfoniekonzert mit durchaus nicht mehr zeitgenössischen Werken von Honegger, Martin und Schostakowitsch im ganzen unter 50 Billette verkauft! Siehe dazu auch S. 129 ff.

[161] In: NZZ 11.5.1989 und NZZ 28./29. 5. 1988.

[162] Rezensionen von Konzerten in der Tonhalle Zürich. NZZ 16. 3. 1988; NZZ 17. 3. 1988.

[163] Interview mit dem Dirigenten Andreas Delfs, der für zwei Monate im Jahr als Chefdirigent des «Schweizer Jugend-Sinfonie-Orchesters» tätig war. Er meinte u. a., dass grosse «Leistungen im Orchester nur möglich beim richtigen Kontakt zwischen den Menschen» seien. In: NZZ 2. 8. 1989.

[164] Die Saison 1989/90 verlegt die «Tage für Neue Musik» in andere Konzertsäle, wie z. B. in den Kaufleutensaal und ins Konservatorium.

[165] Bericht über das Konzert der «Banda classica», in: NZZ 5./6.8.1989.

[166] In der NZZ vom 2.11.1988 schrieb der Rezensent: «Die Musikinteressierten, die sich zu diesem Konzert in den Grossen Saal des Volkshauses bemühten, waren rasch gezählt: ein rundes Hundert war es, das sich im Saal fast ein wenig verlor. Zürichs Musikfreunde scheinen nicht besonders gastfreundlich zu sein, sonst hätten sie sich in grösserer Zahl eingefunden, um den jungen musizierenden Gästen aus China die Ehre zu erweisen. Und wo blieben die vielen Musikstudentinnen und -studenten, die Zürichs Musikschulen bevölkern, wo überhaupt die jungen Menschen, die doch so gerne das grosse Wort von der internationalen Solidarität im Munde führen? Künstlerische Neugier, freundschaftliche Verbundenheit, kameradschaftliches Interesse scheinen bei der musizierenden Jugend unserer Stadt nur einen sehr geringen Stellenwert zu haben».

[167] Kammerorchester, IGNM, Computermusik etc.

[168] Bei Camerata-Konzerten z. B.

[169] Die *Züri Woche* (z. B. 10. 1. 1987) hebt solche Konzertreihen vor allem hervor.

[170] Wie gross ist der Vorteil der musikkulturellen Dezentralisierung in der Stadt Zürich? Mir scheint, dass die Räumlichkeiten einerseits sehr eng mit der Rezeption beim Publikum zusammenhängen und dass andererseits die vertrauten Räumlichkeiten der Tonhalle vor allem für Aufführungen der «reinen» nicht nur «sogenannten» E-Musik erhalten bleiben sollten.

[171] NZZ 9. 9. 1986.

[172] *Tagblatt der Stadt Zürich* 14. 1. 1987.

[173] WIM, Werkstatt für Improvisierte Musik, Zürich, an der Magnusstrasse 5 in Zürich. Eine Gruppe von Musikern, die sich konstituiert hat, um der Öffentlichkeit Konzerte mit improvisierender Musik zu bieten. Auch im Wochenkalender Beilage der NZZ (Freitag) erwähnt.

[174] Das Interview stand in der Zeitung unter dem Titel: «Eine Chance, in die Welt im Grenzbereich zwischen Jazz und Neuer E-Musik hineinzuhorchen». In: *Züri Woche* 25. 2. 1988.

[175] Siehe S. 116 ff.

[176] *Tagblatt der Stadt Zürich* 14. 1. 1987. Die Schwellenangst des Zürcher Konzertpublikums z. B. der Roten-Fabrik-Veranstaltungen gegenüber erscheint mir grösser zu sein.

[177] Das erste Lunchkonzert war innert weniger Stunden ausverkauft.

[178] In der NZZ vom 17.8.1988 schreibt der Berichterstatter eines solchen Konzertes: «Nachdem in letzter Zeit viele der Abendveranstaltungen in der Helferei Grossmünster an der Kirchgasse 13, trotz attraktiven Programmen, an allzu geringer Besucherzahl gelitten hatten, riefen die Organisatoren mit dem «Geheimtip am Mittag», der jeweils am letzten Donnerstag im Monat über Mittag von 12.15 bis 13.00 Uhr stattfindet, eine vielversprechende Konzertreihe ins Leben. Den räumlichen und akustischen Gegebenheiten entsprechend, setzen sich in dieser originellen Serie, in der ein Sandwichbuffet zu moderaten Preisen für das Überleben der Zuhörer garantiert, vorab junge und jüngere Interpreten in kleinen Formationen oder als Solisten für weitgehend unbekannte Werke von der Renaissance bis zur Gegenwart ein.»

Die Entstehung neuer musikalischer Zweckgemeinschaften

Musikgemeinschaften, Subkulturen und Teilkulturen

Ich versuche in diesem Kapitel, volkskundliche Charakteristika zu finden, die einzelnen Interessengruppen im Bereich der E-Musik inhärent sind. Der Gemeinschaftszweck solcher musikkulturellen Gruppen ist volkskundlich und soziologisch gesehen eine wichtige Komponente in der städtischen Musikkultur. Die soziologischen Begriffe, die zur Beschreibung und Abgrenzung solcher Interessengruppen angeboten werden: Alternativkulturen, Gegenkulturen, Subkulturen, Massenkulturen, Individualkulturen etc. gehen alle von einem Kulturbegriff aus, nach welchem Kultur im allgemeinen alle Lebensbereiche des Menschen umfasst. Der Alltag und das kulturpolitische Umfeld bestimmen weitgehend die individuelle Zugehörigkeit zu einer oder mehreren Interessengruppen. Auch in der Bildung von neuen Interessengruppen ist eine Abhängigkeit vom jeweiligen gesellschaftlichen, aber auch vom politischen Umfeld zu beobachten. Die Komplexität unserer Gesellschaft bringt notwendigerweise mit sich, dass der einzelne zugleich in mehreren musikkulturellen Gruppierungen mitwirken kann. Die partielle Mitgliedschaft ist für die pluralistische Kulturgesellschaft kennzeichnend.[1] Um die Darstellung nicht zu überladen, habe ich hier allerdings musikkulturelle Gruppierungen ausgewählt, bei denen die multiplen Mitgliedschaften eher selten sind oder die, wie z. B. bei politischer Musik, Frauenmusik oder Neuer Musik, selbst ein interessantes Phänomen bilden.

Ich basiere meine Betrachtungen über musikkulturelle Interessengruppen in der E-Musik auf Besuche vielfältiger Konzert-Veranstaltungen, Versammlungen von Vereinigungen und anderen Gruppierungen, auf die aktive Mitgliedschaft bei solchen und die so ermöglichten Diskussionen mit Musikern, Komponisten und Interpreten, sowie selbstverständlich auf die Beobachtung von Publikumsreaktionen bei den besuchten Anlässen. Für die Abgrenzung und Beschreibung von Musikgemeinschaften werde ich mich deshalb vor allem volkskundlicher Kriterien bedienen und nicht allzutief auf die Problematik der Begriffe *Subkultur, Alternativkultur, Gegenkultur* etc. eingehen. Diese Begriffe sind ohnehin auch in der Soziologie nicht unumstritten.[2] Eine gute Einführung gibt Ina-Maria Greverus in ihrem Buch «Kultur und Alltagswelt».[3] Auch die Zürcher Soziologin Marlis Buchmann hat über den Begriff der Subkultur gründlich nachgedacht und am Internationalen Soziologiekongress in Zürich 1988 darüber referiert.[4] Sie meint, dass dem Begriff Subkultur, der in den sechziger und siebziger Jahren in der wissenschaftlichen Diskussion allgemein anerkannt war, heute das Schicksal droht, als überholtes analytisches Konzept beiseite geschoben zu werden. Auch ich bin der Meinung, dass der Begriff «Subkultur» verwässert und abgegriffen ist. Ich vertrete die Ansicht, dass der Trend zur Individualisierung und zur Diversifikation es heute kaum mehr gestattet, spezifische symbolische Ausdrucksformen von sozialen Gruppen genau zu definieren.

Trotz dieser *Inflation des Ausdruckes «Subkultur»* verwende ich ihn als Charakteristikum von Musikkulturen mit ihren eigenen Werten, Normen, Verhaltens- und Gestaltungsformen und als Ordnungsprinzip. Ich verwende hier *«Sub»* als «Teil», nicht *«Sub»* als «Unter» und spreche hier also von subkulturellen Erscheinungen im Sinne von Teilkulturen und Interessengruppen. So werde ich z. B. die E-Musik-Kultur (Kunstmusik, Klassische Musik) als «subkulturelle» Erscheinung innerhalb des breitgefächerten Musiklebens der Stadt Zürich bezeichnen. Die Auffassung, wonach die E-Musik-Kultur für wirtschaftlich oder sozial Benachteiligte nicht erreichbar erscheine, ist nach meiner Meinung überholt. Die ökonomische Situation ist in unserer bürgerlichen Gesellschaftsstruktur keine ausschlaggebende Komponente für die Entstehung des strukturellen Phänomens «Subkultur». Bei den meisten Interessengemeinschaften der E-Musik-Kultur sind auch andere objektive Merkmalstrukturen wie Alter, Geschlecht und ethnische Gruppenzugehörigkeit von untergeordneter Bedeutung. Dasselbe geschieht bei der «Alternativkultur»,[5] welche durch die Weitergabe von kulturellen Werten und Normen ebenfalls eine geschlossene Interessengruppe bestimmt.

Die im folgenden behandelten Beispiele von musikbezogenen Gruppierungen in der Stadt Zürich können auch nicht eindeutig entweder der Individual- oder der Massenkultur zugeordnet werden. Die verschiedenen Charakteristika von Subkultur, Alternativkultur, Massenkultur, Popularkultur, Individualkultur und wie diese «Kulturen» alle heissen, überschneiden sich in unserer Gesellschaft in mannigfaltiger Weise. Die gesellschaftliche, aber auch berufliche Situation der Mitglieder ist innerhalb der von mir betrachteten Gruppierungen jeweils eine durchaus heterogene. Trotzdem ist die Gruppenbildung doch wieder irgendwie von den ökonomischen und politischen Strukturen abhängig.[6]

Trotz der oben angeführten Schwierigkeiten einer Definition, versuche ich die bei einzelnen Gruppen identifizierbaren Merkmale subkultureller Phänomene herauszuarbeiten. Dabei werde ich auch den Lebensstil der betreffenden Gruppenmitglieder miteinbeziehen.[7]

Zum Begriff «Subkultur», gehören die Kategorien Brauch, Tradition und Gemeinschaft, wobei der Brauch der Gemeinschaft und der Tradition dienstbar gemacht wird. Der Begriff «Brauch» wird allerdings in der Volkskunde beinahe ausschliesslich entweder auf archaische Kulturreste oder dann auf wirtschaftlich benachteiligte Gruppen der unteren Volksschichten angewendet. In diesem Zusammenhang sind Gruppierungen wie z. B. die Ländlermusikfreunde, die der Rocker und Jazzer zu nennen. Diese werden von der Volkskunde als Teilkulturen untersucht, und zwar gemäss der traditionellen Definition, nach welcher Volkskunde die «Lehre vom einfachen Volk» sei. Gemeint sind damit oft nur «unterschiedliche Randgruppen».[8] Eine solche Einstufung durch die Volkskunde beruht darauf, dass Tanzmusik, Pop- oder Rockmusik als Brauchelemente mit einer bestimmten Funktion im Alltagsleben der entsprechenden Gruppen auftreten. Solche Teilkulturen werden gegenwärtig volkskundlich untersucht[9] z. B. im Forschungsprojekt über die Lied- und Schlagerkultur der Schweiz. Da auch bei anderen geschlossenen Bevölkerungsgruppen die Kategorien «Tradition» und «Gemeinschaft» eine wichtige Rolle spielen, liegt es nahe, in jeder musikkulturellen Gruppe nach dem Brauch, der Symbolik, der Tradition und dem Gemeinschaftprinzip zu fragen.

Eine andere Definition bezeichnet Volkskunde als die «Wissenschaft vom Leben in überlieferten Ordnungen».[10] Gemäss dieser Auffassung dürften allerdings die erwähnten Teilkulturen der Rocker etc. nicht zum Themenkreis gehören, was aber nicht der Praxis entspricht. Die heutige volkskundliche Interpretation des Begriffes «Subkultur» arbeitet mit dem Konzept der direkten Kommunikation und Interaktion in Randgruppen.[11] Im «Subkultur»-Begriff spricht also ganz allgemein das kulturelle Verhalten einer präzise abgegrenzten Gruppe eine wichtige Rolle. Ich werde dies im vorliegenden Kapitel an einigen Beispielen näher ausarbeiten, nämlich anhand der Musik des *Frauenmusik-Forums,* der *politischen Musik,* der *Computermusik* und der zeitgenössischen *Neuen E-Musik.* Ich habe diese exemplarische Auswahl getroffen, um vor allem die Integration von subkulturellen Erscheinungen in unsere bürgerliche pluralistische Musikkultur aufzuzeigen. Eine hierarchische Unterscheidung zwischen «höherer» und «niederer» Musikkultur, eine schichtspezifische Unterteilung der Musikkulturen bei diesen Interessengruppen, ist heute weitgehend in Frage gestellt, und zwar sowohl aus individueller Einschätzung des Mitgliedes als auch aus wirtschafts-politischem Pragmatismus. Dabei ist allerdings zu unterscheiden zwischen *«demonstrativen Subkulturen»* und *«alternativen Subkulturen».*[12] Bei «demonstrativen Subkulturen», wie etwa der Frauenmusik, ist die öffentliche Selbstdarstellung ein Hauptzweck. Die Abgrenzung selbst wird zum Qualitätsmerkmal stilisiert, und eine Integration in die bürgerliche Kultur ist beabsichtigt. Bei der «alternativen Subkultur», wie etwa bei der Neuen Musik, wird in der Abgrenzung eine Form des Überlebens gesucht, solange ihre Musik nicht marktgängig ist. Deshalb gibt sich die alternative Musik oft auch antibürgerlich, indem sie ihre Musik nicht als Ware behandeln lassen will.[13] Dann ist allerdings die Integration in die bürgerliche Musikkultur (z. B. Subventionierung) in Frage gestellt.

Im Musikleben der Stadt Zürich entstehen kaum subkulturelle Interessengruppen als Gegenkulturen, obwohl in der «Roten-Fabrik-Kultur» das «Rot» durchaus politisch aufgefasst wird.[14] Die E-Musik nimmt in der pluralistischen Gesellschaft allerdings eher «subkulturellen» Charakter an. Das im vorhergehenden Kapitel näher untersuchte Abonnements-Publikum der Tonhalle-Konzerte ist heutzutage weniger eine sozio-ökonomische Gruppe, es ist vielmehr eine bildungsmässig homogene Gruppe von Zürcher Musikliebhabern. Das Tonhalle-Publikum setzt sich vor allem aus Angestellten und Akademikern zusammen. Andererseits ist wohl deutlich, dass viele Konzertbesucher des Dienstagsabonnements eine gesellschaftlich schichtspezifische Anerkennung innerhalb des

Tonhalle-Publikums suchen. Sie streben die Anerkennung des traditionell gebundenen Kerns des Zürcher Tonhalle-Publikums an.[15] Die Besucher der neueingeführten Abonnements-Konzerte z. B. am Mittwoch- oder Freitagabend werden dementsprechend als Neu-Dazugekommene betrachtet. Im allgemeinen ist aber im Tonhalle-Publikum heute weniger eine soziale als eine bildungsmässige Hierarchie zu beobachten. Die Interessengruppe «E-Musik-Publikum»[16] versucht bewusst, das ganze sozialschichtige Netzwerk im kulturellen Milieu der Stadt Zürich zu integrieren. Doch in der breiteren Wertskala des Kulturlebens, die weniger durch soziale und ökonomische als durch berufliche und bildungsabhängige Kriterien bedingt ist, verschwinden bestimmte traditionelle Vorurteile und Werte nicht ganz.

Auch bei neueren Musikgemeinschaften ist die Spannung zwischen etablierter Tradition und der Integration ins Netzwerk der städtischen Kultur zu beobachten. So hat sich etwa die Frauenmusik aus innerem Bedürfnis und aus aktueller politischer Problemstellung heraus zur «subkulturellen» Gruppierung etabliert. Die Normen und das Benehmen dieser musikpolitischen Gruppe unterscheiden sich deutlich von anderen Gruppierungen. Im Frauenmusik-Forum sind diejenigen «MusikerInnen» aktiv, die ihrerseits ausschliesslich weibliche Komponisten und Interpreten bevorzugen. Diese musikpolitische Grundhaltung wird aufrechterhalten trotz einer grossen Diversifikation im Musikstil (Jazz, E-Musik, U-Musik, Volksmusik etc.) und trotz wirtschaftlich bedingten, aufführungstechnisch notwendigen Interaktionen mit anderen Interessengruppen (Neue Musik, Schweizerischer Tonkünstlerverein etc.).[17] Das entsprechende Publikum an den Konzerten des Frauenmusik-Forums versteht sich als aktives Mitglied dieser musik-politischen Gruppe. Die politische Homogenität solcher Gruppen aber nahm im Laufe der letzten Jahre immer mehr ab und verlagerte sich auf eine Differenzierung der symbolischen Merkmale.[18] Dadurch überlagern die ideellen Werte (Zeitgenössische Musik) und die entsprechende Zugehörigkeit zu einer musikkulturellen Gemeinschaft die schichtspezifischen Identifizierungen (Politik).[19]

Ein wichtiges Thema ist auch die *Einbettung der musikkulturellen Gruppen in die Gesellschaft* als Ganzes. Der einzelne unterzieht sich meist einer zusätzlichen aktiven und freiwilligen Integration in die bürgerliche Kulturgesellschaft. Auch die Gruppe als solche bemüht sich um Subventionen, um billige Saalmieten etwa, und geht gerne auf Kompositionsaufträge von Banken und Firmen und auf Aufführungsangebote der Präsidialabteilung ein. Umgekehrt ist in unserer pluralistischen Gesellschaftsform die gesellschaftliche Akzeptanz von «subkulturellen» Gruppierungen höchstens in Ausnahmefällen in Frage gestellt, z. B. bei den Rockern, und auch dort nicht aus musikalischen Gründen. Die kulturelle Vielfalt gehört zum schweizerischen Selbstverständnis, was immer wieder dazu zwingt, die kollektive Identität neu zu suchen.

Die *Zugehörigkeit zu einer musikalischen Interessengruppe* wird aber nicht nur durch geschmackliche, ideologische oder wirtschaftliche Gründe bestimmt. Oft wirken auch *verwandtschaftliche und berufliche* Gegebenheiten. So werden die Dienstag-Abonnements der Tonhalle-Konzerte im verwandtschaftlichen Kreis von Zürcher Familien traditionell weitervererbt, und das Verpflichtende gegenüber der Interessengruppe «Tonhalle-Publikum» ist dann die Familientradition.[20] Ausschliesslich berufliche Auflagen zum Konzertbesuch erhalten z. B. Vorstandsmitglieder von Konzert-Gesellschaften, oder auch Führungskräfte aus Wirtschaft und Industriebetrieben. Zur Pflege des Images der betreffenden Firma werden von Mitgliedern der Geschäftsleitung kulturelle Aktivitäten und häufiger Konzertbesuch erwartet. Für informelle Zusammenkünfte reservieren z. B. Geschäftsfreunde beim Besuch des Lunchkonzertes einen runden Tisch. Auf diese Weise demonstrieren auch sie ihre Gruppenidentität.[21] Die Wertorientierung von Gruppierungen kann also aus den jeweiligen Familien-, Arbeits- und Berufssituationen hervorgehen.

Die Frauenmusik

Die hier zu beschreibende Gemeinschaft, deren Identitätsmerkmal die «Frauenmusik» ist, stellt ein Schulbeispiel einer *musikpolitischen Interessengruppe* dar. Sie will geschlechtliche Verschiedenheiten in den Methoden des Umgangs mit historischem und zeitgenössischem Musikmaterial bewusst machen.[22] Frauenkultur wird deshalb als der kreative Prozess der Emanzipation aus dem Zustand der Abhängigkeit von der patriarchalischen Umwelt verstanden. Die kulturelle Wechselwirkung zwischen Umwelt und Individuum, hier insbesondere mit der Frau, scheint mit den Jahren immer wichtiger zu werden, und eine allgemeine politische Gesellschaftskritik tritt dabei in den Hintergrund. Das *Frauenmusik-Forum* hat sich 1982 gebildet, um die «weiblichen Akzente des Schweizerischen Musiklebens aufzuwerten».[23] Es hat zum Ziel, die gegenseitige Hilfe der einzelnen Mitglieder in musikkulturellen Bereichen zu ermöglichen und zu kanalisieren. Dadurch soll die Frauenmusik sich als Interessengruppe gegen aussen identifizieren. Die Frauenbewegung hat mit dem Frauenmusik-Forum ein «überlebensnotwendiges Organ» gewonnen, das «werben, erklären und verändern will». Durch diese Zweckbestimmung entsteht die Realität einer «subkulturellen» Erscheinung.

Noch vor ein paar Jahren lag der Frauenmusik eine ausschliessliche gesellschaftspolitische Absicht zugrunde.[24] Kulturelle und politische Progressivität gingen aber auch hier eine gewisse Symbiose ein. Nachdem das erste Ziel, nämlich die öffentliche Bewusstmachung des Anliegens, auf diese Weise erreicht war, trat der politische Aspekt eher in den Hintergrund. Heute ist die Absicht, vermehrt spezifische kulturelle Frauenprojekte anzuregen und zu fördern. Diese sollen Projekte sein, die sich «in künstleri-

Die gleiche Konzertreihe fand in Zürich am 25.10., 27.10. und 17.11.89 statt (Helferei Grossmünster).

scher Form oder als vielfältig gelebte Widerstandskultur gegen das Patriarchat wenden».[25] Solche zweckgebundenen Projekte und gesellschaftspolitische Aufgaben spielen im Musikleben aber nur eine zeitlich begrenzte Rolle. Die Zweckbestimmung wird formuliert als «kreativer Prozess für die Emanzipation der Frau aus dem Zustand der Abhängigkeit». Solche Ziele definieren die Musik der Frau nicht nur als subkulturelle Erscheinung, sondern auch als Geschmackskultur, denn die Frauenmusik soll allgemein als «weiblich» erkennbar sein. Erst dann, wenn «die gesellschaftlichen Schranken durchlässig sind, bleibt auch der kleine Unterschied in der Musik stumm, dann ist die Musik von Frauen wie jede andere».[26]

Als exemplarisch für die Frauenmusik gelten *Pionierinnen der Frauenbewegung*, Frauen, welche in einer «heute wie eine Fiktion anmutenden Situation stehen und sich mit Verweis- und Ausschaltungsmechanismen konfrontiert sehen». Das Frauenmusik-Forum soll also als ein Zusammenschluss von «Ausgeschlossenen» und als Selbsthilfe-Organisation betrachtet werden. Die Literatur über historische und zeitgenössische Musikerinnen wird immer ausgedehnter.[27] Der Zweck solcher Publikationen ist im folgenden Zitat deutlich ersichtlich: «Wenn Musik jahrhundertelang zur Trägerin interessenspezifischer Ideologien gemacht wurde, so ist es nun an der Zeit, ihre geschlechterübergreifende Bedeutung zu erhellen. Literatur soll zum Abbau von Vorurteilen und Diskriminierungen all jener Frauen beitragen, deren Namen und Werke bis heute nicht in der Musikgeschichte vorgekommen sind.»[28]

Die Komponistinnen und Musikerinnen des Frauenmusik-Forums Zürich akzeptieren eine «gesittete» Form des Zusammenlebens, obwohl sie sich ideologisch von den bestehenden Gesellschaftsstrukturen wenig angesprochen fühlen. Die Kritik an der kulturpolitischen Situation der Stadt Zürich gehört mit zum Selbstverständnis ihrer «Subkultur». Man möchte die «Ideale» der Frauenmusik in die Alltagskultur einbeziehen und eine «gelebte» Kultur daraus machen. Ihre musikalische Kreativität sei aber ein Produkt der Erziehung und des sozialen Umfeldes und deshalb ergeben sich geschlechtsspezifische Probleme, heisst es. Am nächsten kommt dem Ideal einer spezifisch weiblichen Musik naturgemäss die vokale und improvisierende Musik.[29] In der vokalen Musik wird die Zielsetzung der Frauenmusik vom Publikum sofort erkannt: «Die Liedtexte sind aus dem feministischen Blickwinkel geschrieben und mit poesiereichen Linksaussen-Kommentaren gespickt. Wie früher das Blumenkindertum, der Polit-Rock und die Punk-Revolte ist nun auch die musikalisch umgesetzte Frauen-Emanzipation unter die Räder der Vermarktung geraten.»[30] Der Werbeslogan eines Plattenmanagers heisst denn auch:[31] «Die Zukunft des Rock'n'Roll ist weiblich».

Das so konstituierte Selbstverständnis der Frauenmusik-Bewegung wird in publizierten Äusserungen deutlich festgehalten. So äussert sich die Präsidentin des Frauenmusik-Forums wie folgt: «Werden wir die Kraft haben, dieses Ziel zu erreichen, oder werden wir, wie schon so viele andere Frauenprojekte vor uns, an den Gegebenheiten der Realität scheitern?»[32] Die Vorstellung ist, dass es spezielle Frauenmusik in Zukunft gar nicht mehr geben würde, sondern «nur noch Musik». Die von Frauen «gemachte» Musik wäre genauso selbstverständlich wie diejenige von Männern, und nicht mehr als «Kuriosum oder gar als Marktlücke am Rande der Musikgeschichte» wahrgenommen. Bis zur Erreichung dieses Zieles verfolgt diese subkulturelle Interessengemeinschaft ihren Gemeinschaftszweck mit missionarischem Eifer.[33]

Neben der *Öffentlichkeitsarbeit* betreibt das Frauenmusik-Forum auch *eine innere Erziehungsarbeit*. Unter ihren Mitgliedern zirkuliert regelmässig eine *Zeitschrift*[34] mit Hinweisen auf Kurse und Musikveranstaltungen, aber auch mit Essays über die weibliche Musikszene. Es werden darin öfters erzieherische Absichten dargelegt wie z. B.: «Besonders wichtig ist uns der persönliche Kontakt zwischen den Mitgliedern; Kontakte, die unsere Selbstfindung fördern, aus denen ein Sich-gegenseitig-Mut-Machen zur Kreativität entstehen kann.» Dieses Ziel verfolgt das Frauenmusik-Forum, indem es in Boswil (Aargau) jährlich Komponistinnen-Seminare organisiert.[35] Für ein solches fanden sich ungefähr ein Dutzend Teilnehmerinnen aus der Schweiz, Deutschland, Polen und Spanien ein. Die Erziehungsarbeit stand im Vordergrund, d. h., unerfahrene Komponistinnen, die einen besonderen weiblichen Stil suchten, wurden von den «erfolgreicheren», die sich darin schon musikalisch formulieren konnten, beraten. Man hörte Slogans wie: «Die potentiellen weiblichen Fähigkeiten der Betreuung, des Schutzes aktivieren!», «Originalität ist ein Wert an sich!» oder «Nachmachen ist schlechter machen». Es ging in Boswil also vorerst um die *Förderung* einer Frauenmusik mit potentiellem Gebrauchswert. Die «Begegnung» war jedenfalls nicht in einem aktivistischen Ton gehalten, sondern auf musikkulturelle Aufführungsmöglichkeiten gerichtet. So zählen also auch bei den «MusikerInnen» und «KomponistInnen» für das angestrebte Berufsziel weitgehend die gesellschaftlich allgemein akzeptierten Normen, u. a. wirtschaftliche Überlegungen. Es hiess denn auch am Boswiler Frauenmusik-Seminar, es sei überaus wichtig, dass die verschiedensten Publikumsgruppen[36] angesprochen würden, um Erfolg und «Grösse» zu erreichen. Erst der *Erfolg* bestimme den Bekanntheitsgrad der weiblichen Komponisten. Die meisten Teilnehmerinnen wollten sich in der weiblichen Musikszene vorerst einmal umsehen und vorwiegend für den musikpädagogischen Bereich Ideen holen. Besonders wichtig erscheint den Komponistinnen des Frauenmusik-Forums, dass sie in der «Gesellschaft» verwurzelt sind, um darüber schöpferisch etwas «aussagen» zu können. Sie sind also auf der Suche nach neuen Musikwelten und nach einer «neuen Ästhetik»; einer Ästhetik, die sich vom traditionellen Geschmack des allgemeinen Publikums loszulösen habe. Die erfolgreiche Komponistin Regina Irman ironisierte z. B. die Erwartungshaltung des Publikums, indem sie ihre Komposition mit Kochtöpfen und Putzkübeln instrumentierte.[37] In dieser schöpferischen Aneignung des Lebensraumes intendierte die Komponistin «eine Art Humanisierung in der Tongebung».[38]

Diese nationale und internationale Begegnung in Boswil war ebenfalls dazu da, um gegenseitig *moralische Unterstützung* und die «weibliche Ästhetik im allgemeinen Kunstschaffen» zu finden, um auf diese Weise «einen gesellschaftlichen Funktionswandel» anzustreben. Mit «weiblicher Erfahrung» will man dem Konzertpublikum die *weibliche musikalische Produktion als etwas Normales* und Selbstverständliches bewusst machen. Die Kompositionen seien ja nicht Werke von Genies, sondern Produkte von Leuten, die in unserer gemeinsamen Umwelt und Kunstwelt wirkten. Die Musikerinnen erschienen übrigens in der üblichen Berufskleidung, entweder in Hose und überhängender Hemdbluse oder in langem weiten Jupe mit auffallend breitem Ledergürtel mit übergrosser

Schnalle. Tischmanieren waren eher frei.[39] Am ersten Tag stellte man sich gegenseitig vor, im nachfolgenden Programmablauf wechselten sich Podiumsgespräche und Diskussionen mit «workshops» und «performances» ab. Am dritten Tag des Seminars wurde beim Abschiedskaffee Rückschau gehalten. In der Überschau auf diese Begegnung fielen dann vor allem interdisziplinäre Musikaktivitäten auf, so hatten sich z. B. vorwiegend Kunstgewerblerinnen und Bildhauerinnen als Komponistinnen versucht. Sie «komponierten» mit Hilfe ihrer Materialien wie Stein und Holz. Diejenigen Teilnehmerinnen aber, welche Berufs-Komponistinnen waren, fielen durch ihre ruhige Überlegenheit auf. Auch im Gehaben und in der Kleidung war bei diesen eine gefestigtere Identifikation zu bemerken, bei ihnen fehlte auch das emblematische überhängende Hemd der «Künstlerinnen». So wirkten die erfolgreicheren Komponistinnen gelassen. Sie stören sich eigentlich wenig an den gesellschaftlichen Konventionen, wie etwa an der herkömmlichen musikalischen Erziehung in Schulen oder Konservatorien. Sie hoffen aber trotzdem auf einen Wertewechsel in der konventionellen Musikauffassung. Anhand von neuem feministischem Musikmaterial hoffen sie, dass ihre «weibliche Identität» zum Ausdruck kommt. Das wichtigste Anliegen scheint aber, neben dem Aufbau eines interessierten Publikumskreises, die vermehrte Publizität in den Medien.

Inwiefern sind nun die postulierten Voraussetzungen für eine separate Frauenmusik überhaupt objektiv gegeben? Sind es «die Unterschiede im geistigen Ausdruck, die Unterschiede im Behandeln des Materials oder die übernommenen Hörgewohnheiten»?[40] Im «Taktlos-Festival» in der Roten Fabrik[41] ging es deshalb an einem Konzert um den Nachweis solcher Unterschiede bei Musikerinnen, die dem Jazz und der improvisierenden Musik nahestanden. Den Rezensenten der NZZ vermochte die Veranstaltung allerdings nicht zu überzeugen. Er schreibt: «Im Laufe der drei Konzerte mit insgesamt neun Gruppen lernte man denn auch zahlreiche hervorragende und durchaus selbstbewusste Künstlerinnen kennen, deren sehr unterschiedliche Ausdrucksformen sich allerdings kaum unter den Hut Frauenmusik stecken liessen. Die gängigen Klischees von typisch weiblichen (weil sensiblen, feinen) oder typisch männlichen (weil aggressiven, analytischen) Ausdrucksformen fanden in der Hörpraxis auch hier keinerlei Bestätigung.»[42]

Die Meinung, dass sich bei der Interpretation von Werken durch weibliche Musiker andere Hörempfindungen einstellen können, vertritt allerdings der Leiter des Zürcher Kammerorchesters, wenn er sagt: «Die Besetzung des Orchesters zu gleichen Teilen mit Männern und Frauen geschieht nicht etwa aus Gründen irgendwelcher

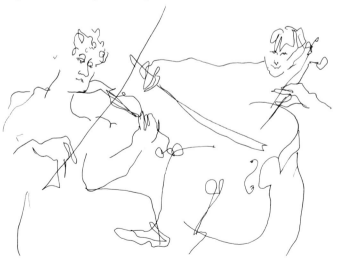

Gleichberechtigung der Geschlechter, sondern um der Vorteile willen, die ihre Verschiedenartigkeit bietet. Besonders bei den Streichinstrumenten ist nämlich die Andersartigkeit der männlichen und weiblichen Spielweise auffallend. Um also einen möglichst organischen und plastischen Klang, um eine möglichst elastische und lebendige Rhythmik, um eine wirkliche gültige Aussprache zu garantieren, ist – vor allem für ein relativ kleines Kollektiv – eine natürliche Mischung der Ausübenden die beste Voraussetzung.»[43]

Wenn also das Publikum für die Frauenmusik über feministische Kreise hinaus ausgedehnt werden soll, so liegt es nahe, sie in die Szene der «Neuen Musik» zu integrieren. Die «Internationale Gesellschaft für Neue Musik» (IGNM) bietet denn auch Möglichkeiten für die Durchsetzung gesellschaftspolitischer und musikkultureller Vorschläge der schweizerischen Komponistinnen. In der Ortsgruppe Zürich der «Internationalen Gesellschaft für Neue Musik» (IGNM), der «Pro Musica», fördert die Komponistin Regina Irman als Vorstandsmitglied der IGNM musikalische Aufführungen von Werken weiblicher Komponisten. Das zürcherische Frauenmusik-Forum möchte ebenfalls ihre kulturpolitische Absicht im Musikleben der Stadt möglichst breit darstellen. Was bis anhin erreicht wurde, waren Konzerte im kleineren Kreis, etwa im Konservatoriumssaal, in der Roten Fabrik oder im Neumarkttheater. Es waren vor allem Konzerte für einen «professionellen» Insiderkreis. Die gelegentlichen Konzertveranstaltungen im Theatersaal Rigiblick,[44] in der Aktionshalle der Roten Fabrik,[45] im Theater an der Winkelwiese[46] oder in der Helferei Grossmünster[47] bieten weitere Möglichkeiten für Frauenmusik. Diese Örtlichkeiten stellen aber keine wirksamen Publizitätsträger dar.

So pendeln die Konzert-Konzepte immer noch zwischen gesellschaftskritischer Aussage und rein künstlerischen Absichten der Kompositionen hin und her. Man möchte aber nicht nur für eine weibliche Zuhörerschaft komponieren, sondern in der allgemeinen Musikkultur integriert und akzeptiert sein. Für die komponierenden Frauen, die ihr Handwerk gründlich gelernt haben, vergrössern sich die Erfolgsaussichten aber zunehmend. Trotzdem bleibt eine vollständige Integration im Zürcherischen Musikleben für diese Musikerinnen ein Fragezeichen. Es heisst dann etwa: Kann das vereinigende Band der Weiblichkeit weiterhin wirksam sein? Können die *ideellen Absichten*, das *intensivierte Gruppengefühl* und die *Symbolisierung* von speziell *weiblichen Gefühle*n wirklich in musikalischen Formen ausgedrückt und hörbar werden?

Die politische Musik

Im allgemeinen wird in unserem demokratischen Kulturverständnis der Musikkultur keine politische, ideologiestützende Funktion zugewiesen. In einer pluralistischen Gesellschaft existieren aber doch sozial-revolutionäre Motivationen, welche das Komponieren von «politischer Musik» begründen und tragen. Politische Musik ist dann vorwiegend als «*Geschmackskultur*» zu verstehen. Sie soll, im Gegensatz zur «*Repräsentationsmusik*», eine unmittelbare gesellschaftspolitische Wirkung entfalten. Das Bestreben, die «politische Musik» in der gegenwärtigen Musikszene überhaupt mit Sinn zu erfüllen, wird als brisantes Thema unter den jungen Zürcher Musikern diskutiert. Offenbar sind in der Polit-Musikszene zwei Denkmuster im Konflikt. Einerseits soll die Musik dazu dienen, progressive gesellschaftspolitische Ideen provokativ darzustellen und diese möglichst breit zu vermitteln. Diese Idee wird im Begriff «*Gebrauchsmusik*» verkörpert. Andererseits ist es ein Politikum, die Neue Musik der als «elitär» und «herrschend» angesehenen und dadurch verachteten traditionellen Musik entgegenzustellen. Der Gegensatz zur «traditionellen E-Musik» soll im *Vermeiden einer musikalischen Kontinuität,* d. h. durch das Verlassen der Tradition der Gattung, offenbar werden. Hier ist die politische Musik nicht durch propagandistische Äusserlichkeiten bestimmt. Die so verstandene politische Musik wird dann als «Repräsentationsmusik» (sic!) bezeichnet.[48] Der Gegensatz zwischen «Gebrauchsmusik» und «Repräsentationsmusik» wird in der politischen Musikszene der Stadt Zürich deshalb immer wieder von neuem diskutiert. Ich kann dazu vor allem über zwei Veranstaltungen im Kanzleischulhaus berichten.

Dort fanden Aufführungen, Konzerte, Gespräche und ein «Kulturzmorge» statt. Dieses städtische Gebäude ist ein ehemaliges, heute recht verlottertes Schulhaus mit beschriebenen und schmutzigen Wänden und abgestandenem Geruch, das als «Kulturzentrum» gebraucht wird. Es ist einer der «erkämpften Freiräume» und soll «Ausdruck einer eher rebellischen, nicht angepassten Kultur und Lebensweise» sein.[49] Auf alle Fälle hat dieser Ort wenig gemeinsam mit einer erholsamen Umgebung, wie wir es fürs Musikhören wünschten. Dies ist allerdings auch nicht das angestrebte Ziel der Veranstalter. Dieses «Refugium» soll einer Interessengruppe für latente Bedürfnisse dienen, für solche, die anderswo nicht befriedigt werden können. Für eine solche Veranstaltung wurden Teilnehmer eingeladen, d.h. «alles, vom äussersten U(Unterhaltungsmusik) bis zum innersten E(Ernste Musik), die einen wichtigen Streit auszutragen willig sind, um neue Perspektiven der Musikkultur aufzuzeigen».[50] Die «Perspektiven» bewegten sich also von Gesprächen über «Musik und Finanzpolitik»[51] zu «Musik und Politik» und «Musik und Technik».[52] Im Aufruf zur Teilnahme formulierte diese Interessengruppe das von ihr angestrebte gemeinsame Vorgehen: «Drei Referenten werden aus sehr verschiedenen Erfahrungsgebieten auch inhaltlich unterschiedliche Angaben liefern und zusammen mit den Anwesenden Pläne entwerfen, wie und wo wir Musiker uns wehren können und sollen.» Ihre Zielvorstellung wurde postuliert als die «Abwehr der wirtschaftlichen Bedrohung und Bedrängung des Musikers». Im Aufruf heisst es: «Politische Musik – ein Begriff, der seit 1614 (sic) besteht und somit seit 373 Jahren Verwirrung stiftet».[53] Eine gesellschaftspolitisch sensibilisierte Teilnehmerschaft wird angesprochen, die «MusikerInnen».[54] Eine Unterstützung durch Patronate wird im Aufruf der Veranstaltung deutlich vermerkt.[55] Die Zweckbestimmung des Zusammenschlusses wurde also in einen allgemein historisch-traditionellen Rahmen gesteckt.

Das Schaffen vieler zeitgenössischer Komponisten zeichnet sich also weniger durch eine starke musikalische Experimentierfreudigkeit als durch *aktiven Einsatz* für einen gesellschaftlichen Fortschritt aus. Er will «engagiert» sein. Es wird die These vertreten, dass man sich «für die Konfrontation und die Auseinandersetzung mit dem unbequemen, oft in Widerspruch zur Gesellschaft stehenden Produkt» einzusetzen habe.[56] Die Folge davon sei ein «lebendiger» Kunstbetrieb in der Stadt Zürich. Er streicht vor allem die Gegensätze und die Polaritäten aus seinem Alltag heraus, wie z. B. in der folgenden Erklärung: «Die Komposition soll eine Arbeitsstimmung ergeben, die irgendwo zwischen der des Selbstversorgers und des Proletariers liegt (d. h. ‹mir eigen›) (sic!) und die einer eher aristokratischen Arbeitsstimmung (d. h. ‹mir nicht eigen›) (sic!) gegenübersteht.»[57] Mit solchen Erklärungen hofft der Komponist, seinem Werk einen sozial-politischen Bezugsrahmen zu geben.

Mit Liedern, Hymnen und gesprochenem Text, mit Programmtiteln wie: «Worte und Klänge», «Semantische Metamorphose von technischen Ausdrücken durch die Musik», u. a. soll die Musik unmittelbare *politische Gebrauchskunst* werden. Mit dieser Gebrauchsmusik soll ein «Übergang des direkten Bewirkens» geschaffen werden, um als funktionale Bewertung in die zürcherische Repräsentationsmusik und in die zürcherische Kulturgesellschaft integriert zu werden. Ein Weg dazu ist die Vertonung, d. h. die vokale oder theatralische Umsetzung von politischen Texten, die leichter vom Publikum rezipiert wird als die rein instrumentale Musik. Ein Komponist konnte denn auch mit der Komposition der szenischen Kantate «Fontamara» im Schauspielhaus Zürich ein breitgefächertes Publikum ansprechen.[58] Der traditionell gebundene Aufführungsort (Schauspielhaus) spielte hier für den Erfolg wohl die ausschlaggebende Rolle. Dieselbe Komposition, aufgeführt im Neumarkttheater oder im Kulturzentrum Kanzlei, hätte kaum mehr als den harten Insiderkreis angezogen.[59] In diesem Werk wurde das Publikum mit den vom Komponisten ausgesuchten politischen Textsprüchen, Werbeslogans und Kurs-Gewinnmeldungen konfrontiert. In den Programmnotizen hiess es, dass auch Kirchenglocken verwendet wurden, die «verschieden variiert, aneinandergereiht, übereinandergeschichtet werden, nach strengen, komplizierten Gesetzen, so dass die Musik als Mechanismus wirke, der unerbittlich mal dieses, mal jenes Element mal in dieser, mal in jener Länge ausspucke, wie der ökonomische Prozess mal hier, mal dort, mal 20 und mal 300 Arbeiter auf die Strasse». Die Beurteilung des musikalischen Wertes wird nebensächlich und der Höreindruck verwirrend. Der Rezensent dieser Aufführung beschrieb die Absicht des Komponisten, wie dieser den «monotonen, quälenden, leblosen, gleichbleibend ökonomischen Prozess, dessen Opfer Menschen sind», musikalisch darstellte.[60] Hier sollte der Zuhörer/Zuschauer szenisch eine politische Situation illustriert bekommen. Eine rein instrumentale Komposition dagegen überliesse dem Hörer seine eigene sozialkritische Interpretation.

Die *Motivation* für die *schöpferische Arbeit* auch in der politischen Musik sind die Selbstfindung, die Karrierewünsche und die Prestigebedürfnisse. Politische Musik ist also nicht nur soziales und politisches Engagement. Im allgemeinen haben Komponisten sich zu allen Zeiten dafür eingesetzt, so oft wie möglich ihre Werke auch selber vorzuführen. Ein engagierter Komponist versucht also nicht nur Werke zu schaffen, sondern er möchte diese auch selbst interpretieren und z. B. als Solist auftreten und im Programm mit Namen aufgeführt werden. Strawinsky formulierte dies einmal so, dass aus seiner Sicht der Komponist als Interpret geradezu prädestiniert sei, vor allem auch deshalb, weil dieser «dem Geist seines eigenen Werks wohl am ehesten gerecht werden könne und weniger in Selbstdarstellung verfallen werde».

Es ist interessant zu bemerken, wie sich die Benutzung der politischen Musik mit der Zeit verändert hat. Ein derartiger Wandel hat sich z. B. in der Liederszene vollzogen.[61] Der Gebrauchswert dieser Musik ist die Vokalisierung verschiedener Alltagsprobleme.[62] Viele politische Lieder haben seit Jahren in der breiten Publikumsmasse Beachtung gefunden und einen Marktwert erhalten. Im Gegensatz zum Inhalt der E-Musik-Komposition, aber auch im Gegensatz zur Unterhaltungsmusik und zur Volksmusik, versucht die politische Musik zusätzlich noch die *Vergegenwärtigung bestimmter Kulturideen* einer Gegenkultur auszudrücken. Der entsprechende Gebrauchswert dieser Musikart hat deshalb einen ausgesprochen «gegenkulturellen» Charakter bekommen. Der sprachliche Inhalt der Musik, sichtbar in Liedern, wird als Kritik ins Alltagsleben integriert. Der direkte Bezug dieser Art von politischer Musik auf die Umweltbeeinflussung hat zudem mit der Volksmusik und deren direkten Beziehungen zum Alltagsleben viel Ähnlichkeit.[63]

Das folgende Beispiel einer «Schweizer Klangsatire» mit dem Titel «Egon – Aus dem Leben eines Bankbeamten» verfolgt ebenfalls einen eindeutigen politischen Zweck. Der Komponist informierte das Publikum auf dem Programmblatt folgendermassen: «Die Musik (des ‹Egon› = Bankbeamter) entwickelt sich von Avantgardemusik hin zu einem relativ einfachen Solostil: Die elektronischen Klänge ab Tonband treten in den Hintergrund, erdnahe Instrumente – wie Saxophon und Akkordeon – werden eingesetzt; der exaltiert künstliche Sopran (der Lisbeth) macht der natürlichen Stimme (der Krankenschwester Sibille) Platz. Die musikalische Entwicklung spiegelt den inneren Wandel der Hauptfigur, die sich vom angepassten, servilen konsumorientierten Angestellten zu einem selbständig denkenden und handelnden Menschen entwickelt. Wie Egon sich allmählich den *beruflichen Zwängen* und dem privaten *Konsumterror* – personifiziert in

seiner Angetrauten – entwindet, so entledigt sich die Musik der Fesseln der seriellen Technik und Ästhetik und findet von einer künstlich abstrakten, ängstlich zwanghaften Ebene zurück auf einen vertrauteren Boden.»[64]

Die *Titel* der «politischen» Kompositionen sprechen ebenfalls zeitkritische Ideen an, wie «Ausbruch und Einkehr»,[65] «Ein Trauermarsch»,[66] oder es werden ganze Liederabende «Für Lebenswillige» organisiert. Ein Komponist[67] hat sich z. B. einen «vitalen, aggressiven Liederbogen wider den Zeitgeist» zusammengestellt. Solche Kompositionen versuchen nun, «die Grenzen unserer zürcherischen Musikkultur nicht zu durchbrechen, aber doch sehr weit zu stecken».[68] In einem Workshop für politische Musik wurden deshalb gesellschaftskritische und engagierte Ideen in einer einigermassen traditionellen Klangwelt und mittels einer eher vordergründigen vokalen Musik vermittelt. Solche Kompositionen mit dem üblichen Instrumentarium und instrumentengerechter Tongebung sind eigentliche Kontrafakturen. *Kontrafakturen* sind denn auch die Lieder des Arbeiter-Sängervereins. Die neuere politische Musik ist im Gegensatz zum historischen patriotischen Lied aber wenig publikumsfreundlich, d. h., die vertrauten musikalischen Strukturen und Hörerhilfen sind verdeckt. Der Komponist (und Interpret) will bewusst keiner «Mode» nacheifern!

Die *Integration von politischen Idealen* in die Musikpraxis geschieht gewöhnlich im kleinen Interessenkreis. Es ist eine kleine Gruppe von Interessierten, die sich mit den Wertdarstellungen einer politisch engagierten Musik identifiziert. Dagegen werden *gesellschaftskritische Ideen* heute vermehrt wieder in einer *traditionellen Klangwelt* vermittelt. Es werden wieder die traditionellen Klänge des Konzertinstrumentes verwendet, aber auch die angestammte Verhaltensweise des Musikers, wie etwa das Verbeugen und Danken für den Beifall, wird beigehalten. Der Bezug zu einer hinreichend gemässigten musikalischen Grundlage wie Tonalität und traditionelle Instrumentation hat sich meistens publikumswirksamer erwiesen als die provokativ politischen Ideale. Trotzdem wird bewusst und oft krampfhaft versucht, keine Stilkonventionen zu befolgen.

In der politischen Musik will man also *«progressiv sein mit regressiven Mitteln»*. Der Hörer kann im Programm lesen, dass man sich «inhaltlich mit formalen mitteln auseinandersetzen will und die aussage und die formalen mittel in relation stehen müssen».[69] Mit herkömmlichen Instrumenten wie Klavier, Gitarre, Mandoline, Blockflöte und Handorgel und mit herkömmlicher musikalischer Notation und Spieltechnik will man «klanglich die bereitschaft zum widerstand, aber auch zur einfachheit und stille» fordern und in verschiedenen Satzteilen wie «keyboardständerballade», «stimmgeräte-lied», «abteilung stille», «ein anderes innenleben» evozieren.

Wie soll nun reine *Instrumentalmusik* politisches Engagement ausdrücken? Es gibt verschiedene Zugänge, mit Musik gesellschaftskritisch zu wirken. Die Komposition «Antimusik» in der Kanzleischulhaus-Veranstaltung versuchte sich deutlich gegenüber dem üblichen Instrumentenklang und der klaren Formstruktur abzuheben. Einer der anwesenden engagierten Komponisten rechtfertigte seine Kompositionsweise folgendermassen: «Der Motor der Musik ist das Interesse an dem, was heute passiert. Das heisst, dass die politischen Interessen die Musik mittragen sollen und dass nicht einfach die Musik (z. B. das Lied) der Ausdruck eines politischen Problems sein soll. Das politische Musikarrangement, die Komposition, soll *Ausdruck der* (vor allem negativen) *Lebensumstände* sein und soll zugleich das intendierte Publikum direkt ansprechen.»[70] Diese «ganzheitlich» erfasste «*Antimusik-Interpretation* mit aleatorischen Teilen» war in der Tat recht unterhaltsam,[71] obwohl eine musikalische Struktur vom Hörer kaum wahrgenommen werden konnte. Der Komponist versuchte bewusst die Instrumente und die entsprechenden Klänge anders einzusetzen, als der Hörer sie erwarten konnte. Die Klangfarbe des Klaviers und der Geige wurde z. B. bewusst verfremdet. Trotzdem muss meiner Meinung nach eine nicht instrumentenkonforme Musik, wie etwa das Aufschlagen des Geigenbogens auf fremde Gegenstände, noch nicht deshalb als politische Musik eingestuft werden. Solche musikalische Versuche rufen allerdings nach Reaktionen und Unmut, auch von seiten der Berufsmusiker. Auch der Zuhörer ist unzufrieden mit dem gehörten Klang und hat ein mitleidiges Lächeln bereit. So liegt vielleicht doch die prägendste Antwort auf die Frage nach der Wirksamkeit der politischen Musik in der musikalischen Rezeption durch den Zuhörer. Eine Komposition an einer Veranstaltung im Kanzleischulhaus wurde dementsprechend kritisiert:[72] «Nicht was Musik an sich ist, hat Bedeutung, sondern ausschliesslich, was sie im Zuhörer bewirkt, in ihm an Emotionen auslöst. Man braucht nicht unbedingt grobe, laute, harte und schmerzhafte Musik zu machen, um Schmerz auszudrücken.» Die Teilnehmer dieses Workshops identifizierten sich vor allem mit den Phrasen: «Politische Musik hat viele Wegweiser, die zum Verständnis helfen», oder «der Komponist stellt sich selbst dar und braucht dazu keine Chiffre. Es werden verschiedene Möglichkeiten, eher kleine Sachen, mobilisiert, und die Zuhörer haben deshalb einen direkteren Zugang zum Sinngehalt der Musik».[73]

Der *Gemeinschafts-Zweck* dieser musikpolitischen Interessengruppe wird im Programmblatt mit Zitaten namhafter Künstler und bekannter Persönlichkeiten zusätzlich legitimiert, wie etwa mit Max Frisch oder Bundesrat Furgler.[74] Mit solchen Zitaten auf dem Programm wird versucht, das gesellschaftliche Anliegen an ein weiteres Publikum heranzutragen. Ein anderer Weg dazu ist die *Kritik an der «Technologie der Musik»*, wie etwa in einem «Konzert», in dem eine musikalische «Prospektlügenumkehrungsvariation»[75] postuliert wurde. Es war eine Komposition mit dem Titel «13 attacken gegen einen synthesizer».[76] Die Musik klang nicht instrumentengerecht, eine fremdartige, gebrochene Klangwelt sollte meditativ auf eine *gemeinsame Idee*, den «unifying aspect» hinweisen. Auf dem Programmblatt wird der «unifying aspect» folgendermassen ausformuliert: «der terror der überinformation, des lärms und der totalen automatisierung, die immerwährende suche nach dem geringsten widerstand, fordert auf zu einfachheit und stille.» Im 10. Satz der Komposition heissen die Untertitel: «1. kaiser- und königreiche werden abgelöst von t-shirts und stoffjacken. 2. nein! eure musik von morgen ist nicht die unsrige! 3. aber was ist morgen, und wo ist der platz für unsere musik?»

Ein *Katalog* von zum Teil sich widersprechenden Anliegen hält die Interessengruppe der politisch engagierten Zürcher Musiker mehr oder weniger zusammen. Die Teilnehmer an der Veranstaltung für politische Musik im Kanzleischulhaus formulierten hier ihre Erwartungen an die politische Musik folgendermassen:

1. Politische Musik drückt die politische Haltung aus.
2. Sie regt zu Widerstand an.
3. Sie wirkt emotional und aufklärerisch über die Instrumentation oder die Produktion.
4. Sie wird für einen bestimmten Zweck eingesetzt.

5. Die politische Musik ist Selbstbestätigung des Komponisten und nicht eine moralische Aufgabe.[77]
6. Die musikalische Kreation soll erzieherisch einen politischen Zweck verfolgen etc.

Die *Identitätssuche* dieser «subkulturellen» Gruppe ist vielleicht weniger im Rahmen der aktiven Politik zu sehen als im dominierenden Bedürfnis nach einem, in den Worten der Einladung, «*alternativen Kulturkonsum* im Alltagsleben». Das Phänomen des kulturellen Pluralismus, wie er im zürcherischen Musikkulturleben herrscht, hat eine derartige Identitätsfindung eigentlich überaus erleichtert. Es sind also doch vorwiegend *persönliche sozialkritische Auffassung*en der «engagierten» Komponisten, welche die inneren Zweckbestimmungen seiner Gruppe bewirken. Nur genügt der vorherrschende Zivilisationspessimismus nicht, eine bestimmte musikalische Identität aufzubauen. Dieses Problem wird an der oben beschriebenen Veranstaltung auch heftig diskutiert. Als Postulat wird aufgestellt, dass die musikalischen und sozialen Ideale durch die Musik in die allgemeine, zürcherische, vielschichtige Kulturwelt übergehen sollen, um dort endlich akzeptiert zu werden. Auch die vermehrte Information über die politische Musik, d. h. «ihre Kultur», soll als Repräsentation gedacht sein und damit in der Stadt Zürich eine ideologische und kulturpolitische Funktion bekommen. So könne auch ein von der Musikwissenschaft als «leichte» Musik eingestufte Volksmusik als gesellschaftpolitisches Zeitelement wirksam und zugleich publikumswirksam sein. Eine sozialkritische Aussage der Musik könne z. B. auch im dominierenden Beat einer populären Musik oder in der Abkehr vom herkömmlichen Klang der Musikinstrumente liegen. Mit einem ähnlichen Problem ist ebenfalls die Frauenmusik konfrontiert (siehe S. 101 ff.), nämlich, die inhärenten Ideale eines bestimmten Musikstils oder einer Musikgattung[78] als Emblem und Gebrauchswert in die bürgerliche Gesellschaft zu übertragen.

Die Erlangung finanzieller Unterstützung für diese «Musikkulturen» dokumentiert den kulturpolitischen Erfolg der zeitgenössischen Musikgruppe vielleicht am deutlichsten. So wird z. B. im Programmheft des Festivals «Tage für Neue Musik»[79] die innere Entwicklung von einer Interessengruppe «politische Musik» zur akzeptierten musikkulturellen Gruppe «Neue Musik» folgendermassen beschrieben: «Aus den ersten Tagen für politische Musik, die im Herbst 1985 im Theater am Neumarkt stattfanden, haben sich inzwischen die ‹Tage für Neue Musik› als jährlicher Veranstaltungszyklus in unser Theaterprogramm fest integriert.[80] Sie stellen neben den kontinuierlichen Sonntags-Matineen ein weiteres Feld unseres Konzeptes dar, dem Prozess der Begegnung der verschiedenen Medien im Theater einen Raum zu geben.»[81]

Die Computermusik und ihre musikgesellschaftliche Funktionalität

Der Zweck der hier besprochenen Interessengruppe der Computermusiker ist die praktische Lösung der Frage, wie die Computermusik in die Musikkultur der Stadt Zürich einzubringen sei. Die Problematik der Computermusik in unserer Kultur hat zwei Wurzeln. Einerseits hat das «Technische» heute oft eine negative Konnotation, d.h., die Computermusik sei unpersönlich, maschinell und nicht kreativ, sie sei also «Unkunst». Da bei der Computermusik dieser Aspekt sehr in den Vordergrund tritt, kann sich dies bei Diskussionen über den Stellenwert der Computermusik und bei Subventionsgesuchen auswirken. Anderseits ist diese Musik in vielem noch sehr werkstattmässig und abstrakt.[82] Publikumsfreundliche Kompositionen aber sollten einen gewissen Unterhaltungswert bieten.

Die Computermusik wird heutzutage weniger wegen ihrer *musikkulturellen Funktion* im Musikpublikum beachtet, sondern eher als *Forschungsarbeit* legitimiert. Vom Konzertpublikum wird sie weitgehend als elektronische oder informatische Handwerksarbeit eingestuft oder dann als Experiment und gelegentliche Situationsmusik betrachtet. Ist die Computermusik wirklich ein hoch theoretisches, eher mathematisch als künstlerisches Anreihen und Anordnen von Tönen?

Ich versuche hier kurz die zwei offensichtlichsten Varianten dieser Musiksparte zu beschreiben. Die «*computer-assisted*» Musik, d.h. die gleichzeitige Verbindung von traditionellem Musikinstrumentarium mit Computerklängen hat die «*computer-generated*», d.h. die «reine», Computermusik heutzutage etwas in den Hintergrund gedrängt. Dabei kann es geschehen, dass die reine Computermusik-Produktion von höherem musikalischen Niveau und für den Zuhörer fesselnder ist als die dazugehörige «reale» Improvisation (z. B. einer Posaune).[83] Ein sinnvolles gemeinsames Musizieren verlangt vom improvisierenden Musiker ein überaus grosses Einfühlungsvermögen, da der Computer die Töne in einer programmiert festgesetzten Ordnung bringt. In der *improvisierenden Interaktion* wird deshalb vom spielenden Musiker ein Kontrast, ein Kontrapunkt und eine «musikalische» Spannung verlangt. Kann er dies nicht bieten, entstehen Reaktionen wie melodische Parallelführungen, harmonische Duplizitäten im Zusammenspiel, d.h., die Interpretation wird langweilig. Das Publikum, sofern es nicht von vornherein nur aus «Insidern» besteht, wird im eher negativen Image der Computermusik bestärkt. Die «computer-assisted» Musik verlangt also vor allem vom Interpreten die höchsten musikalischen Qualitäten. Ein «computer-assisted» Konzert konnte grossen Erfolg verzeichnen, und zwar deshalb, weil «Stimmung», «Atmosphäre» entstand.[84] Der Computerklang stand hier vier Trompeten gegenüber, die abwechslungsweise den «Ton» angaben (die Melodie anführten). Zu einer gewissen Homogenität trugen ebenfalls die computer-verfremdeten Zitate aus dem Repertoire der Trompete bei.

Im Gegensatz dazu steht die «reine» Computermusik, die «*Artificial Musical Intelligence*» wie z. B. ein vollständig mit dem Computer komponiertes Klavierkonzert.[85] Die Komposition hiess «Beethoven im Computer, der intergalaktische Saitensprung des Ludwig Jan B.». Wem galt wohl das enthusiastische Klatschen am Ende dieser Veranstaltung, dem Komponisten oder dem Computer?

Die Essenz der künstlerischen, musikalischen Erfindung ist bei der Computermusik für Aussenstehende oft schwer zu erkennen, besonders dann, wenn der musikalische Teil des Einfalls nur aus einer rhythmisierten Tonfolge besteht. Vor allem hier müsste ein logischer Aufbau der Komposition dem Hörer offenbar werden. Elektronische *Stimmungsteppiche* und musikalische Traumlandschaften, die oft in der Unterhaltungsmusik Verwendung finden, können das Publikum wohl leichter und rascher

befriedigen als Computer-Konzertmusik. Die Akzeptanz von computerisierten assoziativen Kompositionen braucht wohl noch einige Zeit. Noch länger wird es dauern, bis der Zuhörer auch vom ästhetischen Wert dieser Musik überzeugt sein wird und sie geniessen kann.
Die Computermusik stellt ein allerdings spezielles *kreatives kulturelles Verhaltensmuster* des Komponisten dar, zu welchem sowohl musikalische wie ton- und computertechnische Aspekte beitragen. Dies ist auch aus der Zusammensetzung der sie betreibenden Gemeinschaft ersichtlich,[86] z. B. die «sgcm», (Schweizerische Gesellschaft für Computermusik) und die «aes» (Audio engineering society). Hier ist also eine Berufsgruppe bestrebt, in einen schöpferisch-gestalterischen Austausch mit der Umwelt und dem weitgefassten Begriff «Kultur» zu treten. Die Komponisten wollen ihre Kunstauffassung mit den von ihnen gewählten und technisch verfügbaren Mitteln zum Ausdruck bringen. Dabei beabsichtigen diese Musiker, entgegen einem Vorurteil des breiten Publikums, dass das Technologische hinter die Musik zurücktrete, d. h., der Computer soll nur als «Vexierspiegel, als postmodernes Verarbeitungsinstrument» dienen.[87] Der Computermusik-Komponist will, wie es Jehoshua Lakner[88] formuliert, den «*Dialog mit dem Gerät*» suchen, d. h. eine Art «Gespräch des Individuums mit dem Kollektiv» führen. Lakner meint mit «Kollektiv», die Maschinen, die ein «Ergebnis kollektiven Bemühens» seien.[89] Hier könnte man sogar eine gesellschaftspolitische Auffassung interpretieren, die der Komponist dem Publikum vermitteln will. Das Komponieren auf dem Computer ist aber vielmehr ein musikkulturelles Anliegen und ein *technisch-gestalterisches Bedürfnis* des Komponisten und Elektronikers. Seine Erlebniswelt ist im Unterschied zum «traditionellen» Komponisten weit mehr von den technischen Möglichkeiten und vom technischen Interesse an der Tonerzeugung, der Tonmodellierung und von seinem Computerwerkzeug geprägt. Darin liegt selbstverständlich die Gefahr, dass die Beherrschung von informatischen Hilfsmitteln und ihre virtuose Verwendung mit Musikalität verwechselt wird. Ausserdem existiert zwischen der technologischen Werkstatt-Atmosphäre des Computermusikers und der traditionellen musikalischen Aufführungspraxis oft eine Diskrepanz. Gelegentlich äussert sich dies in der Form von Pannen, wenn z. B. der eingesetzte Computer «aussteigt».[90] Es ist deshalb notwendig, dass einem eher intellektbetonten Computermusik-Konzert ein informatives Seminar[91] über Computer-Hardware und -Software vorausgeht. Ein solches Symposium fand typischerweise in einem Vortragssaal vor einer kleinen Zuhörerschaft statt,[92] welche sich vor allem aus technisch interessierten Besuchern mittleren Alters zusammensetzte.[93] Die Diskrepanz zwischen der Werkstatt-Atmosphäre und der Aufführungspraxis war zudem in der Kleidung ersichtlich. Einerseits erschienen die Techniker-Musiker in der Alltagskleidung von Bluejeans und Pullover, andererseits versuchten die ausführenden Interpreten in schwarzer Kleidung eine traditionelle Konzert-Atmosphäre heraufzubeschwören.
Gerade in einem so weit sich öffnenden neuen Betätigungsfeld und unter dem Eindruck der oben geschilderten Problematik sind die *Beziehungen zu Gleichgesinnten* sehr wichtig. Dies hat denn auch natürlicherweise zur Bildung einer *Gemeinschaft*, eben der Computermusiker, geführt. Hier finden sich einerseits Musiker und andererseits Elektroniker, Akustiker und Informatiker zusammen.[94] Besonders wichtig erscheint dem Computermusi-

ker sein Bezug zu Gleichgesinnten, d. h., die Identifikation des einzelnen Musikers mit der Interessengruppe ist für sein Selbstverständniss als Computerkomponist und auch für sein kreatives Schaffen notwendig.

Um einen breitgefächerten Interessenkreis aufzubauen, bietet diese Gruppe Einführungskurse an. Das Angebot reicht von technischen Erklärungen bis zu spezialisierten Seminarien für Fachleute mit Gastdozenten. Der Zweck solcher Kurse hilft zudem der Erweiterung und der Festigung der Gemeinschaft der Computermusiker. Deshalb werden z. B. Computerkurse auch ausserhalb des erwähnten Zentrums angeboten.[95] Es wird ausserdem auf eine enge Zusammenarbeit mit Konservatorien hingewiesen, um mit solchen Kontakten auch die *pädagogische Funktion der Computermusik* fördern zu können.

Es ist das unmittelbare Ziel der Computermusik-Gemeinschaft, ein *Publikum zu erziehen*, um dadurch für die Computermusik eine breitere Resonanz zu erreichen. Einen *Gebrauchswert* bietet die Computermusik allerdings nur einem kleinen Interessenkreis, bei welchem die Exploration neuer Klangtechniken auf Verständnis und zugleich auf Kritik stösst. Für diese «Insider» bietet die Computertechnik allerdings ein weites Feld für innovative Betätigungen. So wird der Computer als Werkzeug und als Instrument verwendet, um Musik hörbar zu machen. Die verschiedenen Möglichkeiten der elektronischen Musik reichen von der Schaffung von manipulierbaren graphischen Darstellungen von Klangbildern und programmierter Unterstützung der Kompositionstätigkeit bis zur Visualisierung musikalischer Vorgänge und Strukturen auf dem Bildschirm.[96] Da beim allgemeinen Publikum aber die Hörgewohnheiten und das nötige technische Verständnis fehlen, hat es dieses schwer, dieser Musik um ihrer selbst willen Beachtung zu schenken. Für den Zuhörer ertönen die Klangfolgen vor allem improvisatorisch und ungeordnet. Für den Laien erweckt die Computermusik im allgemeinen wenig Spannung, d. h., die musikalische Aussage und das strukturelle Beziehungsnetz erscheinen unverständlich. Eine kritische Würdigung der Computermusik bleibt deshalb einem kleinen Kreis von Insidern vorbehalten. An einem Computermusik-Konzert sind deshalb vorhergehende Erklärungen und Beschreibungen überaus wichtig, damit der Computermusiker seine persönliche Erlebniswelt symbolisch dem Publikum offerieren kann. Niemand hätte z. B. erahnt, dass für die Computermusik-Komposition «à la rue du cherche midi» ein Strassenname von Paris als Inspirationsquelle gedient hatte. Der Zürcher Komponist Bruno Spörri kommentierte diese Musik folgendermassen: «Das ganze motivische Material wird live dem Computer mit dem Saxophon eingegeben und laufend verarbeitet. Das Hörbare ist also eine Akkumulation von Tönen bekannter und verfremdeter Klänge.» Die visuelle Präsenz eines Instrumentes, des Saxophons, war die nötige *Hörerhilfe* in dieser Aufführung, und das Publikum konnte dadurch die fremde Klangwelt etwas leichter rezipieren.

Viele Fragen tauchen in diesem Zusammenhang auf: Ist die Computermusik auch aus einem künstlerischen Selbstverständnis heraus erarbeitet worden? Wurde vor allem aus Begeisterung und Freude am Abstrakten heraus komponiert? Hat der Komponist das breite Publikum weitgehend vergessen? Ergibt sich nach *innermusikalischen Qualitätsmerkmal*en wie Originalität und Komplexität der Komposition wirklich ein *kompositorischer Fortschritt*? Ich werde in diesem Abschnitt keine Antworten geben können, versuchte aber den Problemkreis zu analysieren. Die ästhetische Orientierung und die Qualitätskriterien basieren also in der Computermusik vor allem auf *intellektuellen Werten*. Eine Ästhetik- und Stilkritik kann deshalb, wie gesagt, nur von einer Gruppe von Berufmusikern abgegeben werden. Deshalb ist das interessierte Publikum immer noch ein «Nonpublikum», d.h. ein kleiner Kreis von «Insidern». Der Hörer wird, wenn er vom Komponisten musikologische Erklärungen erhält, entsprechend fachspezifisch angesprochen. Der Fachmann nimmt vor allem Bezug auf das Technische und Werkstatthafte seiner Arbeit, wie etwa die folgende Programmnotiz zeigt: «Das Klangmaterial ist mit Yamaha DX7- und TX8616-Synthesizern hergestellt worden. Das Werk wurde auf einem Commodore Amiga-Computer digital aufgenommen. Zum Editieren und Abmischen wurde das Mimetics Pro Midi Studio verwendet.»[97]

Die Neue Musik

Im Unterschied zu Frauenmusik, Computermusik und politischer Musik, deren Individualität auf ganz spezifischen, zum Teil zeitgeschichtlichen Konstellationen beruht, ist die «Neue Musik» (moderne Musik, postmoderne Musik, zeitgenössische Musik) eine Erscheinung, welche während des ganzen 20. Jahrhunderts in unserer Kultur eine selbständige Identifikation innehatte. Im heutigen Sprachgebrauch bedeutet «Neue Musik» die Musik einer bestimmten Epoche, nämlich die Musik seit der Jahrhundertwende, seit Schönbergs atonaler Kompositionsweise.[98] «Neue Musik» steht im Gegensatz zu «alter Musik» einerseits, aber andererseits ist «Neue Musik» nicht mit zeitgenössischer Musik gleichzusetzen. Chronologisch fällt die *«Neue Musik»* also nicht mit *«neuer Musik»* zusammen; «neu» war zu gegebener Zeit jede Musik. Ich verwende hier den Begriff «Neue Musik» als musikkulturelle Zeiterscheinung, in der die zeitgenössische Musik angesiedelt ist. Die Stil-Differenzen in der «Neuen Musik» sind vor allem in den verschiedenen Vorstellungen der Musiker und der Zuhörer zu suchen, in der Vorstellung, was Musik überhaupt zu Musik macht. Auch im Zürcher Konzertleben besteht eine grosse Vielfalt in der Auffassung, was zeitgenössische Musik sein solle. Die musikkulturellen Verschiedenheiten können vielleicht am besten an extremen Positionen innerhalb des zeitgenössischen Musikdenkens illustriert werden. Einerseits wollen Medien, Musiker, Musikkritiker und Musikliebhaber die Grenzen zwischen traditionell notierter Musik (allgemein E-Musik genannt) und improvisierender Musik (z. B. Jazz) verwischen, andererseits zeichnet sich heute die Neue Musik auch durch eine Hinwendung zur romantisch-klassischen Musiktradition aus.[99] Einerseits erlaubt sich der Komponist und gleichzeitige Interpret also viele musikalische Freiheiten in der Instrumentation, Notation, im zeitlichem Ablauf und im Raumverhalten. Andererseits sucht er dem traditionellen Konzertpublikum dadurch gerecht zu werden, dass er seine Klangvorstellungen wieder vermehrt auf herkömmlicher Grundlage aufbaut (in Notation und Besetzung, vor allem in Werkaufträgen). Allgemein gesagt, haben die «Neue-Musik-Institutionen» (Konzerte, Festivals, Kurse, Seminare etc.) zum Ziel, das Kunstverständnis für die zeitgenössische Musik[100] zu för-

dern und dadurch neue schöpferische Perspektiven für Zuhörer und Berufsmusiker zu eröffnen. Die *Zweckbestimmung* solcher «Institutionen» hat zwei Bezugspunkte: einerseits das *Publikum*, das zum Mithören erzogen werden soll, und andererseits die *Musikschaffenden*, denen Anregung und Unterstützung für ihre schöpferische Arbeit gewährt werden soll. Schöpferisch tätig sein heisst denn auch hier, sich an der Wirklichkeit der eigenen Zeit und deren Menschen zu reiben. Die Förderung der gegenseitigen Beziehungen zwischen avantgardistischen (fortschrittlichen) Neukompositionen und einer traditionellen Bindung an ein Konzert-Publikum hat deshalb auch die entsprechenden Zweckgemeinschaften geprägt und neue Traditionskreise gebildet. Eine 90jährige Geschichte solcher Bestrebungen weist z. B. der Schweizerische Tonkünstlerverein auf,[101] und seit 1922 besteht ausserdem die «Internationale Gesellschaft für Neue Musik» (IGNM).[102] Dazu sind andere interdisziplinäre Gruppierungen gestossen, welche jede auf ihre Art zur «Institution Neue Musik» beitragen und die aktuelle Auseinandersetzung mit zeitgenössischen Werken fördern.[103] Solche Gesellschaften sind ebenfalls Träger und Förderer von zeitgenössischen Komponisten, die von einem breiten Publikum akzeptiert werden möchten. So organisiert der Schweizerische Tonkünstlerverein im Zusammenhang mit der Pro Musica[104] öffentliche Konzerte für diejenigen jungen Schweizer Komponisten, die sich um die Mitgliedschaft im Tonkünstlerverein (STV) beworben haben.[105] Das Zürcher Publikum erhält bei verschiedenen Gelegenheiten (Konzerte im Konservatorium, Kunsthaussaal, Stadthaussaal, Aula des Gymnasiums Rämibühl, Helferei Grossmünster etc.), sich in die Neue Musik einzuhören. Solche Konzertveranstaltungen, wenn auch nur von einem kleinen Insiderkreis besucht, werden von den zeitgenössischen Berufsmusikern geschätzt.

Für die weitgehende Ablehnung von zeitgenössischer Musik durch das Zürcher Konzertpublikum könnten die folgendenden *Thesen* aufgestellt werden, die ich gesprächsweise und bei den Interviews öfters formuliert fand:

Das *Publikum* ist allgemein ernüchtert darüber, dass es seit vielen Jahren von den zeitgenössischen Kompositionen nicht mehr angesprochen wurde.

Das Publikum ist enttäuscht über die egozentrische Individualität des Komponisten.

Das Publikum hat geduldig seit Beginn dieses Jahrhunderts der modernen Musik (Schönberg, Webern, Hindemith etc.) eine willige Vorleistung von Rezeption gegeben, d.h., moderne Musik einigermassen «akzeptiert». Es wurde aber in der Erwartungshaltung der späteren Entwicklung in der Neuen Musik immer wieder enttäuscht.

Das Publikum bleibt deshalb dem Klang und den Aufführungen von zeitgenössischer Musik einfachheitshalber fern.

Dagegen spürt der einzelne *Komponist* eine gewisse Berührungsangst mit dem breiten Konzertpublikum.

Der Komponist möchte sich nicht allzustark exponieren und das Selbstgefühl oder die Selbstbestätigung beschädigen lassen.

Der Komponist schreibt Werke für kleine Kammermusik-Besetzungen und vokale Werke (Lieder), die weniger eine totale Abweisung durch das Publikum erfahren. Trio-, Quartett- oder Quintettbesetzungen sind ebenfalls publikumsfreundlicher. Dagegen werden zeitgenössische Kompositionen für ein grosses Sinfonieorchester aus diesem Grunde seltener geschaffen.[106]

Der Zürcher *Komponist der Neuen Musik* steht nicht primär im Widerspruch zur gesellschaftlichen oder politischen Situation in der Stadt,[107] sondern seine Opposition richtet sich eher gegen das traditionsgebundene Ritual der Konzertprogramme (Abonnementskonzerte, Solokonzerte) und gegen die Bevorzugung der «klassischen» Werke. Eine Opposition gegenüber traditionell aufgebauten Programmen bestand aber schon zur Zeit der Gründung des Tonkünstlervereins (um 1900). Der Gründungszweck wurde folgendermassen formuliert: «Der Hauptzweck, der eigentliche Daseinsgrund des Schweizerischen Tonkünstlervereins ist, die Bande der Gemeinschaft zwischen den schweizerischen Berufsmusikern durch periodische Zusammenkünfte zum Studium, zur Erörterung und zur Verteidigung ihrer gemeinsamen materiellen und geistigen Interessen enger zu ziehen. Der Verein will auch zur Entwicklung der schweizerischen Musik beitragen. Zu diesem Zweck gibt er den Komponisten Gelegenheit, an den jährlichen Tonkünstlerfesten ihre Werke zur Aufführung zu bringen, und erleichtert die Veröffentlichung ihrer Musik. Der STV soll junge, begabte Musiker in der Vervollkommnung ihrer Kunst fördern. Gegenüber den eidgenössischen, kantonalen und Gemeindebehörden vertritt er im allgemeinen die Interessen der Musik und der Musiker.»[108] – Diese Aufgabe des Schweizerischen-Tonkünstler-Vereins hat sich übrigens auch in der Literatur, im «Doktor Faustus» von Thomas Mann, niedergeschlagen.[109]

Diese Zielsetzung (diejenige des Tonkünstlervereins etwa) setzt bei der Gesellschaft als Ganzem einen *kulturellen Liberalismus* voraus, den ich wie folgt umschreiben möchte: Kulturell eigenständige Gemeinschaften haben den Anspruch darauf, dass ihre Tätigkeit ermöglicht wird, und zwar unabhängig davon, ob ihre Anliegen auf einem gesellschaftlichen Konsens beruhen. Ihr *gesellschaftlicher Anspruch* soll auch unabhängig von der Breite ihrer Akzeptanz sein.[110] Bei der zeitgenössischen Musik ist dies um so wichtiger, als das Angebot in den Tonhallekonzert-Programmen weitgehend durch breite *Publikumsakzeptanz und Konsens* geprägt ist. Inwiefern nun die Interessengemeinschaften für die Förderung der zeitgenössischen Musik (IGNM, STV) mit der Durchsetzung ihres Anspruches Erfolg haben, wird im Folgenden darzustellen sein.

Für das individuelle Schaffen der zeitgenössischen E-Musik-Komponisten sind solche Bestrebungen lebensnotwendig. Nicht zuletzt deshalb stehen die Musikschaffenden, auch aus einem gewissen Selbsterhaltungstrieb heraus, dem publikumsfreundlicheren populären zürcherischen Musikkulturbetrieb kritisch gegenüber. Der zeitgenössische E-Musik-Komponist kann dem allgemeinen Kulturleben allerdings kaum ausweichen, und die verschiedensten alltäglichen Kommunikationen sind unumgänglich und beeinflussen ihn in jeder Arbeitsphase.

Die erzieherische Absicht der zeitgenössischen Musik

Neben der *Unterstützung der schöpferischen Kompositions-Tätigkeit* durch die Ermöglichung von Aufführungen verfolgen die Interessen-Gemeinschaften für Neue Musik ein weiteres Ziel. Das Ziel ist, der zeitgenössischen Musik ein *Publikum heranziehen*. Dies war von Anfang an ein schwieriges Unterfangen. Das Zürcher Konzertpublikum war schon in den Anfangszeiten der Neuen Musik um die Jahrhundertwende auf «Abwechslung und Kurzweil» ebenso eingestimmt wie heute und hatte für die wenig gefällige Neue Musik wenig übrig.[111] Die zeitgenössische Musik klingt auch heute für die meisten Zuhörer vereinfachend nach Neuer Musik, d. h., eine Unterscheidung zwischen gut und schlecht kann kaum wahrgenommen werden. Ich erinnere hier an die von Friedrich Hegar eingeführten populären Symphoniekonzerte, die damals eine musikpädagogische, eine volkserzieherische Zielsetzung gehabt haben mit dem Bestreben, «Musik nicht nur für einen vergleichsweise kleinen Kreis von Liebhabern, Eingeweihten und Munifizierten zu machen, sondern sie in die ganze Bevölkerung zu tragen».[112] Wie auf S. 51 ff. geschildert wurde, ging der Musikbetrieb in der Stadt Zürich aus der populären Chortradition, den Sängerfesten und den bürgerlichen Musikkollegien hervor. Während diese verbürgerlichenden Bestrebungen weitgehend Erfolg hatten, ist die kontemporäre Musik zunehmend aus diesen Bestrebungen ausgelassen worden und musste ihren Platz anderswo finden.

Eine erzieherische Absicht verfolgen aus diesem Grunde nun die zeitgenössischen Zürcher Komponisten mit den jährlich wiederkehrenden «Tagen für Neue Musik» und mit den schweizerischen Tonkünstlerfesten. Durch die *Stetigkeit und Beharrlichkeit von Aufführungen* moderner Werke hoffen die Komponisten, dass ihre Werke mit der Zeit in der breiteren Öffentlichkeit rezipiert und akzeptiert werden können.

Im folgenden werde ich weitere Anstrengungen für eine bewusste Erziehung eines «offenen» Konzertpublikums erwähnen. Die Veranstalter der Konzerte mit zeitgenössischer Musik versuchen den Hörer immer mehr in ein musikalisches Geschehen miteinzubeziehen. Die Oper

bietet in dieser Hinsicht am ehesten ein *«ganzheitliches Erlebnis»* (Hören und Sehen). Eine bessere und raschere Rezeption der zeitgenössischen Musik bedingt u.a., dass die Partitur entweder vorher studiert wurde oder während der Aufführung mitgelesen wird. Die formulierten dekorativen Klangfarbenwechsel einer neuen Komposition werden auf diese Weise plausibel und verständlich. Eine *musikalische Vorbereitung* ist wohl musikpädagogisch verständlich, aber wegen technischen und zeitlichen Schwierigkeiten nicht publikumsfreundlich. Im Gegensatz zum eher emotionalen Verständnis von Opernveranstaltungen und von Unterhaltungsmusik sind aber Hilfen für ein differenzierteres Musik-Hören, für ein «Verstehen» der zeitgenössischen Musik, notwendig. Die Komponisten erstreben deshalb auch auf andere Weise, dass die kulturellen, sozialen und musikalischen Inhalte ihrer Werke verstanden werden. Z.B. wird eine sogenannte *«Körpermusik»* eingesetzt, die eine Einheit von «Körper, Geist und Musik» darstellen soll wie etwa bei folgendem Beispiel.

Bei der Einweihung des renovierten Zürcher Konservatoriums erhielt eine auf visuelle Darbietungen (Tanz) aufgebaute Auftrags-Komposition «Anti-Gone» von René Armbruster grossen Beifall.[113] Das «Moderne» bestand hier, wie auch bei anderen zeitgenössischen Musikproduktionen, in einer Mischung von Tanz, Text und Musik. Dieses integrale *Miteinander von Musik und szenischer Unterstützung* wirkte auf den Hörer (Seher) recht stark. Die Komposition konzentrierte sich ebenfalls auf eine multilaterale Ausnutzung der Räumlichkeiten, d.h., das Treppenhaus des Konservatoriums wurde mit in die Komposition und ihre Aufführung einbezogen. Nach der Meinung des Rezensenten war trotzdem «das Moderne die Musik selbst»[114] und, wie es hiess, gelang es, «dem Zusammenwirken von Musik und Tanz die 42-minütige Aufführung mit Spannung zu erfüllen». Die offensichtliche sozial-aktive Komponente dieses Musiktheaters, nämlich die lebendige Einmauerung der mythischen griechischen Königstochter Antigone,[115] wurde durch den Titel «Anti-Gone» = «She has gone» unterstrichen. Aber vor allem die Musik sollte zeigen, wie Antigone gezwungenermassen das irdische Leben verlassen musste.

In der zeitgenössischen Musik spielt ebenfalls oft viel *Humor* mit, und eine Art musikalisches Theater etwa mit polyphon verarbeiteten Alltagstexten, Heiratsannoncen, Horoskopen machen die Musik bis zu einem gewissen Grade unterhaltsam. Publikumsfreundlich und von feinem Humor geprägt ist z.B. ein Flötensolo des Zürcher Komponisten Rolf Urs Ringger, «das auf weite Strecken wie ein Chanson populaire tönt».[116] In der Neuen Musik werden heute vermehrt verschiedene Aspekte der *Ironie* und des Humors eingesetzt. Tonsilben, die einen Namen des Auftragstellers symbolisieren, können ironisch in der Komposition eingesetzt werden, aber auch durch die bewusst breitausholenden Gesten des Dirigierens kann die Musik humoristisch (ironisch) aufgefasst werden.[117] Fröhliche Neue Musik mit aussagekräftigen Dialogen kann vom breiten Publikum leichter «verstanden» werden. Die zeitgenössische Musik schafft sich in diesen Fällen die Zugänglichkeit durch einen gewissen Unterhaltungswert. Unterhaltungswert und damit eine grössere Akzeptanz beim Konzertpublikum bietet auch die Hinwendung zu exotischen Klängen. *«Exotik»* in der Neuen Musik kann verschieden ausgedrückt werden, etwa als orientalische Anklänge und deren musikalische Verarbeitung in zeitgenössischen Kompositionen oder in der Programmgestaltung mit «exotischer» (fremder) Musik, wie z. B. die gegenwärtig viel gehörte Musik des europäischen Ostens (Russische Musik).

Um die «Schwellenangst» gegenüber der zeitgenössischen Musik abzubauen, wird diese heute vermehrt in *kleiner Besetzung* dargeboten. Sie ist dadurch durchsichtiger und die Stilmittel für den ungewohnten Zuhörer einsichtiger und leichter zugänglich. Im Quartettspiel kann sich z. B. der zeitgenössische Komponist leisten, die Dialektik zwischen dem Ensemble-Klang und einer Differenzierung der Stimmen zu durchbrechen. Oft werden in der Neuen Musik die Balance der vier Stimmen des Streichquartetts absichtlich aus dem Gleichgewicht gebracht, um die Homogenität eines traditionellen Streichquartettklangs aufzubrechen. In der Rezension zu Giacinto Scelsis zweitem Streichquartett wurde z. B. dem Konzertpublikum erklärt, wie die Klänge vom Spieler und vom Spielkörper abgelöst werden. Die Absenz des gewohnten Klangkörpers «geschieht durch kratzendes Drücken auf die Saiten, durch das metallisch Klirrende und Scheppernde der mit Metallsordinen gespielten Klänge und durch den schrill schreienden Ausdruck, der eine undomestizierbare Erfahrung sein soll».[118] Der Verlust des Klangs eines herkömmlichen Streichquartetts kann also recht schmerzhaft auf das Ohr des Zuhörers wirken.[119]

In der zeitgenössischen Musik sind die Auswirkungen der *Phantasien und die visuellen Einfälle* des Komponisten oft ausschlaggebend für den Erfolg. Die thematische *Einbeziehung des Alltagslebens* als Stilmittel in der Komposition sichert dem Komponisten heute einen gewissen Erfolg. Der Komponist arbeitet dann vor allem mit Einsichten und Erfahrungen aus seiner persönlichen Wirklichkeit, und eine leicht erkennbare Verbindung zwischen den Lebensumständen des Komponisten und denjenigen des Publikums kann für die Rezeption wesentlich sein. Der Hörer von Neuer Musik versteht solche Zusammenhänge meistens *emotional*, wie ich im Themenkreis der politischen Musik oder der Frauen-Musik (s. S. 106 f. bzw. S. 101 ff.) beschrieben habe. Eine traditionelle strukturelle, instrumentale oder musikformale Werktreue tritt dann in den Hintergrund. Die primäre Motivation des Komponisten ist aber idealerweise die Suche nach neuen *ästhetischen Formen* in der *Musikdarbietung*. Kompromisslos wird dann Neues vermittelt,[120] dies z.T. auch aus dem Gefühl der sozialen Sicherheit des Komponisten heraus. Von den Kritikern werden zeitgenössische Werke dann positiv beurteilt, wenn sie «in so manchen Realklängen viel Herumgeistern, Erforschen und Finden» offen lassen. Der Rezensent eines solchen Konzertes meinte, dass dies die Stärke einer modernen Komposition sein solle.[121]

Einen bedeutenden Beitrag an die *Erziehungsarbeit* in der Rezeption der zeitgenössischen Musik leisten zwei Schweizer Komponisten[122] mit der Organisation der «Tage der Neuen Musik». Das Konzertpublikum soll dadurch vermehrt mit moderner Musik konfrontiert werden. An diesem Festival wird der Versuch gemacht, dass nicht nur der Hörer, sondern auch die Komponisten Anschluss an die zeitgenössische internationale Musikszene bekommen. Die Zürcher Komponisten, die sich zur «Institution Neue Musik» zählen, sollen damit Gelegenheit haben, sich «supranational» zu orientieren. Sie sollen eigenständig, originell und anders (alternativ) «komponieren, anders als die ‹Musiken im Zeitalter der technischen Reproduzierbarkeit›, anders als ‹sonstwie gehörte Musik› (Oper oder Konzerte) und anders als jene ‹dominante Musik, die aus den Lautsprechern kommt›».[123] Die zu Beginn dieses Abschnittes erwähnte Dualität der Zweckbestimmung der «Institution Neue Musik» tritt auch hier hervor: Ein Teil der Komponisten möchte sich im Gestaltungsbereich anderer Komponisten, vorwiegend solchen aus Deutschland und Italien, informieren. Andere sehen die Aufgabe des Festivals «Tage der Neuen Musik» eher im Mobilisieren des Publikums, im *«Neugierde wecken»*. Dass sich aber die Neugierde der Zürcher Musikfreunde in Grenzen hält – «was man nicht kennt, weckt wenig Interesse»,[124] wie es in einer Tageszeitung heisst –, ist allerdings aus den Besucherzahlen vieler solcher Konzerte mit zeitgenössischer Musik deutlich ablesbar.[125]

Die Identitätssuche

Die Teilnehmer der «Tage für Neue Musik» in Zürich diskutierten stundenlang über die Rezeption der zeitgenössischen Musik. Aus der offensichtlichen Tatsache, dass die zeitgenössische Musik vorläufig auf wenig Publikumsresonanz stosse, ziehen die anwesenden Komponisten die folgende Konsequenz: «Je aussichtsloser die Chance der Neuen Musik ist, desto mehr sucht der Komponist Selbstbefriedigung in einer kleinen Gruppe.»[126] Auf der Suche nach einer *Gruppenidentität* für die «Institution Neue Musik» stellte sich auch die Frage, ob sich die zeitgenössische Musik wohl mit einem bestimmten *Aufführungsraum* in der Stadt Zürich profilierter identifizieren könnte. Eine Bestätigung der eigenen Identität für neu gegründete Interessengruppen, wie z. B. für diejenige der Computermusik, wird in der Tat erschwert durch den Mangel eines *angestammten Raumes*. Auch die «Gesellschaft für Neue Musik» (IGNM) mit ihren Podiums-Konzert-Veranstaltungen möchte sich mit einem bestimmten Konzertsaal identifizieren können. In der Stadt Zürich bestehen von verschiedenen Seiten her Schwierigkeiten. Es heisst öfters, dass der Tonhallesaal zu teuer und zu gross sei, der Konservatoriumssaal und die Aula des Gymnasiums Rämibühl keine Kaffeebar anzubieten haben, dass der Kunsthaussaal akustisch zu schlecht sei, dass der Schauspielhauskeller und das Neumarkttheater eher Theaterräume seien und für Konzerte wenig geeignet seien etc. Solche Argumente werden bei jedem Podiumsgespräch über zeitgenössische Musik gebracht, sobald das Problem der Identitätssuche zur Sprache kommt. Es scheint deutlich zu sein, dass die zeitgenössischen Zürcher E-Musik-Komponisten ernsthaft eine *räumliche Identität* anstreben, um vom Zürcher Konzertpublikum als Gruppe erkannt zu werden. Sie selber möchten sich ebenfalls als Gruppe damit identifizieren können.[127]

Das gemeinsame Auftreten in der Gruppe ist für Zürcher Komponisten nicht nur von praktischem, materiellem Nutzen.[128] Es ist zugleich eine grosse Hilfe für die Organisatoren (Agenten).[129] Auch ein gemeinsam in der Gruppe erarbeitetes Werkverzeichnis[130] kann für die Publikumsarbeit nützlich sein. Als eine identifizierbare Berufsgruppe können deshalb die Komponisten des «*Komponisten-Sekretariats*» eine deutliche Abgrenzung gegenüber dem traditionellen zürcherischen Musikkulturbetrieb markieren. In der Gruppe kann also mancher Komponist nicht nur leichter seine künstlerische Bestätigung finden, sondern in der Vielfalt von gemeinsamen musikkulturellen Anlässen kann er auch eher von aussen her unterstützt und anerkannt werden (vgl. meine Ausführungen zur Subventionspolitik auf S. 149 ff.). Aber auch die Wahrung der Autonomie des schweizerischen E-Musik-Schaffens erhält dadurch mehr Chancen. Diese E-Musik-Komponisten hoffen, dass, falls in der Stadt Zürich eine räumliche Identität geschaffen würde, ihre Kompositionen nicht mehr nur an den internationalen Musikfestivals (z. B. Donaueschingen, Stuttgart) gespielt werden müssten. Auf diese Weise käme auch die stetige Suche nicht nur nach einer lokalen, sondern auch nach einer persönlichen und künstlerischen Identität ans Ziel.[131]

In der Diskussion mit dem unerschöpflichen Themenkreis von «Kunst, Kommerz, Konsum» und «Chance und Malchance für die Neue Musik» am Festival der «Tage für Neue Musik» wiederholt sich jedes Jahr das Problem der stetigen Identitätssuche. Die Abwesenheit von bekannten und «etablierten» Zürcher Komponisten an solchen Veranstaltungen ist allerdings der öffentlichen Selbstdarstellung der Interessengemeinschaft «Neue Musik» abträglich. Ob Zeitgründe oder Interesselosigkeit der «etablierten» Komponisten für die Abwesenheit an solchen avantgardistischen Veranstaltungen ausschlaggebend ist, hat in diesem Zusammenhang weniger Bedeutung. Im Insiderkreis ist man sich aber bewusst, dass die Schweiz heute nur zwischen sechs und zehn Komponisten, die «exportierbar» sind, besitzt, d.h. Komponisten, die in der «Institution Neue Musik» «supranational als eigenständig, originell[132] gelten, anders sind und eine Chance haben».[133]

Die Orientierungskrise in der Aufnahme der zeitgenössischen Musik

Wie wir oben gesehen haben, lebt der zeitgenössische Zürcher Komponist in einer Konfliktsituation. Er weiss eigentlich, dass sein Werk nicht zur «dominanten Institution Musik»[134] gehört. Es heisst, dass die Schweizer Komponisten im «Ghetto der Neuen Musik» leben, und zwar «wegen ihrer Unangepasstheit».[135] Die ungelöste Frage, ob und wie man sich aus diesem Ghetto befreien könne (und wolle), steht im Kern der vielbesprochenen «*Orientierungskrise*» der Neuen Musik. In der Beantwortung dieser Fragen lässt sich in der Tat eine gewisse Orientierungslosigkeit bei den Betroffenen feststellen. Insbesondere werden die folgenden Aspekte des Problems immer wieder neu formuliert:

Einerseits: Eine *Abgrenzung* der Kompositions- und Aufführungstechnik gegenüber anderen kontemporären Hilfsmitteln wie elektronische Musik und Computermusik.

Andererseits: Die *Suche* nach den geeigneten Kommunikationsmöglichkeiten wie Medien oder die Integration von Theater und Tanz. Und:

Drittens: Die Mutmassungen über die *Ablehnungshaltung* des Publikums.

In den nachfolgenden Überlegungen will ich auf diese Punkte etwas genauer eingehen. Vorerst werde ich einmal verschiedene *technische Aspekte der Neuen Musik* analysieren.

Erstens:

Die neue Musik hat bisher vorwiegend die traditionellen Instrumente, gelegentlich auch verfremdet, verwendet. Neue und *fremdartige Klänge* lassen sich aber heutzutage elektronisch ebenso leicht produzieren. Der Ansporn ist deshalb weniger gross, auf traditionelle Weise (z. B. Notenschreiben) etwas Aussergewöhnliches zu komponieren.[136] Eine ähnliche Problematik ergibt sich bei der improvisatorischen und *aleatorischen Komponierweise*. I-Musik (Improvisationsmusik) kann Situationsmusik, Aktionsmusik oder Ausdrucksmusik genannt werden. In der improvisierten E-Musik ist vielleicht die Wahrung der Authentizität einer Komposition am ehesten gegeben.[137] Dabei besteht das Problem um eine mehr oder weniger scharfe Abgrenzung gegenüber der heutzutage etablierten Improvisation, dem Jazz.[138] Es ist übrigens auffallend, wie viele Hörer der zeitgenössischen Musik aus der Jazzszene stammen. Die häufige Verwendung von Schlagzeug impliziert ebenfalls die Hinwendung der E-Musik zum Jazz. Im allgemeinen wird in der zeitgenössischen Komposition eher eine Symbiose zwischen konzipierter (geschriebener) und frei improvisierter Musik angestrebt als eine Trennung der beiden Sphären. Die zeitgenössischen Komponisten versuchen ebenfalls, Experimente mit subjektivem Ausdruck zu verbinden. Das Improvisieren aber empfindet der Berufsmusiker als eigentliche Verantwortung, einen eigenen, dem Zeitgeist verbundenen Ausdruck zu finden. Durch die aleatorische Kompositionsweise ist aber der *Werkbegriff eines Musikstückes* in Frage gestellt. Ist das Musikwerk nun eine private Angelegenheit oder zu einer reinen Kommunikationsmöglichkeit geworden? So wurde jedenfalls am Ende der «Tage für Neue Musik» in Zürich gefragt. Es wurde dort letztlich festgehalten, dass die Rezeption eine vereinte Anstrengung von Autor und Publikum erfordere. Eine Hierarchie zwischen Komponist, Interpret und Hörer soll aufgelöst werden.[139] Die Aufführungen solcher avantgardistischer Musik nennen sich denn auch «workshops». Diese sind meistens als Experimente konzipiert und bewusst wenig publikumsfreundlich «zurechtgestutzt».

Zweitens:

Das Verhältnis der neuen Musik zu den *Medien* ergibt ebenfalls ungelöste Probleme. In «These 3» der Podiumsveranstaltung des «Festivals für Neue Musik» wird festgehalten, dass das «Neu» der Neuen Musik keine Bezeichnung des Alters dieser Musik sei, sondern «neu» im Vergleich zur verwertbaren Musik stehe, d. h., dass ihre Kompositionen daher nur in «*Live-Aufführungen*» lebten. Ich werde auf S. 192 ff. ganz allgemein auf die Medienproblematik zu sprechen kommen, frage mich aber hier, wie der zeitgenössische Zürcher Komponist sich die «Exportierbarkeit» seines Werkes ohne Medien vorstellt; denn die Konzertreihen im Studiosaal von Radio DRS werden von den meisten Zürcher Komponisten besonders geschätzt. In der jeweiligen sporadischen Vorstellung der neuen Musikprogramme von Radio DRS 2 wird heutzutage die Verbindung von E-Musik (Ernste Musik) und I-Musik (Improvisationsmusik) ebenfalls besonders hervorgehoben.[140] Musiktheatralische und akustische Spielformen, in denen z. B. die Kameraführung ein ebenso wichtiger Bestandteil der Musikaufführung ist, werden auch für das Fernsehen konzipiert. Hier spielt die *Aufführungssituation als Basis des ästhetischen Verhaltens* wesentlich mit.[141] Die zeitgenössischen Zürcher Komponisten werden also vermehrt «mediengerechte» Kompositionen produzieren müssen. Wie wir oben gesehen haben, haben sich gewisse Zürcher Komponisten musiktheatralische Innovationen in Verbindung mit Tanz und Theater («Anti-Gone» von R. Armbruster) zum Teil schon angeeignet. Aber auch die Verwertungindustrie nützt solche Musik-Innovationen marktgerct aus.[142] So nennt sich z. B. ein Musikgeschäft «Musik-Theatralisches-Ladengeschäft» und hofft damit eine moderne Musikliebhaber-Kundschaft anzuwerben.

Drittens:

In der «Zweckgemeinschaft Neue Musik» als einem relativ kleinen Kreis von Insidern wird oft von der Orientierungskrise gesprochen, und man meint damit nicht nur die Kompositionsweise, sondern vor allem die *Schwierigkeiten mit der Rezeption* beim Zürcher Publikum. Die Schwierigkeiten bestehen darin, dass die Musiker doch auf die Vorlieben des Publikums einzugehen haben. In der Meinung eines Musikliebhabers ist die zeitgenössische Musik vor allem darum abzulehnen, weil sie die musikalische Tradition in der Hörerfahrung missachtet. Er meint, dass beim Mithören von traditioneller E-Musik das Ohr durch den Anfang einer musikalischen Phrase schon auf deren Weiterentwicklung oder Auflösung eingestimmt sei. Deshalb können viele Konzertgänger nicht einsehen, warum «das Primat eines ästhetischen Werkanspruchs in der Neuen Musik sich immer weiter von der Hörerwartung entfernt». Käme nun aber die zeitgenössische Komposition dieser Erwartungshaltung zu sehr entgegen, würde die «Neue Musik» mit der Zeit langweilig. Entspricht die Unterhaltungsmusik oder gar die Volksmusik deshalb eher der Erwartungshaltung des Publikums? Der traditionelle schöpferische E-Musik-Komponist aber muss unerwartete und dennoch passende musikalische Fortsetzungen, deren Originalität eben die *musikalische Qualität* ausmachen, finden. Hier manifestiert sich der bekannte Dualismus zwischen Innovation und Kontinuität (vgl. S. 190ff.). In den Kompositionen von zeitgenössischer Musik wird grosses Gewicht auf *Professionalität* gelegt, d.h. persönliche Ideen, welche von einem einwandfreien, der heutigen Zeit entsprechenden *handwerklichen Können* unterstützt sind. Die unvertraute Tonfolge moderner Kompositionen ergibt dem Hörer aber keine Basis für ein musikalisches Einfinden und Vorausahnen, und der ungeübte Zuhörer von zeitgenössischer Musik spürt hier einen Mangel an «musikalischer Qualität». Die Problematik des Verhältnisses zwischen Komponist und Publikum wird in der Presse wie folgt kommentiert: «Die Ungeschichtlichkeit der Neuen Musik wird dementsprechend vom zürcherischen Publikum subjektiv und wertbetont und meistens negativ klassifiziert. Die Musiker und Komponisten leben andererseits in einem uneinsichtigen Fortschrittsglauben; ihre Musikexperimente sollten einem neuen und breiten Publikum und dem Markt aufgedrängt werden, ohne deswegen einer massenkulturellen Rezeption zu unterliegen.»[143]

Andere Vermutungen über die Ablehnung der zeitgenössischen Musik beim Konzertpublikum haben eher einen *politischen Charakter*, wie man z. B. schon im *Titel* eines Essays über Neue Musik sieht: «Die Ohnmacht der zeitgenössischen Musik in der Schweiz.»[144] Der Artikel, anscheinend 1985 verfasst, wurde im Programmheft des Festivals «Tage der Neuen Musik» 1987 publiziert, aber mit dem Nachsatz versehen, dass «im heutigen Zeitpunkt (1987) doch eine Verbesserung spürbar geworden» sei. Dieses politisch eher polemisierende Essay wurde also schon nach einem Jahr entschärft.[145] Titel wie «l'espace tout à coup m'irrite» implizieren ebenfalls eine Orientierungskrise der zeitgenössischen Komponisten. Der Titel ist leicht aggressiv gemeint; der Komponist ist vor allem an sich selbst interessiert und kultiviert sein persönliches Weltbild. Mit generischen Titeln wie etwa «Streichtrio», «Violinkonzert» etc. drückt der Komponist aus, dass er

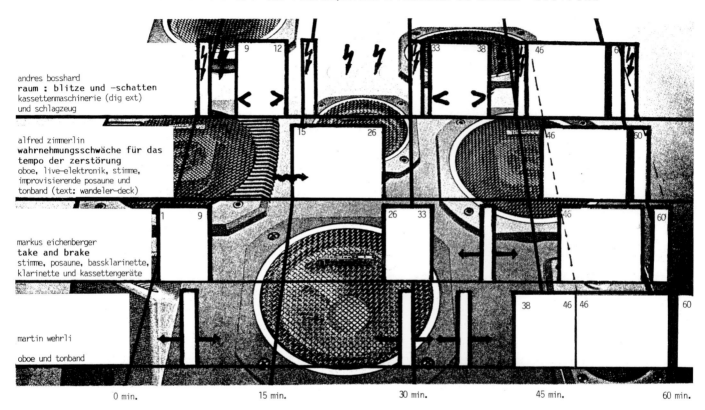

zu einem schon bestehenden Muster (Gattung wie Trio, Quartett, Sonate etc.) eine neue Realisation finden wollte. Er prahlt hier nicht mit völliger Autonomie.

Einerseits also versucht der Komponist von Neuer Musik ein *Gegenstück* zu bilden *zur musikgesellschaftlichen Wirklichkeit* in der Stadt Zürich. Er möchte bewusst anders («ungewöhnlich») komponieren als die Hörgewohnheiten der Mehrzahl des Zielpublikums, das sich an traditionellen melodischen Strukturen orientiert. Andererseits aber steht er wieder mit realistischen Erwartungen im Alltagsleben, dessen wirtschaftlichen Bedingungen er unterworfen ist und wohl auch akzeptiert, z. B. als Lehrer. Im Musikunterricht an den Musikschulen lehrt der gleiche Berufsmusiker seine Schüler weiterhin die «klassische» Musikliteratur. Neue Kompositionsaufträge werden dagegen als Möglichkeit der persönlichen Entfaltung und vermehrten Identitätsbildung innerhalb der «Institution Neue Musik» begrüsst. Dabei sind bei Gelegenheit oft Töne der *Selbstbemitleidung* zu hören. Es heisst, dass die Schweizer Komponisten «in der Anonymität leben müssen und ihre musikalische Identitätsbildung daher behindert»[146] werde. Es wurde die folgende These formuliert:[147] «Die Malchance der Neuen Musik in der Schweiz sind jene Komponisten, die supranational wenig oder keine Chancen haben, weil deren Stillage, Werktypus usf. in jedem andern Land auch existieren. Malchance haben jene Komponisten, die man als regionale oder nationale Komponisten bezeichnen müsste, die aber in einer Zeit leben, in welcher Regional- und Nationalkultur von der Furie des Medienzeitalters aufgefressen werden. Jeder Komponist zielt aber – zugegeben oder nicht – auf die supranationale Ebene.»

Die Orientierungskrise betrifft also nicht nur die Gemeinschaft als Ganzes, sondern hat ebenfalls deutlich beobachtbare *persönliche Komponenten*. In Konzertpausen bei Aufführungen von zeitgenössischer Musik wird der Problematik «Neue Musik» ausgewichen, d. h., es werden nur persönliche und organisatorische Gespräche geführt.

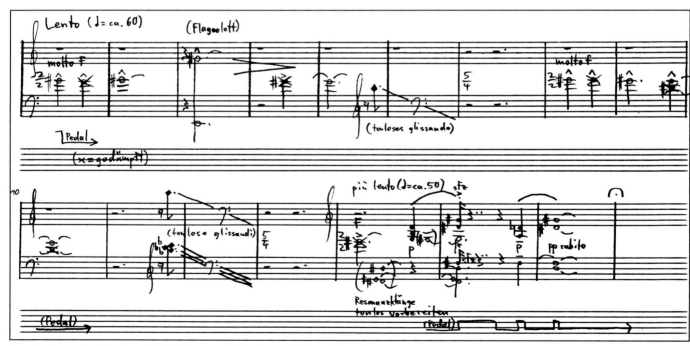

Ausschnitt aus dem Klavierstück «In Trauer und Prunk» von Werner Bärtschi.

Man hört Gespräche wie: «Kannst du im Studio (...) aufführen?» «Wieviel bekommst du dafür?» «Der Interpret (...) hat das Schlagzeug vortrefflich bedient.» «Ich besuchte das Festival (...)» etc.
Solche Gesprächsfetzen bestätigen die bewusste Identitätssuche des einzelnen innerhalb seiner musikpolitischen Interessengruppe. Der musikalische und werkspezifische Themenkreis tritt in diesen Gesprächen gegenüber persönlichen Problemen eindeutig in den Hintergrund. Die kleinen Grüppchen der Gleichgesinnten und gleich Gekleideten (Rollkragenpullover, dunkles Karohemd oder Lederjacke) diskutieren mit fragenden und abweisenden Gesten auch über die persönlichen Erlebnisse mit den städtischen Behörden.

Publikumserfolg und Unterstützung

Nur wenige Mitglieder der Interessengemeinschaft Neue Musik begnügen sich mit dem Gedanken, dass Vorführungen von zeitgenössischer Musik nur eine vorübergehende *Neugierde* beim Publikum wecken können. Sie wissen, dass ihre Komposition nur mit viel *Publikumserfolg* bestehen kann und von den städtischen Kultur-Politikern denn auch in diesem Sinne beobachtet wird. Es ist wohl Tatsache, dass das Publikumsinteresse die Legitimität und den Massstab geben, nach welchem die Politiker und die Programmgestalter ihre Unterstützung (für Tonhalle, Opernhaus etc.) bemessen. Die Finanzierung der Veranstaltungen hängt also weitgehend vom Publikumserfolg ab. Dazu kann eine vermehrte Zusammenarbeit der Berufsmusiker mit den Medien schon deshalb von Vorteil sein, weil auch das Musikkultur-Verständnis der verantwortlichen Mäzene und Sponsoren vor allem durch die Musik der Medien geprägt wird.[148] Diese Verantwortlichen haben ihre musikkulturelle Geschmacksbildung weitgehend anhand der dort produzierten Musik erworben. Anderseits muss die zeitgenössische Musik von den Politikern schon aus ihren persönlichen Beweggründen gefördert werden. Ein Kultur-Politiker kann sich kein allzu konservatives Image leisten, d. h., er muss sich gelegentlich etwas progressiv geben. Es scheint, dass im Gegensatz zur musikkulturellen Situation in den Städten Basel und Genf die Neue Musik in Zürich noch wenig ins kulturelle Bewusstsein der Bewohner, der Politiker, Mäzene und Sponsoren gedrungen ist. Der Insiderkreis der zeitgenössischen Komponisten quittiert diese Situation mit den Bemerkungen wie:

«Die Neue Musik ist in Zürich gestorben.»

«Das Musikhören ist nur ein gesellschaftliches, kein musikalisches Problem.»

«Die Akzeptanz der neuen Musik beim Publikum geht nach dem Motto: Was einem persönlich nicht gefällt, wird als Mode bezeichnet.»

Oder: «In der Programmgestaltung für die Tonhallekonzerte wird vor allem eine historische Chronologie der Musikwerke auch als wertbetonte Chronologie ausgelegt.»[149]

Die traditionellen Schweizer Musikfestivals wie die Juni-Festwochen in Zürich, oder diejenigen von Luzern oder Gstaad, versuchen trotz allem gezielt, einen breiten Publikumskreis mit einem «ansprechenden» Programm zu erreichen. Diese Festival-Programme versprechen denn auch, dass das Alte und das Neue sich die Waage halten werden.[150] Bei der Vorstellung des detaillierten Programms stellte der Journalist dann aber enttäuscht fest, dass allerdings von einer Ausgeglichenheit nicht die Rede sei, denn Neues fehle gänzlich, und aus der Musik der ersten Hälfte unseres Jahrhunderts seien nur die allerbekanntesten und eingängigsten Werke aufgenommen worden, z. B. solche von Honegger, Frank Martin, Hindemith, Barber. Also, «*Neues im Sinne von Unbekanntem wird man vergeblich suchen*».[151]

Ich habe hier versucht, einen signifikanten Teil des zürcherischen E-Musik-Kulturlebens mit seinen aktuellen Problemen darzulegen und zu zeigen, dass im allgemeinen die zeitgenössischen Komponisten eine Art *gemeinschaftliche Individualkultur* aufbauen möchten. Jeder einzelne Repräsentant dieser Komponistengeneration möchte ebenso Individualist sein, aber sich zugleich bewusst und unbewusst einer Gruppennorm unterwerfen.

Die Funktion der kunstmusikalischen Zweckgemeinschaften: Gruppenidentität und persönliche Identität

Bei allen musikalischen Zweckgemeinschaften, insbesondere auch bei denen, die ich in diesem Kapitel beschrieben habe, sind ähnliche *kohäsive und divisive Prozesse* am Werk. Diese sind zu beobachten, unabhängig davon, ob der Gemeinschaftszweck vorwiegend beruflich-rational ist (wie bei der Computermusik und der Neuen Musik) oder politisch-emotional (wie bei der Frauenmusik und der politischen Musik). Im vorliegenden Abschnitt möchte ich einige dieser Prozesse identifizieren und mit Beispielen illustrieren.

Da die Zweckgemeinschaften auf freiwilliger Basis beruhen, sind es vor allem *individuelle Ziel- und Wertvorstellungen* und deren Wandel, welche das Geschick einer *Zweckgemeinschaft* bestimmen. So sind z. B. die Appenzeller- oder Bernervereine in der Stadt Zürich von Zugewanderten gegründet worden, um ihre Identität inmitten einer neuen und fremdartigen Umgebung zu stützen. Dazu gehörte auch die Pflege der Geselligkeit und der gemeinsamen Sprache und – was hier vor allem interessiert –, das stetige Interesse am heimatlichen Kulturgut, vor allem am Gesang (z. B. Jodelchöre, Männerchöre). Die integrative Wirkung der Stadtkultur und die Mobilität haben diese ursprüngliche Identitätsbestätigung unterhöhlt. Die Jodelchöre sind geblieben,[152] nicht aber ihre ursprüngliche Zweckbestimmung. Die Appenzeller Heimatlieder werden heutzutage von kulturell verschiedenartig beheimateten Mitgliedern in einem abgeschliffenen schweizerischen Dialekt gesungen.[153] Das Heimweh wurde durch die Nostalgie abgelöst.

Dieses Beispiel zeigt, wie schwierig es ist, die *kohäsiven Kräfte*, d. h. hier die Geselligkeit, aus der Zweckbestimmung allein abzuleiten. Es ist vor allem wichtig, den gesamten gesellschaftlichen und kulturellen Rahmen immer im Auge zu behalten. Ähnliche Voraussetzungen sind bei den divisiven Prozessen zu beobachten.

Individualisierungstendenzen

Man könnte vermuten, dass das Bestreben des einzelnen, sich innerhalb einer Gruppe als Individuum zu profilieren, dem Zusammenhalt und der Zweckbestimmung einer Gemeinschaft zuwiderlaufe. Wenn aber der individualisierende Anlass ein zweckkonformer ist, so tritt genau das Gegenteil ein. Wenn sich z. B. ein Mitglied eines Orchesters oder einer Konservatoriumsklasse als Solist musikalisch auszeichnet oder sich durch einen Wettbewerb persönliche Erfolgschancen schafft, bringt dies auch seiner Interessengemeinschaft (Berufsgruppe, Klassengemeinschaft) einen deutlichen *Gewinn an Identität*. Im Zürcher Musikleben lassen sich interessante Beispiele für diesen Prozess anführen. Ich werde solche Beobachtungen ausführlich schildern und belegen, mit welchen Mitteln ein individueller Musiker die Ziele seiner Zweckgemeinschaft, hier vor allem die zeitgenössische Musik, mit eigenen Aktionen fördern kann.

Der Pianist Werner Bärtschi gründete 1980 die «Gesellschaft Rezital» zur Unterstützung seiner eigenen Konzertauftritte in der Tonhalle. Die Bestimmungen dieser Interessen- und *Unterstützungs-Gemeinschaft* sind in den Statuten festgelegt.[154] Die Mitglieder dieser «Gesellschaft Rezital» wurden also als Eingeweihte in die Programmgestaltung miteinbezogen, d. h., sie werden privat vororientiert und nehmen Teil an den musikalischen Einführungssitzungen.

Ich glaube, dass die «Gesellschaft Rezital» sich als ein Gruppenerlebnis ebenso wie als individuelles Wagnis dadurch gut bewährt hat. Die interessierten Mitglieder können die musikalische Entwicklung des Künstlers aus der Nähe miterleben und werden laufend über das persönliche aktuelle Schaffen des Künstlers informiert. Neben der beruflichen Tätigkeit als Pianist und Interpret gehören bei Werner Bärtschi auch andere musikalische Bereiche dazu. So schreibt er Bücher und Artikel mit musikwissenschaftlichen Themen[155] und komponiert, naturgemäss vorwiegend für Besetzungen, in denen das Klavier eine wichtige Rolle spielt.

Der Pianist verpflichtet sich also einer Gemeinschaft gegenüber zu intensivierten Bemühungen in der Verbesserung seiner Künstlerqualität, «in denen die künstlerischen Möglichkeiten des Solorezitals neu erprobt und in wechselnde Zusammenhänge gestellt werden». Daraus erwächst ihm auch ein Zugewinn an sozialer Geltung und Publizität[156] und eine Häufung der Möglichkeiten, die eigene berufliche Arbeit als Konsequenz eigener Initiative und Entscheidungen erfahren zu können. Auch bei Preisverleihungen und Werkverträgen können solche Attribute wie *Initiative und Mut zu Neuem*, verbunden mit technischer Vollkommenheit und Berühmtheit, ausschlaggebend sein.[157] Werner Bärtschi selbst meint dazu: «Ich suche nicht den Erfolg, indem ich die Öffentlichkeit ständig in der Meinung bestätige, die sie von mir hat. Ich habe auch keine missionarische Ader, denn für mich gibt es keinen Unterschied zwischen Alter und Neuer Musik – ich spiele beides nur, wenn es mir gefällt, und ich glaube, dass das Publikum das wahrnimmt.»[158]

Die Mitglieder von «Rezital» erfahren in einem persönlichen Brief des Präsidenten, dass «nach einem kurzen, ganz der Komposition gewidmeten Unterbruch Werner Bärtschi wieder als feinfühliger Interpret und erfolgreicher Organisator ungewöhnlicher Begegnungen (zum Beispiel mit Karlheinz Stockhausen in Wetzikon) wieder vermehrt öffentlich hör- und sichtbar» sei. Entstanden sei eine bewerkenswerte und abwechslungsreiche Reihe von Stücken, die an Anlässen der «Gesellschaft Rezital» uraufgeführt und erläuternd vorgestellt würden.[159] Werner Bärtschi versucht also durch eine musikkritische Programm-Zusammenstellung mit ungewöhnlichen Werken

Vervielfältigtes eigenhändiges Rundschreiben des Präsidenten der «Gesellschaft Rezital» (Dr. Fritz Gerber, Zürich, 3. Januar 1989): Dankt den privaten Gastgebern für die Bereitschaft, Einführungsabende bei sich abzuhalten und Werner Bärtschi, der gelegentlich auch mit anderen Musikern zusammen, den Anwesenden «Augen und Ohren öffnet für Dinge, die man nicht alle Tage zu hören bekommt».
«Wir hören altbekannte und uraufgeführte, auf normalen, präparierten und elektronischen Instrumenten gespielte Musik, wir lernen die Gedankenwelt von Scelsi, das Umfeld der Concord Sonate (von Ch. Ives) kennen und erleben die Konzerte (...) oft dann intensiver, wenn Werner Bärtschi uns darauf vorbereitet...»

eine persönliche musikalische Aussage zu machen. Eine solche Konzertveranstaltung[160] war der Klavierabend mit dem Thema «Mozart und das 20. Jahrhundert» im Kleinen Tonhallesaal. Dieses Konzert fand vor einem allerdings spärlichen, aber aufmerksam-begeisterten Publikum statt.[161] Dem Konzert vorausgegangen[162] war ein Vortrag mit Musikbeispielen für die Mitglieder der «Gesellschaft Rezital» mit dem Titel «Gleichgewicht und Entwicklung, Versuch eines Einblicks in Mozarts kompositorisches Denken». Die meisten Zuhörer des nachfolgenden Konzertabends kamen erwartungsgemäss aus dem Bekanntenkreis. Für den Veranstalter (Komponist) war der Abend aber trotzdem ein persönlicher Erfolg[163] und auch die Gesellschaft Rezital an sich profitierte von der persönlichen Initiative des Solisten. Die Tageszeitungen lobten den Pianisten, der immer wieder, auch auf das Risiko hin, dass der Kleine Tonhallesaal nur schwach gefüllt sei, das Neue, Unbekannte, Kreative dem Hörer nahezubringen versuche: «Dabei sollte ein Pianist von seinem Können und mit der Perfektion und musikalischen Schönheit, die er zum Beispiel der c-Moll-Fantasie (KV 475) oder der C-Dur Sonate (KV 330) von Mozart zu verleihen mag, den grossen Saal voll besetzt halten. Kaum einer der grossen Pianisten wäre imstande, dazwischen ein Stück vom Schwierigkeitsgrad des «Eis+Fisch» von Ulrich Gasser zu spielen». Auch die Berufskollegen in der Interessen-Gemeinschaft Neue Musik würdigten das Wagnis: «Allein schon die Idee, Mozart als Rahmen und (Ulrich) Gasser, (Giacinto) Scelsi, (Arvo) Pärt, (Wilhelm) Killmayer, (Ferruccio) Busoni als Kern am selben Abend aufzuführen und durch entsprechendes Spiel auf Gemeinsamkeiten und Gegensätze aufmerksam zu machen, verdiente einen Preis.»[164]

Dieses Beispiel zeigt exemplarisch einen Musiker, der auf die Qualität und die Resonanz der Neuen Musik aufmerksam machen möchte. Solche individuelle Initiativen dürfen besonders honoriert werden, da sie musikkulturelle Bestrebungen zur «Überwindung von Bindungen an eine traditionelle Programmgestaltung» sind.[165]

Zu den hochkulturellen Zweckgemeinschaften, die auf persönliche Initiative von Berufsmusikern zurückgehen, gehören ebenfalls die «Tage der Neuen Musik», die seit drei Jahren im Neumarkttheater organisiert werden.[166] Dieses zweite Beispiel einer erfolgreichen Individualisierung im Bereich der zeitgenössischen Musik ist durch die Initiative der Berufsmusiker Gérard Zinsstag und Thomas Kessler entstanden (vgl. S. 122ff.).[167] Dieses Musikfestival ist heute insofern institutionalisiert, als die Stadt Zürich auf mindestens drei Jahre hinaus finanzielle Unterstützung zugesagt hat.

Das Bedürfnis nach Individualität[168] innerhalb der Neuen Musik, welches durch diese Beispiele belegt ist, hat, wie früher beschrieben, auch zu anderen Gruppierungen geführt; ich nenne hier die Internationale Gesellschaft für Neue Musik (IGNM), die Konzerte der Pro Musica, das Musikpodium der Stadt Zürich, die Stiftung «Schweizerisches Zentrum für Computermusik», das Frauenmusik-Forum etc.[169] Auch in anderen Teilen des musikkulturellen Lebens der Stadt Zürich machen sich Tendenzen zur Individualisierung bemerkbar. Ich erwähne hier die Abspaltung des Vereins «Gönner der Tonhalle-Gesellschaft»[170] von der ursprünglichen «Tonhalle-Gesellschaft», also die Bildung einer neuen kleineren Gruppe von Musikliebhabern, die innerhalb der E-Musik-Szene ihre eigenen Ziele verfolgen will.[171] Aus Individualisierungs-Tendenzen entstanden aber auch das Zürcher

Kammerorchester, die Camerata oder das Collegium Musicum, die durch die Initiative ihrer heutigen Dirigenten aufgebaut worden sind. Auch in diesen Orchestern ergibt sich eine persönliche Herauslösung aus der Gruppen-Identifikation mit dem erworbenen Image: Einerseits ist es eine verstärkte Identifikation des einzelnen Mitgliedes mit den Zielen dieser Gemeinschaft, andererseits aber ist es auch eine Identitätsbestätigung der Gruppe selbst.[172] Die Frage nach den Mechanismen und den Gründen der in allen Kulturbereichen zu beobachtenden Individualisierung ist heute sehr aktuell und wird von Soziologen wie Ulrich Beck und H. J. Hoffmann-Nowotny ebenso wie von Philosophen wie J. Habermas diskutiert, der eine «Differenzierung von Wertsphären» in Wissenschaft, Moral und Kunst feststellt.[173]

Ein musiksoziologisches Beispiel für Gruppenideale und zugleich Individualisierungstendenzen sind das *Komponieren von Kammermusik* und das *Musizieren im Trio, Quartett oder Quintett*. Die Musik dieser Gattung verlangt eine Durchsichtigkeit und eine kompetente Differenzierung der Stimmen. Der einzelne steht gleichzeitig wie die akzeptierte Gruppennorm im Vordergrund, aber das Zusammenspiel bestimmt den Erfolg. Diese *Dialektik von Zusammenklang und Kontrastierung* spiegelt das Gemeinschaftsprinzip in reinster Form und bildet den wesentlichen Bestandteil für die Qualität der Kammermusik. Im Gespräch mit dem Komponisten Rudolf Kelterborn über sein drittes Streichquartett stellte der Präsentator von Radio DRS 2[174] die Frage an den Komponisten, ob nicht seine Beschäftigung mit dem Streichquartett – «mit dieser traditionellen und musikgeschichtlich am meisten belasteten Gattung[175] seine persönliche und künstlerische Entwicklung identifizieren könne».[176] Die Antwort des Komponisten fasst die ganze Thematik der Individualisierung und der Gruppenidentität zusammen. Er antwortete: «Ich schreibe immer dann ein Streichquartett, wenn ich glaube, in meinem Schaffen eine gewisse Station erreicht zu haben.» Das Komponieren für eine übersichtliche Instrumentalformation ermöglicht es also dem Komponisten, eine Art *Rekapitulation seines Schaffensprozesses* zu geben. Sie fördert aber zugleich seine Individualisierung.

Auflösung von Zweckgemeinschaften

Eine extreme Form der Individualisierung in einer Zweckgemeinschaft ist die *Herauslösung einzelner*, die schliesslich zur *Auflösung der Gemeinschaft* führen kann. Der Individualisierungsprozess erreicht hier nur halbwegs sein Ziel. Ein Beispiel dafür scheint sich bei der Frauenmusik (siehe S. 101 ff.) anzubahnen. Dort bemerkte ich das schwindende Interesse z. B. an der Jahresversammlung des «Frauenmusik-Forums».[177] Die Versammlung war sehr schlecht besucht: Im Saal, der für mindestens dreissig Leute bestellt wurde, waren neben einem unvollzähligen Vorstand zwei Mitglieder anwesend. Die Ablösung einzelner Mitglieder erfolgt hier in zwei Richtungen, einesteils wollen extreme politische Ideale verfolgt werden, und anderseits stehen vor allem die persönlichen Interessen für Aufführungmöglichkeit zu stark im Vordergrund.

Bei musikausübenden Gruppen (z. B. bei Quartettformationen) hat es natürlich zu allen Zeiten Auflösungserscheinungen gegeben. Einzelne Mitglieder beginnen, ihre *künstlerische Unabhängigkeit* damit zu demonstrieren, dass sie auf eigene Rechnung und Verantwortung Konzerttourneen und Schallplatteneinspielungen organisieren. Solche Aktionen können sich durchaus auch positiv auf die Gruppe auswirken und den Stil der Gruppe mitprägen. Sie können aber auch zur Auflösung führen. Dies ist der grossen Allgemeinheit ja aus Geschichten über Pop- und Rockgruppen bekannt.

Auf die Ablösung von der Gruppe und die unweigerlich folgende Auflösung ist die kleine Besetzung von Trio oder Quartett wohl am empfindlichsten. So hat die Gesellschaft der «Freunde des Neuen Zürcher Quartetts» im August 1988 die «Lieben Musikfreunde» informiert, dass «nach beinahe 20jähriger, anerkannt erfolgreicher Tätigkeit sich das Quartett am 30. Oktober auflösen wird; die Mitglieder möchten vermehrt ihren *eigenen solistischen* sowie anderen kammermusikalischen *Verpflichtungen* nachgehen können».[178] Auch die «Freunde junger Musiker» erhielten eine solche Beilage zum Konzertprogramm der letzten Veranstaltung.[179] Im Mitgliederbrief war folgendes zu lesen: «Zugleich müssen wir Ihnen leider mitteilen, dass das unsere letzte Veranstaltung in diesem Rahmen bildet, denn wir haben beschlossen, den Verein «Freunde junger Musiker» aufzulösen. Es geschieht dies nach reiflicher Überlegung und aus verschiedenen Gründen. Einmal haben wir zur Zeit gar keine Anmeldung von jungen Künstlern, die bei uns spielen möchten, und auch nicht eine *nähere Beziehung zu jungen Musikern*, die wir auf Grund ihrer hervorragenden Begabung dazu auffordern wollen. Dazu kommt, dass das *Interesse der Hörer* in unserm Kreis längst nicht mehr so rege ist wie noch vor ein paar Jahren, so dass die Konzerte leider trotz vermehrter Propaganda meistens schlecht besucht sind, was wir als peinlich und enttäuschend empfinden, in erster Linie für die ausführenden Künstler, aber auch für die Organisierenden.» Für diese Auflösung hat ebenfalls das *Raumproblem* eine wichtige Rolle gespielt, d. h., der Saal des Lyceumclubs scheint aus verschiedenen Gründen zu wenig anziehend zu sein. Ist das Argument des Nachwuchsmangels in einer Stadt wie Zürich nicht doch etwas aussergewöhnlich? Hemmt die soziale Sicherheit der Musiker die Motivation zum Musizieren?

Anmerkungen zu den Seiten 97–101

1. Vgl. dazu Hans-J. Hoffmann-Nowotny. «Auf dem Wege zur individualisierten Gesellschaft». In: *Informationsblatt der Universität Zürich*. Nr. 6/1989, S. 7.
2. Am internationalen Soziologentag 1988 in Zürich wurden diese Begriffe neu analysiert und zusammenfassend publiziert in: *Kultur und Gesellschaft*. Frankfurt/New York 1988.
3. Ina-Maria Greverus. *Kultur und Alltagswelt*. Frankfurt am Main 1987.
4. Buchmann Marlis. «Subkulturen und gesellschaftliche Individualisierungsprozesse». In: *Kultur und Gesellschaft*. Frankfurt/New York 1988, S. 627–638.
5. Alternativ heisst hier, «was in der grossen Kultur nicht gemacht wird», wie sich ein Informant ausdrückt.
6. Ich denke hier z. B. an die städtischen Finanzzuschüsse, die Subventionen, für die verschiedensten musikalischen Veranstaltungen.
7. Ist z. B. Kultur nur dort vorhanden, wo Wissen in Können umgesetzt wird? In der Umgangssprache hat der Begriff «Kultur» die Tendenz, etwas «Höheres», «Geistiges» zu bezeichnen, z. B. das Metier von Künstlern, Intellektuellen etc.
8. Richard Weiss. *Volkskunde der Schweiz*, Erlenbach-Zürich, 2. Auflage 1978, S. 224.
9. Nationales Forschungsprogramm 21 (NFP 21): *Kulturelle Vielfalt und nationale Identität*.
10. *Wörterbuch der deutschen Volkskunde*. Stuttgart 1974.
11. Diese Definition verwendet z. B. das Nationalfonds-Projekt (NFP 21). Teilprogramm: «Zur aktiven und rezeptiven Lied- und Schlagerkultur der Schweiz».
12. Siehe dazu: Heinz Steinert. «Subkultur und gesellschaftliche Differenzierung. In: *Kultur und Gesellschaft*. Frankfurt/New York 1988, S. 614–626.
13. Ich denke hier an einen der idealisierenden Gedanken der politischen Musik.
14. Aussage von Informanten.
15. Siehe S. 51 ff.
16. Wie im ersten Kapitel ausgeführt.
17. Die Gruppe umfasst und fördert ausschliesslich weibliche Musiker trotz der weitgehenden Interaktion mit dem Schweizerischen Tonkünstlerverein, mit der Internationalen Gesellschaft für Neue Musik etc. und der Pflege verschiedenster Musikstile wie Jazz, Rock etc. Die Komponistinnen des Frauenmusik-Forums haben einerseits zum Ziel, ein Publikum zu suchen, von dem sie glauben, es existiere, und andererseits wollen sie den Bedürfnissen einer bestehenden Gruppe entgegenkommen.
18. Das Frauenmusik-Forum hat sich vermehrt auf die Förderung von historisch anerkannten Musikerinnen (Alma Mahler, Clara Schumann, Fanny Mendelssohn etc.) verlegt.
19. Die «Internationale Gesellschaft für Neue Musik» (IGNM) und das «Frauenmusik-Forum» überlagern sich in ihren Interessen heute eindeutig.
20. Zu den subkulturellen Erscheinungen zählen also auch Gruppierungen, deren Gemeinschaftszweck traditionell bestimmt ist. Den Alternativgruppen liegt dagegen meistens ein übergeordnetes politisch- oder umwelt-aktivistisches Ziel typisch antitraditioneller Art zugrunde. Diese Unterscheidung ist im Einzelfall wohl mit strittigen Interpretationen belastet und deshalb objektiv kaum aufrechtzuerhalten. Aus diesem Grunde habe ich hier subkulturelle Gruppen verschiedenster Art miteinbezogen, darunter auch Gruppen, welche sich teilweise selbst als Alternativ- oder sogar Gegenkultur bezeichnen.
21. Auch hier treffen sich die Definitionen der Begriffe «Identität» und «Kultur», indem beide dem Menschen helfen, sich in seiner geistigen Umwelt zurechtzufinden.
22. In der *Zeitschrift für Frauenfragen*, hg. von der Eidg. Kommission für Frauenfragen, Bern, 9. Jg., Nr. 3, 1986, heisst es u.a.: «Die Vertreibung der Frauen aus der Musik unserer abendländischen Kultur begann im frühen Christentum, unter Berufung auf das berühmt-berüchtigte Wort des Apostels Paulus ‹Mulier taceat in ecclesia› – das Weib aber schweige in der Gemeinde» (In 1. Korintherbrief 14, aber nicht frauenfeindlich gemeint).

Anmerkungen zu den Seiten 101–106

[23] Dieses Ziel wird immer wieder in Erinnerung gerufen, so auch 1989 im «*Rundbrief*» des Frauenmusik-Forums Nr. 16, Mai 1989.

[24] Das Frauenmusik-Forum wurde in der Schweiz 1982 gegründet.

[25] *Züri Woche* 26. 3. 1987.

[26] In: Programmnotizen einer Konzertreihe «Der kleine Unterschied», organisiert vom Frauenmusik-Forum Bern. *Rundbrief* des Frauenmusik-Forums, Nr. 6, Mai 1989, S. 11.
An den Konzerten «Der kleine Unterschied» (Zürich 25.10. und 17. 11. 1989) wurde Musik von weiblichen und männlichen Komponisten vorgestellt, und vom (spärlichen) Publikum erwartet, dass es «Unterschiede» feststelle. Dadurch sollte angeregt werden, die Rollenklischees zu überdenken.

[27] Das Frauenmusik-Forum hat in Aarau ein Dokumentationsarchiv eingerichtet. Es informiert über das Schaffen der Komponistinnen aus der Vergangenheit und der Gegenwart z. B. in Büchern wie: Brunhilde Sonntag und Renate Matthei (Hg.). *Annäherung an sieben Komponistinnen*. Kassel 1986/87/88. Bde. I., II., III., IV) und: Antje Olivier und Karin Weingartz-Perschel (Hg.). *Komponistinnen von A-Z.* Düsseldorf 1988, etc.

[28] Es werden denn auch immer häufiger Programme mit Werken folgender Komponistinnen zusammengestellt: z. B. Fanny Mendelssohn, Clara Schumann, Alma Mahler, Nadia Boulanger.

[29] Der «Frauen-Jazz» (vor allem durch die Interpretin Irène Schweizer) hat denn auch schon beträchtlichen Publikumserfolg verzeichnen können.

[30] *Tagblatt der Stadt Zürich* 29. 10. 1988.

[31] *Rundbrief* des Frauenmusik-Forums. Nr. 15, November 1988, S. 22.

[32] Siegrun Schmidt. «Frau und Musik – Frauenmusik». In: *Zeitschrift für Frauenfragen*, hg. von der Eidgenössischen Kommission für Frauenfragen, Bern, 9. Jahrgang, Nr. 3, Oktober 1986, S. 41.

[33] Auch für die Konzertreihe (1989) des Frauenmusik-Forums bleibt die Grundidee: «Es soll eine Gegenüberstellung von Frauenmusik und Männermusik stattfinden mit dem Ziel, eingefleischte Hörgewohnheiten und festsitzende Vorurteile aufzuweichen und in Frage zu stellen.» In: *Rundbrief* des Frauenmusik-Forums. Nr. 15, November 1988.

[34] Die Teil- oder Subkultur kennzeichnet sich u. a. ebenfalls durch die Veröffentlichung einer regelmässig erscheinenden Zeitschrift, hier der *Rundbrief,* bei der Tonhalle-Gesellschaft das *Info* etc.

[35] Komponistinnen-Seminar in Boswil, 7./8. 11. 1986 und 23.–25. 10. 1987.

[36] Gemeint sind damit auch Mitgliedschaften beim Tonkünstlerverein, bei Orchestervereinen, bei der Gesellschaft für Neue Musik etc.

[37] Verschiedene Haushaltgeräte dienten hier als Tonerzeugungs- und Rhythmusinstrumente. Die «Kochtöpfe-Instrumentation» wurde vor allem sprachrhythmisch vertont und zwar in acht der 2956 überlieferten Trauermarschlieder von Adolf Wölfli (1864–1930). Dieses Konzert fand im Theater am Neumarkt am 20. 11. 1987 statt.

[38] Programmnotizen des Konzertes.

[39] Auch sonst distanzierten sich viele von bürgerlichen Normen. Es herrschte also eine Art von Studentinnenheim-Atmosphäre, was ja auch durch die niedrigen Teilnahmegebühren unterstrichen wurde. Für Frauenmusik-Forums-Mitglieder kostete die Tagung in Boswil 150.– Franken, für Nichtmitglieder 180.– Franken.

[40] *Rundbrief* des Frauenmusik-Forums. Nr. 15, November 1988, S. 4.

[41] Am 15./16. 4. 1989.

[42] NZZ 19. 4. 1989.

[43] Jubiläumsschrift: *25 Jahre Zürcher Kammerorchester,* hg. von der Gesellschaft der Freunde des Zürcher Kammerorchesters (ZKO). Zürich 1983.

[44] 4.–6. 12. 1987.

[45] 24. 2. 1988.

[46] 9. 5. 1988.

Anmerkungen zu den Seiten 106–110

47 Konzert «Der kleine Unterschied und seine Folgen in der Musik» in der Helferei Grossmünster (ein dem Grossmünster angegliederter Raum für kleinere Veranstaltungen) in Zürich am 17. 11. 1989.

48 Unterlagen zur Diskussion anlässlich des Anlasses «Musik und Politik». Kanzleischulhaus Zürich, 10.–11. Jan. 1987 und 10./11. Nov. 1987. Weitere Zitate aus den Programmnotizen folgen ohne besonderen Verweis.

49 Rezension eines solchen Konzertes in der *Züri Woche* 26. 3. 1987.

50 Ich zitiere die genaue Schreibweise: «U = Unterhaltungs-Musik(erInnen), E = Ernste Musik(erInnen)».

51 Auch in der Diskussion um ein «Kulturprozent» werden «jährlich budgetierte Aufwendungen für nicht profitorientierte Jugendkultur» gefordert.

52 Für das Symposium «Musik und Politik» wurde Fr. 8.– Eintrittsgeld verlangt, für die Gesprächsrunde «Musik und Wirtschaft» dagegen war der Eintritt frei. Wollte man mit den Eintrittspreisen die Gesprächsrunde über Musik und Wirtschaft ironisieren?

53 Warum wird gerade von 1614 gesprochen? Vielleicht wurde mit dieser Historisierung folgendes angesprochen: Eine «Revolution» in der Musik fand um 1600 statt, d. h., der Komponist wurde damals zum «Tondichter», der nicht nur Töne (Texte) illustrierte, sondern seine persönliche Situation als Musiker in den Vordergrund stellte, also nicht mehr anonym zu sein brauchte. Je nach Definition ist politische Musik auch viel älter. Von systemkritischer politischer E-Musik kann man allenfalls bei der «Beggar's Opera» von J. C. Pepusch (1728) sprechen.

54 Die übliche, aber sprachlich unhaltbare orthographische Reverenz der Linken vor dem Feminismus.

55 Unterstützung z. B. vom VPOD (Verband des Personals öffentlicher Dienste) und dessen Sektionen der Bühnenkünstler, Lehrerberufe und sozialen Berufe.

56 Aus den Programmnotizen vom Festival «Tage für Neue Kammermusik» in Zürich, 1986.

57 David C. Johnson. «Reibungen». Uraufführung 11. 3. 1988.

58 Szenische Kantate nach Texten von Ignazio Silone, komponiert von M. E. Keller 1987.

59 Der Rezensent der NZZ vom 21. 4. 1989 fragt sich, ob es künstlerischer Hochmut oder Individualität des Künstlers sei, wenn dieser neben einem traditionellen Beruf als Lehrer musikalische «Stilakkumulationen schafft, die zur Darstellung und zur Entlarvung gesellschaftlicher Machtverhältnisse» dienen.

60 Aufführung im Stadtgarten Winterthur der Minioper: «Egon – aus dem Leben eines Bankbeamten» am 24./25. 4. 1989, komponiert von Max E. Keller, Text von Hans Suter.

61 Z. B. Vom Troubadour zum Liedermacher etc. Ich erinnere hier auch an die Kriegs-, Vaterlands- und Heimatlieder, die als Spiegel der staatlichen Entwicklung der Schweiz gesungen und bewusst eingesetzt wurden. Richard Weiss hat die Entwicklung des historischen Volksliedes, das sich vom eidgenössischen Schlachtlied des 16. Jahrhunderts zum gehässigen Parteilied wandelte, in der *Volkskunde der Schweiz* (Erlenbach/Zürich 1945/1978) aufgezeigt. Er schildert dort auch die darauffolgende Abschwächung vom «leidenschaftlich zupackenden politisch-kriegerischen Volkslied» in ein «gefühlvolles Heimatlied». S. 238–243.

62 Die aktive Teilnahme an den Umweltproblemen wird dadurch erleichtert, dass der Textdichter, der Komponist und der Vortragende in einer Person zu finden ist.

63 Das Buch *Volksmusik in der Schweiz,* hg. von der Gesellschaft für die Volksmusik in der Schweiz (GVS), Zürich 1985, gibt einen Einblick in diese Probleme.

64 Programmnotiz, vgl. Aufführungen, Anm. 58 und Anm. 60.

65 Josef Haselbach. Kantate Nr. 1, 1978.

66 Regina Irman. «Ein Trauermarsch», 1987, Uraufführung 20. 11. 1987.

67 David Wohnlich.

68 Gespräch über die Subventionspolitik der Stadt Zürich am Workshop «Musik und Politik» im Kanzleischulhaus Zürich am 10./11. 1. 1987.

69 Ich mache hier auf die Kleinschreibung aufmerksam.

Anmerkungen zu den Seiten 110–114

70 Diskussionsbeitrag.
71 Es bestand auch ein gewisser ästhetischer Sinnzusammenhang.
72 NZZ 22./23. 4. 1989. Andreas Vollenweider über «Dancing with the Lion».
73 Diskussionsbeitrag.
74 In der *WoZ (Wochen-Zeitung)* Nr. 41 vom 10. 10. 1986 heisst es: «Als ich einmal mit Bundesrat Furgler eine öffentliche Diskussion hatte, die übrigens verunglückt ist, sagte er: ‹Aber der Schriftsteller, Herr Frisch, hat doch die Macht des Wortes!› Das meinte er als Trost, kollegial ausgedrückt. Politiker können nicht anders denken als in Kategorien der Macht, nicht bloss Politiker, auch Leute der Wirtschaft. Irgendwo irritiert es sie, dass es jemandem gar nicht um die Macht geht, nein nicht einmal verstohlen und bescheiden. Wozu dichten wir denn lebenslänglich? Kunst als etwas anderes, das nicht auf Macht zielt, hat etwas Arrogantes. Und gelegentlich imponiert ihnen eben das Arrogante, nicht das Kunst-Produkt, das zu erwerben sie sich gedrängt fühlen.»
75 Musik und Politik-Veranstaltung im Kanzleischulhaus am 10./11. 1. 1987.
76 Der Komponist ist Mischa Käser.
77 Hierin sehe ich einen Widerspruch.
78 Die musikalische Gattung ist aus einer bestimmten Musizierweise entstanden, die sich in einem bestimmten Milieu entfalten konnte und wird oft mit «Stil» gleichgesetzt.
79 10.–13. November 1988.
80 Aus den Unterstützungsgeldern für die «Tage der Neuen Musik-Konzerte» z. B. 65000 Franken von der Präsidialabteilung und privaten Mäzenen, wurden 48000 Franken für Honorare der Interpreten im Festival ausgegeben. Dies scheint eine kleine, doch angemessene Summe zu sein, wenn man bedenkt, dass für die Räumlichkeiten wenig bezahlt werden musste. Dem geringen Publikumsinteresse nach zu urteilen, je nach Veranstaltung zwischen fünfzig und achtzig Zuhörern, erscheint dies aber als ein recht grosser Aufwand. Sämtliche Musikstücke und Uraufführungen dieser zeitgenössischen Musik stammen aber von international etablierten Komponisten. Die Interpreten hatten ebenfalls eine professionelle Ausbildung hinter sich. Besonders in der individualisierten Interpretation eines modernen Musikstückes ist der Komponist auf die innovative professionelle Ausbildung und auf die eigenständigen Entscheidungen seines Interpreten angewiesen. Seine Musikkomposition verlangt wie nie zuvor bestausgewiesene Berufsmusiker.
81 Programmheft 1988 für «Tage für Neue Musik» vom 10.–13. 11. 1988. 1989 fand dieses Festival allerdings im Konservatorium und im «Kaufleuten-Saal» statt.
82 Zum Begriff «Computermusik» gehört, dass der Computer auch an der Aufführung beteiligt ist.
83 Konzert «Ton-Art» des Radiostudios Zürich (DRS) 15. 6. 1988.
84 Konzert im Kunsthaussaal vom 14. 12. 1986.
85 Konzert im Kunsthaussaal vom 3. 9. 1988.
86 Diese Gesellschaften organisierten das Konzert «midi in theorie und praxis» am 11. März 1988 im grossen Saal des Konservatoriums Zürich.
87 *Dissonanz* Nr. 21, August 1989.
88 Joshua Lakner (geb. 1924) war von 1974–1987 Lehrer am Konservatorium und an der Musikhochschule Zürich. Er erhielt den Komponisten-Werkjahr-Preis der Stadt Zürich 1987/88.
89 Joshua Lakner schreibt im Programm des Musik-Podiums (Konzert 25. 10. 1989, organisiert von der Präsidialabteilung der Stadt Zürich): «Ich meine, die Wechselwirkung Mensch – Maschine kann überaus poetisch sein; der Pianist und sein Klavier (Klavier als Maschine) wären auch ein Beispiel dafür.»
90 Der Rezensent des Computerkonzertes vom 11.3.1988 im Konservatorium Zürich meinte u.a.: «Dass der Macintosh-Computer aber zunächst ungewollt ausstieg, wie später noch einmal, zeigte die Störanfälligkeit der eben doch noch relativ jungen Technik.» In: NZZ 14. 3. 1988.

Anmerkungen zu den Seiten 114–118

[91] Informationsseminar über: «Midi what it is and where it is going»; «Midi» ist eine Neuschöpfung, entstanden aus der Abkürzung für «Musical Instrument/Digital Interface». Gebraucht werden: «geräte von studer revox, studio m+m, apple computer inc.».

[92] Computermusik-Konzert vom 12. März 1988 im Vortragssaal des Kunsthauses Zürich.

[93] Im Gegensatz dazu sind die Zuhörer der politischen Musik-Veranstaltungen eher Jugendliche.

[94] Ganz ähnliche Zweiteilungen finden wir bei der Frauenmusik (Musikerinnen und feministisch engagierte Frauen) und der politischen Musik (Musiker und politisch Engagierte).

[95] Stiftung Schweizerisches Zentrum für Computermusik in Oetwil am See bei Zürich (SZCM). Im Prospekt heisst es: «Das Zentrum soll:
1. das Instrumentarium bieten für kompositorische Arbeit mit dem Computer;
2. Musiker und weitere musikalische Interessierte ausbilden in der Anwendung des Computers im ganzen Bereich der Musik;
3. ein Laboratorium bieten zur Forschung im Klang- und Musikbereich;
4. durch Konzerte und Workshops über Computermusik informieren.»
Das Zentrum ist unabhängig von öffentlichen Schulen und der Universität.

[96] Das Pro Musica-Konzert vom 25.10. mit dem Thema «Kompositionen für Computer und Bildschirm» wurde typischerweise in einem Hörsaal der Universität gegeben. Am 10. Linzer Festival «Ars Electronica» vermochten die Kompositionen für Computermusik eher zu überzeugen als die Werke für Computer-Animation und Computer-Graphik. Kompositionen, die für den Zusammenklang von Instrumenten, Band und Live-Elektronik geschaffen wurden, hatten den grössten Erfolg. In: NZZ 22. 9. 1989.

[97] Programm des Konzertes des Musikpodiums der Stadt Zürich am 25. 4. 1988.

[98] Carl Dahlhaus formuliert den Epochenbegriff folgendermassen: «Die Einheit der Epoche, ohne die sie keine Epoche wäre, muss in einer spezifischen Qualität von Neuheit begründet sein, die sich seit 1908, dem Übergang Schönbergs zur Atonalität, und 1913, der Aufhebung der Taktrhythmik durch Stravinsky, immer wieder realisiert». In: Martin Meyer (Hg.). *Wo wir stehen*. Zürich 1987, S. 171.

[99] Eine neue Innerlichkeit macht sich in der zeitgenössischen Musik bemerkbar. Hermann Danuser schreibt in: *Dissonanz* Nr. 22, November 1989, S. 4, dass seit den 1970er Jahren eine «reich entwickelte Innerlichkeit des kompositorischen Subjekts von neuem als Voraussetzung für deren ästhetisch wirksame Manifestation nach aussen» betrachtet werden kann.

[100] Eine deutliche Charakterisierung dieser Tendenz in der Neuen Musik bringt auch der Rezensent der NZZ vom 6.10.1989 in Zusammenhang mit Peter Wettsteins Komposition am Konzert vom 3. 10. 1989: «An diesem Konzert gelang es, eine verständige und deshalb in hohem Mass verständliche Aufführung von Musik, die in der Zusammenfassung wohl mehr als in der Ausbreitung ihre Ziele sucht.»

[101] Der Tonkünstlerverein wurde 1899 gegründet. Siehe dazu: Rudolf Schoch. *100 Jahre Tonhalle*. Zürich 1968, S. 101–106.

[102] Anton Haefeli. IGNM, *Die Internationale Gesellschaft für Neue Musik*. Zürich 1982.

[103] Wie etwa: WIM (Werkstatt für Improvisierende Musik), Pro Musica, Musik-Podium etc.

[104] Pro Musica ist die Ortsgruppe Zürich der «Internationalen Gesellschaft für Neue Musik» (IGNM).

[105] Der Vorstand des STV hat die Möglichkeit, den Bewerbern entweder die Aktiv- oder Passivmitgliedschaft anzubieten.

[106] Die so entstehende «zunehmende Schrumpfung des sinfonischen Repertoires» macht es z. B. dem Tonhalle-Orchester nicht leicht, eine passende zeitgenössische, schweizerische Komposition für ihre Konzert-Tourneen zu finden. In: NZZ 5. 4. 1989.

Anmerkungen zu den Seiten 118–123

[107] Damit sind nicht die Komponisten der politischen Musik oder Frauenmusik gemeint.

[108] *Tendenzen und Verwirklichungen.* Festschrift des STV aus Anlass seines 75jährigen Bestehens. Zürich 1975, S. 18.

[109] Es heisst dort über das Kulturleben in der Schweiz: «Das kulturell so regsame und unbeschränkte kleine Land hatte und hat einen Tonkünstler-Verein, zu dessen Veranstaltungen sogenannte Orchester-Leseproben, Lectures d'Orchestre, gehören, – das heisst: der die Jury abgebende Vorstand liess jungen Komponisten von einem der Symphonie-Orchester des Landes und seinem Dirigenten ihre Werke mit Ausschluss der Öffentlichkeit und nur mit Zulassung von Fachleuten im Probespiel vorführen, um ihnen Gelegenheit zu geben, ihre Schöpfungen abzuhören, Erfahrungen zu sammeln, ihre Phantasie von der Klangwirklichkeit belehren zu lassen.» In: Thomas Mann. *Doktor Faustus.* Fischer Taschenbuch-Verlag 1975, S. 178.

[110] Nach Dahrendorf müssen sich im Liberalismus solche Anrechte als «Eintrittskarten in die Gesellschaft» gegenüber der heutigen Überbetonung des Angebotes durchsetzen. Ralf Dahrendorf. *The Modern Social Conflict.* London 1988.

[111] Ein gutes Beispiel für die grössere Akzeptanz von «etablierter» Neuer Musik gegenüber unbekannten zeitgenössischen Kompositionen bieten die Konzertveranstaltungen des Lesezirkels Hottingen in Zürich (gegründet 1882). Dort wurden neben Lesungen auch Konzerte gegeben, in denen die etablierten zeitgenössischen Komponisten wie Richard Strauss, Hugo Wolf oder Hermann Suter beim Publikum auf volle Zustimmung stiessen, während nach 1914 die Teilnahme der Zuhörer an den Veranstaltungen mit Musikdarbietungen von Othmar Schoeck und Volkmar Andreae deutlich abnahm. Die «modernen» Vertonungen dieser Zeitgenossen lehnte das Publikum weitgehend ab.

[112] Gerold Fierz. In: Margaret Engeler (Hg.). *Briefe an Volkmar Andreae.* Zürich 1986, S. 14 ff.

[113] René Armbruster. «Anti-Gone», vier Szenen für eine Tänzerin, eine Sprecherin, Kammerensemble und Tonband. Konzert im Konservatorium Zürich vom 19./20. 5. 1987.

[114] Bericht in: NZZ 21. 5. 1987.

[115] Antigone, die Tochter der Iokaste und deren Sohn Ödipus, wurde auf Befehl des Königs von Theben lebendig begraben, weil sie für ihren gefallenen Bruder Todesriten abgehalten hatte.

[116] Feierabend-Konzert im Radio-Studio 1, Zürich, am 18. 5. 1988.

[117] Ich denke hier an das Konzert des Collegium Musicum vom 22. 10. 1989 mit der Auftrags-Komposition «Heller Schein» («Ländlervariationen») von Patricia Jünger. In der Vororientierung für die Mitglieder des «Collegium Musicum» heisst es u.a.: «Da Patricia mit besonderer Leidenschaft dirigiert, wird sie die Aufführung selber leiten.» Die Komponistin schreibt: «Verbale Formulierungen über Stücke – Ergebnis von Fragen, die Freunde an mich gestellt haben, eigenes Suchen. Eigentlich ist Musik dafür da, das Gemüt oder die Seele so in Bewegung zu versetzen, dass die Zuhörer/-innen, nachdem sie sie gehört haben, anders nachdenken über das, worüber die Musik spricht als vorher.»

[118] Die Übertragung von zeitgenössischer Musik wird z. B. in Programmen von Radio DRS «Ohroskop» genannt (Konzert vom 10. 3. 1990 mit Musik von Bernd Alois Zimmermann).

[119] Programmheft der «Tage für Neue Musik» (10.–13. 11. 1988).

[120] Vor anstössigen Darbietungen wird nicht Halt gemacht.

[121] Betrifft Konzert mit Neuer Musik im Konservatorium. In: NZZ 21. 11. 1988.

[122] Thomas Kessler und Gérard Zinsstag.

[123] Aus Programmblatt der «Tage für Neue Musik».

[124] Sogar ein Konzert mit Kompositionen aus den vierziger Jahren (Sinfoniekonzert vom 20. 9. 1989 mit Werken von Honegger, Martin, Schostakowitsch) konnte den Grossen Tonhallesaal mit seinen 1400 Plätzen nur spärlich füllen. Siehe Kapitel 2, Anm. 153.

Anmerkungen zu den Seiten 123–125

[125] Die Billett-Verkaufszahlen bei Tonhallekonzerten mit moderner Musik zeigen erhebliche Unterschiede zu denjenigen mit einer traditionellen Konzertprogrammierung. Dass das Interesse für zeitgenössische Musik aber nicht nur vom Aufführungsort (Tonhalle) abhängen kann, musste auch das Symphonische Orchester Zürich erfahren, das die Sinfonietta I (D-Dur op. 66) von Paul Müller, das Klarinettenkonzert (op. 57) von Carl Nielsen neben der siebenten Sinfonie (A-Dur op. 92) von Beethoven spielte und wenig Publikum bekam. In: NZZ 29. 11. 1988.

[126] Podiumsgespräch am Festival der «Tage für Neue Musik», 21. 11. 1987: Die folgenden Thesen wurden aufgestellt: «Die Institution Neue Musik bildet innerhalb der Institution Musik eine Teilkultur, die ins Gesamtsystem durchaus integriert ist. Neue Musik ist grösstenteils keine Gegenkultur, sondern eine Subkultur.»

[127] Die Musiker für alternative Kunst (z. B. Fabrikjazz) identifizieren sich mit der Roten Fabrik, und die Bewohner der Stadt Zürich akzepierten diese Identifikation.

[128] Ich kann dies aus persönlicher Erfahrung bei der Gründung des Komponisten-Sekretariats belegen. Siehe Näheres über diese Selbsthilfe-Organisation im folgenden Abschnitt.

[129] Das «Ensemble für Neue Musik» hat sich aus Mitgliedern des Komponisten-Sekretariats gebildet und pflegt vor allem die Musik ihrer Mitglieder, welche ausschliesslich in Zürich und Umgebung wohnen.

[130] Briefadresse und Vertrieb von Noten des Komponisten-Sekretariats beim Musikhaus Jecklin Zürich.

[131] Der Organisator des Festivals der Neuen Musik schreibt im Programmheft, dass der Anlass eine breitere finanzielle oder organisatorische Abstützung brauche, die die zeitgenössische Musik in der Schweiz (vor allem in der Stadt Zürich) aus ihrem Schattendasein lösen könne. In der Schweiz (Zürich) fehle es an Kontinuität und an einem Ort, wo man wisse, dass jedes Jahr die aktuellen Entwicklungen gezeigt werden. Die weiteren Ziele lauteten daher: «Erhöhte kulturpolitische Verankerung, punktuelle Zusammenarbeit mit anderen Veranstaltungen, weitere Aufführungsorte.» Hinweise dazu auch in: *Tagblatt der Stadt Zürich* vom 9. 11. 1988.

[132] «Originalität» wird heutzutage oft mit Hilfe des Archaischen gesucht. Ich erinnere an die «Jodelmesse», an das Alphornblasen, an das Singen des Kühreihen und an Volksmusik, die gelegentlich in die neuere Kirchenmusik, die Ländlermesse von Heidi Bruggmann, integriert wird.

[133] Programmnotiz der «Tage für Neue Musik» 1987.

[134] Notizen aus dem Podiumgespräch vom 21. 11. 1987.

[135] Es hiess in der erwähnten Diskussionsrunde, dass die Neue Musik in starkem Masse dazu verurteilt sei, in einem Ghetto zu leben, in einem auserwählten Kreis derer, die sich besonders für das Kreative in der Musik interessieren und die sich darum bemühten, das jeweils Neue verstehen zu lernen. (Podiumsgespräch im Neumarkttheater am 21. 11. 1987).

[136] In der Beschreibung einer Computerkomposition «Io» von Kaija Saariaho heisst es denn auch: «Der Schwerpunkt dieser dramatischen Komposition liegt in der Beziehung zwischen Klangfarbe und Harmonie. Lineare Prozesse laufen hier parallel ab. Die simultanen Lagen werden aufgebaut, als ob man transparente Folien übereinanderlegte, bis sie zuletzt eine neue kohärente Figur ergeben.» In: NZZ 22. 9. 1989.

[137] Siehe S. 64 ff.

[138] Die Jazzpianistin Marilyn Cripell erwähnte am «Taktlos-Festival» in der Roten Fabrik Zürich nur internationale und etablierte Persönlichkeiten «als relevante Sozialisationsfiguren der Jazzszene», wie z. B. den Rockgitarristen Jimmy Hendrix oder den Komponisten John Cage als die grossen Jazz-Stilisten. In: NZZ 19. 4. 1989.

[139] Die Suisa (Urheberrechts-Gesellschaft) zahlt ebenfalls für ein Konzert von «improvisierenden Musikern im Kollektiv» nach den Ansätzen von Eigenkompositionen. Die improvisierenden Interpreten, sofern sie das Klangbild mitbestimmen, werden als «Mit-Komponisten» in die «Eigenkompositionen» miteinbezogen.

Anmerkungen zu den Seiten 125–133

[140] In der Vorstellung des neuen Radioprogrammes heisst es, dass «der zeitgenössischen Musik mehr Aufmerksamkeit zugewendet wird; man freut sich, in der Dokumentation das Eingeständnis vorzufinden, dass hierzulande niemand ausser Radio DRS 2 die vielfältigen Tendenzen dieser Neuen Musik so umfassend und kontinuierlich wahrnehmen und darüber informieren könne und dass diese Aufgabe einen wesentlichen Teil des Programmauftrages von Radio DRS 2 darstelle.» In: NZZ 10./11. 12. 1988.

[141] Das Schweizer Fernsehen ist bekannt für Musiksendungen (Konzert, Oper), in denen eben diese Symbiose verfilmt wird.

[142] Das Musikgeschäft «Operissimo, 300 m hinter Opernhaus!» in Zürich nennt sich «Musik-Theatralisches-Ladengeschäft» und macht in ihrem Prospekt eine «Inhaltsangabe», was «Alles Über», «Im Parkett», «Auf der Estrade», «Im Foyer», «Im Fundus» und «In der Loge» zu finden sei.

[143] Siehe auch in: NZZ 10./11. 12. 1988.

[144] Der Organisator der «Tage für Neue Musik» signalisiert damit seinen negativen Standpunkt gegenüber den Chancen einer besseren Rezeption der Neuen Musik.

[145] Es heisst in der Presse öfters, es sei offensichtlich, dass die Programmgestaltungen oft recht wahllos wirke und «den kritischen, um kulturelle Zusammenhänge bemühten Hörer, recht ratlos entlassen, indem er den Eindruck erhalten musste, hier werde ziemlich wahllos drauflosmusiziert und schon gar nicht versucht, Zusammenhänge zu schaffen oder aufzuzeigen. Die Auswahl wirke gerade so zufällig wie die Programme der meisten klassischen Konzertveranstaltungen». Diese Zeitungsnotiz in der NZZ vom 17. 11. 1987 bezieht sich auch auf das Konzert für zeitgenössische Kammermusik mit der Uraufführung «l'espace tout à coup m'irrite», für Schlagzeug und Streichtrio, «eine Komposition im sensiblen Stil» des Zürcher Komponisten Alfred Zimmerlin im Millers Studio, Zürich.

[146] Podiumsdiskussion.

[147] Thesenpapier für die Podiumsdiskussion an den «Tagen für Neue Musik». 21. 11. 1988.

[148] Näheres auf S. 145 ff.

[149] Diskussionsthemen am Festival für Neue Musik 1988.

[150] In: Programmnotiz des Musikfestivals von Gstaad-Saanen 1988.

[151] In: NZZ 22. 8. 1988.

[152] Oder auch aufgelöst.

[153] Oder dann im exotisch (romantisierend) klingenden Dialekt.

[154] Es heisst in den Statuten: Die «Gesellschaft Rezital» fördert die Verwirklichung der musikalischen Ziele des Pianisten Werner Bärtschi. Zu diesem Zwecke unterstützt sie, im Rahmen ihrer Mittel, die Veranstaltungen von Einzelkonzerten und Konzertreihen, in denen die künstlerischen Möglichkeiten des Solorezitals neu erprobt und in wechselnde Zusammenhänge gestellt werden. Unabhängig von der Art und vom Umfang der durch den Vorstand beschlossenen Unterstützung trägt der Pianist die künstlerische und materielle Verantwortung für die von ihm organisierten Konzerte allein. Durch geschlossene Veranstaltungen für die Mitglieder fördert die Gesellschaft das Verständnis für die Anliegen des Künstlers.

[155] Werner Bärtschi. *Charles Ives*, Ausgewählte Texte. Zürich 1985. *Erik Satie*, Ausgewählte Schriften. Zürich 1984; «Ratio und Intuition in der Musik. In: Sammelband *Kunst und Wissenschaft*. Zürich 1982.

[156] Werner Bärtschi wird in den Tageszeitungen oft zugeschrieben, dass er ein Spezialist für Neue Musik sei und mit seinen Konzerten pädagogische Absichten verbinde. Interview in: *Tagblatt der Stadt Zürich* vom 11. 4. 1989.

[157] So wird auch den Mitgliedern der «Gesellschaft Rezital» in einem persönlichen Brief gedankt, dass sie mit ihren «bestens verdankten Beiträgen die Arbeit eines zwar nicht mehr jungen, aber gewiss initiativen, mutigen Musikers» honorieren.

[158] Interview mit Werner Bärtschi für «Musikszene Zürich VIII» in: *Tagblatt der Stadt Zürich* vom 11. 4. 1989.

[159] Zitate aus der Einladung zur Mitgliedschaft 1986/87.

[160] Konzert vom 30.11.1987 im Kleinen Tonhallesaal.

Anmerkungen zu den Seiten 133–135

[161] Rezension in: NZZ 2. 12. 1987.

[162] Am 26. 11. 1987 fand im Hause eines Mitgliedes eine Vororientierung statt. Diese Musikabende finden regelmässig vor einem Konzert bei einem der Mitglieder der «Gesellschaft Rezital» statt.

[163] Wolf Rosenberg schreibt in: *Dissonanz* Nr. 15, Februar 1988, über das Echo, das eine «ursächliche Kraft» gewinnen kann. Er meint damit die «ursächliche Kraft» bei einer kulturellen Veranstaltung, die vom Publikum entweder begeistert beklatscht oder heftig ausgepfiffen wird. Dies geschieht aber nur dann, wenn Interpret und Musik zusammenwirken. Ein Echo, das nur dem Interpreten, aber nicht der Musik gilt (oder umgekehrt), kann keine «ursächliche Kraft» entwickeln.

[164] In: NZZ 2. 12. 1988.

[165] Das Festival «Tage für Neue Musik» oder die «Gesellschaft Rezital» haben zum Ziel, vor allem «Transparenz in die Arbeit des zeitgenössischen Komponisten zu bringen» oder wie es hiess, zu «informieren» und «Neugierde (zu) wecken».

[166] 21.–23. 11. 1986; 19.–22. 11. 1987; 10.–13. 11. 1988.

[167] Traditionsbrüche beleben an den «Tagen für Neue Musik» die gleichförmige Musikszene. Unüberlegte Neuerungen in der Neuen Musik wie z. B. obszöne Anklänge in Schlagzeugaufführungen werden kaum überdauern.

[168] Einerseits ist heute ein deutlicher Individualisierungsprozess innerhalb der Gesellschaftstruktur wirksam (ich denke an «Liedermacher»), anderseits zählt aber das Ideal des einzelnen heute wieder weniger, weil die kollektiven Anstrengungen scheinbar stärker auf die Umwelt agieren können (siehe Frauenmusik-Forum, ich denke aber auch an die vielen neugebildeten Tanztheater).

[169] Die professionell aufgeführte Kunstmusik muss aber nicht nur vorerst einen Traditionalismus überwinden, sondern kann, wie wir gesehen haben, bei den Initianten der «Gesellschaft Rezital» oder der «Tage für Neue Musik», auch aus gesundem pragmatischem Selbsterhaltungstrieb heraus gebildet werden.

[170] Wir finden das gleiche Muster der Abspaltung einer kleinen, übersichtlichen Gruppe, der «Kunstfreunde», von der «Zürcher Kunstgesellschaft».

[171] Unterstützung von Konzerten mit zeitgenössischer Musik (z. B. Konzertreihe «Klassik-Plus») oder bekannten Solisten («Klavierfest» mit Martha Argerich) etc.

[172] Emotional vor allem bilden diese Interessengruppen bei den betreffenden Musikern und Konzertbesuchern einen grossen Teilbereich in ihrem Alltagsleben.

[173] Artikel «Anmerkungen zur Individualisierungsdebatte» von Thomas A. Becker, Rüschlikon/Zürich in: NZZ 30./31. 12. 1989.

[174] Radio DRS 2 strahlt z. B. solche informative Programme im «Kopfhörer» und in «Passage 2» aus.

[175] Belastet in dem Sinne, dass jeder Komponist, der sich mit ihr auseinandersetzt, gewissermassen allen meisterlichen Vorbildern zu begegnen hat.

[176] Wie sie sich zum Beipiel bei Béla Bartók nachweisen liessen. Besprechung des Interviews in: NZZ 10. 10. 1988.

[177] 7. ordentliche Generalversammlung des Frauenmusik-Forums im Restaurant Hegibach, Zürich am 23. 1. 1989.

[178] Programmbeilage des Konzerts vom 25. 8. 1988.

[179] Konzert vom 18. 11. 1988 in der französischen Kirche.

Die Kulturförderung und ihr Einfluss auf das Beziehungsmuster zwischen Zweckgemeinschaften, Musikproduktion und Rezeption

Fragen zur Kulturförderung durch öffentliche Hand, Sponsoring und private Mäzene

Die *kommunale und die private Kulturförderung* haben heute im allgemeinen den Charakter der finanziellen Unterstützung von organisierten Tätigkeiten, von Anlässen und Institutionen. Dies war früher anders. In den vorbürgerlichen Gesellschaften Europas standen Künstler, inbesondere auch Musiker, im Solde von kirchlichen und weltlichen Machtträgern. Die Unterstützung des einzelnen Künstlers stand im Vordergrund. Bis zur Französischen Revolution waren die Künstler im allgemeinen darauf angewiesen, von Aufträgen zu leben und sich den Wünschen der Auftraggeber anzupassen. Das direkte Einvernehmen zwischen Musiker und Auftraggeber musste also aus praktischen Gründen zu «Gebrauchsware» führen, die auch als solche verwendet wurde. Der Zerfall der Unterstützungsbasis in der Revolutionszeit durch den Wegfall des feudalen und kirchlichen Mäzenatentums brachte für die Künstler allgemein wirtschaftliche und soziale Schwierigkeiten. Der Typus des «künstlerisch freien Genies» entstand zur Zeit der Romantik, wurde als «begnadete Persönlichkeit» aber ausserhalb der gesellschaftlichen Normen gestellt. Andererseits drängte die Emanzipation zum autonomen, nicht mehr vom Auftraggeber abhängigen Künstler diesen oft in eine persönliche und musikalische Isolation. In der Trivialliteratur wird diese exotische und «romantische» Vorstellung vom Künstlertum noch heute gepflegt.

Der Begriff «Genie» hat seine Wurzeln also in der Sturm- und Drangperiode. Aber auch heute sind wieder «Freiraum für Kunstschaffende» und «Alternativkunst», also Kunst ausserhalb der gesellschaftlichen Normen, geflügelte Worte in der Kulturpolitik. Dabei sollte allerdings das «Geniale» hinter das »Professionelle» gestellt werden, wobei das «Handwerkliche» in der Leistung des Komponisten nicht leicht zu beurteilen ist.[1] Soziale Schranken, insofern sie auf wirtschaftlichen Unterschieden basieren, sind im heutigen Kulturverhalten weniger wirksam als früher, denn für die Unterstützung von künstlerischen Aktivitäten wird gegenwärtig viel geleistet. Neben die *kommunale Kulturförderung* ist das *Sponsoring*[2] und die damit verbundene Werbung mit Public Relations getreten. Dieses, zusammen mit dem privaten *Mäzenatentum*, bietet dem Kulturschaffenden heute gewisse soziale und finanzielle Sicherheiten, schafft aber auch neue Abhängigkeiten, die ich im folgenden analysieren werde.

Die Entschärfung der wirtschaftlichen Komponente des Wettbewerbes durch den finanziell unterstützten Musikbetrieb und die subventionierten Werkaufträge motivieren Künstler und Organisatoren vielleicht weniger zu einer Top-Leistung. Das Tonhalle-Orchester stellt vielleicht auch deshalb die PR-Funktion und die wirtschaftliche Notwendigkeit einer vermehrten Plattenherstellung oder der Radioübertragung der Konzerte in den Hintergrund. Subventionierung ruft aber notwendigerweise einem Konsens zwischen den Geldgebern und den Subventionierten. Die Konsensfindung gehört zwar heute, vor allem in politischen Bereichen, aber auch im Kulturellen, zu den bürgerlichen Wertvorstellungen.[3] Wäre andererseits der vom Staat und den Subventionen lebende Komponist und Musiker mehr am Hörer interessiert, wenn er vom Erfolg beim Publikum leben müsste? Erscheinen die Musiker der Improvisationskunst, der Pop/Rockveranstaltungen deshalb aggressiver, weil sie sich vor dem Publikum mehr anstrengen und publikumsfreudiger musizieren müssen?

In der öffentlichen Diskussion über die E-Musik-Kulturförderung lässt sich eine Anzahl *Thesen* herausstellen, die ich im folgenden kurz formuliere. Es geht dabei naturgemäss vor allem um die Prinzipien, nach welchen die zu fördernden Aktivitäten auszuwählen sind und in welchem Masse sie unterstützt werden sollen. In den Thesen wird sehr verschiedenartigen Aspekten Rechnung getragen.

1. Die *soziale Funktion* der Subvention: Die Aufhebung der sogenannten Schwellenangst beim Publikum scheint besonders für das musikalisch ungebildete oder wirtschaftlich schwächere Publikum wichtig zu sein.

2. Der erbrachte *Leistungsausweis*: Die Tonhalle-Gesellschaft muss u.a. volle Säle erreichen. Bei alternativer und experimenteller Musik ist der Leistungsausweis schwieriger zu definieren und wird auch weniger verlangt. Für das Sponsoring dagegen ist der Leistungsausweis im künstlerischen wie im organisatorischen von zentraler Bedeutung.

3. Die *repräsentative Funktion*: Die Tatsache, was und wer von der Unterstützung profitiert, ist für die Selbstdarstellung der Stadt und noch deutlicher für den Sponsor von grösster Wichtigkeit.

4. Die *kulturschaffende Funktion*: Durch gezielte Unterstützung der schöpferischen Tätigkeit von einzelnen soll die Lebendigkeit des kulturellen Zürich ständig erneuert und verstärkt werden.

5. Die *Erhaltungsaufgabe*: Die traditionellen Kultur-Institutionen bis hin zu den einzelnen traditionellen musikalischen Gemeinschaften verwalten ein kulturelles Erbe, dessen fortwährende Erhaltung einer finanziellen und strukturellen Unterstützung bedürfen.

6. Die *integrative Funktion*: Durch die Kulturpolitik wird angestrebt, dass sich eine zürcherische kulturelle Identität bildet. Diese kann durchaus pluralistisch sein, wobei dann allerdings segregative Tendenzen nach Geschmack und Bildung auftreten.

Dieser Themenkreis der Unterstützung für die Musiker/Komponisten soll hier volkskundlich-musiksoziologisch und nicht politisch betrachtet werden. Die verschiedenen Aspekte der Thesen werden demnach nicht nur in ihrer Auswirkung auf die Finanzierungsentscheide der öffentlichen Hand, der Gönner, Mäzene und Sponsoren diskutiert, sondern vor allem in bezug auf die Stellung der Gesponserten und des Publikums betrachtet. In den vorhergehenden Kapiteln habe ich das Konzert-Publikum, im speziellen das Tonhalle-Publikum, und dessen Integration im musikalischen Kulturleben der Stadt Zürich analysiert, und das *Kulturverhalten* von verschiedenen Bevölkerungsschichten mit ihren diversen sozialen Einflussfaktoren untersucht. In diesen Zusammenhang ist nun auch die Frage der finanziellen Kulturförderung zu setzen. Diese Frage ist zwar einerseits ein Politikum, andererseits aber auch eine Frage des *Kulturverständnisses*.[4] Die herrschende Meinung ist, dass Kunst und Kultur nicht länger Luxusangebote für eine Minderheit von Bevorzugten sei.[5] Das freie Spiel der Wettbewerbskräfte zeigt sich in unserer heterogen zusammengesetzten musikkulturellen Gesellschaft recht deutlich. Zu den Beitragsleistungen, welche auf kommunaler Basis für die Kultur aufgebracht werden, wird oft argumentiert, dass sie in zu schmale Kanäle fliessen.[6] In der Tat wird der E-Musik-Bereich, z. B. das Tonhalle-Orchester im Vergleich mit Theater, Musiktheater und Tanztheater, tendenziell schlechter subventioniert und hat in den letzten Jahren kaum zugenommen.[7] Das Angebot an unterstützten Veranstaltungen (Sinfoniekonzerte, Schülerkonzerte, Lunchkonzerte) wird allerdings mit Extrakonzerten und den im Sommer 1988 eingeführten Sommerkonzerten noch erweitert.[8]

In diesem Kapitel werde ich ebenfalls diejenigen Formen der Unterstützungen im zürcherischen Musikleben darstellen, welche die historischen, sozialpolitischen und wirtschaftlichen Voraussetzungen für die kommunale Subventionierung, für das private Mäzenatentum und das Sponsoring ergeben. Meine Aufmerksamkeit gilt dabei vor allem dem *Einfluss der Unterstützungsfunktion der Gesellschaft* auf die städtische Musikkultur, wie z. B. die Mechanismen der Programmgestaltung durch die Konzertveranstalter und durch die Medien. Aber auch die rein musikalischen Auswirkungen auf den Kompositionsstil oder auf die Instrumentation eines Werkauftrages sind im Auge zu behalten.

Ich betrachte die bürgerliche Musikkultur der Stadt Zürich als strukturierte Einheit im Zusammenwirken von gesellschaftlicher Struktur (Kanton, Stadt) und Kultur (Konzertleben im Alltagsleben des Stadtzürchers). Die Beziehung zwischen «Kultur» und «Gesellschaft» ist auch in der Soziologie ein aktuelles Thema, z. B. am internationalen Kongress der Soziologen in Zürich.[9] Es scheint sich in der Soziologie überhaupt ein Perspektivenwechsel von der Struktur (oder Gesellschaft) hin zur Kultur und schliesslich zum Individuum abzuzeichnen. Es stellt sich die Frage, inwieweit «Kultur» Teil der Gesellschaft sei oder selbst allgemein «Gesellschaft» bedeute.

Die *städtische Musikkultur* stellt das Resultat eines *natürlichen Prozesses und Wandels* dar. Das eine Denkmuster, dasjenige der natürlich gewachsenen «Gemeinschaft», z. B. eines Vereins, setzt immer eine *gemeinschaftliche Verpflichtung* zur kontinuierlichen und eigenständigen Pflege voraus. In eine solche Gemeinschaft sind nun Musiker, Komponisten und auch die Musikförderer eingebunden. Ihr gemeinschaftliches Selbstverständnis muss sich mit einem zweiten Denkmuster auseinandersetzen, mit einem «künstlichen», demjenigen der staatlichen Strukturen.

Ein solches Modell sieht in der Entwicklung und Förderung der Kultur, im speziellen der Musikkultur, eine *Aufgabe der öffentlichen Hand*. Die verschiedenen musikkulturellen Interessengruppen werden hier von einer kommunalen Instanz verwaltet.

Solche Denkmuster entsprechen nur zum Teil den tatsächlichen Gegebenheiten in der konkreten Musikszene der Stadt Zürich. Sie zeigen aber das *Spannungsfeld* zwischen den verschiedenen *Identifikationsmustern des aktiven Musikers oder Komponisten*, aber auch in der Rezeption des Musiklebens durch das *Konzertpublikum*: Soll sich nun der Musiker und Komponist vor allem als ein Teil des bürgerlichen Musiklebens von Zürich fühlen, sich anpassen? Oder ist der Komponist, der in der Stadt Zürich wohnt, vielmehr nur sich selber verpflichtet? Soll er also sein Schaffen aus «innerem» Antrieb beginnen und nur nach «inneren» Massstäben messen? Wie stark widerspiegelt das musikalische Produkt und dessen Interpretation auch die Lebenswelt des Komponisten? Welchen Stellenwert nehmen beim Komponisten Publikumsrezeption und «äussere» Abhängigkeit ein? Macht die städtische Kulturpolitik halt vor der privaten Sphäre des Komponisten?

Diese musiksoziologischen Aspekte sprechen einerseits für eine musikkulturelle Bedürfnisbefriedigung jedes Individuums, andererseits aber ist dem Gestalter von Kulturförderungs-Programmen die *kulturelle Nivellierungstendenz* bewusst und, wie es in einer Tageszeitung heisst, «hoch anzurechnen, dass sie es wenigstens versucht haben, Musikerinnen und Musiker zu fördern, die ständig durch das Maschengitter des herkömmlichen Kulturkatasters fallen».[10] Die Tatsache, dass es viele städtische und private Kompositionsaufträge gibt, wirft die Frage auf, wie sehr die kulturschöpferische Leistung von den realen, materiellen und sozialen Umweltbedingungen abhängig ist. Wie weit kann eine Komposition für ein entsprechendes Publikum zurechtgeschnitten und arrangiert werden, ohne der Gefahr der Vermassung und Popularisierung zu erliegen? Oder ist es der immer wiederkehrende Problemkreis der Identität des Komponisten mit einer bestimmten musikpolitischen Interessengruppe einerseits und der Ich-Identität des Künstlers anderseits?

Musikkulturelle Aufgabenstellung und Zielkonflikte in der städtischen Kulturförderung

Kulturförderung besteht heute primär in der finanziellen Unterstützung von Aktivitäten kultureller Interessen-Gemeinschaften.[11] Damit sind auch diejenigen Gruppen angesprochen, welche einen musikkulturellen Gemeinschaftszweck erfüllen und ein zur Tradition gewordenes Gemeinschaftsziel verfolgen (Tonhalle-Gesellschaft, Zürcher Kunst-Gesellschaft etc.). In der Volkskunde hiesse dies vielleicht «Unterstützung des Brauchtums». Für unsere Arbeit stehen dabei die in den vorherigen Kapiteln behandelten Gruppierungen des E-Musik-Kulturlebens (s. S. 97ff.) im Zentrum. Meine Untersuchung konzentriert sich in diesem Abschnitt vorerst einmal auf die *kommunale Unterstützung*. Diese ist koordiniert im Stadtpräsidium,[12] genauer gesagt in der Präsidialabteilung, dem Departement des Stadtpräsidenten in der Stadtverwaltung.[13] Es ist deshalb zu untersuchen, welche Wert- und Zielvorstellungen dort herrschen, wie diese im politischen Umfeld entstehen, im Volke ausdiskutiert und rezipiert werden. Dieses konzeptionelle Umfeld bestimmt dann letztlich, wegen der vielfachen wirtschaftlichen Abhängigkeit, nicht nur das Gedeihen der kulturellen Interessengemeinschaften, sondern auch die Form und den Gehalt ihrer Aktivitäten.[14] Diese Interessen-Gruppierungen stehen wegen solcher Förderung in einer direkten und indirekten sozialen und finanziellen Abhängigkeit von der städtischen Kulturpolitik.[15] Der kulturelle Auftrag der Stadt ist deshalb ein wichtiger mitbestimmender Faktor im Grad der Integration dieser Interessengruppen.[16]

Der kulturpolitische Standort und die eigentliche Funktion der *Präsidialabteilung der Stadt Zürich* ist in den *Schwerpunkten der Zürcher Kulturpolitik* 1985 als Erläuterung zum Voranschlag für die Subventionierung ausformuliert worden. Der musikkulturelle Auftrag des Stadtpräsidiums wird als öffentliche Aufgabe wie folgt formuliert: «Die Gesellschaft und in ihrem Namen die öffentliche Hand haben die schwierige Aufgabe, sowohl für die Künste in ihrer Besonderheit als auch für das allgemeine kulturelle Schaffen Rahmenbedingungen zu erarbeiten, die ihre freie Entfaltung ermöglichen.»[17]

Etwas näher an der Sprache und der Begriffswelt des Volkes formulierte der Stadtpräsident die «Schwerpunkte der Kulturpolitik» an einem Quartierabend:[18]
«(...), dass die zürcherische Kulturpolitik der kulturellen Kontinuität und der Erhaltung bewährter Werte diene und durch die vier grossen Kulturinstitute (Tonhalle, Kunsthaus, Schauspielhaus, Oper) verwirklicht werde, dass die Flexibilität Beitragsleistungen als Starthilfen ermögliche,

Aufwendungen der Stadt Zürich für Kultur 1990

Opernhaus	40 079 600
Schauspielhaus	18 740 400
Tonhalle	8 848 700
Kunsthaus	5 363 900
Juni-Festwochen	700 000
Theater am Neumarkt	3 107 700
Theater an der Winkelwiese	500 00
Theater Heddy Maria Wettstein	250 000
Kammertheater Stok	60 000
Theater am Hechtplatz	389 500
Zürcher Puppentheater	300 000
Theater Coprinus	250 000
Komedie	250 000
Kleine Bühne am Stauffacher	120 000
Theater Rigiblick	100 000
Theater Gessnerallee	955 000
Theater Federlos	80 000
Theaterspektakel	702 800
Zürcher Kammerorchester	1 242 500
Camerata Zürich	175 000
Collegium Musicum	100 000
Forum für alte Musik	40 000
Symphonisches Orchester	50 000
Zürcher Sängerknaben	35 000
Opera Factory	250 000
Musikgesellschaften	710 000
Pop-, Rock-, Jazz- und & Folkmusik	500 000
Jazzfestival	308 400
Ballett-Berufsschule	110 000
Seefeld Tanzprojekt	72 000
CH-Tanztheater	250 000
Rote Fabrik	2 156 000
Schweiz. Institut für Kunstwissenschaft	300 000
Verein Kunsthalle	310 000
Filmförderung	1 550 000
Quartierkultur	300 000
Städtisches Kino	405 000
Allg. Kulturförderung	2 150 000
Studienbeiträge	480 000
Eigene Veranstaltungen	1 215 000
Kunstpreis, Anerkennungspreise	85 000
Werkaufträge	40 000
Ankauf von Werken	200 000
Beitrag zur Herausgabe zeitgenössischer Literatur	30 000

Die Rubrik «Kleinere Kammerorchester» fällt weg, da diese in die «Allg. Kulturförderung» integriert wurden.

dass die Anerkennung von bereits Geleistetem weiter gefördert werde,
dass die Förderung neuer Kulturformen aber voller Widersprüche sei und dass dies eine Gratwanderung bedeute,
dass die Neuerungen im Stipendienwesen weiter ausgebaut werden müssen,
dass vermehrte Bemühungen nötig seien, private Trägerschaften zu finden und zu unterstützen.»[19]

Uns interessiert hier innerhalb der musikkulturellen Aufgabenstellung der Stadt Zürich insbesondere die «sogenannte E-Musik».[20] Wie stark beeinflusst die Kulturpolitik das Konzertpublikum, die musikalischen Interessengruppen der E-Musik und den einzelnen E-Musik-Komponisten und -Musiker?[21] Dazu zitiere ich vorerst einmal die explizit ausformulierten Richtlinien der städtischen Kulturpolitik,[22] wie sie auf die einzelnen musikalischen Bereiche eingehen: Die Stadt Zürich und die Präsidialabteilung unterstützen nicht nur die Bereiche der sogenannten E-Musik[23] und «solche *Aktivitäten, die Lücken im musikalischen Leben der Stadt zu schliessen beabsichtigen*,[24] sondern auch zahlreiche Blasmusikgesellschaften und Musikvereine, welche an Quartiervereinsanlässen, aber auch im Ausland mit ihrer Konzerttätigkeit das kulturelle und gesellschaftliche Leben der Stadt Zürich repräsentieren. Solche Musikkorps, Bläserschulen und Jugendmusiken werden jährlich mit ungefähr einer halben Million Franken unterstützt».[25] Ein sehr wichtiger Grundsatz der Kulturpolitik ist «die *Kontinuität bewährter Werte*». Diesen Status haben wohl vor allem Opernhaus und Tonhalle erreicht; aber auch das Zürcher Kammerorchester, die Camerata Zürich, das Collegium Musicum Zürich, die Pro Musica, das Forum für alte Musik, die Opera Factory u.a. gehören dazu. Für die *Förderung von neuen Kulturformen* gilt dagegen (ich zitiere): «künstlerische Bereiche, die bisher nur geringe finanzielle Unterstützung erhielten, werden nach ihrer zunehmenden Bedeutung angemessen gefördert».[26] Weiter heisst es: «Das freie, institutionell nicht abgesicherte Kulturschaffen wird unterstützt, indem einzelnen freien Gruppen regelmässige, allerdings auf drei Jahre befristete Subventionen gewährt werden.» Solche «Modeerscheinungen» werden also eher skeptisch und vorsichtig angefasst, d. h., «mit der Gewährung von einmaligen Produktionsbeiträgen und Defizitdeckungsgarantien sollen Anreize geschaffen werden, in den Konzertprogrammen vermehrt auch unbekannte Werke aufzunehmen».[27] Zu diesen einmaligen, auf Zusehen hin ausgerichteten Beitragsempfängern gehört nun allerdings auch das traditionellste Zürcher Musikwesen, das Chorwesen.[28] Auch die von der Präsidialabteilung organisierten Podiumskonzerte und die Serenaden im Park der Villa Schönberg geben der Präsidialabteilung die angestrebte Publizität für eine offene (liberale) Musikkultur. Sie stellt auch, z. B. bei schlechtem Wetter, ihre eigenen Räumlichkeiten zur Verfügung. Im für Musik wenig geeigneten Stadthaus ist es allerdings schwer, eine anziehende Atmosphäre zu schaffen.

Entscheidungskriterien für die Unterstützungswürdigkeit

Diese sind geprägt durch Begriffe wie «*Qualität*», «*Innovationscharakter*» und «*Professionalität*».[29] Diesen traditionellen Wertmassstäben gesellt sich ein weiterer Begriff bei, der zunehmend die Diskussion über die Kulturförderung mitbestimmt, nämlich: «*Alternativ*». Dieser hat eine ausgedehnte politische Diskussion heraufbeschworen, als es darum ging, ein städtisches Kulturzentrum für Alternativkunst in der Roten Fabrik in Zürich zu errichten.[30] Mit «neue Kulturformen» ist der Begriff «*Alternativkultur*» noch nicht definiert, wenn er sich überhaupt wertneutral noch definieren liesse. «Innovation», «Alternativkultur» sind heutzutage Schlagwörter geworden, die eher undefinierte und individuell nicht analysierte und deshalb verschieden verstandene Begriffe mit positiven oder negativen Konnotationen darstellen. Ich wage hier trotzdem den Versuch einer volkskundlichen Definition von «alternativ»: Der alternative Künstler (Musiker) sucht seine Kunstausübung nicht innerhalb der institutionalisierten Kunstszene, etwa als Lehrer, zu realisieren. Er sieht seine künstlerische Entwicklung und Ausübung ausserhalb der gesellschaftlichen Normen. Andererseits aber betrachtet er sich insofern als zugehörig zur bestehenden Gesellschaft, als er sich von deren Institutionen wirtschaftlich unterstützen lässt, damit ihm der gewünschte Freiraum ermöglicht werde. Alternativkultur will also keine «Gegenkultur» oder «Subkultur» sein. Der Begriff «Alternativkultur» wurde allerdings in den Tageszeitungen journalistisch im Sinne von Gegenkultur gebraucht und als eigentlicher Gegensatz zur «etablierten» Kultur dargestellt. In der politischen Diskussion ist «Alternativkultur» heute ebenfalls zum modischen Schlagwort geworden. Im Vorfeld der Abstimmung über die definitive Einrichtung eines Kultur- und Freizeitzentrums in der Roten Fabrik[31] wurde wie folgt argumentiert: Wenn die Steuerzahler für die traditionellen Kunstinstitute[32] aufkommen müssten, seien 2 Millionen Franken pro Jahr auch für die Alternativkultur angebracht. Für eine gewisse Schicht der Bevölkerung sei die Fabrik zum Zentrum geworden.[33] Solche schichtspezifischen Argumente sind allerdings in der pluralistischen Gesellschaft nur abgeschwächt gültig. Der volkskundliche Begriff des Alternativ- und Anders-Sein steht aber mit dem modischen Begriff «Alternativ» im Widerspruch. Das «Alternativ-Sein» weist mehr auf die *individualistischen Bedürfnisse* von Künstlern hin als auf die kulturellen Gemeinschaften der Alternativkultur und deren Institutionen. So gibt es in der Stadt Zürich unzählige musikkulturelle Veranstaltungen mit Äusserungen des Alternativen und des Anders-Sein (wie z. B. Jazz-, Pop/Rock-, Folkmusik-Veranstaltungen).[34] Diese Vielfalt wiederum erlaubt professionellen Künstlern, sich mit geeigneten Auswahlkriterien zu identifizieren. Es sind meistens Musiker, die wohl eine finanzielle Unterstützung brauchen, um ihre musikkulturellen Vorstellungen erfüllen zu können, sich aber nicht mit den *institutionalisierten Alternativen* gleichsetzen wollen. Sie haben sich ihrerseits z. B. zu Kooperativen zusammengeschlossen.[35] Es sind dies Gemeinschaften mit dem primären Ziel der gegenseitigen praktischen Hilfe (sozial, wirtschaftlich) und des Gedankenaustausches, wie ich sie auf S. 97 ff. beschrieben habe. Im Gegensatz dazu steht z. B. der musikinteressierte Bewohner der Stadt Zürich und der kulturell Schaffende, der sich den bürgerlichen gesellschaftlichen Konventionen unterzieht. Um sich dieser *Konventions-Gemeinschaft* angehörig zu fühlen, werden die *bewährten Traditionen* übernommen.[36] Dazu gehören die traditionellen Kulturinstitute der Stadt Zürich (u.a. die Tonhalle), die für diese Bürger denn auch heutzutage im Zentrum ihres kulturellen Verständnisses stehen.

Letztlich aber soll das Kriterium für den *Erfolg der Kulturpolitik* der Gewinn sein, den der *einzelne Bürger* davonträgt. Zum heutigen Kulturbegriff gehört wohl als eine der wichtigsten Komponenten die «Umweltbewältigung». Dies ist in den «Schwerpunkten» wie folgt ausgedeutet: «Kulturelle Äusserungen ermöglichen und befähigen den einzelnen, sich gegenüber der Umwelt zurechtzufinden, sie vermitteln Lebensgefühle, Ängste, Träume, Wünsche oder Leidenschaften, machen gesellschaftliche Probleme sicht- und erkennbar und entwerfen Zukunftsperspektiven. Auf diese Weise tragen sie zum Verständnis und zur *Bewältigung der Gegenwart* bei und nehmen am Bemühen um eine Sinngebung für unser Leben teil. Aus dieser Sicht versteht sich von selbst, dass sich kulturelle Äusserungen nicht in bestimmte Räume oder Institutionen verbannen lassen, sondern überall und in den verschiedensten Ausprägungen, Formen und Inhalten in Erscheinung treten.» Die Zürcher Kulturpolitik stellt also das Individuum als Gemeinschaftswesen ins Zentrum, d.h.: «die Kulturpolitik leistet einen Beitrag ans Zusammenleben der Menschen».[37] Sie findet prägnanten Ausdruck ebenfalls in der folgenden Formel: «dass die Kulturpolitik einer Stadt so gut sei, wie sich die Bewohner aktiv engagierten und am kulturellen Leben teilnähmen».[38]

Die Herausbildung eines solchen *demokratischen Kulturbegriffes* für die städtische Kulturförderung ist offensichtlich durch eine stetige aktive Mitwirkung des «Volkes» zustande gekommen. Dies garantiert aber keineswegs, dass jeder Einwohner am Kulturbetrieb teilhat und das Kulturbedürfnis jedes Einwohners dadurch befriedigt werden kann. Wenn sich nun jeder Bürger verpflichtet fühlte, sich zum musikkulturellen Leben musikkulturell zu äussern, bestünde allerdings die Gefahr, dass die Musikkultur der Stadt Zürich entsprechend dilettantisch fortgeführt würde, denn die grosse Palette im Musik-Kulturbetrieb erlaubt Dilettantisches neben Professionellem. Die Grenzen des Professionellen werden, vor allem vom Publikum, immer weiter gezogen, was sich auch in der Zielsetzung der Präsidialabteilung und in ihrem weitgefassten Kulturverständnis niederschlagen kann. Es heisst dann etwa: «das traditionelle Kulturverständnis bis zur bunten Palette von Freizeitbetätigungen ist Gegenstand der zürcherischen Kulturpolitik».[39] Die *Erweiterung des Kulturbegriffes*, wie es die Präsidialabteilung formuliert, birgt auch die Gefahr, dass die «Besonderheiten der Künste», d.h. ihre Qualität und Professionalität, in der Vielfalt von kulturellen Äusserungen verlorengehen.

Die Präsidialabteilung lässt sich mit dem in den Richtlinien enthaltenen Auftrag der «zukunftsorientierten Kulturpolitik» allerdings auf ein sehr schwieriges Problem ein. Denn wie soll ein Amt nun die *Qualität* erkennen, bewahren und fördern? Der Lösungsvorschlag ist deshalb auch eher verwaltungstechnisch orientiert: es sollen einerseits Gespräche mit den Betroffenen organisiert werden, andererseits schiebt man das Problem demokratisch an Kommissionen ab.[40] Dass sich die Kulturpolitik durch ein Gremium verwalten lässt, gehört in den Bereich unserer Gesellschaftsstruktur, in der der *Staat als Kulturträger* weitgehend die Aufgabe der Kulturförderung übernommen hat. Die Persönlichkeiten in den Entscheidungsgremien haben jeweils die schwere Aufgabe, einzustufen, ob die Musik «gut» oder «schlecht» und ob sie erfolgversprechend ist. Ihre Erwägungen sind aber oft von politischen Gegebenheiten bestimmt und von den Tageszeitungen dann entsprechend kommentiert, wie: «Da Zürich sich für ein Opernhaus von internationalem Rang entschieden hat, muss man auch bereit sein, ihm die benötigten 37 Millionen auszuzahlen. Ebenso beinhaltet das ‹Ja› zur Roten Fabrik die Verpflichtung, deren kulturellen Veranstaltungen mit zwei Millionen erst möglich zu machen.» Polemisierend wird dabei erwähnt, dass bei kleinen Subventionsbeiträgen die Faustregel gelte: «Je geringer die Summe, desto grösser der Streit.»[41]

Die Überfülle an Kulturangeboten stellt eine Grossstadt allerdings bei der Verteilung der Mittel vor grössere Probleme als die homogenen Publikumsinteressen einer Kleinstadt. Interessant ist vielleicht ein Vergleich mit der kleineren Stadt Winterthur, deren vollamtlicher Betriebsdirektor das Musikleben dem Publikum «zur Psychohygiene neben dem Berufsalltag» empfiehlt. Die öffentlichen Proben wie die Abonnementskonzerte, die Freikonzerte und die Feierabendkonzerte etc. finden alle im Winterthurer Stadthaus und im Konservatorium statt. Diese enge räumliche Verbindung zwischen dem Stadtpräsidium und dem Stadtorchester ist hier einzigartig und natürlich gesellschaftspolitisch und wirtschaftlich von grossem Vorteil. Die räumliche Nähe von Stadtpräsidium und «Musikkollegium» (Stadtorchester) scheint sich auch in bezug auf die finanzielle Unterstützung zu bewähren.[42]

Die *kommunale Unterstützung* des Kulturschaffens ist heute eine *Selbstverständlichkeit* geworden. Deshalb wird bei der Vergebung von Beiträgen das als «paternalistisch empfundene Zeremoniell» der Preis-Übergabe von vielen Beteiligten nicht mehr gewünscht.[43] Dieser Anlass der Preisverleihung wird folgendermassen kommentiert: «Am Samstag sind im Stadthaus die diesjährigen kulturellen Auszeichnungen der Stadt Zürich von insgesamt 281 000 Franken[44] an 21 Kulturschaffende in den Bereichen Literatur, Musik und Tanz vergeben worden. Erstmals konnten die Preisträger ihre Auszeichnungen nicht mehr bei einem Händedruck mit dem Stadtpräsidenten entgegennehmen. Der Stadtpräsident nannte die neue Form der Feier in seiner Ansprache vor dem stehenden Publikum locker und diskret.»[45] Ich frage mich, ob der Verzicht auf das Händeschütteln mit dem Stadtpräsidenten (im Jahre 1987) bei der Entgegennahme der Preise und im folgenden Jahr (1988) sogar die Vertretung des Stadtpräsidenten durch einen Stadtrat nicht eine gewisse «Alltagsroutine der Subventionspolitik»[46] eingeleitet hat. Diese Tendenz wird dadurch bestätigt, dass 1989 die Kulturschaffenden ihre Beiträge und Auszeichnungen bereits vor der «Feier» erhalten hatten.[47] Trotzdem bleibt die Anwesenheit eines «Offiziellen» auch an einem Konzert für Komponisten und Berufsmusiker ein Indikator für mögliche Erfolgschancen. Die daraus resultierende kritische Stellungnahme kann ein wichtiger Faktor in der weiteren Unterstützung und *Imagebildung* sein. Die Möglichkeit der Imagepflege vor der überregionalen Musikkritik (Deutsche Festivals, europäische Neue Musik), wird von den Zürcher Kulturpolitikern wo immer möglich angestrebt. Die mehr als dreissig spezialisierten Kulturbeamten der Präsidialabteilung sind also mit dem schwierigen Problem konfrontiert, *Qualität, Innovationscharakter und Professionalität* zu beurteilen. Unterstützungswürdig oder anders gesagt, von staatlichen Subventionen abhängig (finanziell, räumlich, sozial), sind also heute die meisten denkbaren Ausformungen im musikkulturellen Leben der Stadt Zürich.

Zur Breitenwirkung der städtischen Kulturpolitik gehören auch die *Unterstützung* musikalischer Darbietungen *von Quartiervereinen.* Solche lokale Veranstaltungen passen ebenfalls zum Image einer vielseitigen, populistischen Kultur.[48] Die von Zeit zu Zeit auftretenden Initiativgruppen,[49] die bewusst ein Gegengewicht zu den städtisch verwalteten Veranstaltungen, z. B. zu den Projekten für die Juni-Festwochen, organisieren, beleben einesteils die aktuelle kulturpolitische Szene der Präsidialabteilung. Anderseits aber überschneiden sich wieder die Interessen der Präsidialabteilung und des städtischen Sozialamtes, wenn über die Freizeitgestaltung diskutiert wird. Der ganze E-Musik-Bereich wird allerdings von der städtischen Freizeitgestaltung kaum berücksichtigt. Das sozialpolitische Projekt «Zürich im Zeichen der Freizeit» zeigt z. B. die verschiedensten akzeptierten Teilkulturen im Kulturleben der Stadt Zürich auf; der «Freizeit-Quartieratlas» lässt die E-Musik durch die soziale Musikschule vertreten. Die Freizeitgestaltung im E-Musik-Bereich in der Stadt Zürich wird übrigens in journalistischer Aufmachung als «Nachtessen mit barocker Tafelmusik» angepriesen.[50] Die finanziellen Mittel der Stadt werden vermehrt zur Förderung und Präsentation von Live-Musik lokaler Musiker und Gruppen, aber auch für Jazzfestivals, verwendet. Meistens entsteht das entsprechende Programm durch die Zusammenarbeit zwischen der Präsidialabteilung, den betreffenden Musikern und den Organisatoren.

Aus der Perspektive des Künstlers gesehen, erlaubt es die finanzielle Unterstützung von modernen Kompositionen und Interpretationen, dass sie sogar auf einen gewissen Professionalismus verzichten kann. Wie dann z. B. die musikkulturelle Qualität einer *Workshop-Atmosphäre* zu beurteilen ist, lässt sich von den zuständigen Gremien (u.a. durch die Präsidialabteilung) nur sehr schwer einschätzen. Der moderne Komponist verfällt durch die heutige soziale Sicherheit nur zu gerne der Versuchung, sich durch völlig ausgefallene, abwegige Tonfolgen, Strukturen und Instrumentation profilieren zu wollen, denn es fehlt die wirtschaftliche Korrektur durch den Publikumserfolg. Die Antwort also auf die Frage, wie weit der staatliche Sponsor dem Kulturschaffenden *Richtlinien* setzen darf, hängt weitgehend von den momentanen Umständen ab. Ein wesentliches Anliegen muss jedenfalls sein, den Innovationsprozess nicht zu stören oder gar zu verletzen. Deshalb sind idealerweise die Bedingungen und Richtlinien auch für Kompositionsaufträge sehr breit gefasst. Meistens sind die Komponisten nur an eine bestimmte, zur Verfügung stehende Instrumentation und an eine ungefähre Zeitdauer gebunden. Etwas bitter schildert z. B. Wolfgang Sawallisch einen Kompositionsauftrag: «Die Realität sieht folgendermassen aus. Man sagt einem Komponisten: Sie müssen bis zum 1. Dezember 1990 – dies ist mein Konzerttag – eine Komposition liefern; Dauer: 1 Std. und 45 Min. Gefordert ist: Orchester bis zur Grösse X, kein Chor, maximal fünf Solisten. Honorar: 50 000 DM. Das erinnert an eine Hausaufgabe. Wenn wir in der Schule eine Hausaufgabe hatten, die am Montag abzuliefern war, dann haben wir uns am Sonntag spät abends hingesetzt und sie buchstäblich im letzten Moment geschrieben. Im Fall des Kompositionsauftrages ist es ein Vertrag, der den Komponisten in die Pflicht nimmt: Er hat 50 000 DM erhalten und muss sein Werk zum vereinbarten Termin abliefern. Ihm fällt aber nichts ein. Kurz vor Ablauf des Termins schreibt er irgend etwas zusammen, mit der Stoppuhr in der Hand. Seine Komposition dauert schliesslich 1 Std. 30 Min., doch der Vertrag lautet auf 1 Std. und 45 Min. Verzweifelt komponiert der Mann noch ein Zwischenspiel von 15 Min. Dauer. Auf diese Weise entsteht heute ein grosser Teil der neuen Musik.»[51] Ich lasse die Frage offen, wie oft und wie stark sich solche pragmatische Überlegungen im Leben eines Komponisten eingespielt haben.

Interessant ist auch ein Rückblick. Die öffentliche Unterstützung der Musikkultur und deren Beziehung zum Musikpublikum ist geschichtlich durch verschiedene Phasen gegangen. Erst 1947 trat der *Subventionsvertrag* der Stadt Zürich mit der Tonhalle-Gesellschaft in Kraft.[52] Der staatliche Subventionsvertrag verpflichtete die Tonhalle-Gesellschaft zu Veranstaltungen von Volkskonzerten. Aber schon 1907/08 hatte Volkmar Andreae *Gratis-Volkskonzerte* vorübergehend (für zwei Jahre) einführen können, die dann allerdings erst 1920/21 von der Tonhalle-Gesellschaft in Verbindung mit dem «Bildungsausschuss der Arbeiterunion Zürichs» fortgeführt wurden.[53] Äussere Umstände, wie die Schweizerische Landesausstellung 1939 und das darauffolgende Schweizerische Tonkünstlerfest, brachten weitere Programm-Neuerungen, und die Tonhalle-Gesellschaft übergab «ihr Areal samt Gebäude einer gemeinsam mit der Stadt zu errichtenden Stiftung».[54] Eine Betriebsgesellschaft hatte die Aufgabe, «ein tüchtiges Orchester zu unterhalten und das Musikleben der Stadt Zürich zu pflegen». Die Tonhalle-Gesellschaft erhielt «für ihre sämtlichen Veranstaltungen ein unentgeltliches, unentziehbares Recht zur Benützung der Musikräume des Hauses. Die Stadt Zürich übernahm es damals, ihr durch einen neuen, zunächst für fünf Jahre abgeschlossenen, nachher je auf ein Jahr kündbaren *Subventionsvertrag* eine auf jährlich 146 000 Franken erhöhte Subvention zu leisten». Ein kurzer Vergleich mit dem gegenwärtigen Subventionsbeitrag der Stadt Zürich an die Tonhalle-Gesellschaft sei hier beigeführt: Im Geschäftsjahr 1985/86 wurden 7 477 700 Franken Subvention an die Tonhalle-Gesellschaft bezahlt. Ich stelle fest: Je grösser und organisierter der Zürcher Konzertbetrieb wird, um so schwieriger wird die wirtschaftliche und kulturpolitische Übersicht. Heutzutage bestehen zwei getrennte Betriebsgesellschaften, diejenige des Kongresshauses und die der Tonhalle-Gesellschaft. Die Vorgängerin der Tonhalle-Gesellschaft, die Allgemeine Musik-Gesellschaft, die traditionsreichste Musikgesellschaft der Stadt Zürich, besteht, wie andere alteingesessene Zürcher Gesellschaften, (Helvetische Gesellschaft, Feuerwerker-Gesellschaft etc.), heute noch. Sie beschränkt ihre Tätigkeit heute allerdings auf die Herausgabe des traditionellen Neujahrsblattes, in dem sie jeweils über ein Thema des Zürcher Musiklebens berichtet.[55] Die nur einem beschränkten Kreis bekannten Ausgaben der Neujahrsblätter am Berchtoldtag bestätigen eigentlich die Exklusivität der Allgemeinen Musik-Gesellschaft. Diese seit 1812 bestehende musikkulturelle Interessengemeinschaft in der Stadt Zürich hat ihre massgebende Rolle im Konzertbetrieb Zürichs aber schon lange aufgegeben.

Privates Mäzenatentum

Kulturelles Sponsoring und Mäzenatentum sind recht ähnlich im Vorgehen und in der Unterstützungstätigkeit. Eine *Stiftung*, z. B. eine Familienstiftung mit dem Ziele zur «Förderung kultureller, wissenschaftlicher und karitativer Werke, mit Schwergewicht ihrer Aktivitäten im

Bereiche der Kulturförderung im Raum Zentralschweiz»,[56] kann als Sponsor oder als Mäzen betrachtet werden, und dies je nach der Art des Stifters. Die Jubiläumsstiftung[57] einer Bank ist eher Sponsor, eine Familienstiftung eher Mäzen.

Beim Mäzen steht im Vordergrund die innere *Beziehung zur Kultur*, oft sogar zu einem einzelnen Kulturschaffenden. Es geht ihm vor allem um die *persönliche Beteiligung*, die sich oft in aller Stille abspielt und woraus sich *Freundschaften* mit Künstlern und deren *Widmung* von Werken ergeben können. Der Mäzen tritt dann ins öffentliche Bewusstsein, wenn er versucht, sich mit den ihm zur Verfügung stehenden Mitteln einen Platz, eine Stellung oder eine *Funktion in der Gemeinschaft* zu verschaffen, deren Wertsystem er hoch schätzt. Im Prinzip ist seine Motivation auch dann rein altruistisch. Daneben tritt aber natürlicherweise auch der Profilierungsgedanke. Dann kann Mäzenatentum überspitzt auch als *Austausch zwischen Geld und Würdigung* verstanden werden.

Dem individuellen Mäzenatentum steht das kollektive einer Mitglieder-Gesellschaft gegenüber. Die Gesellschaft der «Freunde des Zürcher Kammerorchesters» ist möglicherweise eine solche *private Mäzenaten-Gesellschaft*. Sie kommt mit einer halben Million Franken für einen Achtel des Orchesterbudgets auf.[58] Mit dem Mitgliederbeitrag des einzelnen kann sich dieser als Mäzen die Zugehörigkeit zu dieser musikkulturellen Gruppe erwerben. Nicht zuletzt denkt das einzelne Mitglied dabei auch an die gesellschaftlichen Vorteile, die ihm daraus erwachsen, dass er sich als Mitglied in einer solchen Teil- oder Subkultur bewegen kann. Durch das Eingebettetsein in dieser «Freunde»-Gemeinschaft identifiziert sich das zahlende Mitglied als «Mäzen» unter Gleichgesinnten und

Neue Freunde herzlich willkommen!

Weil unsere Gesellschaft von den Behörden als gemeinnützig anerkannt ist, können Mitgliederbeiträge und auch weitere Spenden bei den Steuern in Abzug gebracht werden.

Das Zürcher Kammerorchester (ZKO) unter seinem Gründer und Leiter Edmond de Stoutz ist

• dank seines künstlerischen Renommees ein erstrangiges kulturelles Aushängeschild Zürichs und der Schweiz in aller Welt.

• eines der wenigen Kammerensembles mit internationaler Geltung, das auf privatwirtschaftlicher Grundlage geführt wird, d. h. der überwiegende Teil seiner Erträge stammt aus Konzerteinnahmen sowie Gönnerbeiträgen und nicht aus der Staatskasse.

Damit ist bereits auch die Hauptaufgabe der

Gesellschaft der Freunde des Zürcher Kammerorchesters

angesprochen. Sie will die ideelle und finanzielle Basis des Orchesters sichern und ausbauen. Die Gesellschaft umfasst heute über 1200 private und Firmenmitglieder. Eine Mitgliedschaft ist gleichermassen bereichernd und attraktiv:

Als grosser und kleiner Mäzen nehmen Sie sehr persönlich an der gedeihlichen Entwicklung des ZKO teil.

• Sie werden jeweils schriftlich zu den Generalproben eingeladen, wo Sie Orchester, Edmond de Stoutz und Solisten beim künstlerischen Dialog ungezwungen erleben können.

• Dazu kommen einzigartige interne Veranstaltungen wie Amateursolistenkonzert, Jugendkonzert usw.

Anmeldeunterlagen und Mitgliederverzeichnis erhalten Sie beim Sekretariat der Gesellschaft, Postfach 244, 8032 Zürich, Telefon 01 / 252 17 37

Der Vorstand mit

Xavier Bregenzer, Präsident
Monica von Schulthess Rechberg, Vizepräsidentin
Prof. Max Berchtold, Hans C. Bodmer, Dr. Walter Diehl,
Ernst Feldmann, Dr. Willy Goldschmid,
Dr. Fred Luchsinger, Lucia Stucki

würde sich freuen, Sie bald als Mitglied in unserem Kreise begrüssen zu dürfen.

sozial Gleichgestellten. Dem Publikumsgeschmack der Mitglieder wird in der Programmgestaltung der Konzerte weitgehend entsprochen. Auf diese Weise ist die Zuhörerschaft, die zu einem guten Teil aus Mitgliedern dieser Gesellschaft besteht, auch zufriedengestellt. Die Programme des Zürcher Kammerorchesters enthalten denn auch vorwiegend «klassische» Werke, die von Star-Solisten aufgeführt werden. Dies garantiert ausserdem einen vollbesetzten Konzertsaal – ebenfalls eine wirtschaftliche Notwendigkeit. Die Orientierung des Programms nach den Mitgliedern geschieht in informeller Weise z. B. auf Grund von Wünschen, die in gelegentlichen Programm-Wunschzetteln oder in persönlichen Begegnungen (in Veranstaltungen nur für Mitglieder) mit dem Orchesterleiter und Dirigenten ausgesprochen werden.

Solche mäzenatische Gruppen ändern aber ihren Charakter und verlieren an gesellschaftlicher Attraktivität, wenn sie zu gross werden. Das persönliche Erkennen, Erkanntwerden und Anerkanntwerden (die Grundpfeiler der Identitätsbildung) sind in der weit über zweitausend Mitglieder starken Tonhalle-Gesellschaft beinahe unmöglich. Diese Gesellschaft ist heutzutage eher anonym geworden. Dies hat zu einer Gegenbewegung geführt, indem sich vom Verein der Tonhalle-Gesellschaft der exklusivere *Gönnerverein* abgespalten hat. Der Gönnerverein kann der Betriebsrechnung durch namhafte Beiträge an aussergewöhnliche Konzerte und Solisten aushelfen.[59] Er hilft ebenfalls bei der Finanzierung von Instrumenten für die Orchestermitglieder. Der *gesellschaftliche Gewinn* der Mitglieder erscheint in der Form von intimen Sonderveranstaltungen. Die Identitätsbestätigung des einzelnen Mitgliedes mit der Gönner-Gesellschaft ist in der kleineren, übersichtlicheren Gruppe ebenfalls leichter und klarer als in der Tonhalle-Gesellschaft. So herrscht jeweils eine recht familiäre Atmosphäre beim Umtrunk im Konzertfoyer nach dem «Sonderkonzert für Mitglieder».[60] Diese Veranstaltungen bestärken wieder die *Assimilation zu einer Gruppennorm*, wie sie in unserer vielfältigen Gesellschaft nicht nur sozial, sondern immer auch in finanzieller Hinsicht von grosser Differenziertheit sind.[61]

Der immer seltener werdende Umstand, dass *der Mäzen und der Künstler in derselben Person* zu finden ist, erklärt die Gründung von solchen privaten Förderungs-Gemeinschaften und Gönnervereinen. Solche sind auch für andere als die oben erwähnten Orchester entstanden.[62] Zum vielfältigen Musikleben in der Stadt Zürich tragen etwa Organisationen bei, die eine *Mischform* zwischen einer *Mitglieder-Gemeinschaft* und einem Orchester (Zürcher Kammerorchester) bilden, und solchen Orchestern, die einen eigentlichen *Trägerverein* (Collegium Musicum) besitzen, in dem aber der Dirigent seine persönlichen Programmwünsche durchsetzen kann.[63] Die Erfolgschancen beim Publikum ähnlen sich. Einerseits wird ein eher konservatives, klassisches Programm angeboten, das eine breitere Publikumsschicht anspricht, anderseits erhalten die Persönlichkeiten der Dirigenten, die mit einem aussergewöhnlichen Programm, etwa mit Uraufführungen von zeitgenössischen bekannten und unbekannten Komponisten aufwarten, trotzdem genügend Publikumsunterstützung.[64] In der Camerata Zürich z. B. kommt im Programmcharakter des Experimentellen (der Pflege der zeitgenössischen Schweizer Musik etwa) eine gewisse Absicht in der Kulturpolitik des Leiters zum Ausdruck.[65] Auf alle Fälle gehören neben kleineren Orchestern[66] (Kammerorchester, Kirchenorchester) u.a. das «Collegium Musicum» mit dem Dirigenten Paul Sacher, das

Zürcher Kammerorchester mit der Persönlichkeit eines Edmond de Stoutz und die «Camerata» mit dem Dirigenten Räto Tschupp zum musikkulturellen Image des zürcherischen Musiklebens.

Die verschiedensten musikkulturellen Werthaltungen und «Geschmäcker» in der zürcherischen Musikkultur sind nun nicht ausschliesslich auf die verschiedenen ideologischen Gruppierungen (vgl. S. 97ff.) verteilt, sondern kommen gleichsam auch im Individuum geschichtet vor. Solche musikalische Werte und Vorlieben können im Mäzenatentum sichtbar werden. Der Mäzen hat die finanziellen Möglichkeiten, seinen persönlichen «Geschmack» zu pflegen. Die Charakterisierung des in den USA üblichen privaten Mäzenatentums als «Ignoranz von Leuten, die zwar viel Geld, aber wenig Ahnung haben», trifft auf die übersichtlicheren schweizerischen Verhältnisse kaum zu. Das *klassische private Mäzenatentum* einer Einzelperson, wie es vorwiegend in den USA vorkommt, ist in den schweizerischen Städten dagegen nur vereinzelt vorhanden.[67] Unter diesen wenigen Einzelpersonen, die sich im Musikleben der Stadt Zürich finanziell persönlich involvieren, ist etwa ein in Zürich ansässiger Mäzen zu nennen, der 1987 die Drucklegung einer Neukomposition ermöglichte, für welche die Mittel nicht in einem staatlich subventionierten Werkvertrag miteingeschlossen waren. Anonym ermöglicht er zudem jungen Musikern, unentgeltlich an Meisterkursen teilzunehmen. Aber auch die verschiedenen Zürcher Privatpersonen, die Kompositionsaufträge erteilen, demonstrieren damit ihr echtes musikkulturelles Interesse. Die persönliche Freude, nach individuellem Geschmack seine eigene Auswahl unter den Komponisten oder in einem Musikbereich zu treffen, spielt wohl auch eine grosse Rolle. Solches *persönliches Involvement* motiviert den Mäzen jedenfalls zum Geben. Diese privaten finanziellen Hilfen sind aber meistens nur einem kleinen Insiderkreis bekannt. Die *Beherbergungen* von Musikern, z. B. des Wettbewerbteilnehmers des internationalen Géza-Anda-Concours,[63] kann sowohl als Mäzenatentum, als Statussymbol wie auch als Verpflichtung dem Zürcher Musikkulturleben gegenüber verstanden werden. Diesen Charakter hatte etwa das Zürcher «Genie-Hospiz» von Herrn und Frau Reiff, das Thomas Mann im «Doktor Faustus» beschrieben hat.[69]

Das Sponsoring

Der Begriff «Sponsoring» wurde aus dem Englischen übernommen und heisst «Gönnerschaft», aber schon die journalistisch öfters gebrauchte verdeutschte Schreibweise «sponsern» und «Sponsering» deutet auf die Zugehörigkeit des Sponsor-Begriffes zum *Werbefachjargon*. In den Bereichen der Kultur spricht man von «Sponsoring» dann, wenn eine Firma (z. B. eine Bank) eine bestimmte Veranstaltung[70] finanziell und organisatorisch unterstützt. Aus naheliegenden Gründen verdeckt der Sponsor manchmal seine Werbeabsicht und verbindet Sponsoring dann gedanklich mit Mäzenatentum. In der Regel aber zeigt er deutlich seine Absicht.

Der Sponsor ist im allgemeinen mit den folgenden Feststellungen charakterisiert: Beim Sponsoring ist wesentlich, dass das Publikum den geförderten Anlass oder Aktivität mit dem Sponsor in enge Verbindung bringt, wenn nicht gar identifiziert. Dazu dienen die üblichen werbetechnischen Mittel. Der Sponsor, der Geldgeber, ist beim Publikum bekannt durch ein bestimmtes *Signet*, welches überall, auch in der sonstigen Werbung, angewandt wird.

Kulturelles Engagement wird vom gebildeten Publikum ganz allgemein assoziiert mit einem weltoffenen innovationsfreudigen Unternehmen. Ein besonders geschicktes Inserat der Schweizerischen Bankgesellschaft im weitverbreiteten internationalen Wochenmagazin «Time» illustriert diese Feststellung:

«To appreciate excellence, one need only compare it with the average. At UBS it is the fruit of exceptional professionalism, imagination and creativity. We think you will notice the difference. UBS – committed to excellence».[71]

Dieses ganzseitige Inserat zeigt Edmond de Stoutz, den Gründer und Dirigenten des Zürcher Kammer-Orchesters, einer Orchester-Mäzen-Gemeinschaft, als Aushängeschild des Kultursponsors Schweizerische Bankgesellschaft.

Das Image eines aktiven kulturellen Engagements sollte sich hier auf das «Produkt», das Banking, übertragen. Der Leser und angehende Kunde soll also die Aura «Excellence» vom Dirigenten auf den Sponsor übertragen.

Beim Sponsoring durch eine Uhrenfirma steht hingegen das Image der ästhetischen Qualität, verbunden mit handwerklichem Können, im Vordergrund. Der nachfolgende Text bringt die Verbindung zum Gesponserten sehr geschickt zum Ausdruck: «Ungezählt sind die jungen Künstler, die sich täglich mit dem Besten messen, und die dadurch ihre eigenen Grenzen immer höher setzen. Aber wieviele sind es, die mangels Ermutigung und finanzieller Unterstützung ihre vielversprechende Karriere abbrechen müssen und damit eine strahlende Hoffnung begraben?

Excellence
springs from attitude and application.

To appreciate excellence, one need only compare it with the average. At UBS it is the fruit of exceptional professionalism, imagination and creativity. We think you will notice the difference.

UBS – committed to excellence.

Der Patek Philippe Preis ist dem Talent und dem Willen zur Perfektion gewidmet. All jenen, denen er verliehen wird, soll er eine tatkräftige Unterstützung und eine einzigartige Chance sein. In seinem weiteren Sinne ist der Patek Philipp Preis aber auch eine Würdigung aller Künstler und Kunsthandwerker, die ihr Leben dem ständigen Streben nach Schönheit und Harmonie verschrieben haben. Damit entspricht der Patek Philipp Musikpreis dem Geist der Tradition, nach welcher wir noch heute unsere Uhren herstellen. Und er ist ein deutliches Zeichen für unser Interesse am kulturellen Geschehen.»[72]
Ein zentraler Faktor beim Sponsor ist also der «*Public-Relations-Effekt*», dieser motiviert ihn ja auch zum Geldgeben. Dass damit eine kulturelle Tätigkeit unterstützt wird, ist ihm allenfalls aus dem allgemeinen bürgerlichen Wertsystem heraus sympathisch. Die private finanzielle Kulturförderung im Sinne des Sponsoring wird sich verständlicherweise nicht allzuweit vom Publikumsgeschmack entfernen wollen. Der *Publikumsgeschmack* ist beim Zürcher bis zu einem gewissen Grade durch volkstümliche und populäre Traditionen und Hörgewohnheiten geprägt. Ich habe dies in den Publikumsstudien und der Publikumsrezeption verschiedenster Musikstile beobachtet und in den anderen Kapiteln ausführlich dargestellt.[73] Aus den erwähnten Gründen setzen Sponsoren ihr Impressum gerne auch unter populäre oder volkstümliche Konzertveranstaltungen (Pop/Rock-, Jazz- und Folkkonzerte). Die Orientierung nach dem Publikumsgeschmack ist allerdings recht oberflächlich. Das Hauptziel des Sponsors ist oft, so viele Besucher (Kunden) wie möglich anzuziehen, um sich das Image einer grosszügigen und wichtigen Institution zu geben. Die Zürcher Kantonalbank[74] und die Vereinigung «Zürcher Bahnhof-

Samstag

Musikalische Einladung.

Die Zürcher Bahnhofstrasse präsentiert:

MV Zürich-Witikon/Spielsektion UOV

Die City-Ständchen an der Zürcher Bahnhofstrasse finden jeden Samstagvormittag von 09.15 bis 11.30 Uhr statt. Wir freuen uns auf Ihren Besuch. Vereinigung Zürcher Bahnhofstrasse.

Jim Whiting Show

Unnatural Bodies
Bis 28. August 1988
Mo–Fr 12.00–21.00
Sa/So 12.00–19.00

Jim Whiting in concert mit der Gruppe «Nachtluft»
Fr 29. 7. 20.30
So 31. 7. 20.30

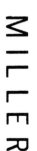

MILLERs STUDIO
Mühle Tiefenbrunnen
Seefeldstrasse 225
8008 Zürich
Telefon 55 16 97

Mit Unterstützung der Unternehmen der Scheller-Informatik-Gruppe

strasse»[75] unterstützten z. B. auch Blasmusiken (Harmoniemusik). Solche gesponserte Konzerte wie diejenigen der Stadtmusik Zürich im Grossen Tonhallesaal orientieren sich nach dem gängigen Publikumsgeschmack. Andererseits kann aber auch die *Qualität* der Konzert-Veranstaltung zur Identität des Sponsors beitragen. Die *Innovations-Freudigkeit* einer Computerfirma sollte z. B. durch eine Ausstellung «Unnatural Bodies» des Tinguely-Nachfolgers Jim Whiting unterstützt werden.[76] Hier wären viele Beispiele von finanziell unterstützten Veranstaltungen anzuführen, bei denen der Geldgeber sich mehr oder weniger präsentiert wie etwa folgendermassen: «Wir sind der Meinung, dass dieses Konzert wertvoll ist. Deshalb unterstützen und fördern wir diesen Anlass».[77]

Die Sponsoren streben naturgemäss einen längerfristigen Erfolg an. Dieser tritt vor allem dann ein, wenn während und nach dem Anlass die *Verbindung zwischen Sponsor und unterstütztem Objekt* beim Zielpublikum deutlich hergestellt und auch aufrechterhalten wird. Eine Identifikation des Sponsors mit dem «Gesponserten» wird mit allen Mitteln gefördert.[78] Im folgenden zwei Beipiele: Es heisst z. B. im Bulletin der Schweizerischen Kreditanstalt: «Basierend auf dem Prinzip enger, partnerschaftlicher Zusammenarbeit zwischen Sponsor und Gesponserten wird Wert auf langfristige Engagements gelegt. Berücksichtigt werden müssen aber auch Kosten-Nutzen-Erwägungen und die Möglichkeit zur Kommunikation mit dem gewünschten Zielpublikum. Schwerpunkte sind heute die klassische Musik, so etwa das Patronat über die Extrakonzertreihe der Tonhalle-Gesellschaft oder den alljährlich stattfindenden Schweizerischen Jugendmusik-Wettbewerb, die zeitgenössische Literatur mit Autorenabenden sowie die bildende Kunst, vor allem die sogenannte Kunst am Bau.»[79] Solche Drittveranstalter bestreiten immerhin ca. die Hälfte der Konzertabende in der Tonhalle.

Wirtschafts- und Bankinstitute bekennen sich ganz offen zu der Zielsetzung ihres Sponsoring, indem sie Verpflichtungen im kulturellen, sozialen und gemeinnützigen Bereich übernehmen. Die Kulturförderung, so heisst es z. B. im Bulletin der Schweizerischen Kreditanstalt, will im Rahmen von «Vergabungen» Beiträge vornehmlich zu kulturellen und sozialen Zwecken ausrichten. «Zweitens dienen Jubiläumsstiftungen dazu, selektiv unterstützenswerte Projekte kultureller Natur finanziell zu unterstützen und drittens existiert das Kultursponsering der Bank. Dies ist als Engagement gegenüber der Öffentlichkeit anzusehen, das über die betrieblichen Notwendigkeiten hinausgeht.» Hinweise auf den Programmen wie z. B. «Dieses Konzert wird ermöglicht durch die Unterstützung von...» können sehr werbewirksam sein, so z. B. wurde beim *Volksmusik-Konzert* (30./31. Mai 1987) und dem anschliessenden Gratis-Zvieri den Sponsoren auf dem Programm eine ganze Seite zugestanden. Der Grosse Tonhallesaal hatte sich für die Jodel- und Handorgelmusik, kommentiert mit dem vom Fernsehen her bekannten volkstümlichen Folklore-Spezialisten Wysel Gyr, auch rasch gefüllt.[80]

Beim Migros-Genossenschaftsbund ist Kulturförderung auf einem «sozial-aktiven Selbstverständnis» fundiert. Die Migros ist statutenmässig seit 1957 verpflichtet, ein Prozent seines Umsatzes für kulturelle Zwecke einzusetzen, u.a. auch zur «Förderung vernachlässigter Bereiche der Musik und für über die Sprachgrenzen hinweg führende Orchestertourneen».[81] Im Falle Migros soll nicht ausschliesslich der *kulturelle Anspruch und das Image des Sponsors* gepflegt werden, sondern die Kulturförderung sei hier in erster Linie der Allgemeinheit, *dem Publikum und dem Individuum gewidmet*. Mit einem gewissen Pathos stellt sich diese Kulturförderung selbst so dar. Es heisst weiter, dass «aus einer kulturellen Empfänglichkeit und einem sozialen Verantwortungsgefühl» heraus die Verantwortlichen die «vielfältigen Ansprüche zu erkennen und zu erfüllen» versuchen. Es wird dann einerseits zwischen «Zivilisation», der Kultur im weiteren und der Kultur im engeren Sinne unterschieden, andererseits zwischen «Liebhabern» (die das Bewusstsein der ganzen Bevölkerung tragen) und der Kunst, die von «Profis» für die Öffentlichkeit hervorgebracht wird.[82] Die Verbindung von Geschäft und Kulturförderung nimmt gelegentlich auch geschmacklose Formen an. So findet man in den Tageszeitungen ernstgemeinte Texte wie «Migros fördert musikalische Kreativität» inmitten von Inseraten mit «Raccard – der erfolgreiche Käse» oder «Vogelfutter».[83] Potentielle Kunden der Migros erfahren in solchen Inseraten, wie gross die Freude von schweizerischen Musikern sei, in neue musikalische Bereiche vorzustossen (Neue Musik, Jazz). Der Sponsor Migros habe diesen beliebten Wettbewerb «Musik in Grenzbereichen» voll unterstützt.[84]

Ein beliebtes und publikumswirksames Objekt des Sponsoring sind auch die *jugendlichen Musiker*. Neben der sachlich nahestehenden Verbindung zu einem Musikaliengeschäft[85] sind es wieder vor allem die Banken,[86] die sich in der Kulturförderung der Jugendlichen engagieren (Sport, Musik etc.). Die damit verbundene Idee des Sponsors war es, ein *dezentralisierendes* Kulturleben zu pflegen, und deshalb finanzierte er die eigentlich wenig

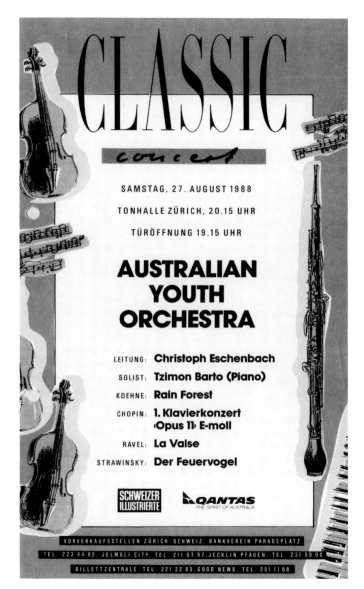

publiken Regionalausscheidungen im Schweizerischen Jugendmusikwettbewerb. Die Finalistenkonzerte dagegen fanden in Grossstädten statt. Diese sind darum für den Sponsor interessanter, da «Erfolg» (der jugendlichen Musiker) von einem breiten Publikum beachtet wird. Wichtig erscheint in der Erfolgsbilanz des Sponsors (und des Gesponserten) auch die Tatsache, dass der finanzierte Anlass in einem anerkannt etablierten Raum, z. B. im Grossen Tonhallesaal, stattfinden kann. Überdies vermittelt das Sponsoring der Jugendlichen die Assoziation mit einer geachteten etablierten Institution. Es heisst dann:[87] «Für die Gesamtorganisation zeichnet die Tonhalle-Gesellschaft Zürich in Zusammenarbeit mit dem Schweizerischen Musikpädagogischen Verband, den Jeunesses Musicales de Suisse und dem Verband Musikschulen Schweiz verantwortlich. Seit zehn Jahren stellt die Schweizerische Kreditanstalt die für die Durchführung des Wettbewerbs erforderlichen Mittel zur Verfügung.» Die Imagebildung kann allerdings oft mehr vom Ort und der äusseren Form der Veranstaltung[88] oder einer Assoziation mit Tradition abhängig sein als vom Inhalt.[89] Massenveranstaltungen bieten dem Sponsor ebenfalls den besten Werbe-Erfolg, wobei es in den Tageszeitungen dann heisst «für dieses in der Schweiz noch nie dagewesene musikalische Ereignis»[90] war der Publikumserfolg entsprechend gross. Der Sponsor hatte hier die Voraussetzung für grossstädtische Publikumsströme erfüllt. Das Verhältnis zwischen Sponsor und Künstler ist öfters ein ambivalentes. So hat etwa der Schriftsteller Elias Canetti die Geldgeber mit surrealen Bildern wie «Selbstschenkerin, Namensschlecker, Tränenwärmer, Bitterwicklerin, Königskünderin, Leidverweser» bezeichnet.[91] Besonders scharf geht er mit dem Sponsoring um, wenn er schreibt:

«Ein Teil des heutigen Problems des Mäzenatentums, in der Form des Sponsoring, scheint mir in der Tat dasjenige des schiefen, weil beziehungslosen Verhältnisses zwischen Mäzen und Künstler zu sein. Auf der einen Seite Geld, Spekulationen, Prestige-Erschleichungen; auf der andern Manko an Vorweisung gestalterischer Potenz, Absenz von dem, was Jacob Burckhardt als Lebensvehemenz zu bezeichnen pflegte. Bis auf weiteres wird das undurchsichtige, systemlose System von Zuschüssen, Auszeichnungen, Aufmunterungen, Kürzungen, Geplärr, Enttäuschungen, Anmassungen in Kraft bleiben. Zu Glück, Glanz, Ruhm scheinen heute beide (Sponsor und Gesponserter) auf andern Wegen zu gelangen.»[92]
Die *E-Musik-Förderung durch Sponsoring*, steht also vor grossen *Identitätsproblemen*. Die meisten privaten und öffentlichen kulturpolitischen Absichten richten sich im Prinzip auf die *Unterstützung von Neuem*. Die Initiative für Neuartigkeiten in der Realisation, ich denke an die Programmgestaltung eines gesponserten Konzertes (z. B. die «Feierabend-Konzerte» der Schweizerischen Bankgesellschaft), geht sehr oft vom Sponsor aus. Solche Initiativen wirken andererseits wieder auf den Kulturschaffenden (z. B. Musiker, Komponisten), der die Erwartungshaltung möglicher Sponsoren bewusst und unbewusst zu berücksichtigen versucht. Diese Randbedingungen aber stehen ihrerseits im Konflikt mit der Mentalität des gesponserten Künstlers, oft aber auch im Gegensatz zu Kosten-Nutzen-Überlegungen des Sponsors. Möglicherweise wirkt sich diese Diskrepanz in der bildenden Kunst weniger schädlich aus als in der E-Musik. Eine zürcherische Kulturstiftung unterstützt z. B. die bildende Kunst und die Denkmalpflege stärker als die Tonkunst, welche mit weniger als einem Siebtel der Unterstützungs-

summe gefördert wird.[93] Dieses Beispiel illustriert, wie die moderne bildende Kunst sich publikumsfreundlicher geben kann als die zeitgenössische E-Musik. Es zeigt sich auch, dass die traditionellen Werte (wie eben der Denkmalschutz) eher gepflegt werden. Die Geldverteilung hängt allerdings öfters auch mit den persönlichen Vorlieben des Auswahlkomitees zusammen.

Die Problematik der privaten finanziellen Unterstützung der Kultur und die damit verbundene gezielte Imagepflege soll schliesslich auch noch aus dem Blickwinkel des Sponsors gesehen werden, der im folgenden Zitat zu Worte kommt: «Dass privatwirtschaftliche profitorientierte Unternehmen ihre Werbe- und PR-Mittel völlig selbstlos für gemeinnützige Zwecke ausgeben, ist jedenfalls noch einiges naiver, als die Vorstellung, ein privater Mäzen handle immer ganz selbstlos. Bedauerlich, und einer gesunden privaten Kulturförderung abträglich, ist nur, dass das eigentlich ganz legitime menschliche Anerkennungsbedürfnis heutzutage durch das unselige Zusammenwirken von moralisierendem Puritanismus und ideologischem Besitzneid so arg in Misskredit gebracht wurde.»[94] Von all den verschiedenen Erscheinungsformen in der Unterstützungspolitik erscheint das Sponsoring wohl als die am meisten politisierte. Es ist deshalb nicht verwunderlich, dass in neuester Zeit gerade aus wirtschaftlichen Kreisen die Rolle und die Form des Kultursponsoring vermehrt kritisch und analytisch in Frage gestellt werden.[95]

Anmerkungen zu den Seiten 145–147

[1] Die finanzielle Freigebigkeit für die Unterstützung von Alternativgruppen wird vom Geber so gerechtfertigt, dass ein «vernünftiges und richtiges Gleichgewicht zwischen den grossen Institutionen und den ‹freien› Gruppen gefunden» werden müsse, d. h. «denjenigen, die Bedenken für die Popularisierung der Kultur haben, wird entgegnet, dass sie nichts von Kultur verstehen. Alle kulturfördernden Aktivitäten leisten einen Beitrag fürs Zusammenleben der Menschen». In: NZZ 6. 7. 1989.

[2] Unterstützung einer Veranstaltung in «Partnerschaft» oder als «Gastgeber» mit Namensnennung der betreffenden Firma, z. B. so deklariert im Referat des Leiters des Kultursponsorings der Schweizerischen Kreditanstalt am 26. 1. 1990.

[3] Die konsensuale Subventionspolitik geht aber mehr und mehr zu Lasten der sogenannt elitären E-Musik. Da ein Nachholbedarf existiert und die politische Unterstützung näher liegt, werden die Subventionen für Alternativkunst laufend erhöht. Auch wird der zeitgenössische E-Musik-Bereich weniger unterstützt als die populären Kunstrichtungen wie Tanz und Theater.

[4] «Die Unterstützung von Kultur durch staatliche Subventionen stellt sich nicht in erster Linie als eine Finanzfrage, sondern als eine politische. Städtische Kulturinstitutionen sind keine Einrichtungen, die finanziell auf Rosen gebettet sind. Der Besuch von kulturellen Veranstaltungen oder gar eine aktive Teilnahme entspricht einem breiten Bedürfnis in der Bevölkerung», heisst es in der *Züri Woche* vom 26. 3. 1987.

[5] Zeitungsartikel wie derjenige mit dem Titel «Kultur ist kein Luxusartikel mehr» (z. B. wie in: *Tagblatt der Stadt Zürich* vom 22. 12. 1989) sind heutzutage häufig anzutreffen.

[6] Die Studie «Die wirtschaftliche Bedeutung der Zürcher Kulturinstitute» (P. Daniel Bischof, Julius Bär-Stiftung, 1984, S. 7/8) gliedert die Kulturausgaben für 1983 von total 88,3 Mio. wie folgt auf: 1983: Musik/Musiktheater 48,2 Mio., Sprechtheater 19,5 Mio., Literatur 10,5 Mio., Bildende Kunst 5,4 Mio., Film 0,4 Mio., Gemischtes 4,3 Mio. Dazu trugen der Kanton 16,4 und Agglomerationsgemeinden 2,0 Mio. bei. Die Kulturförderungsbeiträge des Kantons Zürich lagen 1988 bei insgesamt 24,5 Mio., davon flossen rund ⅔ an die Stadt Zürich für die grossen Kulturinstitute, knapp ⅓ kam den Kulturschaffenden der Gemeinden zugute. Die Beiträge der Agglomerationsgemeinden betrugen 1988 9,8 Mio. Diese kommen ausschliesslich den Kulturinstituten mit überregionalem Charakter (Kunsthaus, Schauspielhaus, Oper, Tonhalle) zugute. Die Subventionserhöhungen der Stadt Zürich fliessen dagegen in die neuen Kulturengagements.

[7] An die vier Kulturinstitute und für kulturelle Aktivitäten in der Stadt Zürich wurden 1988 insgesamt 94,3 Mio. Subventionen bezahlt. 67,7 Mio. steuerte die Stadt Zürich bei, 16,8 Mio. der Kanton Zürich, und 9,8 Mio. leisteten die finanzstarken Gemeinden. Diese Verteilung der Kultursubventionen beruht auf der 1984 vom Volk angenommenen Vorlage «Aufgabenteilung und Lastenausgleich». Beim Opernhaus, dem Empfänger der höchsten Subventionen, wird der Verteilungsschlüssel zwischen Stadt und Kanton Zürich zugunsten der Stadt erneut verbessert, von 40% der Gesamtsubventionen im Jahre 1989 auf 49% im Jahre 1993. Die Beiträge für Schauspielhaus, Kunsthaus und Tonhalle betragen nach wie vor 25% der Gesamtsubventionen. Die erhöhten Subventionsbeiträge zeigen im allgemeinen die Tendenz für eine bessere Unterstützung für visuell ausgerichtete Kulturveranstaltungen (siehe auch: NZZ 20.11.1987). Zu den Subventionen kommen allerdings noch weitere öffentliche Beiträge verdeckter Art, z. B. niedrige Mieten für Tonhallesäle und subventionierte Konzerte. Aus: Studie der Julius Bär-Stiftung, NZZ 23.4.1987, NZZ 13.10.1988.

[8] Eine positive Publikums-Rezeption der Tonhalle-Konzerte wird im Rückblick auf das Geschäftsjahr 1986/87 der Tonhalle-Gesellschaft besonders hervorgehoben: «Wenn Quantität im künstlerischen Bereich auch nicht das Entscheidende ist, so gibt die nachfolgende Zusammenstellung über die Anzahl der Konzerte, Interpreten und Programme doch einen Eindruck über den Umfang des musikalischen Angebotes der Tonhalle-Gesellschaft an die musikliebende Bevöl-

Anmerkungen zu den Seiten 147–149

kerung, im Subventionsvertrag so bezeichnet: nämlich 106 Konzerte.» Es sind damit die folgenden Konzertveranstaltungen gemeint: 40 Abonnementskonzerte (Typen: G, A, B, C, D, M, siehe auch S. 26, Anm. 16 und 17), 11 Extrakonzerte, 18 Sinfoniekonzerte, 5 Juni-Festwochen-Konzerte, 9 Sonderkonzerte, 4 Rezitale, 9 Kammermusik-Konzerte, 8 Kammermusik-Matinéen, 2 Schülerkonzerte.

9   4. bis 7. 10. 1988. NZZ 8./9. 10. 1988.

10 Artikel «Musik in Grenzbereichen» in: NZZ 11. 12. 1987.

11 Eine volkskundlich-soziologische Darstellung der Interessengruppen und deren Konflikte in der Musikkulturförderung wird auch in Zukunft weiterhin aktuell bleiben. In den Jahren 1990/91 wird dem schweizerischen Parlament ein Entwurf zu einem neuen Kulturartikel der Bundesverfassung vorgelegt. Obwohl dieses auf Bundesebene operiert, wird von ihm wohl keine zentralistische Kulturförderung angestrebt. Im Gegenteil, die gesellschaftliche und kulturelle Vielfalt der Schweiz soll weiterhin als gemeinsame Aufgabe von Bund, Kantonen, Gemeinden und Privaten verstanden werden. Gemäss Entwurf soll die Kulturförderung eine zweckmässige Aufgabenteilung und Koordination aufweisen.

12 Die Präsidialabteilung organisiert z. B. die Podiums-Konzerte, welche vor allem der zeitgenössischen Musik gewidmet sind. Sie unterstützt auch die «alternative» Musikszene in der Roten Fabrik und im Kanzlei-Zentrum und beeinflusst ebenfalls das kunstinteressierte Publikum durch die Themen und Programmgestaltung der Juni-Festwochen. Im Prinzip ist diese städtische Instanz verantwortlich für die soziale, wirtschaftliche und künstlerische Unterstützung des Zürcher Kunstschaffens. Sie ermöglicht ein breitgefächertes Kunstangebot für die ganze Stadtbevölkerung, also einen ausgesprochenen Kultur-Pluralismus.

13 Dass die Stadt diese Aufgabe übernimmt, ist historisch begründet. Diese ist aber auch aus den demographischen und wirtschaftlichen Gegebenheiten erklärlich: 60% aller schweizerischen Erwerbstätigen wohnen auf weniger als 2% der Landesfläche. Doch sind angesichts der kantonalen Kulturhoheit auch verschiedene Lösungen gewählt worden, so z. B. im Kanton Aargau, wo die Förderungsaufgabe bei einem kantonalen Kuratorium liegt (NZZ 20.6.1988).
In der Diskussion über eine Neuordnung der Stadtverwaltung wird hervorgehoben, dass die Präsidialabteilung künftig in der neuen Verwaltungsstruktur der Stadt Zürich «Kulturdepartement» heissen werde und dass das Departementssekretariat weiterhin den grossen Bereich der Kulturpolitik und der Kulturförderung übernehmen werde. In: NZZ vom 28. 1. 1988.

14 Auf eidgenössischer Ebene arbeitet die Schweizerische Kulturstiftung «Pro Helvetia». Sie fördert vor allem Veranstaltungen des Kulturaustausches zwischen den Sprachgebieten und Kulturkreisen in der Schweiz und pflegt kulturelle Beziehungen mit dem Ausland. Sie hilft mit Beiträgen zur Förderung des schweizerischen Kulturschaffens durch Werkaufträge, Werkjahre, Werkankäufe, Projekt- oder Druckbeiträge. Pro Helvetia zahlt als sog. «Finanzhilfe Kulturaustausch» Beiträge in den folgenden musikalischen Sparten: Sogenannte E-Musik, Experimental- und Computermusik, Jazz, Folk, Chanson, Rock- und Pop-Musik, Volksmusik. Im Jahresbericht 1988 stand, dass einem Zuwachs der Gesuche von 14,4 Prozent auf 1546 ein Anwachsen der finanziellen Mittel um 12,5 Prozent, d.h. auf 18 Millionen Franken, gegenüberstand (heute sind es 21 Millionen). In: NZZ 16. 11. 1989. Der ungebremste Expansionstrend kann nach Ansicht der Stiftung auf zwei Hauptursachen zurückgeführt werden: auf die nach wie vor ungesättigte Nachfrage nach kultureller Unterstützung im Inland und die steigende Notwendigkeit einer kulturellen Präsenz der Schweiz in der Welt.

15 In einem Interview mit dem Stadtpräsidenten hebt dieser hervor, dass es auch im Jahre 1989 gelungen sei, das kulturelle Angebot weiterhin zu verbreitern (Theaterhaus Gessnerallee, Kunsthalle, Neuordnung der Stipendien und Auszeichnungen) und die folgenden freien Gruppen zu fördern: Theatergruppen Coprinus, Komedie, CH-Tanztheater, Jazz- und Musikgruppen etc.) In: NZZ 30./31. 12. 1989.

Anmerkungen zu den Seiten 149–151

[16] Als Beispiel nenne ich die Gruppe «Ensemble», die für ihr Konzert vom 15.11.1987 mit einer Uraufführung (Alfred Zimmerlin) im Miller's Studio in Zürich finanzielle Unterstützung der Pro Helvetia bekommen hatte. Der Vermerk «mit Unterstützung der Pro Helvetia» wurde zur Imagebildung ebenso wie als Verdankung auf das Programmblatt gedruckt.

[17] In: *Schwerpunkte der Zürcher Kulturpolitik.* 1985, S. 5.

[18] Bericht darüber in: *Witikoner Quartier-Anzeiger.* 14. Jg.

[19] Der Stadtpräsident formulierte seine «kulturpolitische Linie» wie folgt: «Solange ich Stadtpräsident bin, will ich mich für eine liberale und offene Kulturpolitik einsetzen, weil ich überzeugt bin, dass es einer Stadt von der Dimension und Grösse Zürichs gut ansteht, wenn die Kultur als verbindliches Medium von der öffentlichen Hand die Unterstützung erhält.»

[20] So wird der E-Musik-Bereich in der Unterstützungspolitik von Stiftungen, sowie bei der Suisa und der Präsidialabteilung, genannt.

[21] Von dieser abstrakten Formulierung bis zu einer konkreten Verteilung der finanziellen Mittel sind allerdings ein paar wesentliche Schritte zurückzulegen. Dabei ist die Legislative mit einbezogen, d.h., die Subventionsverträge werden von einer Kommission vorbereitet und kommen dann vor den Gemeinderat. Es gibt allerdings Bestrebungen, welche die Ausgabenkompetenzen des Gemeinderates in der Stadt Zürich beschränken und grössere wiederkehrende Subventionen der Volksabstimmung unterwerfen wollen, was allerdings rechtlich nicht geschehen kann. Verschiedene Artikel in den Tageszeitungen (z. B. in: NZZ 18.4.1988, NZZ 2./3.7.1988, *Tagblatt der Stadt Zürich* 16.11.1989 u.a.) erwähnen solche aktuelle kulturpolitische Diskussionen. Wir lassen hier aber die rein politischen Problemkreise der Kulturförderung beiseite, da wir uns auf musikkulturelle Aussagen und den musikkulturellen Auftrag im Rahmen einer bürgerlichen Gesellschaft konzentrieren wollen.

[22] In: *Schwerpunkte der Zürcher Kulturpolitik.* 27.11.1985, S. 2.

[23] Musikalische Institutionen der E-Musik mit regelmässiger Subvention sind: Opernhaus, Tonhalle-Gesellschaft, Zürcher Kammerorchester, Camerata Zürich, Collegium Musicum, Forum für alte Musik, Pro Musica, Opera Factory, Musikpodium der Stadt Zürich, Theater 11, Serenaden im Park der Villa Schönberg.

[24] Rote Fabrik, Jazz- und Rockmusik, kulturelle Aktivitäten im Kanzleischulhaus etc.

[25] In: *Schwerpunkte der Zürcher Kulturpolitik.* 1985, S. 33: Musikkorps und Bläserkurse erhalten Fr. 200 000, Jugendmusiken und Bläserschulen Fr. 260 000, Neuinstrumentierung und Neuuniformierung werden mit Fr. 20 000 unterstützt.

[26] In: *Schwerpunkte der Zürcher Kulturpolitik.* 1985, S. 8.

[27] Ich mache hier auf die «Tage der Neuen Musik», die Tanztheater, die Jazz, Rock/Pop-Festivals aufmerksam.

[28] Im Chorwesen wird «Laien wertvolle Gelegenheit zu aktiver musikalischer Betätigung geboten».

[29] *Handbuch öffentlicher und privater Kulturförderung.* Orell Füssli Zürich, 1988, S. 2.

[30] In der NZZ vom 2.12.1987 war zu lesen, dass der Stadtpräsident erklärte, dass lange Zeit der Begriff der Lebensqualität ausschliesslich im Sinne eines allgemeinen Wohlstandes und damit der sozialen Sicherheit verstanden wurde: «Die Diskussionen der letzten Jahre zeigen aber deutlich, dass zu einer lebenswerten Stadt auch eine Kulturpolitik gehört, die den verschiedenen Bedürfnissen der Bewohner gerecht werden muss; d.h., die Rote Fabrik nimmt heute einen wichtigen Platz in der städtischen Kulturpolitik ein. Sie braucht, gerade weil sie sich auch um die neuen Kulturformen verdient macht, unsere Toleranz.»

[31] Am 6.12.1987.

[32] Für einen positiven Ausgang der Roten-Fabrik-Subvention im Jahre 1987 plädierend, wurde in den Tageszeitungen denn auch immer wieder der Publikumserfolg der rund 300 Veranstaltungen hervorgehoben, welche von mehr als 80 000 Menschen besucht worden waren. Z. B. Artikel in: NZZ 20.11.1987.

Anmerkungen zu den Seiten 151–154

³³ In der NZZ vom 18.11.1987 und im *Witikoner Quartier-Anzeiger* vom 1. Juni 1987 heisst es u. a., das Kulturzentrum Rote Fabrik sei ein Kristallisationspunkt in der kommunalen kulturpolitischen Landschaft geworden und deshalb notwendig, «weil Toleranz und Respekt gegenüber Minderheiten fundamentale Voraussetzungen für ein Zusammenleben in einer freiheitlichen Gemeinschaft sind».

³⁴ 1986 stand der «Popkredit» von Fr. 500 000 «vollumfänglich zur Ausrichtung von Beiträgen und Defizitdeckungsgarantien zur Verfügung. Ein Betrag von Fr. 380 000 war für den Betrieb des Jazz-Musikrestaurants der Stadt Zürich, des «Bazillus», vorgesehen, um junge einheimische Musiker zu fördern und «gleichzeitig eine Auseinandersetzung mit dem Schaffen professioneller Jazzmusiker aus dem In- und Ausland» zu schaffen. In: *Schwerpunkte der Zürcher Kulturpolitik*. 1985, S. 34.

³⁵ Z. B. das «Komponisten-Sekretariat» oder die «WIM», die Werkstatt für Improvisierte Musik.

³⁶ D.h. «traditionell» komponiert und musiziert.

³⁷ Aussage des Stadtpräsidenten in: NZZ 6. 7. 1989.

³⁸ In: *Schwerpunkte der Zürcher Kulturpolitik*. 1985, S. 4.

³⁹ In: *Schwerpunkte der Zürcher Kulturpolitik*. 1985, S. 4. Von verschiedenen Aspekten her gesehen, d. h. vom allgemeinen Kulturverständnis in den «Schwerpunkten», von der Publikumsrezeption und Akzeptanz der Masse (Zeitungsartikel mit dem Titel «Kulturkredit und politische Propaganda»), aber auch von der wirtschaftlichen und finanziellen Lage her (NZZ-Artikel: «Zum Konflikt um eine Defizitdeckung») treffen wir auf die Problematik des Auswahlverfahrens für eine vertretbare finanzielle Unterstützung des vielschichtigen musikkulturellen Schaffens. NZZ 8./9. 8. 1988.

⁴⁰ Der Stadtrat setzt verschiedene Kommissionen ein. Zu nennen sind hier insbesondere die Gremien wie: Literaturkommission, Musikkommission, Kunstkommission, Ankaufskommission, Stipendienkommission, Ausstellungskommission, Filmkommission, Kommission für die Rote Fabrik, Kommission für medienpolitische Fragen.

Es heisst in den *Schwerpunkten...*: «Der Kulturauftrag der Stadt soll sowohl mit finanziellen Förderungsmassnahmen als auch mit guten Diensten sowie vor allem durch die Pflege der Kontakte mit Kulturschaffenden wahrgenommen werden. Eine zukunftsorientierte Kulturpolitik setzt eine kontinuierliche Auseinandersetzung mit den Beteiligten, Betroffenen und Verantwortlichen im Kulturbereich voraus.»
Der Sekretär des Stadtpräsidenten lädt übrigens neben den täglichen Kontakten in regelmässigen Abständen Künstler, Kulturkritiker und weitere Persönlichkeiten des kulturellen Lebens zu informellen Gesprächen ein.

⁴¹ In: *Züri Woche* vom 3.12.1987.

⁴² Die Gemeinde Winterthur wendet 1,7 Millionen Franken, der Kanton Zürich 1 Million auf, private Spenden betragen etwa 1 Million und die Betriebseinnahmen sind ca. 720 000 Franken. Der einzelne Einwohner von Winterthur zahlt pro Jahr durchschnittlich nur 241 Franken, während als Vergleich der Bewohner der Stadt Zürich 481 Franken jährlich für Kulturelles beisteuert.

⁴³ Bericht über die Preisübergabe an die «Zürcher Kulturschaffenden» in den Bereichen Musik, Tanz und Literatur in: *Tagblatt der Stadt Zürich* vom 6. 7. 1987.

⁴⁴ Für 1987; im Jahre 1989 sind 28 Kulturschaffende, die zusammen 301 000 Franken erhielten.

⁴⁵ Bericht in: NZZ 14. 12. 1987. Diese ausgewählten Musiker hatten auf ein Inserat in den Tageszeitungen «Komponist gesucht» geantwortet und gemäss dieser Aufforderung neben einem kurzen Lebenslauf eine Dokumentation des bisherigen Schaffens der Präsidialabteilung eingereicht.

⁴⁶ So wurde die Preisverleihung im *Tagblatt der Stadt Zürich* vom 12. 12. 1988 beschrieben.

⁴⁷ Bericht in: NZZ 11. 12. 1989 und *Tagblatt der Stadt Zürich* 11. 12. 1989.

⁴⁸ Dieses Ziel war besonders zur Zeit der «Roten-Fabrik-Abstimmung» aktuell mit besonders überzeugungskräftigen Inseraten wie: «Die Quartier-Tupfer in der Palette der Roten Fabrik», «Wollishofen braucht die Rote Fabrik, und die Rote Fabrik braucht Wollishofen». Z. B. in: *Tagblatt der Stadt Zürich* vom 21. 11. 1987.

Anmerkungen zu den Seiten 154–157

[49] Wie z. B. die private Gruppe «Fluchtgrund Zürich», die ein Gegengewicht zum städtischen Juni-Festwochenprojekt 1988 «Fluchtpunkt Zürich» darstellen wollte.

[50] In: NZZ 13. 10. 1988 und *Freizeit-Quartieratlas,* der beim Sozialamt der Stadt Zürich erhältlich ist.

[51] Wolfgang Sawallisch, «Im Interesse der Deutlichkeit», *Mein Leben mit der Musik.* Hamburg 1988.

[52] Vgl. auch S. 79.

[53] Gerold Fierz. «Volkmar Andreae und das Musikleben Zürichs» In: Margaret Engeler (hg.). *Briefe an Volkmar Andreae.* Zürich 1986, S. 24.

[54] Rudolf Schoch. *100 Jahre Tonhalle Zürich.* Zürich 1968, S. 76.

[55] W. G. Zimmermann (hg.). *Richard Wagner in Zürich* (1. Folge), 170. Neujahrsblatt der AMG 1986, Zürich 1987. Kurt von Fischer (hg.), *Czeslaw Marek (1891–1985),* 171. Neujahrsblatt der AMG 1987. W. G. Zimmermann (hg.), *Richard Wagner in Zürich* (2. Folge), 172. Neujahrsblatt der AMG 1988.

[56] *Handbuch der öffentlichen und privaten Kulturförderung.* Zürich 1988.

[57] Die Stiftung einer Firma ist eher unpersönlich, macht sich bekannt, sponsert eher Ereignisse. Eine mäzenatische Stiftung ist eher privat und diskret, hat persönliche Beziehungen.

[58] Die jährliche Subvention der Stadt Zürich von rund einer Million Franken hilft ebenfalls mit, das musikalische Niveau dieses Privatorchesters zu halten. Siehe in: *Schwerpunkte der Zürcher Kulturpolitik 1985,* S. 26, wo die Subventionen der Stadt Zürich für das Zürcher Kammerorchester angegeben werden mit Fr. 987 400. In den folgenden Jahren werden die Subventionsbeiträge aber höher sein.

[59] Im *Jahresbericht* 1986/87 der Tonhalle-Gesellschaft wird erwähnt, dass die Gönner «in grosszügiger Weise die acht Klavier-Rezitale, fünf Juni-Festwochen-Konzerte, vier Abonnementskonzerte, ein Extrakonzert, ein Sonderkonzert sowie das Sinfoniekonzert mit der Uraufführung von Samuel Langmeiers ‹Jerusalem› unterstützt» hätten.

[60] Sonderkonzert am 25. März 1987 zur Einweihung des «mitfinanzierten neuen Steinway-Konzertflügels für den Grossen Tonhallesaal». Auch andere Mäzenaten-Gesellschaften pflegen mindestens einmal jährlich die Intimität solcher Begegnungen.

[61] Die Tonhalle-Gesellschaft zählte 1989 über 2275 Mitglieder. Die Mitgliedschaft zur Tonhalle-Gesellschaft kostet pro Jahr Fr. 225 für Ehepaare, diejenige zum Gönnerverein hingegen Fr. 1300 auch für Ehepaare.

[62] Z.B. Verein Freunde des Liedes – Zürich, Rezital-Gesellschaft etc.

[63] Zürcher Kammerorchester, resp. Camerata einerseits und Collegium Musicum andererseits.

[64] siehe S. 23 ff.: Publikumsstudie.

[65] Dem Journalisten der *Züri Woche* (Ausgabe vom 5. 5. 1988) gegenüber formuliert der Dirigent der Camerata seine Leitgedanken folgendermassen: «Erst das Werk, dann der Interpret... Wissen Sie, für mich ist die Gestaltung der Programme etwas ganz Wichtiges. So achte ich auf eine Durchmischung von berühmten Werken aus der Zeit vor 1900 sowie bereits bestandene Kompositionen des zwanzigsten Jahrhunderts mit unbekannterer älterer und zeitgenössischer (sehr oft schweizerischer) Musik. Gerade das bewusste Zusammenstellen solcher Stücke aufgrund von Entsprechungen oder Gegensätzen macht einen eigenen Reiz aus und verhindert, dass wir den Konzertbesuchern lose Ansammlungen von Werken vorsetzen. Ich würde zum Beispiel nie einen bestimmten Solisten engagieren und nachträglich um ihn herum mein Programm gruppieren. Zuerst wird festgesetzt, was wir spielen, und erst dann stelle ich mir die Frage nach dem geeigneten Interpreten.» Der Dirigent der Camerata fährt im Interview folgendermassen weiter: «Letzteres geht zwar schnell vergessen wie im Falle von Anne-Sophie Mutter, welche bereits in den Jahren 1976 und 1977 Violin-Konzerte von Mozart und Bach mit uns gespielt hat.»

[66] Z. B. Kammerorchester Kobelt, Orchester des Konservatoriums Zürich, die Kammermusiker Zürich, I Salonisti u. a.

Anmerkungen zu den Seiten 158–163

67 In den USA scheint es (wie es in einem Bericht in einer Tageszeitung hiess) u. a., dass aber viel «Energie, Personal und gute Public-Relations-Arbeit, verbunden mit Aufschneidereien und Übertreibungen erfordert sind, um ‹Geldmogule› für gewisse Projekte zu überzeugen».

68 Géza Anda Concours vom 24. 5. bis 3. 6. 1988 in Zürich.

69 Thomas Mann, *Doktor Faustus,* Fischer Taschenbuch 1975, S. 416/417.

70 Im Sport eher eine Persönlichkeit.

71 *Time Magazine,* Vol. 132 No. 7, August 1988.

72 Begleittext zur Platte LP 30–811, Temps musique mit dem Pianisten Evgueni Krouchevsky. Hg. von Patek Philipp, Genf 1985.

73 Hingegen haben mäzenale und private Stiftungen die Möglichkeit, ihren Förderungsbereich nach anderen Kriterien abzustecken. Auch Sponsoren gehen oft von ideellen und nicht nur von materiellen Motiven aus.

74 So hiess es u. a. in der NZZ vom 31. 3. 1988: «Dieses Konzert wird ermöglicht durch die Unterstützung der Zürcher Kantonalbank.» Im Konzert (22. 4. 1988) im Grossen Tonhallesaal «präsentiert die Stadtmusik Zürich und die Feldmusik Sarnen konzertante Blasmusik».

75 Die «Vereinigung Zürcher Bahnhofstrasse», die neben Juwelier- und Haute-Couture-Geschäften u. a. auch musikalische Einladungen z. B. für den «MV (Musikverein) Zürich-Witikon/ Spielsektion UOV (Unteroffiziersverein)» oder für andere Blasmusikkonzerte in den Tageszeiten inseriert. Z. B. in: NZZ 18. 8. 1988.

76 Bericht über die Ausstellung in der Mühle Tiefenbrunnen in: NZZ vom 26. 8. 1988. Das Miller's Studio (Mühle Tiefenbrunnen) hat sich erst in letzter Zeit (auch mit Unterstützung der Präsidialabteilung) durch gesponserte Auftritte von bekannten Musikgruppen einen Namen gemacht.

77 Konzert in der Wasserkirche am 19. 12. 1989, gesponsert durch das Bijouterie-Geschäft Beyer.

78 Uli Rubner. Artikel über «Die Verschwender vom Dienst». In: *Politik und Wirtschaft,* Nr. 10, 1988, S. 89.

79 Bulletin, *Das Schweizerische Bankmagazin,* Schweizerische Kreditanstalt, 3/1988. Firmen und Bankinstitute haben auch immer wesentliche Beiträge an Orchestertourneen, Aufführungen zeitgenössischer Opern (Benjamin Britten «Peter Grimes»), Jazzkonzerte, Galakonzerte u. a. geleistet.

80 Konzert im Grossen Tonhallesaal vom 30./31. 5. 1987. Siehe auch S. 36 ff. unter «Funktionalität in der Musik».

81 In: NZZ 6. 11. 1987. Es werden Aktionen mit den Mitteln des Kulturprozentes (fast 100 Millionen Franken) von der Migros-Genossenschaft unterstützt, bei denen die Durchführung oder Unterstützung von kulturellen Veranstaltungen, die «vor einem Publikum stattfinden», den Vorrang haben, z. B. Theater, Tanz, Musik, Variété etc. (NZZ 30./31. 5. 1987).

82 Artikel in: *Turicum.* Vierteljahresschrift für Kultur, Wissenschaft und Wirtschaft, Herbst 1988.

83 Die Inserate haben die Form einer «Zeitung in der Zeitung» und umfassen solche Ankündigungen unter dem Titel «Die Migros und die Kultur».

84 In der NZZ 28. 11. 1987 heisst es über das enorme Echo dieses Wettbewerbs: «Nicht weniger als 120 Formationen aus allen Landesteilen haben sich beteiligt, indem sie schriftlich und mit Beispielen auf Musikkassetten dokumentierten, wie viele Grenzbereiche es in der heute verfügbaren Musik zu erschliessen gäbe.» Der Sponsor war hier nur soweit beteiligt, als von der Ausschreibung der Migros-Kulturförderung her einzig die Bedingung formuliert worden war, dass der Musik dabei neue Impulse zu vermitteln seien.

85 In der *Schweizer Musiker-Revue,* 65. Jg. Nr. 8, August 1988, wird die Stiftung «Kind und Musik» folgendermassen vorgestellt: «Der Stiftungsrat der Jubiläumsstiftung Musik Hug ‹Kind und Musik› (...) unterstützt mit Erträgen aus dem Stiftungskapital Aktivitäten, die auf lebendige und anschauliche Weise das Kind/den Jugendlichen zur Musik führen und zur Entwicklung der musikalischen Ausdrucksfähigkeit beitragen.»

Anmerkungen zu den Seiten 163–165

[86] Im Rahmen ihrer Feierabendkonzerte gibt die Schweizerische Bankgesellschaft jungen, talentierten Musikinterpreten Gelegenheit für öffentliche Auftritte vor grossem Publikum.

[87] In: *Bulletin. Das Schweizerische Bankmagazin,* Schweizerische Kreditanstalt, 3/1988.

[88] Auch im Bereich der Volksmusik formulieren einige ihrer Vertreter öffentlich den Wunsch: «Ich will noch den Konzertsaal erobern.» In: *Wir Brückenbauer.* Nr. 31 vom 3. 8. 1988.

[89] Es hiess in den Tageszeitungen (NZZ 30. 5. 1987 und 28. 11. 1987) u.a.: «Die Grossveranstaltung der Migros – betreut von den Klubhaus-Konzerten – möchte breiten Kreisen der Bevölkerung den Zugang zu diesem musikalischen Eckpfeiler der französischen Romantik ermöglichen. Insgesamt sind 400 Künstler an der Realisierung des vor 150 Jahren in Paris uraufgeführten Requiems beteiligt.» Diese Notiz betraf die Aufführung von Hector Berlioz' «Requiem» am 15. 6. 1987 im Hallenstadion Zürich während der Juni-Festwochen 1987. Dagegen wird von seiten der zeitgenössischen Musiker argumentiert, dass in einem kleinen Saal wie im Theater am Neumarkt schon 60 Personen nach Erfolg aussehen.

[90] NZZ 30. 5. 1987 und 28. 11. 1987.

[91] Elias Canetti. *Masse und Macht.* Zürich 1960.

[92] Kurt Meyer-Herzog. «Der Mäzen ist kein Sponsor». In: *Schweizer Monatshefte,* 67. Jg. Heft 11, November 1987.

[93] NZZ 11. 1. 1988: Kulturförderung der Bankgesellschaft: Fr. 510 000 an die bildende Kunst, wovon Fr. 275 000 an die Denkmalpflege, ans literarische Schaffen Fr. 40 000, ans Filmschaffen Fr. 50 000, an die Tonkunst Fr. 115 000.

[94] *Finanz und Wirtschaft.* 9. 7. 1986.

[95] Vgl. auch das *Sonderheft des Schweizer Ingenieur- und Architektenverbandes* (Dez. 1989) zu diesem Thema, insbesondere den Artikel von C. von Castelberg, «Eine Bank zwischen Mäzen und Sponsoren». Neue Bücher über das Kultursponsoring sind u. a.: Manfred Bruhn und H. Dieter Dahlhoft. *Kulturförderung, Kultursponsoring – Zukunftsperspektion der Unternehmenskommunikation.* Betriebswirtschaftlicher Verlag Dr. Th. Gabler, Frankfurt/Wiesbaden 1989. Arnold Hermanns. *Start- und Kultursponsoring.* Verlag Franz Vahlen. München 1989. Peter Roth. *Kultur-Sponsoring – Meinungen, Chancen und Probleme.* Konzepte und Beispiele. Verlag Moderne Industrie, Landsberg 1989.

Das musikkulturelle Verständnis der Behörden und Medien

Popularisierungstendenzen und Volkstümlichkeit in der Konzertmusik

Die der offiziellen Kulturförderung innewohnenden «Gefahren» sind in der nachfolgenden Glosse extrem formuliert.[1] Ich lese folgendes in einer Tageszeitung: «Die neue Medienpolitik favorisiert die Unterhaltung. Was euphorisch als Programmvielfalt angeboten wird, entpuppt sich bei Lichte betrachtet als «more of the same» von zumeist eher deplorabler Qualität. Die Nivellierung auf den Durchschnittsgeschmack droht zum Vorreiter des schlechten Geschmacks zu werden. Neue Medien sind Programmwiederaufbereitungsanlagen. Was stattfindet, ist eine Boulevardisierung.»[2]

Was hier als «*Boulevardisierung*» glossiert wird, möchte ich etwas wertneutraler als «Popularisierung» bezeichnen. Damit meine ich das Eingehen der Programmverantwortlichen auf die musikalische Geschmackskultur der breiten Volksmasse. In einer pluralistischen Gesellschaft ist aber diese Geschmackskultur durchaus nicht homogen, was ich in den vorhergehenden Kapiteln ja ausführlich belegt habe.

Ich werde in diesem Abschnitt vor allem auf die *bewusste Förderung der Popularisierung* eingehen.[3] Für dieses Streben nach «Volkstümlichkeit» soll hier der Begriff «Popularismus» verwendet werden.[4] Popularismus ist also die Tendenz, in einer pluralistischen Kulturgesellschaft differenziert auf die verschiedenen Teil- und Subkulturen einzugehen. Mit der oft zu beobachtenden Teilnahme von Kulturbeauftragten an einem (subventionierten) Volks-(Folk)-Musik-Festival, an einer «Kultur»-Veranstaltung im Kanzleischulhaus oder im Alternativ-Zentrum Rote Fabrik oder an einem Lunchkonzert in der Tonhalle wird deutlich gemacht, dass Flexibilität in der städtischen Musikkultur-Politik vorhanden sei. Die Stadtregierung zeigt damit, dass sie sich nicht nur auf sogenannt «elitär gefärbte» Konzerte beschränkt, sondern auch die «Werte des Volkes» schätzt und mit dem «Volke» geniessen möchte. Durch diese offizielle Partizipation definieren die Regierung und auch die berichterstattenden Journalisten, einen gewissen Begriff von «Volk», der mit dem volkskundlichen Begriff nicht unbedingt übereinstimmt. Das persönliche Erscheinen von städtischen Verantwortlichen an den verschiedensten Musikveranstaltungen dokumentiert das Interesse, welches übrigens subtil abgestuft werden kann, z. B. durch die Entsendung von subalternen Beamten oder auch durch das vorzeitige Verlassen eines Konzertes.[5]

Für den Popularismus gibt es also ganz verschiedene Motive. Dazu gehören einmal die «Zur-Schau-Stellung» der kulturellen Offenheit der Sponsoren und das Streben nach «Worte-Effekten», wie z. B. «Die kulturellen Auszeichnungen als Seismograph in der Kulturpolitik».[6] Bei dieser Art Vorgehen, wie bei der Übergabe der kulturellen Auszeichnungen an Zürcher Künstler, steht die *Anpassung an die Geschmackskulturen des Zielpublikums* im Zentrum.[7] Daneben gibt es aber auch das Motiv der *Akkulturation*. Unter dieser Zielsetzung wird versucht, auf gewisse, als besonders erstrebenswert angesehene kulturelle Werte aufmerksam zu machen. Die angepasste städtische Kulturpolitik ist also ein «Frühwarnsystem für kulturelle Änderungen». In diesem Sinne kann die Vergebung von fünf Kompositionsaufträgen (von insgesamt neun, im Jahre 1989) für Laienorchester Signalwirkung haben.[8] Die kulturellen Werte sollen also einer breiteren Volksmasse oder einer bestimmten Zielschicht vermittelt werden. Es stellt sich hier die Frage nach einer allfälligen wissenschaftlichen Basis, denn bei dieser Art Popularismus ist ausser einem musikalischen auch ein volkskundlich-soziologisches Verständnis der Sponsoren herausgefordert. Inwiefern sind sich private und offizielle Sponsoren von Konzertveranstaltungen in der Stadt Zürich dieser Herausforderung bewusst? Wieweit handeln sie nach objektiven soziologischen Erkenntnissen über die Zürcher Kulturgesellschaft? Diese Frage steht nun im Zentrum dieses Kapitels.

Wo der *Schwerpunkt des Kulturlebens* einer Stadt wie Zürich liegen soll, wird immer mehr zur Diskussion gestellt. Minderheiten, alternative und subkulturelle Erscheinungen im Musikleben, finden ihren Zugang zu den traditionellen Kulturinstituten. Wertbestimmte Grenzziehungen zwischen Unterhaltung, Kunst, Improvisation und Alternativkultur lassen sich kaum mehr objektiv durchführen. Die Themenwahl für die Juni-Festwochen bietet jeweils Anlass für eine Besinnung, wie etwa die E-Musik zu popularisieren wäre und die Koordination unter den Veranstaltern zu fördern sei, d.h., die Juni-Festwochen statt als «Viersternmenü für erlauchte Kreise» als *Kulturfest für alle* zu konzipieren.[9] Solche Diskussionen können die Diversität des Angebotes fördern. Dies wurde deutlich sichtbar beim Thema der Juni-Festwochen 1988 «Fluchtpunkt Zürich» und demjenigen von 1989 «Fenster zu Europa»[10] oder beim zweitägigen Sonderkonzert der Tonhalle-Gesellschaft «Hommage à Martha Argerich», das als «Klavierfest» im Herbst 1989 angepriesen wurde.[11]

Es scheint, dass das Zürcher musikkulturelle Angebot bewusst mehr und mehr auf populärem Rahmen aufgebaut wird. Für populäre Konzertveranstaltungen (Lunchkonzert) in der Tonhalle müssen sich z. B. die Musiker freizeitmässig kleiden, d.h. einen Pullover anziehen, um besonders publikumsnah zu erscheinen. Auch durch die Festhüttenatmosphäre an den Lunchkonzerten im sonst eher «gediegenen» Foyer der Tonhalle wird bewusst eine volksnahe Ambiance heraufbeschworen. Umgekehrt aber wird in der Heimstätte für alternative Kultur, der Roten Fabrik, ein Konzert mit Bach-Gavotten,[12] oder im «Ziegel oh lac» eine Aufführung des dritten Brandenburgischen Konzertes von Bach und der dritten Sinfonie von

Brahms[13] angeboten. Solche Veranstaltungen werden als «Innovation, welche alle Beteiligten begeistern werde» und als Kulturförderung angekündigt.[14] Ähnliches journalistisches Lob erhalten auch Ereignisse wie das Openair-Konzert im Sportzentrum Hardturm, wo dem Stadtrat eine offene jugendfreundliche Kulturpolitik und «Gespür für den Zeitgeist und einen erweiterten Kulturbegriff» attestiert wird.[15] Dazu meint der Stadtpräsident «dass man schliesslich nicht immer von einer offeneren Kulturpolitik und von Entgegenkommen an die Jugend reden könne, ohne einmal etwas zu riskieren». Dem Bedürfnis nach spannender Unterhaltung wird also so oft wie möglich entgegengekommen. Dies sichert auch für die Tonhallekonzerte den erstrebten Publikumserfolg, indem auch dort vermehrt Blasmusik, volkstümliche Musik und Jazz in die Programmierung miteinbezogen werden. Ist die Offenheit für die «Moden der Zeit» eine «sensitive Kulturpolitik», die gleichsam eine seismographische Funktion hat, indem sie, «durch die Auseinandersetzung mit den Kulturschaffenden, gesellschaftliche Veränderungsprozesse frühzeitig wahrzunehmen imstande sei», auch *Kulturdynamismus*?[16]

Es ist also deutlich eine Zunahme derjenigen Programmkomponenten und Interpretationsmittel festzustellen, welche den *Unterhaltungswert* eines E-Musik-Konzertes zu steigern vermögen. Dabei ist «Unterhaltungswert» volkskundlich so zu verstehen, wie er in die Unterscheidung zwischen U-Musik und E-Musik eingeht.[17] Es ist der in der Veranstaltung liegende *Erlebnisgehalt*, der ohne spezielle Voraussetzung und Anstrengung vom Teilnehmer mitvollzogen werden kann, aber auch ohne besondere Nachwirkungen bleibt. Ich stelle aber fest, dass dies bei den Tonhalleveranstaltungen nicht neu ist, sondern im 19. Jahrhundert sogar recht ausgeprägt vorhanden war.[18]

Die heutigen popularistischen Tendenzen in der Musikkultur der Stadt Zürich unterscheiden sich aber von der damaligen Motivation, die mehrheitlich geprägt war von den letzten Überbleibseln aufklärerischen Gedankengutes. Bis in die 1930er Jahre hinein wurde das «Volk» durch gezieltes und dosiertes Vorsetzen von Kulturgütern der sogenannten Hochkultur «erzogen», d. h. zur Teilnahme an diesen Kulturgütern herangezogen. So sollte ein kulturell homogenes bürgerliches Volk entstehen, oder mindestens das gefördert werden, was man Verbürgerlichung nennen könnte. Solche Vorstellungen fanden ihren letzten Ausdruck in der Einführung der populären Sinfoniekonzerte (Volkskonzerte) durch Friedrich Hegar im Jahre 1896/97. Diese volkserzieherischen Zielsetzungen sind heute weitgehend abgelöst durch ein pluralistisches Selbstverständnis unserer Gesellschaft. Neben die Pflege der E-Musik-Kultur in den Tonhallesälen sind viele andere E-Musik-Veranstaltungen getreten, z. B. Konzerte mit Volksmusik, Jodel und Tanzmusik. Für unsere volkskundlich-soziologisch orientierte Analyse sind deshalb auch die Massenveranstaltungen, wie sie von der Präsidialabteilung der Stadt Zürich organisiert werden, zu untersuchen. Sie sind Beispiele für die bewusst angestrebte *Ausbalancierung* zwischen individualkulturellem und massenkulturellem Angebot.[19]

Bei der Durchführung der Musikförderung in der Stadt Zürich fällt auf, welch grossen Stellenwert die Wahl von bestimmten *Aufführungsräumen* einnimmt. Die dahinter liegende Problematik stammt offenbar aus der Perzeption einer gewissen Schwellenangst beim Zürcher Publikum gegenüber der Tonhalle (siehe S. 24). Zu Anfang dieses Jahrhunderts fanden die Aufführungen von moderner Musik meistens in kleinen gemütlichen Sälen[20] statt; dagegen werden solche Veranstaltungen mit zeitgenössischer Musik heutzutage meistens in nüchternen Räumen abgehalten, wie etwa im Radiostudio, im Theater am Neumarkt, im Kunsthaussaal etc. Das heisst, dass einerseits die Schwellenangst vor «klassischen» Konzertsälen grösser geworden ist, andererseits aber die traditionellen Kulturinstitute (Tonhalle, Schauspielhaus etc.) sich in der Programmgestaltung «populärer» geben müssen. Es wird angenommen, dass sich das «einfache Volk» in den Räumen ihrer Arbeitsplatz- und Alltagsumgebung (Fabrikhallen), aber auch im Hallenstadion (wo Sportanlässe stattfinden) oder etwa in der Werfthalle der Zürichseeschiffahrtsgesellschaft recht wohl fühlt. Mit den Konzerten in der Tonhalle, vermuten daher die Veranstalter, werde eine snobistisch-elitäre, mit den Rezitals im Konservatorium eine zu professionelle Ambiance assoziert. Aus diesem Grunde suchen viele Verantwortliche bewusst die «Volksnähe» mit der Wahl von *untraditionellen Aufführungsräumen*. Die folgende Notiz in einer Tageszeitung illustriert diese popularistische Tendenz in der Suche nach neuen Aufführungsräumen:[21] «Zürichs Stadtpräsident hat Medienvertreter zum Sonnenaufgang – für einmal ein offizielles Ereignis – in die Werfthalle der Zürichsee-Schiffahrtsgesellschaft eingeladen (...). Er weist auf die zahlreichen kulturellen Veranstaltungen hin, die derzeit im Filmpodium, in Pärken und Hallen stattfinden. Um gleich ein Exempel wohlinszenierten Zürcher Theaters zu liefern, erklingt vom Podium das Mozart-Flötenquartett in D-Dur.» Solche «multimediale Aktionen» und «Verschmelzung der Künste» (Musik, bildende Kunst, Tanz, Theater) werden einerseits bewusst

gepflegt, anderseits haben die Konzerte im «Kunsthaus»-Saal nichts mit bildender Kunst zu tun.
Volksnähe durch die Ambiance[22] der (z. B. industriellen) Arbeitswelt soll auch die «Rote Fabrik» schaffen. Dort hat die «alternative» Kulturszene seit 1987 eine bleibende Heimstätte gefunden.[23] Die Forderung der Jugendlichen nach «Freiräumen für uns und unsere Kultur» war einer der formulierten Ausgangspunkte der zürcherischen Jugendunruhen. Durch die Unterstützung der Stadt wurde, in teilweiser Antwort auf diese Forderung, in der «Roten Fabrik» ein vielfältiger und im populären Rahmen gehaltener Alternativ-Kulturbetrieb für «Freizeit-, Kultur- und Bildungsaktivitäten» geschaffen.[24]
Noch viel mehr für einen *Massenzustrom* eingerichtet als die Rote Fabrik ist das Hallenstadion. Um das dortige Platzangebot von 7600 Sitzen zu füllen, wird z. B. für ein «Opernspektakel mit Superlativen» inseriert.[25] In den Bereich der Massenkultur und in massenkulturell geprägte Räume fallen aber nicht nur Rock- oder Jazz-Festivals.[26] Solche *Spektakel* gibt es auch im Grossen Tonhallesaal, z. B. die Brahms- und Schostakowitsch-Konzerte im Sommer 1988 in der Tonhalle (mit 140 Musikern des «European Community Youth Orchestra», welches von der Digital Equipment Corporation finanziell unterstützt wurde).[27] Massenandrang erlebte die Tonhalle-Gesellschaft ebenfalls beim ersten Lunchkonzert. Die 1500 Plätze des Grossen Tonhallesaals waren innert weniger Stunden ausverkauft.[28]
Es ist nicht zu verkennen, dass mit geringem Aufwand die *Volkstümlichkeit auch in der Tonhalle* signalisiert werden kann. Die *Ambiance einer Festhütte* mit Würstchen und Brot bei einem Lunchkonzert oder der *Nulltarif* für den Genuss des Seenachtsfest-Konzertes in der Tonhalle erge-

ben die angestrebte Volksnähe. Statt des üblicherweise künstlerisch gestalteten Programmheftes erhält der Besucher des Lunchkonzertes ein farbiges Programmblatt, geschmückt mit einer Gabel voll Spaghetti. Es heisst dort: «Nach dem Konzert haben Sie die Möglichkeit, sich im Foyer an diversen Ständen (nicht Tischen!) zu verpflegen. Vom Kongresshaus Zürich werden Ihnen Sandwiches, Würstli, Gulasch-Suppe, Curry-Eintopf, Kuchen, Kaffee und weitere Getränke angeboten.»
Das «Viersternmenü» eines Lunchkonzertes wird stilentsprechend auch in der Konzertansage einleitend mit den folgenden Worten vorgestellt: «Wir wünschen Ihnen einen guten Appetit.» Eine Änderung im Programmablauf wird erklärt als: «Die Satzfolge im Schlagzeugkonzert von Heinz Karl Gruber tischen wir folgendermassen auf: anstatt die Gulaschsuppe (2. Satz) können Sie zuerst den Curry-Eintopf (3. Satz) geniessen. Guten Appetit.»[29] Mit diesen kulinarischen Assoziationen möchten die Veranstalter die Popularität der Tonhalle anbiedernd vorwegnehmen.[30] Zusätzlich wird ein bewusster Abbau des «professionellen» Tenuezwanges für die Ausführenden angestrebt, denn «wichtigster Träger der Lunchkonzert-Idee sind die Musiker des Tonhalle-Orchesters».[31] Es scheint, dass vorerst nur freundliche Kommentare gefallen sind, wie etwa: «Auch ich habe das Lunchkonzert von Herzen genossen, weil es sich in einer entspannten und natürlichen Atmosphäre besonders schön musizieren lässt, nicht zuletzt auch deshalb, weil ich für einmal den ernsten Frack mit dem fröhlichen Pullover vertauschen konnte.»[32] Andererseits war der israelische Dirigent Yoav Talmi mehr als erstaunt, als ihm von den Verantwortlichen der Tonhalle-Gesellschaft freundlich beigebracht wurde, dass er das Lunchkonzert nicht im Anzug und

KONZERTE der Tonhalle-Gesellschaft

Die Tonhalle-Gesellschaft und die Präsidialabteilung der Stadt Zürich laden ein zu einem

Seenachtfest-Konzert in der Tonhalle mit dem Tonhalle-Orchester

Freier Eintritt

Hiroshi Wakasugi, Leitung
Samstag, 2. Juli, 19–ca. 20.15 Uhr

Unterhaltsames Programm mit Werken von Wagner, Verdi, Strauss, Bizet u.a.

Türöffnung ab 18.15 Uhr.

Am Eingang werden unnumerierte Platzkarten abgegeben. Kein Kartenvorbezug.

Krawatte zu dirigieren habe.[33] Seinen gewohnten Arbeitsanzug hatte er im recht bürgerlichen Zürich populistisch «abzumöbeln», um dem angestrebten Image entgegenzukommen. Er erschien dann in dunkler Hose und überhängendem weissen Hemd.

Ein Charakteristikum der Popularität eines Musikprogrammes, welches sich aus diesen Beispielen ergibt, ist die positive Medien-Rezeption. Es ist denn auch verständlich, dass hier *Spontaneität und Unmittelbarkeit* mit «Musikantischem» gleichgesetzt wird. Ist diese Art «Professionalität» wichtiger als die innere Qualität des Musikwerkes? Der Unterhaltungswert des Musikstückes ist für die Popularität sicher ausschlaggebend, doch wird für ein publikumwirksames Programm ein «übersteigertes Handwerk lustvoll zur Schau» gestellt, und «das virtuose Gefunkel wird bis in seine Extreme ausgekostet».[34]

Als ein weiteres Symptom des Popularismus ist zu beobachten, dass zur Aufbereitung für die Rezeption oft auch die *Titelwahl des Musikstückes* eine Rolle spielt.[35] Durch geeignete Titel können Assoziationen evoziert werden, welche dem Stück mehr Niveau unterlegen als es musikalisch besitzt. So wird etwa durch das Anklingen an wissenschaftlichen oder philosophischen Jargon in den Titeln[36] eines Musikwerkes der Eindruck erweckt, dass die Komposition einen hohen kulturellen Hintergrund beinhaltet.[37] Muss die Erwartungshaltung des Hörers durch die *Manieriertheit* im Titel vorprogrammiert werden, damit die fertige Komposition (als Produkt) und die gegebenenfalls sogar improvisierende Aufführung (d.h. die Ausführung) überzeugend wirken? Das folgende Programm fordert solche Gedanken geradezu heraus, wenn es als Einführung heisst: «Tonbandstück synthetischer Abklatsch»; «Streichquartettsatz Organum in 3 Stimmungen»; «Klarinettenstücke: Vorderundnachsätze / Gebanntes / Inneres, Voces liquescentes»; «Boltzmanns Rückblick mit Vor- und Nachspiel»; «Konsequenz eines oberflächigen Wirklichkeitsbegriffes. Fassung für Tonband»; «Klarinettenstücke Gleiches?»; «Potenz Oratorium». «Auf homöopathischer Grundlage hergestelltes Wässerlein. Eine Annäherung.»[38]

Eine gewisse *Ernsthaftigkeit des Titels*, wie z. B. «Zürcher Liederbuch», «Miniatur», «Streichsextett» etc. erlaubt dagegen dem Hörer, seine Erwartungen schon von Anfang an auf etwas mehr oder weniger Bestimmtes einzuschränken, was dann auch erfüllt wird. Dies ist bereits eine gewisse Befriedigung, die der Hörer unbewusst auf das Stück selbst überträgt. Bei Titeln, die durch ihren Namen als Experimente bezeichnet werden, wie etwa «Kabinett mit Vierteltönen» oder «Chari-Vari-Etudes V-XII», fühlt sich der Hörer eher als Testperson und ist dementsprechend unzufrieden.

Auch der *populäre Moralismus* in bezug auf Umwelt oder Dritte Welt wird der Popularisierung nutzbar gemacht. So hat sich der 1986 verstorbene Zürcher Komponist Armin Schibler in «The point of no return» «gegen einen konkreten Fall von Naturzerstörung» gewendet.[39] Der Schutzhüllentext der betreffenden Schallplatte unterstreicht die ökologische Komponente des Werkes. Es heisst dort, dass Schiblers Gesamtschaffen von Anfang an eine «Gegenposition zur Fortschrittsideologie» repräsentiere.[40] Kommerziellen Erfolg garantieren ebenfalls *sozialkritische Aussagen* der Musik, die allenfalls im dominierenden Beat der populären Musik oder in der Abkehr vom herkömmlichen Klang eines Musikinstrumentes zum Ausdruck kommen. Deren wichtigste Komponente aber ist oft in der Titelgebung und im Begleittext zu finden, wie etwa: «Musik und Revolution».[41]

Die Grenzen zwischen *Popularkultur und Elitekultur* sind heutzutage recht verschwommen. Manipulativ wird das Musikerlebnis durch gemeinsames Essen, durch volkstümliches Verhalten und Abschaffung des Tenuezwanges für Orchestermusiker bewusst gefördert. Der Programmveranstalter versucht ausserdem den Zuhörer nicht zu überfordern. In der Programmgestaltung der Lunchkonzerte wird z. B. das gleiche Programm wie im Abonnementskonzert am Abend geboten, aber nur äusserlich. Die Sinfonie wird aus Zeitgründen und, um die gewisse Popularität zu gewährleisten, um einen oder sogar zwei Sätze gekürzt.[42] Ein populäres Stück wie der Bolero von Maurice Ravel wird z. B. anstelle eines Werkes von Erik Satie («Parade») in das Programm des Lunchkonzertes aufgenommen. Der Zuhörer darf also am Mittag nicht zu sehr beansprucht werden, er soll vor allem unterhalten werden.[43] Das *Aufsteigen von volkstümlichem Kulturverhalten* in die sogenannte Oberschicht zeigt sich also einerseits an der Vorführung abgekürzter Programme, durch das Spielen der gängigsten Sätze der im Abendprogramm aufgeführten Sinfonie, und auch an Veranstaltungen mit Volkslied-, Jodel- oder Handorgelprogrammen im traditionell der E-Musik gewidmeten Grossen Tonhallesaal. Das *Absinken von Kulturgut* andererseits ist in den oft ironisch angekündigten E-Musik-Konzerten im «Ziegel oh lac» zu erkennen, zu dessen Besuch allerdings das Zürcher Konzertpublikum nach meinen Beobachtungen die Schwellenangst wieder nicht überwunden hat. Zum Gratis-Seenachtsfest-Konzert in der Tonhalle lud die populäre Ambiance[44] mit einem unterhaltsamen Programm mit Werken von Wagner, Verdi, Strauss, Bizet u.a. ein. Auch die Wahl der *Titel der verschiedenen Konzertreihen* sollen das Zuhören oder den Besuch schmackhaft machen: z. B. «Klassik», «Klassik-Plus», «Matinée», «Sonntagskonzert», «Rezital», «Feierabend-Konzert»; die Lunchkonzerte werden in den Tageszeitungen angepriesen mit «*Klassik – in Karohemd und Pulli*» etc. Die Journalisten erfreuen sich sichtlich an einer farbigen Sprache[45] wie: «Exotik in der Musik»,[46] «Zürcher-Musik-Alpen-Rock»,[47] «Musikmedialspektakel Till Eulenspiegel»,[48] «Kochen und Jodeln»[49] etc.

Sozialpolitische Grundsätze der Gleichheit, insbesondere der *Chancengleichheit*, wirken sich musikkulturell in Form von *Massen-Kulturausbildung* in den Musikschulen und erzieherischen Nivellierungstendenzen aus. Andererseits entstehen gerade so wieder die Chancen zu *Spitzenleistungen* und die Möglichkeiten zur Bildung von Unterschieden im Leistungsniveau. Es entstehen dann wieder neue «*Eliten*». Der Begriff der «Elite» ist heutzutage allerdings beinahe tabuisiert und bedarf hier einer Verdeutlichung. «Elite» bilden gemäss sozialen und wirtschaftlichen Kriterien Angehörige einer Gesellschaft, die sich freiwillig zur Übernahme einer gehobenen Position durch aussergewöhnliche Leistungen rechtfertigen. Ich assoziiere mit «elitär» hier Begriffe wie «Vorbild-Wirkung» und «Bewährung», Wertvorstellungen, wie sie uns etwa ein Solist vorlebt. Die Chancengleichheit in der demokratischen Gesellschaft und die vollständige Öffnung der Musikschulen z. B. haben paradoxerweise einen elitefördernden *Differenzierungs-Prozess* begünstigt, d.h. «elitäre» Musikkulturen, seien es die Tonhallekonzerte, die Opernaufführungen, Konzerte mit dem Opernorchester, Kunsthaus- oder Podiumskonzerte, aber auch die «*Professionalität*»[50] in der Jazzmusik, bilden ein kulturelles Gegengewicht gegenüber der Massenkultur und den vermassenden Tendenzen im Unterhaltungsmusik-Bereich. Elite-

LUNCH KONZERT

Tonhalle-Gesellschaft Zürich
ZüriWoche

Donnerstag, 17. November 1988
12.15 Uhr
Grosser Tonhallesaal

**Tonhalle-Orchester
Hiroshi Wakasugi,** Chefdirigent
James Galway, Flöte

Claude Debussy 1862–1918	1. Satz aus «La Mer» De l'aube à midi sur la mer
Aram Chatschaturjan 1903–1978	1. Satz aus dem Konzert für Flöte und Orchester (nach dem 1940 komponierten Violinkonzert. Bearbeitung: James Galway) Allegro con fermezza
Maurice Ravel 1875–1937	Boléro (1928)

ABONNEMENTS KONZERTE
der Tonhalle-Gesellschaft Zürich

Dienstag, 15. November 1988 (G)
Mittwoch, 16. November 1988 (C)
Donnerstag, 17. November 1988 (B)
Freitag, 18. November 1988 (D)
20.15 Uhr
Grosser Tonhallesaal

**Tonhalle-Orchester
Hiroshi Wakasugi,** Chefdirigent
James Galway, Flöte

Erik Satie 1866–1925	«Parade» Ballet réaliste nach Jean Cocteau (komponiert 1916–1917, uraufgeführt am 18. Mai 1917) Choral – Prélude du Rideau rouge – Prestidigitateur Chinois – Petite fille Américaine – Acrobates – Final – Suite au «Prélude du Rideau rouge»
Aram Chatschaturjan 1903–1978	Konzert für Flöte und Orchester (nach dem 1940 komponierten Violinkonzert. Bearbeitung: James Galway) Allegro con fermezza Andante sostenuto Allegro vivace
Claude Debussy 1862–1918	La Mer Trois esquisses symphoniques (komponiert 1903–1905, uraufgeführt am 15. Oktober 1905) De l'aube à midi sur la mer Jeux de vagues Dialogue du vent et de la mer

bildende Prozesse sind ebenfalls ein spezifisches Phänomen der modernen egalitären «chancengleichheitsbegünstigten» Gesellschaft, die sogenannten «Egalitätsnutzer», wie Hermann Lübbe sie nennt.[51] Trotz dieser Einsicht ist der Begriff «elitär» bei Komponisten und Musikern verpönt und wird wohl oft auch falsch, d.h. im Sinne des Herrschenden und Privilegierten, verstanden. Ich stehe dem Ausspruch eines zeitgenössischen Komponisten skeptisch gegenüber, wenn er die »elitäre« Musik[52] nie als Funktion des Vermittelns von Wohlgefühl betrachten kann und wenn er von anderen Komponisten sagt, dass sie «das Publikum nur mit Wohlklang einlullen wollen». Der dies berichtende Rezensent will dem betreffenden Komponisten diesen Vorwurf aber keineswegs machen, denn «er stehe nicht im Verdacht, elitär zu sein». Der Anstoss zum Komponieren sei für ihn aussermusikalisch.[53] Nach Danuser ist im weiteren mit den Begriffen «elitäre Musik», «Kunstmusik» oder «artmusic» die «schöne» Musik gemeint, die mit Geschicklichkeit von Fachleuten sachkundig, also nicht amateurisch, geübt wird und sinnreich und kunstgerecht vorgetragen wird.[54] Bei dieser Definition finde ich allerdings, dass für den ästhetischen Wertbegriff «schön» eine weitere Analyse nötig wäre.[55]

Die Pluralität im Musikleben ist in gewissem Masse der Identität der E-Musik abträglich. Je breiter einerseits das Publikum für die popularisierten E-Musik-Veranstaltungen in der Tonhalle ist, je häufiger andererseits E-Musik-artige Konzerte in der Roten Fabrik, im Volkshaus und im Hallenstadion aufgeführt werden, um so undeutlicher ist die E-Musik als kulturelles Konzept zu sehen. Dann kann man zu Recht von «sogenannter» E-Musik sprechen. Diese sogenannte E-Musik erhält aber dafür auch eine breitere Unterstützungsbasis.[56]

Die sozialpolitisch begründete Ausbalancierung des Angebotes in der städtischen Musikkultur fördert nun aber gleichzeitig die *schichtübergreifende Vergleichbarkeit* verschiedener kultureller Äusserungen, d.h. den *Wettbewerb*, geradezu heraus. Der materielle und auch der soziale Aspekt eines Wettbewerbes bleibt ein wichtiger Punkt in der öffentlichen Anerkennung der verschiedenen Kulturbetriebsamkeiten und gibt diesen ihre notwendige Legitimität. So organisiert die Tonhalle-Gesellschaft in engem Zusammenhang mit der «Europäischen Union der nationalen Wettbewerbe für die Jugend» jährliche Ausscheidungen. Auch der neue Konzertzyklus «Rezital»,[57] in dem die Preisträger verschiedener internationaler Musik-Wettbewerbe[58] ihre Fähigkeiten dem breiten Publikum vorzeigen, und die Klubhaus-Konzertreihe «Junge Musiker»[59] sind im allgemeinen gut besuchte Veranstaltungen der Tonhalle-Gesellschaft.[60]

Internationalität und lokale Talentförderung

Wenn man die Tonhalle-Programmhefte durchliest, fällt allerdings auf, in welchem Masse bei den auftretenden Künstlern versucht wird, das *Starhafte* ihres Aufstieges herauszustreichen. Dazu dient vor allem die Erwähnung der Zusammenarbeit mit möglichst noch bekannteren Stars. Es wird im Programm eine lange Liste von prestigegeladenen Auftritten und von gewonnenen Wettbewerben und Preisen angeführt, wie z.B. der folgende

Ausschnitt aus einem Tonhalle-Programmheft zeigt:[61] Der auftretende Dirigent «studierte Klavier bei..., Schlagzeug bei... Dirigieren am..., wo ihm ein erster Preis zugesprochen wurde. Nach dem Gewinn des ersten Preises im Internationalen Wettbewerb von... arbeitete er in den USA mit Erich Leinsdorf, Pierre Monteux und Leopold Stokowsky zusammen. Zurück in... wurde er Musikdirektor in..., dann übernahm er die künstlerische Direktion des Orchesters... und... Seine vermehrten internationalen Verpflichtungen bewogen ihn, ... die künstlerische Leitung des... abzugeben, um sich dem Orchester... zu widmen.» Es wird ausdrücklich erwähnt, dass ein Konzertsaal mit 3000 Plätzen unter seiner Leitung umgebaut wurde, dass er 16 Vorstellungen der «Aida» für nahezu 200 000 Zuschauer dirigiert habe etc.[62] Solche Aufzählereien findet man selbst auf dem sonst kurz gehaltenen Programmzettel der Lunchkonzerte.[63]

Der *internationale Starkult* ist eines der Mittel, mit denen die Veranstalter versuchen, ihre Säle zu füllen. «Dass die Kasse stimmt» kann also auf verschiedene Art angegegangen werden: Es kann entweder ein Programm angeboten werden mit populären (bekannten) traditionellen Musikwerken, mit leicht verständlicher zeitgenössischer (Programm-)Musik, oder es wird eben ein Star-Solist oder ein Star-Dirigent engagiert.[64] Um ganz sicher zu gehen, wird beides kombiniert, allerdings sind marktwirtschaftliche Überlegungen[65] meistens für eine Star-Besetzung[66] eines Konzertes ausschlaggebend.[67] Die meisten Konzertgänger lassen sich gerne durch einen berühmten Star-Auftritt zum Konzertbesuch umstimmen. Dies lässt sich mit beliebig vielen kritischen Zitaten belegen, wie z.B.: «Hauptattraktion des Konzertes war zweifellos der Auftritt von Anne-Sophie Mutter in Vivaldis Vier Jahreszeiten. Der Bekanntheitsgrad von Orchester und Dirigent hätte wohl allein nicht ausgereicht, um den Grossen Tonhallesaal so randvoll zu füllen.»[68] Sogar für den Besuch der Lunchkonzerte spielt das *Star-Image* eine wichtige Rolle. Der Rezensent eines solchen schreibt in einer Tageszeitung: «Eine junge Frau ist nur wegen dem Flötisten Galway gekommen, und weil sie selbst Flöte spielt, wollte sie den Star nicht verpassen.»[69]

Durch das *persönliche Erscheinen* einer Berühmtheit kann einem breiteren Konzertpublikum allenfalls die E-Musik-Kultur,[70] im besonderen die zeitgenössische Musik, näher gebracht werden. Diese Chance könnte auch in der *Förderung lokaler Talente* nutzbar gemacht werden. Ich denke hier an Star-Musiker, die auf diese Weise die zeitgenössische schweizerische Musikszene fördern könnten.[71] Starsolisten bringen die gute Voraussetzung mit sich, die zeitgenössische Musik ideell und, was vielleicht noch wichtiger ist, finanziell zu fördern, indem sie diese unter günstigen Vorbedingungen präsentieren können.[72] Das «Star-System» kann also dem musikalischen Schaffen der Zürcher Komponisten dienstbar gemacht werden, denn für den Publikumserfolg einer Aufführung, im besonderen von zeitgenössischer Musik, ist erfahrungsgemäss vor allem der Interpret ausschlaggebend.[73] Durch ihn lebt die Komposition, und durch ihn wird das Publikum mehr oder weniger angesprochen. Erfolgreiche Zürcher Komponisten komponieren deshalb sehr oft für einen bestimmten Interpreten (dem das Werk dann gewidmet wird), arbeiten mit diesem zusammen und lassen sich von ihm auch künstlerisch beeinflussen.[74] Das Publikum fühlt sich ebenfalls unmittelbar durch spontane *Kommentare* (Einführungen) der Starsolisten oder Starkomponisten

intellektuell und emotionell angesprochen. Solche *Selbstidentifikationen des Künstlers* ermöglichen den Beginn von emotionalen Beziehungen zwischen dem Komponisten, seinem Werk, seinen Interpreten und dem Publikum. Starsolisten bieten jedenfalls die Möglichkeit, das Produkt «Neue Musik» vorteilhafter zu verkaufen.[75] Ein Beispiel dafür war das Geburtstagsfest des achtzigjährigen zeitgenössischen Komponisten Olivier Messiaen, der an zwei Sonntagmorgenkonzerten im Kleinen Tonhallesaal eine positive Anerkennung der modernen Musik beim Zürcher Konzertpublikum zustande brachte.[76] Werkeinführungen und Konzert-Wiederholungen[77] gehören also zur *«Verkaufsstrategie»*, mit der der Musiker Erfolg haben kann. Diese Bemühungen zeigen ihre direkten Folgen für die Akzeptanz der betreffenden Musikwerke und wirken mittelbar auch auf die finanziellen Unterstützungen durch das öffentliche und das private Mäzenatentum.

Sofern der Komponist zugleich Dirigent ist, bietet sich ihm die Möglichkeit, sein Werk durch eine vermehrte Wiederholung von Aufführungen oder sogar durch ein zweimaliges Spielen im gleichen Konzert, bekannt zu machen. Auf diese Weise kann die *Wiedererkennbarkeit* seiner Musik zu einer Vertiefung des Verständnisses beim Publikum führen.

Auch hier stellt sich aber ein *Raumproblem* ein. Die meisten Komponisten und Interpreten streben bewusst oder unbewusst nach dem gesellschaftlich höchstgewerteten Aufführungsort, dem traditionellen Tonhallesaal. Die kommentierten Konzerte, vor allem der lokalen Musik-Talente, sind allerdings in einem kleineren Saal erfolgversprechender, und die Podiumskonzerte im Stadthaussaal, die Konzerte im Konservatoriumssaal oder im Radiostudiosaal DRS werden daher von einem Kennerkreis regelmässig besucht und geschätzt. Die Sonntagmorgenkonzerte im Radiostudio sind ebenfalls regelrechte «Familienkonzerte» geworden. Dort spielt die physische Anwesenheit der Komponisten für die positive Akzeptanz ihrer Musik wesentlich mit. Die lokalen Talente erhalten auf diese Weise oft die erste Gelegenheit, vor ein Publikum zu treten und für Radioaufnahmen zu spielen. Auch die Kulturpolitik der Präsidialabteilung hat ihre diesbezüglichen Zielvorstellungen für die Förderung Neuer Musik deutlich formuliert. Es heisst dort, dass die Förderung zahlreicher kultureller Betätigungen fragwürdig sei, wenn nicht ihre *öffentliche Präsentation* an einem Ort stattfinden könne, der für die entsprechende künstlerische Ausdrucksform geeignet sei.

Bei all den Bemühungen um die Akzeptanz lokalen Musikschaffens gehört zum zürcherischen Selbstverständnis einer kulturellen Weltoffenheit auch eine gewisse *Internationalität*.[78] Diese Internationalität ist seit jeher eng mit dem Alltagsleben des Zürchers und seinen internationalen Gewerbe-, Industrie- und Handelsbeziehungen verknüpft.[79] Dies war schon zur Aufklärungszeit so, was mit bekannten Zeugnissen in der Literatur bis in die Neuzeit[80] hinein belegt werden kann. Diese musikkulturelle Internationalität ist seit jeher immer wieder durch die Aufnahme, Beheimatung und Integration von internationalen Musikschaffenden wie Wagner, Brahms, Busoni, Vogel u. a. neu bestätigt worden. Der Zürcher nimmt im allgemeinen ausländische Einflüsse und Vorbilder relativ bereitwillig auf. Diese *musikalische Weltoffenheit* bestätigen ebenfalls die Programmhefte, wie z. B. diejenigen der Tonhalle-Gesellschaft, der Tage für Neue Musik, der Jazz-, Pop- und Rock-Konzerte. Gerade im Unterhaltungsmusik-Sektor setzt diese Internationalität das lokale

Talent einem Vergleich mit der internationalen Konkurrenz aus, d. h., die schweizerischen Popstars singen englisch, oder die schweizerischen Jazzfestivals ziehen vor allem ausländische Interpreten an.[81] In diesem Sinne stellte sich auch das Tonhalle-Orchester auf seinen internationalen Tourneen dem Vergleich.[82] Auf der Orchester-Tournee nach Südamerika fiel auf, dass die Internationalität selbst als wesentliche Komponente seines *Images* herausgestellt wurde.[83] Dazu half schon die personelle Zusammensetzung: ein japanischer Dirigent und ein österreichischer Solist, dazu kam ein 40%iger Anteil an ausländischen Musikern im Orchester.[84] Das Tonhalle-Orchester präsentierte ein Konzertprogramm mit Werken von Schumann, Dvořák, Brahms, Gershwin und nur einem Werk eines Schweizers (Matthias Bamert). Die Zugaben bestanden aus brasilianischen, japanischen und österreichischen Stücken. Es zeigte sich, dass nach Wegfall der lokalen Raumidentität[85] mit den Tonhallesälen das *Image eines spezifisch zürcherischen Orchesters* auf einer Konzerttournee recht schwer zu halten war. Das Tonhalle-Orchester demonstrierte deutlich die *Internationalität als Teil der schweizerischen Identität*.[86]

Internationalität kann man also durch Orchestertourismus, Engagements internationaler Starinterpreten und rotierenden («ständigen») Gastdirigenten zu verwirklichen suchen. Dies ist vor allem der Weg, den das Tonhalle-Orchester gewählt hat. Dieses Vorgehen kontrastiert mit der Internationalität «aus innerer Kraft», welche sich z. B. darauf gründet, dass ein bestimmtes *Qualitätsmerkmal* dem Orchester internationalen Ruf verschafft, welches darum bewusst gefördert und gepflegt wird. So haben etwa Ernest Ansermet die kriegsbedingte Präsenz von Stravinsky, und Volkmar Andreae diejenige gewisser Emigranten der Nazizeit in ihrer einmaligen Qualität erkannt und sie eingesetzt, und damit ihrem Orchester eine besondere internationale und innovative Rolle gegeben. Dieser Weg hängt natürlich vom Vorhandensein solcher regionaler Möglichkeiten, d. h. auch von der Abwesenheit lokaler Talente, ab. Aber auch davon, ob es höchstqualifizierte Komponisten und Orchesterleiter gibt, welche mit Zürich identifiziert werden können.

Man darf bei alledem aber nicht vergessen, dass das Zürcher Konzertpublikum selbst auch am *Kulturtourismus*, insbesondere am Musiktourismus, in bedeutendem Masse teilnimmt. Davon zeugen die von Reiseveranstaltern organisierten Reisen an Musikfestivals und an Opernaufführungen.[87] Eine andere Form des Musiktourismus sind musikalische Kreuzfahrten, welche gemäss Reklame durch Künstler von Weltrang ein Programm vom Barock bis zur Klassik anbieten.[88] Die Stadt Zürich ist aber auch selber Zielpunkt des *Musiktourismus*. Im Zentrum steht wohl die Förderung des Massentourismus, doch wird auch in der Selbstdarstellung des Zürcher Kulturlebens dessen Internationalität gepflegt. Die Juni-Festwochen dienen insbesondere diesen beiden Zielen. Auch andere Zürcher Orchester (Zürcher Kammerorchester, Zürcher Quartett etc.) reisen mit Unterstützung der für Kulturaustausch bestimmten Stiftung Pro Helvetia[89] ins Ausland. Der von Zürich ausgehende *Orchester-Tourismus* kann aber auch als Ausbalancierung zwischen einer Programmgestaltung mit vorwiegend ausländischen Interpreten und einer *Stärkung des Zusammenhaltes* unter den Orchestermusikern und *zürcherischer Imagebildung* betrachtet werden. Die aktive Internationalität baut zugleich einen möglichen Anflug von kleinstädtischer Hausbackenheit ab.[90]

Formen und Auswirkungen von Innovationen

Der kulturpolitische Auftrag, wie er im Subventionsvertrag von 1985 zwischen der Stadt Zürich und der Tonhalle-Gesellschaft formuliert wurde,[91] beinhaltet auch die Förderung der zeitgenössischen Musik, insbesondere der Schweizer Kunstmusik. Es heisst dort, dass der musikliebenden Bevölkerung Werke und Interpreten vorzustellen seien, die etwas ausserhalb des Wunschkonzert-Konzeptes liegen. Laut ihrer Selbstdarstellung ist sich die zürcherische Kulturpolitik ihrer Verantwortung für den Kulturbereich im ideellen und materiellen Sinne bewusst.[92] Aber Bestrebungen zur Förderung von Produktion und Rezeption der zeitgenössischen Musik erfahren immer wieder Rückschläge. Es heisst im Geschäftsbericht der Tonhalle-Gesellschaft 1985/86: «Es stimmt nachdenklich, dass diese Versuche, aus der Bahn des Gewohnten, Bekannten und oft Gehörten auszubrechen, allen Bemühungen zum Trotz, letztlich nicht zu befriedigen vermögen. Saal und Kasse bleiben halbleer, und die mitwirkenden Künstler sind enttäuscht.»

Innovationen und Mut zum Aussergewöhnlichen werden in der Stadt Zürich im allgemeinen aber honoriert. Ist Innovation in der Musik eine Art Kreativität, die dem eher pragmatisch eingestellten Zürcher Konzertbesucher fremd ist? Auf jeden Fall äussert sich die Wertschätzung des Neuen, wenn nicht durch den Publikumsandrang, so doch immerhin durch positive Kenntnisnahme in den Tageszeitungen.[93] Besprechungen von Konzerten mit etwas Aussergewöhnlichem sind auch für den Musikkritiker eine willkommene Herausforderung. Der Komponist und Musiker gewinnt ebenfalls, indem für seine Kompositionen eine Besprechung in einer verbreiteten Zeitung und beim Publikum eine erhöhte Aufmerksamkeit erreicht wird. Das Publikum seinerseits wird ebenfalls durch diese vorgefassten Impressionen für ein späteres Anhören seiner Musik empfänglicher.

Es ist wesentlich, dass zwischen *musikalischer und organisatorischer* Innovation unterschieden wird. Zur ersteren äussert sich ein Komponist, meines Erachtens reichlich überspitzt und einseitig, folgendermassen: «Das Bedürfnis, in einem Konzertsaal auf althergebrachte Weise den Taktstock zu schwingen, verspüre ich also nicht mehr. Bogen auf und ab einüben, das kann jeder – ich möchte meine ganzen Kräfte für das Erproben neuer Formen und der Vermittlung von Musik einsetzen und deshalb immer innovativ bleiben.»[94]

Organisatorische Innovationen finden wir vor allem auf dem Gebiet der Unterhaltungsmusik.[95] Solche Veranstaltungen bieten den Public-Relations willkommene Gelegen-

heit, etwas Aussergewöhnliches anzupreisen. Im Konzertleben der Stadt Zürich halten sich allerdings Medien-Informationen und Ereignis-Berichterstattungen im Gleichgewicht. Dagegen herrscht in der Unterhaltungsmusikbranche eher eine oberflächliche und unkritische Zuwendung zur populären Musikwelt vor. Nach Dahlhaus[96] ist Unterhaltungsmusik denn auch ein «sozialpsychologisches Experiment mit akustischen Mitteln». Zu diesem «Experiment» mit dem Publikum gehören ebenfalls Artikel in populären Magazinen und Bildreportagen über die musikalischen Beziehungen zwischen Unterhaltungsmusik, Rock oder Jazz einerseits und deren kommerziellen und persönlichen Erfolg andererseits.[97] Die Definition berücksichtigt auch den weitgehend interdisziplinären Inhalt[98] in der zeitgenössischen Musik, wie etwa das Tanztheater[99] oder die Strassenmusik.

Organisatorische Innovationen gibt es selbstverständlich auch in der Zürcher E-Musik-Szene. Innovationsfreude in der Programmgestaltung der Saison 1988/89 wird belegt durch die Einführung neuer Konzertzyklen wie «Klassik» und «Klassik-Plus».[100] Bei «Klassik-Plus» kommen, im Unterschied zu «Klassik», auch Werke zeitgenössischer Schweizer Komponisten zur Aufführung. An diesen Veranstaltungen heisst «Innovation» vor allem die Kombination von Stars (z. B. Menuhin) mit Neuer Musik (Alfred Schnitters Bratschenkonzert oder Armin Schiblers Passacaglia, op. 24). Bezeichnend für die Zürcher Musikszene ist, dass trotz dieser Konstellation die Besucher noch mit niedrigeren Eintrittspreisen angezogen werden sollen.[101] Der Innovationsgedanke wird also in Zürich durch werbetechnische Überlegungen ergänzt. In der Vorschau auf die Konzertsaison 1987/1988 wurde das Konzertprogramm als «Fragebogen für ein eher kon-

KONZERTE
der Tonhalle-Gesellschaft

So 22. Jan. **1. Sonntagskonzert,** 16.00 h
10.–/25.–
TONHALLE-ORCHESTER
GARCIA NAVARRO, Leitung
TERESA BERGANZA, Mezzosopran
Turina: Fantastische Tänze
de Falla: Siete Canciones Populares Españolas
Mendelssohn: Sinfonie Nr. 4 A-Dur «Italienische»

Neu: **Zyklus KLASSIK u. KLASSIK PLUS**
15.–/60.–
15.–/35.–   **TONHALLE-ORCHESTER**
               YEHUDI MENUHIN, Leitung
               MIKHAIL RUDY, Klavier

Mi 25. Jan. Zyklus «KLASSIK», 20.15 h
Mozart: Divertimento D-Dur KV 205
Mozart: Klavierkonzert C-Dur KV 467
Mendelssohn: Ein Sommernachtstraum op. 61
Restkarten nur an der Tonhalle-Billettkasse

Fr 27. Jan. Zyklus «KLASSIK PLUS», 20.15 h
Schibler: Passacaglia op. 24 für grosses Orchester
Mozart: Klavierkonzert C-Dur KV 467
Mendelssohn: Ein Sommernachtstraum op. 61

Steinway-Flügel Hug/Jecklin
Das Konzert im Zyklus «Klassik Plus» wird ermöglicht dank eines Beitrages des Vereins «Gönner der Tonhalle-Gesellschaft»

Vorverkauf: Tonhalle-Billettkasse, Claridenstr. 7, Eingang «T», 201 15 80 (Mo–Fr 10–18 Uhr; Sa 10–12 Uhr); Hug 47 16 00; Jecklin 251 59 00; BiZZ 221 22 83; Jelmoli City 211 97 97

servatives Publikum» bezeichnet.[102] Es hiess dort, dass das Konzertprogramm «einige besondere Akzente enthalten werde, aber nirgends mit der Tradition breche». Die Besucherstatistik ergab dann erwartungsgemäss auch eine fast hundertprozentige Platzbelegung für die traditionelleren Tonhallekonzerte.

Musikalische Innovationen werden dem Zürcher Publikum sehr vorsichtig und dezent vorgesetzt. Dies entspricht der verbreiteten kultur-konservativen Haltung der Schweizer und hängt damit zusammen, dass auch die schweizerische Literatur nicht mehr deutlich die kulturelle Innovation anführt. Die Musik hat kulturgeschichtlich den neuen Epochenschritt jeweils meistens erst nach der Literatur vollzogen. Die Hörgewohnheiten des Konzertpublikums folgen gewöhnlich den Innovationen nur langsam und in kleinen Schritten. Die zeitgenössische Musik erhebt aber heute Anspruch als selbständiger Innovationsträger. Ich denke an die Computermusik und die Disziplinüberschreitungen in Tanz, Jazz oder Ton-Technik. Die Neue Musik hat also Neuerungen in den musikalisch-technischen Schaffensprozess miteinbezogen und dadurch das ohnehin spärlich vorhandene Publikumsverständnis für die zeitgenössische Musik immer stärker strapaziert. Das heutige Publikum wird im Hören weit überfordert, da die musikalisch-ästhetische Auseinandersetzung mit Neuem beinahe ausschliesslich im technischen und intellektuellen Bereich geschieht.[103] Von «Genuss» der zeitgenössischen Musik ist heute vielfach wenig die Rede. Der zeitgenössische Musiker möchte sich trotzdem idealerweise weniger an den «Spezialisten» für Neue Musik richten als vielmehr an einen Hörer, der noch (oder wieder) an Neuem und an einer Auseinandersetzung ganz allgemein interessiert ist.[104]

Ein kleiner Abstecher in die Zeit der Dirigententätigkeit von Volkmar Andreae, der das Tonhalle-Orchester von 1906 bis 1949 leitete,[105] sei mir hier erlaubt. Aus der Sicht von Jubiläumsschriften und publizierten Erinnerungen, aber auch aus statistischem Material, erscheint jene Zeit als recht günstig für die Rezeption damaliger zeitgenössischer Schweizer Komponisten. Der ganze Jahreszyklus der Sinfoniekonzerte der Saison 1919/1920 war z. B. einem Überblick über das schweizerische Musikschaffen gewidmet. Überhaupt brachte das Tonhalle-Orchester damals, in der ersten Hälfte unseres Jahrhunderts, viele Uraufführungen von zeitgenössischen Komponisten.[106] Volkmar Andreaes Verdienst war es, zeitgenössische Werke kurz nach der Uraufführung zu bringen[107] und die zeitgenössischen Komponisten nicht erst zehn oder mehr Jahre zuwarten zu lassen. Diese Tatsache war international bekannt und hat Thomas Mann dazu veranlasst, die Uraufführung der Brentano-Gesänge des Adrian Leverkühn im Roman «Doktor Faustus» (1922) in die Hände von Volkmar Andreae nach Zürich zu legen.[108]

Medien, Kritiker und die professionellen Musikförderer

Die ideelle Grundlage und die reale Durchführung der Unterstützungspolitik der Musikförderer stehen in mancher Hinsicht vor noch ungelösten konzeptionellen Problemen. Gilt die Finanzierung einer modernen Komposition, deren Aufführungsort, der Drucklegung und der Weiterverbreitung – oder aber der Etablierung ihrer

Interpreten? Das Denkmuster des Musikförderers einerseits und dasjenige der beteiligten Musiker andererseits stehen ebenfalls im Widerstreit. Das eine Denkmuster hat im Zentrum die Voraussetzung einer kontinuierlichen *Verpflichtung zur Unterstützung* der Musikkultur, das andere Denkmuster sieht in der finanziellen Förderung vor allem einen *sozialen Anspruch*. Das Spannungsfeld zwischen den verschiedenen Identifikationsmustern in der gegenwärtigen Musikszene Zürich vergrössert sich durch die Vielfalt der musikalischen Zweckbestimmung. Ein solches musikalisches Ziel besteht z. B. in der *aktiven Verbreitung von zeitgenössischer Musik*. Daneben aber kommen gerade in der Zürcher Musikszene auch aussermusikalische Zwecke mit ins Spiel. Wir erinnern an die «politische Musik», an die «Frauenmusik» oder auch an die «Computermusik». Dies sind Beispiele, wo sich der Musik andere als rein musikalische Ideale und Ziele beigesellt haben, welche die Musik auch manchmal dominieren. Inwieweit soll die Stadt Zürich nun die «vielfältig gelebte Widerstandskultur» unterstützen oder die Individualisierungstendenzen einer Computermusik und Selbstverwirklichungsideale einer feministischen oder alternativen Musikszene fördern? Inwiefern können nun die Medien und die Kritiker zur Klärung dieser Problematik beitragen?

Bei den Medien findet man zwei Exponenten der professionellen Beschäftigung mit Musik, einerseits Programmgestalter und Musikkommentatoren bei den *elektronischen Medien* und andererseits Musikkritiker bei den *gedruckten Medien*. Bei beiden handelt es sich um Intellektuelle mit vorwiegend geisteswissenschaftlicher und musikologischer Universitätsausbildung. Im 19. Jahrhundert waren zudem viele produktive Komponisten auch publizistisch tätig und zeichneten sich als *reflektierende* Kritiker aus. Das bekannteste Beispiel ist Robert Schumann, der ab 1844 die noch heute bestehende «Neue Zeitschrift für Musik» herausgab. Er trat schon damals gegen eine Verflachung des Musiklebens auf.[109]

Der Musikkritiker der gedruckten Medien veranschaulicht in seinen Zeitungsartikeln musikalische Sachverhalte. Er verbalisiert in möglichst verständlichen Worten die Musik, die direkt und gleichzeitig vom Kritiker und Publikum miterlebt wurde. Er sorgt dafür, dass der Leser das Gehörte im Gesagten (und umgekehrt) wiedererkennen kann. Der Musikkritiker hat also die wichtige Rolle, zwischen musikalischem Werk und Öffentlichkeit eine Gesprächsebene herzustellen. In einem Vortrag mit dem Titel «Glanz und Elend der Musikkritik» meinte der Musikkritiker Joachim Kaiser, dass durch das Wirken der Kritiker die Öffentlichkeit bei den Veranstaltungen der sogenannten Hoch-Kultur zu einem qualifizierten und begründeten *verbalisierten Urteil* gelangen könne.[110] Vom Musikkritiker «wird am Abend erwartet, dass er sich aufnahmefähig und wohlvorbereitet in Werke und Aufführungen hineinhört und das Gehörte zu nächtlicher Stunde in Worte übersetzt, welche dem Leser ein Klanggeschehen vor Augen führen sollen.»[111] Der Kritiker teilt also mit, was er hört, und durch sein professionelles Urteil soll der Leser eine Vorstellung des Werkes bekommen. Er «formuliert» eine *Veranschaulichung des hörbaren Geschehens*. Der Stil der Rezensionen ist nicht vor allem literarisch,[112] sondern evoziert die Musik mit z.T. musikologischen, aber allgemein verständlichen, sprachlichen Mitteln.[113]

Die Publikationsarbeit des Kritikers reflektiert vieles von dem, was wir in diesem Kapitel als Problematik des

Musikbetriebs und der Medien dargestellt haben. Gemäss seinem Auftrag ist der Kritiker aber auch verpflichtet, zwischen der Musik, ihrer Produktion und Rezeption den Vermittler zu spielen. Gemäss seiner Ausbildung ist er auch vor allem Musikologe und Fachmann in Musikgeschichte und Musikästhetik. Er besitzt als solcher die sprachlichen Hilfsmittel, um möglichst prägnant die musikalischen und aufführungstechnischen sowie die musikhistorischen Bezüge eines Musikereignisses zu formulieren. Darin liegen nun aber zwei Gefahren: Einerseits werden durch die Vor-Verarbeitungen des Konzertprogramms durch den Kritiker die Erlebnis- und Erfahrungsmöglichkeiten für das Publikum vorgeprägt. Oft findet der Hörer Identifikationen in den Kritikertexten und lässt sich so zu vorgeprägten Erlebnismöglichkeiten hinführen.[114] Dies kann aber bei Konzerten mit Neuer Musik nur von Vorteil sein. Eine Einstiegshilfe in geeignete Hörgewohnheiten der zeitgenössischen Musik wird vom Publikum meistens auch geschätzt. Allerdings liegt auch darin eine Gefahr, welche aus dem Eingebettetsein des Kritikers in seinem professionellen Umfeld entspringt. Die Professionalität des Kritikers begünstigt unweigerlich eine cliquenhafte Entfremdung und Distanzierung vom Konzertpublikum.

Was für Musikinformation soll dem Publikum nun vermittelt werden, und wie geschieht das am besten? Zu diesem Thema wurden am Symposium «Musikwissenschaft gegen Musiker» an der Universität Zürich[115] zwei Modelle von Einführungen in ein Musikprogramm vorgestellt. Das eine Modell sei die enzyklopädische, rein *musikwissenschaftliche Besprechung* des Musikstückes, das andere Modell die *«theatralisch aufgemachte» Information* über das Werk. Das zweite Modell arbeitet mit einer Verschmelzung von Information und Unterhaltung, was als publikumswirksam eingeschätzt wird. Die Musikwissenschaft als ästhetische Wissenschaft wird dabei allerdings zu einem «Quellenlieferanten» degradiert.

Angesichts all dieser Unsicherheiten ist es interessant zu sehen, wie sich nun die Zürcher Musikkritik im einzelnen zu den oben behandelten Themen und Zielkonflikten stellt. Ich beginne mit der Frage nach der «richtigen» Einschätzung des Musikpublikums. Naturgemäss stehen vor allem in den gedruckten Medien kritische Berichte über musikalische Massenveranstaltungen. Wenn der Kritiker darüber zu Reflexionen ansetzt, so steht das auf S. 173ff. behandelte Thema der *Popularisation* im Vordergrund. Der Journalist ist auf eigene Beobachtungen angewiesen, die er gelegentlich durch Interviews mit dem Publikum ergänzt.[116] Die Fragen dieses Journalisten bewegen sich meistens im Themenkreis des Massenkonsums, wie z. B.: «Welche Veranstaltungen im Rahmen der Juni-Festwochen können Sie speziell empfehlen?» – «Stehen auch volkstümlichere Attraktionen auf dem Programm?» Eine Antwort auf die Frage «Was ist Ihr besonderer Wunsch für die diesjährigen Juni-Festwochen?» wird beantwortet mit «Sie sollen die Menschen in Schwingungen bringen und die Seele atmen lassen». Zur Rezeption der Lunch-Konzerte hiess es: «Riesenerfolg für eine neue Musikidee», oder «Musiker im Karohemd und Dirigent in rotem Pullover: Das gestrige erste Lunch-Konzert in der Tonhalle machte es möglich».[117] Das folgende Zitat «Wer einmal einen Auftritt der ‹King's Trumpeters› erlebt hat, wird mit Begeisterung für das nächste Konzert Schlange stehen», wirkte tatsächlich auf die Besucherzahl dieses Konzertes.[118] Offensichtlich wird der «Riesenerfolg» am Massenandrang gemessen.

Ich zitiere diese Beispiele, um zu zeigen, wie der Journalist die Popularisierung miterlebt und durch seine Berichterstattung auch fördert. Diese wird dann oft sprachlich so einfach wie möglich formuliert, damit das «Volk» sie auch richtig versteht, wie etwa: «Chefdirigent dirigiert in ganz lockerer Atmosphäre und mit Werken von Beethoven bis Schubert. Über 1500 Zürcher haben die erste Einladung dankend angenommen – das erste Konzert war bereits nach drei Tagen ausverkauft. Deshalb: Packen Sie die nächste Gelegenheit beim Schopf.»[119] Aber schon vier Monate später hat sich die Sprechweise des betreffenden Musikkritikers wieder «normalisiert». Über das Lunchkonzert schrieb er: «Die ‹King's Trumpeters› setzten mit ihrem abwechslungsreichen und originellen Programm einen besonderen Akzent in die Reihe der Lunch-Konzerte.»[120] So hatte sich der Ton der Berichterstattung von einem fast marktschreierischen Popularismus innert kürzester Zeit zu einem Text verändert, in dem der Respekt vor der Kunstmusik wieder mehr zur Geltung kam. Dieses Distanznehmen führt den Kritiker dann auch gelegentlich zu Reflexionen über unser Thema des Popularismus (siehe S. 173ff.).

Die Musikbesprechung in den Tageszeitungen beinhaltet in der heutigen Form nicht nur die kritische Formulierung der Rezeption des betreffenden Konzertpublikums. Wie oben ausgeführt, steht vielerorts die *Vermittlerrolle* im Vordergrund.[121] Der direkte Einfluss des Musikkritikers auf das Publikum ist denn auch anhand von Konzert-Pausengesprächen deutlich festzustellen. Da wird das Gelesene oder Gehörte in den verschiedensten Varianten diskutiert, abgehandelt und repetiert. *Stil und Inhalt der Besprechung* und Kommentare sollten sich deshalb nach der Vorbildung des *Zielpublikums* richten. Wie gut kennt nun aber der Kritiker sein Publikum? Schätzt er sein Zielpublikum richtig ein? Äusserungen wie die folgende sind nicht selten: «Die Gefahr ist gross, dass vieles an diesen kunstvoll-elaborierten Einführungstexten etwas über den Kopf der Zuhörer hinweg zielt, zu stark zu den schon Wissenden gerichtet ist.»[122] Im Gegensatz zum persönlich gefärbten Kommentar des Radiokommentators beschränken sich die Kritiker in den gedruckten Medien mehr auf musikologische und musikhistorische Daten und Erklärungen. Der Publikumsbezug ist hier also in der Auswahl der zur Darstellung kommenden Fakten reflektiert.

Das breite Zürcher Konzertpublikum schätzt im allgemeinen ansprechende, unterhaltsame Musik, und der Musikpublizist knüpft deshalb mit Vorliebe Beziehungen und Vergleiche zur Musik um 1900. Diese «Gegenwartsschrumpfung» und Verkürzung des Zeitgefühls oder des Zeitraumes ermöglicht dem Hörer die Anknüpfung an eine vergangene Stilepoche und an die traditionellen Hörgewohnheiten. Ist aber die historisierende Methode für das musikalische Erlebnis beim Konzertpublikum wirklich notwendig? Ich glaube, dass das doch recht aufgeschlossene Zürcher Konzertpublikum auch ohne explizit historischen Bezug eine genügende Kritik- und Urteilsfähigkeit besitzen würde. Die Zuwendung zur Vergangenheit in den Konzertkritiken und die musikalischen Bezüge der Neuen Musik auf barocke, klassische und romantische Musikliteratur geht vor allem auf die kompensatorischen Bedürfnisse (zur schwer verständlichen zeitgenössischen Musik) des traditionellen Konzertpublikums ein. In den Programmheften sind die historischen Hinweise zu den aufgeführten Werken daher sehr beliebt. Die Texte haben allerdings oft auch die Form von musikwissenschaftlichen Abhandlungen, die aus Enzyklopädie-Artikeln und vielfältigen musikologischen und musikhistorischen Quellen schöpfen. Sie bilden sozusagen einen objektiven Hintergrund und besitzen die Funktion eines Ausgleichs gegenüber divergierenden Modeströmungen. Diese informative Ausbalancierung ist eines der Leitbilder in der Tradition der Musikbesprechung.

Ein zweites Leitbild ist die *erzieherische Mitgestaltung* des Verhältnisses des angesprochenen Publikums zur Gegenwartskultur. Die grosse Vielfältigkeit des Musikkultur-Angebotes aber hat beim Konzertpublikum einen beträchtlichen kulturellen Vertrautheitsschwund und eine Identifikationskrise eingeleitet. Der Hörer hat, wie wir auf S. 51 ff. und S. 97 ff. dargelegt haben, Schwierigkeiten, die zeitgenössischen Sprachen der Neuen Musik oder der Computermusik zu verstehen oder sich gar damit zu identifizieren. Dass die sprachliche Gestaltung der Neuen Musik eine schwierige Aufgabe ist, illustriert der Text auf einer Plattenhülle. Was soll der Käufer mit der folgenden Beschreibung des Werkes eines zeitgenössischen Zürcher Komponisten anfangen?: «Wellenförmige Energieflüsse führen teils zu dramatischen Höhepunkten. Die in allen Schattierungen vibrierenden Klangfarben werden vom Soloinstrument, teils in kantablen Bögen, gewissermassen kommentiert. Das 23minütige Werk fasziniert durch Farbigkeit, Phantasiereichtum und geschmackvollen Einsatz der musikalischen Mittel.» Der Texter wollte wohlüberlegt den Hörer mit malerischen und nicht mit musikalischen Begriffen ansprechen.

Einzelne Journalisten versuchen es mit Polemik wie: «Selbstbesinnung tut not. Minderwertigkeitsgefühle, Modehörigkeit und Einschaltquotenfimmel führten dazu, dass unsere Gefilde einer Überschwemmungs-Landschaft gleichen, in der die Bäume und Pflanzen Mühe haben, sich in den Fluten zu behaupten. Und denjenigen, die auch nach der Lektüre dieser Zeilen fremde Leckerbissen der einheimischen Kost vorziehen, sei gesagt, dass kein ausländischer Staat, aus dem die Modeströmungen stammen, mit seiner eigenen Musik so schnöde verfährt wie die Schweiz.»[123] Dies scheint mir aber eher ein Beispiel von populärem Massen-Journalismus als von Fachjournalismus zu sein.

Der Themenkreis *Internationalität und lokale Talentförderung* (s. S. 185 ff.) ist für den Musikkritiker besonders anspruchsvoll. Einerseits sind *analytische und objektiv gehaltene Bemerkungen* zur Gesamtprogrammgestaltung der Tonhallekonzerte zu formulieren.[124] Andererseits decken die Journalisten in den Zürcher Tageszeitungen das breite Feld der zeitgenössischen Musik-Produktion durch *individuelle Einzelbeiträge* ab. Es wird ebenfalls ausgiebig über die lokalen musik-politischen und musikwirtschaftlichen Ereignisse kommentiert, wie etwa über die Moskaureise des Zürcher Stadtpräsidenten, bei welcher eine musikkulturelle Zusammenarbeit in die Wege geleitet werden sollte. Das Zürcher Publikum wurde über solche «Sensationsereignisse» und über die Gespräche der Vorbereitung der Juni-Festwochen 1989, welche dann dem Thema «sowjetrussische Kultur und Europa» gewidmet wurden, genau informiert. Durch die Programmvorschauen kann sich also der Zürcher Bürger auf die kommende Konzertsaison etwas einstellen und, was er gerne tut, vorher ausgiebig darüber diskutieren.[125] Mit Berichten über den Orchester- und Solistentourismus und Festival-Reportagen wird auch das *Image der Internationalität und der Weltoffenheit* Zürichs gepflegt.

Der *Kritiker-Tourismus*[126] schlägt sich dagegen eher nieder in musikwissenschaftlichen Informationen im internationalen musikkulturellen Gesamtzusammenhang. Der Kritiker sucht hier zugleich den Status der Zugehörigkeit zu einer internationalen Insidergruppe aufrechtzuerhalten. Er will und muss zu den «Trendsetters» des internationalen Musiklebens gehören. Indem er über den Besuch an internationalen Musikfestivals berichtet, versucht er, die einheimischen Komponisten und Interpreten in einen internationalen Kontext einzuordnen und international zu vergleichen. Die Schweizer (Zürcher) Komponisten möchten sich verständlicherweise ebenfalls gerne international bekannt sehen[127] und lassen die von ihnen besuchten Musikfestivals deshalb bereitwillig in den Besprechungen erwähnen.[128]

Die Berichterstattung über *Formen und Auswirkungen von Innovationen* (s. S. 190 ff.) ist ebenfalls von grösster Wichtigkeit. Die Förderung des zeitgenössischen Musikschaffens profitiert wohl am meisten von solcher Öffentlichkeitsarbeit, denn auf diese Weise werden die neuen Kompositionen am ehesten im Bewusstsein des Publikums verankert. Dies ist auch für die *Entstehung und Erhaltung des kommerziellen Erfolges* eines neuen Werkes ausschlaggebend.[129] Deshalb ist die Problematik «Innovationsfreude und Sparzwang» ein aktuelles Thema und wird vom Konzertbesucher gerne diskutiert. Der Berichterstatter der Konzertvorschau für die Saison 1988/89 meinte dazu folgendes: «Die Besucherfrequenz zu den Tonhallekonzerten (über 80 Prozent) lässt sich kaum mehr erhöhen, Mitglieder- und Abonnentenzahlen sind weiter gestiegen, die Einnahmen ebenso, das Orchester ist voll ausgelastet, und auch die Gönner und Sponsoren leisten weiterhin namhafte Beiträge.»[130] Auf der anderen Seite sind aber auch die Kosten gestiegen.[131] Würde die Subventionierung des Konzertlebens wegfallen oder drastisch gekürzt, so bestände eine unmittelbare Gefahr, dass der Konzertbetrieb zu einem leeren Ritual würde, d. h., der dann wirtschaftlich notwendige Konsens mit dem Publikum würde das musikalische Niveau notwendigerweise senken, die Preise müssten steigen und die Konzerte würden immer mehr zu gesellschaftlichen Anlässen. Mir scheint, dass die musikkulturelle Internationalität für das Image der Stadt Zürich sehr wichtig ist, aber trotz *internationaler Publizität* stellt Zürich für das zeitgenössische Musikschaffen vorläufig noch kein geographisches Zentrum dar.

Ganz zum Schluss möchte ich noch auf den innovativen *Einfluss der elektronischen Medien*, Radio[132] und Fernsehen, zu sprechen kommen. Dieses wichtige Thema würde eine eigene Abhandlung verdienen, auch besitzt die Programmgestaltung und die Wirkung der elektronischen Medien einen über eine Stadt wie Zürich hinausreichenden überregionalen Charakter. Immerhin will ich hier ein paar Bezüge zum Thema dieses Kapitels darlegen, zuerst zur *Popularität*. Ein interessantes Detail ist z. B. die Mundartwelle in den Kommentaren der E-Musik-Sendungen von DRS 2. Hier wurde ganz bewusst das heimatliche Idiom eingesetzt, um die Hörer stärker anzusprechen – allerdings mit keinem grossen Erfolg. Der Versuch musste nämlich reduziert und zum Teil wieder abgebrochen werden. Ein weiteres Beispiel zu diesem Thema ist die versuchte Förderung der Innovation in der populären Musik anhand des 1958 gegründeten Zürcher Blasorchesters von Radio DRS. Die Absicht vor dreissig Jahren war, den «dem Unwesen der Orchester- und Opernpartitur-Bearbeitungen huldigenden Blasmusikkorps (damit sind die zahlreichen Gemeinde-Harmoniemusiken gemeint) die bestehenden zeitgenössischen Originalkompositionen nahezubringen».[133] Die Notwendigkeit einer gezielten Unterstützung von seiten der Medien (des Radios) für solche innovative Bestrebungen, und nicht nur für die populäre Musikbranche, ist heute ebenfalls wieder aktuell geworden.[134]

Für die elektronischen Medien liegt eine *Fülle von Daten* über Umfang und Publikum für die verschiedenen Musikgattungen vor. Diese sind für meine Untersuchung potentiell sehr wichtig, bieten aber trotz ihrer virtuellen Genauigkeit beträchtliche *Interpretations-Schwierigkeiten*. Ich möchte einige davon vorlegen und kommentieren.

Eine Untersuchung von Programmen mit *Schweizer Musik am Radio* des SRG-Forschungsdienstes hat 1987 folgende Ergebnisse ergeben:

Gemessen an den Sendeminuten macht der *Anteil einheimischer Musikproduktion* erschreckend wenig aus. Damit kommt nach Meinung des Schweizerischen Musikrates[135] die SRG ihrem Konzessionsauftrag nicht mehr nach.[136] Die folgenden Zahlen sprechen für sich: Der *Sendeanteil* der urheberrechtlich geschützten Produktionen von in der Schweiz lebenden Musikern beträgt

18,4% bei der einheimischen Volksmusik und
21% bei der «sogenannten E-Musik», zu der hier ebenfalls die improvisierende Musik wie Jazz gezählt wird.[137]

In unseren Nachbarländern sind diese Anteile sehr unterschiedlich. Urheberrechtlich geschützte Musik von im Land lebenden Komponisten strahlen die Sender in der BRD im Durchschnitt 35,88%, in Österreich 25,3% und in Frankreich ca. 50% aus.[138]

Für die SRG-Angebote wurde eine *Tagesreichweite*[139] von 63% eruiert. Diese teilt sich auf für

DRS 1: 49%,
DRS 2: nur 3% und
DRS 3: 14%.[140]

Der Anteil von 3% (bei DRS 2) für den ganzen schweizerischen E-Musik-Bereich ist also unverhältnismässig klein. Es heisst zu dieser Erhebung weiter: «Spitzenreiter bei der Deutschschweizer Bevölkerung, von der 66 Prozent täglich mindestens eine Stunde lang Musik hört, sind demnach Wiener Walzer, gefolgt von Evergreens, Oldies, volkstümlicher Unterhaltungsmusik, konventionellen deutschen Schlagern, Country und Western sowie internationale Schlager. Auf die grösste Ablehnung stossen insgesamt die Kategorien Oper,[141] Ethno-Rock, Oratorium, Hard Rock und romantisches Kunstlied. Diese Musikbereiche werden in der Deutschschweiz von mehr als 40 Prozent der Bevölkerung abgelehnt.»[142]

Solche Zahlen rufen natürlich sofort eine Abwehrreaktion der E-Musik-Freunde herauf. Im folgenden ausführlich zitierten Artikel redet der Autor den Medienleuten wie folgt ins Gewissen:

«Fernseh- und Radioprogramme mit sogenannter E-Musik (‹ernster Musik›) sind Programme für Minderheiten; ihnen wird auch gerne das Stigma des Elitären aufgebrannt. Minderheitenprogramme, Programme mit geringer Sehbeteiligung also, figurieren beim Fernsehen in jenen Randzeiten, die werbewirtschaftlich nicht mehr relevant sind (abends spät). Das sind kaum Erkenntnisse, die sich wirklich begründen lassen, sondern Axiome jener unerschütterlichen Gläubigen, die solchen Zahlen vertrauen und aus ihnen ihr ‹demokratisches› Credo ableiten – das sich bei näherem Hinsehen bald einmal als pseudodemokratisch, als autoritär und populistisch erweist. Demokratie heisst ja immer auch: Respektierung von Minderheiten, ihre Berücksichtigung selbst zu Lasten einer Mehrheit. Das Fernsehen DRS, darin löblich sich von anderen, zumeist grösseren Sendeanstalten unterscheidend, beabsichtigt, über diesen populistischen Schatten zu springen und E-Musik-Sendungen ins Hauptabendprogramm zu rücken – in homöopathischer Dosierung, versteht sich, doch immerhin fest anzusiedeln: Vom 25. November an wird einmal im Monat eine neue Musiksendereihe, ‹Concerto grosso›, erscheinen, die um 21 Uhr 05 oder 21 Uhr 35 beginnt. Es gibt für das Fernsehen DRS und seine Abteilung Kultur und Gesellschaft zwei Gründe, der Redaktion Musik und Ballett das Wagnis einer solchen Befreiung aus dem Ghetto der Spätprogramme zuzugestehen: Musik richte sich zwar an eine Minderheit, doch wollten auch Minderheiten ernst genommen werden; es könne von Musikfreunden nicht verlangt werden, dass sie ausschliesslich zu Randzeiten Musik hörten.»[143]

Der versuchsweise im Dezember 1989 in Betrieb genommene Sender *Opus Radio* setzt sich ein verwandtes Ziel. Er will «vorab bei der jüngeren Generation Verständnis wecken für das klassische Repertoire ganz allgemein».[144] Dazu soll ein Konzept helfen, das schon anderswo (z. B. Bayern 4 und France Musique) erfolgreich verwendet wurde, nämlich kurze Wortanteile, Ausrichtung auf die lokale Szene und Eingehen auf das Rezeptionsverhalten der anvisierten Hörer.[145]

Die Absicht, die Akzeptanz der schweizerischen zeitgenössischen E-Musik-Kompositionen durch das Radio zu fördern, ist also noch recht weit vom Ziel entfernt. Die Gefahr, dass sich die elektronischen Medien von den Einschaltquoten zu einer proportionalen Einteilung verleiten lassen, ist eine reelle. Die elektronischen Medien versuchen im allgemeinen, den zeitgenössischen Strömungen und Modeerscheinungen nachzuleben, um nicht ein allzu traditionsverhaftetes Image zu geben. Das Problem «*Diktat der Einschaltquoten*» ist deshalb aktuell und wird immer wieder neu diskutiert, vor allem im Informationsblatt der Urheberrechts-Gesellschaft Suisa, wie z. B.: «Zwar werden die Einschaltquoten oftmals und gern als Gradmesser für die Publikumsnähe der Sendungen bezeichnet, aber dies sind nur andere Ausdrücke im Kampf um Einfluss. Für die kulturellen Sendungen darf es deshalb, weil einzig die Kulturvermittlung zu Gebote steht, kein Diktat der Einschaltquoten geben.»[146]

Solche kulturpolitisch-liberale Argumente waren bis vor wenigen Jahren im Alternativ-Musikbereich angemessen.[147] Dort ist seither einiges geschehen, um die Situation zu verbessern (siehe S. 173ff.). Heutzutage sind diese Argumente eher für den Bereich der E-Musik angebracht. Die Verantwortlichen der Musikabteilung des Radiostudios (DRS) vertreten aber die Ansicht, dass heutzutage vor allem dem jungen Musikpublikum ein längeres und konzentriertes Musikhören nicht mehr möglich sei und deshalb von ihm auch nicht verlangt werden könne. Der Hörer wünsche im allgemeinen Musik zur Unterhaltung, d.h. eingängige Melodien im breiten Bereich der Unterhaltungsmusik. Die schlecht besuchten Konzerte des international bekannten Komponisten Karlheinz Stockhausen im Radiostudio DRS hätten dies bestätigt.[148] Nur in nostalgisch gehaltenen Musiksendungen, wie z. B. die Sendung «Kostbarkeiten aus dem Archiv von Radio DRS», könne sich Radio DRS im Einschaltquoten-Wettbewerb mit den Kommerz-Radios messen.[149]

Ich versuchte auch in diesem Kapitel zu zeigen, wie sich die E-Musik-Kultur volksnah präsentiert. Die erstrebte Popularität kann sich im Pluralismus des Zürcher Musiklebens offenbar recht gut ausdrücken. Der *musikkulturelle Popularismus* ist dadurch zu einer wichtigen Komponente des *Images des Zürcher Musiklebens* geworden. Ob sich nun aber das Zürcher Musikpublikum geradezu mit diesem Bilde identifizieren möchte, ist doch fraglich. Es wird auch weiterhin eine Spannung zwischen Popularisierungs-Bestrebungen und innermusikalischer Qualität bestehen.

Anmerkungen zu den Seiten 173–176

1. Was hier auf das Fernsehen und das Radio gemünzt ist, trifft aber mutatis mutandis auch auf die kommunale Kulturförderung zu.
2. In: NZZ 27. 5. 1986.
3. Ich möchte hier nicht auf die populistischen Tendenzen eingehen, wo Popularismus als politisches Mittel eingesetzt wird. Und doch gehört es zur politischen Wahlpropaganda, indem die Unterstützung neuer Kulturformen wie Film, Video, Foto, Tanz, Jazz oder Rock mit gesellschaftlicher Anerkennung und finanzieller Unterstützung rechnen darf.
4. «Populär» darf aber nicht mit «volkstümlich» gleichgesetzt werden. Hier könnte man eine lange Begriffs-Diskussion anschliessen!
5. Übrigens, ähnlich wie beim kommunalen Sponsoring ist Popularismus ebenfalls ein wichtiger Aspekt von privaten Sponsoren. Ein besonders deutliches Beispiel dafür ist ein, wie es heisst, «von privater Seite her» (d.h. Firmen und Banken) unterstütztes Musikfestival auf dem Gurten (Kanton Bern). Darüber berichtete die NZZ vom 12. 8. 1987, diesmal eher unkritisch unter dem Titel: «Mozart zum Anfassen» wie folgt: «Um der weitverbreiteten Meinung entgegenzutreten, Kultur sei sowieso elitär und klassische Musik interessiere nur eine Minderheit, wird es auf dem Berner Gurten am Samstag 15. August zu einer Schweizer Premiere kommen: 12 Stunden Mozart nonstop, live gespielt in der freien Natur. Der Anlass soll, wie die von Firmen und Banken unterstützten Organisatoren an einer Pressekonferenz in Bern erklärten, zu einem kostenlosen Volksfest für jung und alt werden. Die Konzerte beginnen um 10 Uhr und dauern bis 22 Uhr.»
6. Bericht über die kulturellen Auszeichnungen der Stadt Zürich in: NZZ 11. 12. 1989.
7. So will z. B. das Opus-Radio (einmonatiges Versuchsprogramm Dezember/Januar 1989/90) bewusst «nicht elitär, dafür lebendig und dynamisch» sein und ist vor allem auf ein abwechslungsreiches und gefälliges Programm ausgerichtet, was fälschlicherweise allerdings mit «populärer Musik» assoziiert wird (NZZ 28. 11. 1989).
8. Andere Kompositionsaufträge wurden für die Kammerorchester Camerata und Zürcher Kammerorchester und für das Zürcher Gitarrenquartett geschrieben.
9. Diese Diskussionen werden zum Teil auch öffentlich ausgetragen oder kommentiert, wie z. B. zur Themenwahl der Juni-Festwochen 1988 «Fluchtpunkt Zürich». In der *Züri Woche* vom 14. 4. 1988 heisst es u. a.: «Der Versuch der Präsidialabteilung, mit einem übergreifenden Thema der bisherigen Sonderzüglein-Politik der grossen Institute entgegenzuwirken, beginnt Früchte zu tragen.»
10. Der volle Titel lautet: «Fenster zu Europa – Traditionen der Moderne in der russischen und sowjetischen Kultur». Für die Popularisierung sind ebenfalls die «Neukonzeption der Juni-Festwochen mit einer Öffnung für alle Bevölkerungsschichten (Klangwolke, Rietbergfest etc.) und Stadtmusik, Stadtharmonie etc.» wichtig. In: *Tagblatt der Stadt Zürich* 27. 2. 1990.
11. Sonderkonzert vom 29./30. 11. 1989.
12. Bach-Gavotten als Schlagermusik.
13. Saal in der Roten Fabrik.
14. *Züri Woche* 12. 11. 1987.
15. Interview in: *Züri Woche* vom 30. 6. 1988.
16. NZZ 11. 12. 1989.
17. Nach *Riemann-Musiklexikon* (Ausgabe 1967) heisst es: «Als Terminus bezeichnet U-Musik (Unterhaltungsmusik) jenen Bereich musikalischer Produktion, der seit der zweiten Hälfte des 19. Jahrhunderts vor dem Hintergrund der verwandelten sozialen und technischen Verhältnisse als Subkultur sich von der offiziellen Musik abhebt, welche zur ‹U-Musik› als Kontrapost mit ‹ernster Musik› bezeichnet wird.» Es stellt sich hier natürlich die Frage, ob die E-Musik heute noch als «offizielle» Musik anerkannt werde. So bestand das Mitgliederkonzert (31. 1. und 1. 2. 1990) der Tonhalle-Gesellschaft und des Gönnervereins aus unterhaltsamen Kompositionen von Kurt Weill (1900–1950).
18. Siehe auch S. 61 ff.

Anmerkungen zu den Seiten 176–181

[19] Ich denke hier an die «Opernspektakel» im Hallenstadion, das immerhin 7600 Sitze offeriert für die Aufführungen von Puccinis «Turandot» oder für Verdi-Opern. Ich denke auch an die «Klangwolke» über der Stadt Zürich mit der Musik von Berlioz «Symphonie phantastique» während der Juni-Festwochen 1988.

[20] Auch im Kleinen Tonhallesaal, siehe dazu auch S. 116 ff.

[21] In: NZZ 30./31. 7. 1988.

[22] Wenn man davon ausgeht, dass die Ambiance und die Musik, die in der entsprechenden Atmosphäre erklingt, zusammenstimmen müssen, könnte man die Rote Fabrik paradoxerweise auch als modernen «Salon» erklären. Die in die Aufführungen in der Roten Fabrik gesetzten Erwartungen haben sich qualitativ und funktional erfüllt.

[23] Die zwischen 1893 und 1896 im Sichtmauerwerk (aus roten Ziegeln) erbaute Seidenfabrik wurde von der Stadt Zürich 1972 erworben.

[24] Die Zürcher Bevölkerung akzeptierte in einer Abstimmung 1987 deren Finanzierung. Dieser Betrieb hat bisher eine positive Presse erhalten wie z. B.: Die Rote Fabrik sei ein wichtiger Platz im kulturellen Leben der Stadt Zürich, ein «Kristallisationspunkt in der kommunalen kulturpolitischen Landschaft». Es heisst, dass für eine gewisse Schicht der Bevölkerung die Fabrik zum Zentrum geworden sei, und zwei Millionen Franken jährlich für Alternativkunst sei «angebracht». In: NZZ 18. 11. 1987.

[25] Im *Tagblatt der Stadt Zürich* vom 13. 6. 1988 wird wie folgt berichtet: «Grossandrang vor dem Hallenstadion: Zürichs Opernspektakel, in diesem Jahr Puccinis ‹Turandot›, wollte sich am Freitagabend niemand entgehen lassen: Die ‹Turandot›-Bühne verfügt über das dreifache Volumen der ‹Aida› vom letzten Jahr.»

[26] In den Festivals werden oft die Präsentation (Star) und das Marketing (Medien) über den eigentlichen (musikalischen) Inhalt gestellt.

[27] NZZ 2. 8. 1988.

[28] NZZ 11. 3. 1988: Dass die Lunchkonzerte offensichtlich einem grossen Bedürfnis entsprechen, «freut die Tonhalle-Gesellschaft und das Tonhalle-Orchester; schafft andererseits aber auch Probleme, denn die enorme Nachfrage nach Eintrittskarten übersteigt bei weitem das Fassungsvermögen des Grossen Tonhalle-Saals».

[29] Lunchkonzert vom 7. 10. 1988.

[30] Interviews mit Lunchkonzertbesuchern, publiziert in der *Züri Woche* (24.11.1988) werden bewusst recht populär gehalten. So heisst es, dass «der Herr R. und Frau R., beides passionierte Amateur-Musiker» oder «zwei Freundinnen, die sich jeweils lieber zu Musik und Lunch als sonst irgendwo zum Kaffeeklatsch treffen» begeisterte und regelmässige Besucher der Lunchkonzerte seien.

[31] In: *Züri Woche* 11. 5. 1988.

[32] Zitat des Dirigenten in: *Info* der Tonhalle-Gesellschaft Zürich, Nr. 8, Februar 1988.

[33] Lunchkonzert vom 7. 10. 1988.

[34] Diese Aussage betrifft das Rachmaninow-Klavierkonzert Nr. 3, das in der NZZ vom 16. 3. 1988 besprochen wurde.

[35] Siehe zu diesem Thema auch S. 116 ff.

[36] «Schöne» Musik ist ebenfalls ein Massstab des Wunsches nach Ästhetik. Es fragt sich aber, wie weit manierierte Programmtitel nur ein Verwischen von professionellem Können (oder Nichtkönnen) bewirken.

[37] Zum Beipiel Vertonungen von Hermann Hesse-Gedichten als Computermusik. In: *Zürcher Liederbuch* (Komposition von Rainer Boesch) oder «Heller Schein», Komposition von Patricia Jünger nach einem (mir unverständlichen) Text von Elfride Jelinek.

[38] Konzert im Theater am Gleis Winterthur, 9./10. 5. 1989.

[39] Armin Schibler. The point of no return, concert pour le temps présent. Schallplatte Da Camera, Magna SM 91511.

[40] Es heisst: Schibler halte sich «allen neuen Strömungen offen und dieses Werk assimiliere von der Reihentechnik bis zum Jazz die wichtigsten Stilerfahrungen, ohne jedoch die Belange des Ohrs und des Hörvermögens ausser acht zu lassen».

Anmerkungen zu den Seiten 181–185

[41] Vom 20. 4. 1989 bis 30. 11. 1989 fanden im Radiostudio DRS vierzehn Konzerte unter diesem Titel statt. Der Titel «Musik und Revolution» scheint mir allerdings angesichts der Auswahl der Stücke etwas irreführend (wenn auch publikumswirksam). Das «Revolutionäre» bestand mehr in der Zeitgenössigkeit der Kampfsituation einer Revolution und weniger in deren Substanz.

[42] Bei der Aufführung der zweiten Sinfonie von Jan Sibelius (op. 43 D-Dur) wurden z. B. nur die eingängigen Sätze drei und vier gespielt.

[43] Auch im Theaterbereich steht vor allem das potentielle Publikum im Vordergrund: «Theater dürfe wohl Anstrengung, aber keinesfalls Strapaze bedeuten, neben einer kritischen Reflexion sei auch Unterhaltung vonnöten», zitiert der Rezensent das Leitungsteam für das neue Theaterhaus «Gessnerallee». In: NZZ 19. 9. 1989.

[44] Z. B.: «Türöffnung ab 18.15 Uhr. Am Eingang werden unnumerierte Platzkarten abgegeben. Kein Kartenvorbezug!» Inserat für das «Seenachtsfest-Konzert» im Grossen Tonhallesaal am 2. 7. 1988.

[45] Radioprogramme heissen z. B. «Hot-Dog», «Palette», «Musique à la carte» etc.

[46] In: *Basler Zeitung* 30. 1. 1989.

[47] *Züri Woche* 13. 4. 1989.

[48] NZZ 22. 3. 1989.

[49] NZZ 25./26. 3. 1989.

[50] Zur Begriffsbestimmung von Professionalität hier nur so viel: Das Gegenteil von Professionalität ist «Dilettantismus», aber dessen Definition durch international bekannte Kritiker lässt aufhorchen: «Was den Dilettantismus anbelangt, so muss man sich klarmachen, dass allen menschlichen Betätigungen nur so lange wirkliche Lebenskraft innewohnt, als sie von Dilettanten ausgeübt werden» (Egon Friedell) oder: «Wenn man in der Musik etwas Neues hervorbringt, etwas Eigenständiges, ist man ein Amateur. Die Nachahmer, das sind die Professionellen» (Morton Feldmann). In: *Dissonanz. Die Neue Schweiz. Musikzeitschrift.* Hg. vom Schweiz. Tonkünstlerverband. Nr. 21, August 1989.

[51] Durch die gewährleistete Gleichheit der Chancen in der Ausbildung (...) «differenzieren sich zugleich Unterschiede in den Leistungsniveaus derer heraus, die sie nutzen», schreibt Hermann Lübbe. In: *Fortschritts-Reaktionen.* Reihe: Herkunft und Zukunft 10. Graz/Wien, Köln, 1987.

[52] «Elitär» und «populär» werden im musikalischen Bereich zu oft einfachheitshalber den Begriffen E-Musik und U-Musik beigeordnet. Ein Informant meinte, er spiele und komponiere lieber für ein «breites» (gemeint ist ein «alternatives») Publikum und nicht für ein «elitäres»!

[53] Für seine eigenen «Umsetzungen» von politischen Texten verbietet der Komponist sich den Ausdruck «Vertonungen». Diese kommen gemäss der erwähnten Kritik beim Publikum aber recht gut an, da der Komponist in allen Stücken eine einfache, einsehbare, nachvollziehbare musikalische Oberfläche habe. In: NZZ 21. 4. 1989.

[54] Hermann Danuser. In: NZZ 9./10. 5. 1987.

[55] Ich werde hier nicht auf eine philosophische Begriffsbestimmung eingehen.

[56] Die Stadt Zürich fördert die verschiedensten musikkulturellen Bereiche (E-Musik, Chormusik, Kirchenmusik etc.) ebenso wie die populären Alternativmusik-Veranstaltungen. Kulturpluralismus hat nun aber eine gewisse Volkstümlichkeit zur Folge. Ich denke hier ebenfalls an die Geschäftsleute, die nicht wegen des populären Musikprogrammes die Lunchkonzerte besuchen, sondern den Rest der Mittagszeit für einem Businesslunch im Tonhallefoyer verwenden.

[57] Eine Konzertreihe der Tonhalle-Gesellschaft, nicht zu verwechseln mit der «Gesellschaft Rezital», dem Unterstützungsverein für einen Komponisten.

[58] Diese Veranstaltungen bieten also dem Zürcher Publikum die Gelegenheit, abseits vom üblichen Konzertbetrieb junge Interpreten kennenzulernen.

Anmerkungen zu den Seiten 185–186

[59] Seit 1969 vergeben z. B. der Migros-Genossenschafts-Bund und seit 1974 die Ernst-Göhner-Stiftung Musikstipendien an ein zur Konzerttätigkeit führendes Weiterstudium. In der NZZ vom 27. 9. 1989 wird über das Jubiläumsjahr «20 Jahre Studienpreis» und die seit 1986 bestehende Konzertreihe «Junge Musiker» berichtet.

[60] Die Besucherzahl variiert übrigens auch nach mehr oder weniger exotisch klingenden Namen der Interpreten; so stehen z. B. eine 56,6%ige Belegung des Tonhallesaal (bei Andreas Bach) einer 96,4%igen Belegung (bei Hiroko Sakagami) gegenüber. Die durchschnittliche Besucherzahl war nur 74,2% (*Jahresbericht* der Tonhalle-Gesellschaft von 1989/1990).

[61] Solche Aneihungen von Karriere-Stationen füllen vor allem die Programmblätter der populären Konzertveranstaltungen wie z. B. desjenige der Lunchkonzerte.

[62] Die Liste der Aufzählungen im Programmheft gehen weiter mit: «Nebst der Zusammenarbeit mit dem Orchester National... ist... Gast zum Beispiel der Berliner Philharmoniker, des London Philharmonic und London Symphonic Orchestra, des Orchestre de la Suisse romande, des Gewandhausorchesters Leipzig, des Orchestre de Paris, der Bamberger Symphoniker, des New Japan Philharmonic Orchestra und als Operndirigent an den Bühnen von Paris, Genf, Wien und Hamburg, Zürich, am Covent Garden, in Chicago sowie an der Metropolitan, der San Francisco und New York City Opera... etc.»

[63] Z. B. beim Lunchkonzert der Tonhalle-Gesellschaft vom 15. 3. 1988.

[64] Eine Popularisierung in der Programmgestaltung (auch Nulltarif) einerseits oder kostspielige Engagements andererseits könnten ebenfalls durch andere Arten von «Luxus» ersetzt werden: so könnte z. B. eine gewisse Kontinuität in absoluter musikalischer («elitärer») Perfektion (Star) ebenso publikumswirksam sein.

[65] Das Echo, das der Musiker in den Tageszeitungen erhält, löst eventuell zusätzliche Aufführungen aus. So sind alle Aktionen irgendwie mit dem Musikmarkt im Zusammenhang, denn ein erfolgreiches Rezeptions-Echo kann wieder neue künstlerische Impulse auslösen. Die Qualität einer innovativen Leistung steht also mit ihrem Echo in ständiger Wechselwirkung. Die Publikumsresonanz gewinnt aber dann eine ursächliche Kraft, wenn sich die verschiedenen Abhängigkeiten zu einer Extremsituation hin bewegen. Dann reden wir z. B. von «Personen-Kult» oder etwa vom ehrgeizigen Marktverhalten in der individuellen Plattenproduktion. Dies meinte denn auch ein Komponist, wenn er sagt: «Ich sah plötzlich, wie sich meine Karriere verselbständigen kann, wie die Musik zur reinen Startrampe für Interpreten werden kann» (Interview in: *Tagblatt der Stadt Zürich* vom 14. 3. 1989).

[66] Ein Stardirigent erhält bis zu 80 000.– Franken für ein Auftreten am Abonnementskonzert (Dienstag), für die anderen Konzerte am Mittwoch, Donnerstag und Freitag erhält er die Hälfte, also je 40 000.– Franken.

[67] Auch das Programmblatt für ein Folklore-Konzert im Grossen Tonhallesaal (Internationale Juni-Festwochen 1987) hält die Billettverkaufs-Strategie fest. Es heisst dort: «Noch in keinem Jahr war die Nachfrage nach Eintrittskarten so gross wie in diesem. Die Festwochen stehen in diesem Jahr im Zeichen der französischen Romantik, und so bieten wir neben der feierlichen ‹Hommage à la France› eine Art Kontrastprogramm, eine kleine ‹Hommage à la Suisse› mit unserem folkloristischen Beitrag. Unseren Arbeitstitel bei der diesjährigen Programmgestaltung haben wir bei Shakespeare entlehnt ‹Wie es Euch gefällt›.»

[68] In: NZZ 5. 10. 1988.

[69] *Züri Woche* 3. 11. 1988 und 24. 11. 1988: Es heisst dort weiter: «Sein Charme – als Mensch wie als Musiker – (der Flötist J. Galway) hat ihm weltweit eine riesige Fan-Gemeinde beschert. Auf seiner goldenen Flöte hält er in seinem Repertoire neben den klassischen Dauerbrennern auch viele, vor allem virtuose Überraschungen bereit.»

[70] Star-Attraktionen sind vor allem in der Unterhaltungsmusik-Branche (Popmusik, Countrymusic, Rock, Jazz etc.) bekannt.

Anmerkungen zu den Seiten 186–189

71 Eine doch sehr zufriedenstellende Integration der zeitgenössischen Neuen Musik in die «Ernste-Musik-Kultur» der Stadt Zürich wurde an der Vernissage des IGNM-Buches (Internationale Gesellschaft für Neue Musik): *Pro Musica, der neuen Musik zulieb,* der Geschichte der Schweizerischen Gesellschaft für Neue Musik, (Hg. von Joseph Willimann), vom 10. 5. 1988 im Lyceum Club Zürich besonders erwähnt. Wichtige städtische Persönlichkeiten haben übrigens durch ihre Vertretung Interesse am Buch gezeigt.

72 So werden z. B. auch heute bekannte Schweizer Pianisten und Pianistinnen (– Margrit Weber, Annette Weissbrod u. a. –) sehr oft von Komponisten angefragt, ob sie das neueste Werk uraufführen möchten. In diesem Sinne hat sich auch der Dirigent Paul Sacher sehr verdient gemacht.

73 So spielte z. B. Anne-Sophie Mutter am 2. 7. 1989 Norbert Morets Violinkonzert mit dem grössten Erfolg.

74 Marc Andreae z. B. dirigiert öfters schweizerische Neukompositionen im Radio della Svizzera Italiana und an den jährlichen Musikfestwochen in Ascona.

75 Die Pianistin Mitsuko Uchida liess den Rezensenten ihres Konzertes vom 3. 10. 1989 im Kleinen Tonhallesaal (NZZ 9. 10. 1989) wissen, dass sie sich gerne vermehrt der Musik des 20. Jahrhundert widmen werde. Sie meint, viele arrivierte Kollegen vernachlässigten die Neue Musik, entweder aus Überzeugung oder aber aus Faulheit. Dagegen sei für sie selbst, dank ihres heutigen Bekanntheitsgrades, ein persönlich gestaltetes Programm mit moderner Musik kein Problem mehr.

76 In der NZZ 29. 11. 1988 schrieb der Rezensent: «Das Publikum, das sich zu dieser Matinée zwar nicht in hellen Scharen, aber doch in erfreulicher Zahl eingefunden hatte, schien von Werk und Interpretation tief beeindruckt; seine Beifallsbekundungen hatten jedenfalls eine enthusiastische Note.»

77 Wie auch das Spielen des gleiches Werkes vor und nach der Pause.

78 Ich verweise hier auf den Artikel von Ernst Lichtenhahn «Das bürgerliche Musikfest im 19. Jahrhundert». In: *Stadt und Fest.* Unterägeri/Stuttgart 1987. S. 161–179.

79 Nicht zuletzt auch durch das Fremdenverkehrswesen.

80 Thomas Mann rühmte an Zürich das Kosmopolitische, die demokratische Internationalität und den weltweiten Horizont.

81 «Wenn sich Schweizer Rockmusiker dafür entscheiden, ihre Texte englisch zu singen, um auf dem internationalen Markt eine Chance zu haben, dürfen sie sich nicht wundern, wenn man sie auch an internationalen Massstäben misst», heisst es in der NZZ vom 12. 12. 1988.

82 Mit der zurückhaltenden Imagebildung des Tonhalle-Orchesters kontrastiert das Orchestre de la Suisse romande (OSR), das sich durch die international beliebten «Festivals de musiques d'aujourd'hui» in Genf gegen den «seit Ansermets Ableben grassierenden Genfer Konservatismus» durchgesetzt hat (NZZ 17. 10. 1988). Auch dessen verschiedene Platteneinspielungen haben einen internationalen Bekanntheitsgrad aufgebaut: «Kein anderes Sinfonieorchester in der Schweiz ist so oft und so vielfältig eingespannt wie das OSR. Das Ensemble mit 118 festangestellten Musikern erbringt rund 500 Orchesterdienste» (NZZ 3. 10. 1988).

83 Die Tonhalle-Gesellschaft schreibt dazu, dass «unser Orchester eine internationale musikalische Verpflichtung wahrzunehmen hat», oder «wenn wir nicht gewillt sind, uns der zunehmenden Konkurrenz auf dem internationalen Parkett zu stellen, dann muss man sich bald einmal fragen, ob es sich lohnt, die bereits heute getätigten Aufwendungen in dieser Grössenordnung weiterhin vorzunehmen» in: *Info* der Tonhalle-Gesellschaft Zürich. Nr. 12, April 1989.

84 Welche in einer anderen als der schweizerischen Kultur aufgewachsen sind.

85 Neue Kulturformen wie z. B. die Neue Musik oder die Computermusik sehen ihre Chance der Anerkennung in einer vermehrten Publizität durch die Identifikation mit einem konstant benutzten Aufführungsort. Die Programmleitung von Radio DRS versucht erfolgreich, den funktionell ausgerüsteten Raum des Radiostudios Zürich mit seinen nackten Wänden für Aufführungen von Neuer Musik zu gebrauchen, ihn z. B. für die «Sieben Tage mit Stockhausen»

Anmerkungen zu den Seiten 189–191

im August 1988 mit einer bestimmten Atmosphäre und Star-Identität zu verbinden. Dasselbe Programm mit zeitgenössischer Musik würde an anderen Aufführungsorten wie Tonhalle, Theater am Neumarkt oder Roter Fabrik von jeweils einem ganz verschiedenartigem Publikum besucht. Solange ein ständiger Aufführungsort fehlt, meinen die zuständigen Veranstalter von Neuer Musik, ist auch die nötige Publizität gehemmt. Oft steht nicht das Werk und dessen Schöpfer im Zentrum des Publikumsinteresses, sondern der statusbedingte Aufführungsort. Die Uraufführung eines Werkes an einem untraditionellen Ort (z. B. der Mühle Tiefenbrunnen oder der Roten Fabrik), würde dem Komponisten wenig Publizität bringen, d. h., er fühlt sich ebenfalls nicht einmal verpflichtet, dort anwesend zu sein.

86 Den Anspruch auf Internationalität stellt auch die Tonbandmusik bei den Swissairflügen, auf denen in den letzten Jahren das Tonhalle-Orchester selten zu hören war.

87 So wird z. B. im «Kultour-Journal» ein Programm von Hotelplan mit «Kultur und Tour» angeboten. Es sind Kulturreisen also, welche «die Möglichkeit bieten, mit Kulturschaffenden in Kontakt zu kommen (...), wer Kultur nicht abhaken, sondern erleben will (...) von Mensch zu Mensch, – der soll sich angesprochen fühlen». (NZZ 4. 8. 1988).

88 In: *Schweizer Musiker-Revue*. 65. Jg., August 1988.

89 Und mit der finanziellen Unterstützung von privaten Sponsoren.

90 Ein kontrastierendes Beispiel einer starken nationalen PR-Funktion eines Orchesters demonstrierte das Orchester des Radio Sinfonie Orchesters Peking. Das Progamm bot nur chinesische Musik, d. h. ein traditionelles und ein zeitgenössisches chinesisches Werk. Konzert der Settimane Musicali di Ascona am 13. 10. 1988.

91 Abgedruckt in: *Geschäftsbericht* der Tonhalle-Gesellschaft 1985/86, Art. 1.

92 In: *Schwerpunkte der Zürcher Kulturpolitik 1985*, S. 6.

93 Wie z. B. in der NZZ 1. 2. 1988, wo über zeitgenössische Musik geschrieben wird: «Sogar solche Werke vermögen durch die Uraufführung einen Konzertabend in der Tonhalle zu ‹retten›, die sich nicht nach den gewohnten Massstäben der Musikwelt ausrichten und die den Sinn des Konzertierens immer wieder neu definieren.»

94 Interview in: *Tagblatt der Stadt Zürich* 19. 3. 1989.

95 Eine «Lobby der Vereinigung der nichtkommerziellen Veranstalter der Stadt Zürich» (was immer das auch heissen mag) organisierte ein «Festival am Puls der Rockmusik». Die Präsidialabteilung unterstützte das Festival mit 75 000 Franken, 15 000 Franken stifteten Sponsoren. «Wir wagen ein Risiko, hoffen aber, dass dies auch vom Publikum honoriert wird» heisst es in der Zeitungsreklame der Sponsoren. Betrifft das Rockmusik-Festival vom 28. 2. bis 29. 3. 1987. In: *Tagblatt der Stadt Zürich* vom 19. 2. 1987.

96 Carl Dahlhaus. «Postmoderne und U-Musik». In: *International Review of the Esthetics and Sociology of Music*. New York 1988.

97 Die oberflächliche Unterscheidung (in: Radiogespräch DRS 2 vom 1. 10. 1989) zwischen «Schlager als kommerzielle Musik» und Rock/Popmusik als «Träger einer neuen Sinnlichkeit und zukunftsträchtige Erscheinungen unseres Musiklebens» ist zu einseitig und problematisch.

98 Dem Zusammenschluss von verschiedenen Disziplinen, die einander unterstützen, wie z. B. Musik, Tanz und Theater, unterliegt aber nicht die Idee von Wagners «Gesamtkunstwerk». Die Verbindung ist meistens als Vereinfachung und Rezeptionshilfe eingesetzt.

99 Solche «dezentrale» Festivals finden in verschiedenen Lokalitäten der Stadt Zürich statt: im Volkshaus, im Kaufleuten-Saal, im Kanzleischulhaus, im Schauspielhauskeller, im Rigiblick-Theatersaal und vor allem in der Roten Fabrik. Sie dienen einem vielfältigen Publikum, das während eines Monats «die Musik in ihrem Umfeld», Musik, die «mehr inhalts- als konsumorientiert ist», und «Klänge, die von der Plattenindustrie unterschlagen werden, weil sie kommerziell nicht verwertbar sind» hören kann.

Anmerkungen zu den Seiten 191–196

[100] In der Programmvorschau 1988/89 wird diese wie folgt vorgestellt (NZZ 19. 5. 1988): «Während jene (die Konzertreihe ‹Klassik›) ausschliesslich klassische Werke präsentiert, wird diese (‹Klassik-Plus›) mit denselben Interpreten, aber zu attraktiveren Eintrittspreisen angeboten, d. h., jeweils zwei der drei Werke des Klassik-Programmes werden wiederholt, aber ergänzt mit einer Komposition des 20. Jahrhunderts.» Es heisst dann weiter: «Weitergeführt werden die in der laufenden Saison mit grossem Erfolg eingeführten Lunchkonzerte, reduziert wird dagegen die Zahl der Sinfoniekonzerte, und anstelle der bisherigen Rezitalabende wird in der kommenden Saison – in Verbindung mit anderen Städten – ein Rezital-Sonderzyklus mit Preisträgern internationaler Wettbewerbe veranstaltet. Alle diese Konzerte gelangen in den freien Verkauf, und die Zahl der Veranstaltungen mit verbilligten Eintrittspreisen entspricht den Vorschriften des Subventionsvertrages.»

[101] Allerdings half dies nicht besonders: Für das eine Konzert wurden kaum mehr als zwei Dutzend Karten verkauft. War das potentielle Konzertpublikum durch die verbilligten Preise für eine «verminderte» Qualität (der zeitgenössischen Musik) vorprogrammiert?

[102] NZZ 19. 5. 1987.

[103] Auch diese Problematik ruft nach Innovationen.

[104] Dazu meint Roman Brotbeck (in: *Pro Musica*, hg. von Joseph Willimann, Zürich 1988, S. 201), dass gerade deshalb die Pro Musica eine gewisse Öffnung für die Neue Musik vollzog, indem sie ihre angestammte Örtlichkeit zuoberst im Stadthaus verliess und andere, «offenere» Konzertsäle suchte.

[105] Margaret Engeler (Hg). *Briefe an Volkmar Andreae*. Zürich 1986.

[106] Eine Liste findet sich bei: Rudolf Schoch. *Hundert Jahre Tonhalle Zürich*. Zürich 1968, S. 188 ff.

[107] Schon 1912 erkannte Andreae die Grösse Schönbergs und versuchte die 1911 entstandenen «Gurrelieder» in Zürich uraufzuführen.

[108] Thomas Mann. *Doktor Faustus*. Fischer Taschenbuch 1975, S. 185. Die heute als Stars herumreisenden Chefdirigenten können die Funktion der künstlerischen Leitung der Tonhalle kaum vollwertig erfüllen. Als eine zeitgenössische Lösung dieses Problems schlägt «hmn» (NZZ 22. 2. 90) die Schaffung eines leitenden Postens (Intendant) vor.

[109] Andere Komponisten/Kritiker waren u. a. E. Th. A. Hoffmann, Hector Berlioz und Claude Debussy.

[110] Joachim Kaiser. *Glanz und Elend der Musikkritik*. Vortrag vom 26. 1. 1988 in der Tonhalle Zürich.

[111] NZZ 31. 5. 1988.

[112] Wie z. B. in Thomas Mann. *Doktor Faustus*. s. S. 51 ff.

[113] Wie in Rezensionen z. B. der NZZ 5./6. 3. 1988.

[114] Anhand von Gesprächen wurde es deutlich, dass sich das Abonnementspublikum der Donnerstags- und Freitagskonzerte durch die Rezension des Dienstags-Abonnementskonzertes z. T. beeinflussen liess.

[115] Vom 28.–29. 3. 1988.

[116] Siehe Aussagen z. B. über die Rezeption der Lunchkonzerte auf S. 185 ff.

[117] *Tagblatt der Stadt Zürich* 14. 1. 1987. Es wird berichtet, wie der Dirigent glaubt, dass er das Lunchkonzert «von Herzen genossen habe, weil es sich in einer entspannten und ‹natürlichen› Atmosphäre besonders schön musizieren lasse». Es scheint fast, als ob dieser Dirigent die Atmosphäre in gewöhnlichen Konzerten als unnatürlich und gespannt empfinde.

[118] *Züri Woche* vom 7. 4. 1988.

[119] Das Beispiel stammt aus der *Züri Woche* vom 7. 1. 1988.

[120] In: *Züri Woche* 5. 5. 1988.

[121] Wie z. B. «Das Publikum applaudierte vermutlich vor allem dem verdienten Dirigenten». In: NZZ 26. 8. 1988.

[122] In: NZZ 23. 1. 1989.

[123] *Suisa Informationsblatt* vom März 1988. Dort heisst es über gewisse Konzertveranstaltungen folgendes: «Es sollte in unserem Musikleben nicht so aussehen wie im urnerischen Attinghausen und Flüelen am 7. September 1987 sowie in Münster im Oberwallis am 25. August 1987.» (Überschwemmungen)

Anmerkungen zu den Seiten 196–198

[124] Mit gelegentlichen Slogans wie z. B.: «Der internationale Ruf des Hauses und der Anspruch des Publikums diktieren die Massstäbe», ist noch wenig geleistet.

[125] Dazu gehören auch polemisch gehaltene Berichterstattungen wie z. B. die nachfolgende: «Um seine Kunstfeindlichkeit wenigstens einmal jährlich in die Welt hinauszuposaunen, veranstaltet Zürich seine Juni-Festwochen». In: *Dissonanz. Die Neue Schweizerische Musikzeitschrift* Nr. 21, August 1989. Wieviel diese Glosse zur Imagebildung und zur gewünschten Internationalität und der lokalen Talentförderung beiträgt, ist fraglich.

[126] Also die Reisen der Kritiker zu internationalen Festivals und besonderen Aufführungen.

[127] Die Kritik der NZZ (9./10. 4. 1988) zur Uraufführung von Roland Mosers erstem Streichsextett beginnt z. B. mit der Vorstellung der internationalen Interpreten-Namen, dann folgt: «Das letztes Jahr ins Leben gerufene Zürcher Streichsextett muss offenbar, obgleich es bereits Reisen macht, seine feste Zusammensetzung erst finden. Mit Primos Novsak als Primarius ist es am 7. April im Kleinen Tonhallesaal mit Eiko Furusawa als Geigerkollegin, mit Michel Rouilly und Shigeru Onozaki als Bratscher und mit Wolfgang Bogner und Carolyn Hopkins als Violoncellisten aufgetreten.» Hier erhielt der Komponist mit dem Prestigewert einer Uraufführung (in der Tonhalle) besondere Aufmerksamkeit und Ansehen.

[128] Z. B. Donaueschingen, Darmstädter Ferienkurse und IGNM-Feste in den verschiedensten Ländern Europas etc. Uraufführungen bei solchen Gelegenheiten sind oft die einzige Möglichkeit, aus einer Komposition einen Prestigegewinn für Werk und Komponisten zu ziehen.

[129] An kommerziellen Aspekten der Musikkultur hat der Zürcher Berufsmusiker wie das Zürcher Musikpublikum überhaupt grosses Interesse.

[130] Der Gönnerverein bestritt in der Saison 1988/89 fast einen Fünftel der Ausgaben der Tonhalle-Gesellschaft für «Gastdirigenten und Solisten, für fremde Orchester, Chöre und Ensembles» heisst es im *Jahresbericht* 1988/89 des Gönnervereins der Tonhalle.

[131] Zum Thema «Innovationsfreude und Sparzwang» der Tonhalle-Gesellschaft heisst es u.a.: «Mit einer Eigenwirtschaftlichkeit von 35 Prozent steht die Tonhalle-Gesellschaft international einsam an der Spitze, man kann und will diesen Anteil nicht um jeden Preis – vor allem nicht um einen künstlerischen Preis – weiter steigern. Auch sind die Zahl der Plätze, der Veranstaltungen und der Orchesterdienste begrenzt, und die Eintrittspreise bewegen sich bereits an der oberen Grenze. Es werden deshalb weitere drastische Massnahmen, d. h. Einsparungen, nötig sein, um das Budget für die nächste Saison ausgeglichen zu halten. Dennoch will man sich in der Tonhalle die Innovationsfreude nicht nehmen lassen.» In: NZZ 19. 5. 1988. In der NZZ vom 22. 2. 90 macht «hmn» deutlich, dass neben einer allgemeinen Konzeptlosigkeit die erwähnten Wirtschaftlichkeits-Überlegungen zu einer künstlerischen Stagnation führen.

[132] Die höchstens 7000 Hörer von zeitgenössischer Musik am Radio DRS machen eine Einschaltquote von nur ungefähr 0,2% aus.

[133] Radio DRS hat aber wegen den als kostenintensiv empfundenen Orchester-Verpflichtungen schon seit sechs Jahren diesem Orchester die Unterstützung entzogen (NZZ 1. 12. 1988).

[134] Den Verantwortlichen des Radioorchesters scheint der Hinweis auf die grosse Bedeutung der Populärmusik deshalb wichtig, weil in fast jeder grösseren Ortschaft der Schweiz eine Harmonie- oder Blasmusik existiert. Diese werden durch die Radio-Ausstrahlungen mit neuen Kompositionen bekannt.

[135] Der SMR ist ein Dachorgan mit Mitgliederorganisationen, wie etwa die Chor- und Blasmusikvereinigungen, der Schweizerische Tonkünstlerverein, die Schweizerische Gesellschaft für Neue Musik u.a.

[136] So wurde in der NZZ 9.12.1988 berichtet. Auch das *Suisa-Informationsblatt* vom Februar 1989 berichtet über die Anteile schweizerischer Musik in den Radioprogrammen und erwähnt, dass «der Schweizer Musikrat sich zutiefst beunruhigt zeigt über die Kulturpolitik der SRG».

Anmerkungen zu den Seiten 198–200

[137] Heutzutage wird in gewissen Kreisen von Jazzmusikern die notierte Komposition höher eingeschätzt als die spontan kreierte Improvisation (z. B. beim Amsterdamer Maarten-Altena-Octet in einem «Fabrikjazz-Kollektiv»-Konzert in der Roten Fabrik 8. 10. 1989). Gehört Jazz also in den sogenannten E-Musik-Bereich?

[138] *Suisa-Informationsblatt* Nr. 7, 1989, S. 2.

[139] Die «Tagesreichweite» ist eine Messgrösse für die Popularität von Radiosendungen. Sie ist definiert als der Anteil der Bevölkerung ab 15 Jahren, die ein gegebenes Programm während mindestens 15 Minuten hört.

[140] Angaben gemäss Berichterstattung in: NZZ 21. 4. 1989.

[141] Vermutlich sind unter «Oper» ganze Opern verstanden. Einzelne Opernausschnitte sind im allgemeinen beliebt.

[142] Diese Liste kann je nach befragter Altersgruppe anders interpretiert werden. Im literarischen Bereich sind die Verhältnisse übrigens ähnlich: Gemäss einer Untersuchung in der deutschen Schweiz hat der prozentuale Anteil derer, die werktags während mindestens einer Viertelstunde etwas lesen, zwischen 1975 und 1987 von 71,7 auf 55,5 Prozent abgenommen.

[143] Zeitungsartikel mit dem Titel «Befreiung aus dem Ghetto» in: NZZ 20. 11. 1987.

[144] NZZ 28. 11. 1989.

[145] Die vorläufige Beurteilung dieses Versuches ist positiv ausgefallen. So hiess es in der NZZ vom 12. 1. 1990 über die Programmgestaltung z. B.: «Hörerservice, Ereignisverstärkung und Dorfbrunnenersatz lauteten die Stichworte. Ihnen entsprachen die Programmelemente Veranstaltungskalender und Plattenhinweise, Spezialsendungen zu lokalen Musikereignissen sowie Interview- und Gesprächssendungen mit Künstlern. Nicht zuletzt sorgte Opus-Radio auch dank der lokalen Verankerung für jene Stallwärme, die offensichtlich vom Hörer in starkem Masse gewünscht wird.»

[146] Im *Suisa-Informationsblatt* vom März 1988 heisst es: «Noch stärker wirken sich die Modeströmungen aus, wenn sie zu höheren Einschaltquoten im Radio und Fernsehen führen. Damit wird der Trend zum Vorspann für die Zugkraft der Werbung. Und wo diese auf den Plan tritt, sind kulturelle Anliegen nicht mehr gefragt». (Siehe auch S. 36ff.).

[147] Notizen in Tageszeitungen über sogenannte Missstände werden meistens nur von den involvierten Musikhörern gelesen. So erreichten «Anschuldigungen» eines Radio-Musikjournalisten, die offiziell dementiert werden mussten, nur sehr wenige Eingeweihte. In der *Züri Woche* vom 28. 4. 1988 erschien die Rechtfertigung des Journalisten. (Der Grund blieb auch mir unbekannt.) Ebenso hatte die in verschiedenen Tageszeitungen publizierte Veranstaltung «Lokal-TV begleitet Juni-Festwochen», welches von den Initianten als medienpolitisches Experiment für die ganze Schweiz bezeichnet wurde, einen recht kleinen Widerhall gefunden, (*Tagblatt der Stadt Zürich* und NZZ vom 26. 5. 1988).

[148] Für eine breite Rezeption dieser Musik lagen zudem schon genügend Aufnahmen und Platten vor.

[149] Eine Zusammenstellung mit dem Titel «Mehr Hörer für DRS 1 und die Lokalradios» in der NZZ vom 12. 5. 1989 gibt einen Überblick über den Radiokonsum. In der NZZ vom 10. 7. 1989 wird ebenfalls auf die Pionierzeit des Radios eingegangen.

Bibliographie

Baumberger, Heinrich. *Jazz in den zwanziger Jahren in Zürich*. 173. Neujahrsblatt der Allgemeinen Musikgesellschaft Zürich, Zürich 1989.

Becker, H. S. *Art Worlds*. Berkeley 1982.

Blaukopf, Herta und Kurt. *Die Wiener Philharmoniker*. Wien/Hamburg 1986.

Bloom, Allan. *The Closing of the American Mind*. New York 1987.

Bourdieu, Pierre. *Die feinen Unterschiede*. Frankfurt am Main 1982.

Bourdieu, Pierre. *Sozialer Raum und Klassen*. Frankfurt am Main 1985.

Brednich, W. Rolf (Hg.). *Grundriss der Volkskunde*. Berlin 1988.

Briner, Andres. «Hörvorlieben jugendlicher Musikhörer». In: *Querschnitt, Kulturelle Erscheinungen unserer Zeit*. Zürich 1982, S. 92–98.

Buchhofer, Bernd; Friedrichs Jürgen; Lütke Hartmut (Hg.). *Musik und Sozialstruktur*. Köln 1974.

Buchmann, Marlis. «Subkulturen und gesellschaftliche Individualprozesse». In: *Kultur und Gesellschaft*. Frankfurt/New York 1988, S. 627–638.

Buhofer, Heinz (Hg.). *Liberalismus als Verjüngungskur*. Zürich 1987.

Bühl, L. Walter. *Kulturwandel*. Darmstadt 1987.

Chirot, Daniel. *Social Change in the Modern Era*. New York 1986.

Coop-Zeitung. *Wochenmagazin der Coop-Gruppe*. Basel. Jahrgänge 1985–89.

Danuser, Hermann u. a. (Hg.). *Amerikanische Musik seit Charles Ives*. Laaber 1987.

Danuser, Hermann. «Text- und Musikstruktur in B. A. Zimmermanns Omnia tempus habent». In: *Dissonanz*, Nr. 16, Mai 1988. Zürich, S. 14–19.

Deuchler, Florens (Red.), Bucher-Schmidt, Gisela u. a. «Kunstbetrieb». In: *Ars Helvetica, die visuelle Kultur der Schweiz*. Disentis 1987.

Dissonanz. Die neue schweizerische Musikzeitschrift. Hg. vom Schweizerischen Tonkünstlerverein. Jahrgänge 1986–89. (Nr. 10–22).

Douglas, Mary. *Ritual, Tabu und Körpersprache*. Frankfurt am Main 1974.

Engeler, Margaret (Hg.). *Briefe an Volkmar Andreae. Ein halbes Jahrhundert Zürcher Musikleben 1902–1959*. Zürich 1986.

Engeler, Margaret. *Das Beziehungsfeld zwischen Volksmusik, Volksmusiker und Volksmusikpflege am Beispiel der Appenzeller Streichmusik*. Herisau/Trogen 1984.

Etzkorn, Peter. «Publications and their Influence on the Development of Ethnomusicology». In: *Yearbook for Traditional Music*. Vol. 20, Kingston Ontario 1988, p. 43–50.

Favre, Max; Briner, Andres u. a.(Hg.). *Tendenzen und Verwirklichungen. Festschrift des Schweizerischen Tonkünstlervereins*. Zürich 1975.

Frauenmusik-Forum (Hg.). *Schweizer Komponistinnen der Gegenwart*. Zürich 1985.

Friedrichs, Jürgen (Hg.). «Soziologische Stadtforschung». In: *Kölner Zeitschrift für Soziologie und Sozialpsychologie*. Sonderheft 29/1988. Opladen 1988.

Frei, I. «Die Gehörbelastung des Orchestermusikers in der Konzert- und in der Opernformation der Tonhalle Zürich». (Reprint). Vortrag 26. 1. 1979 anlässlich des 6. Audio-Symposiums der Bommert Int. AG, Zürich.

Gesellschaft für die Volksmusik in der Schweiz, GVS (Hg.). *Volksmusik in der Schweiz*. Zürich 1985.

Greverus, Ina-Maria. *Der territoriale Mensch. Ein literatur-anthropologischer Versuch zum Heimatphänomen*. Frankfurt am Main 1972.

Greverus, Ina-Maria. *Kultur und Alltagswelt*. Institut für Kulturanthropologie und Europäische Ethnologie Nr. 26. Frankfurt am Main 1987.

Gutmann, Veronika (Hg.). *Paul Sacher als Gastdirigent*. Zürich 1986.

Haselauer, Elisabeth. *Handbuch der Musiksoziologie*. Wien/Köln/Graz 1980.

Häfeli, Anton. *IGNM, Die Internationale Gesellschaft für Neue Musik*. Zürich 1982.

Hennis, Wilhelm. *Max Webers Fragestellung*. Tübingen 1987.

Herder, Johann Gottfried. *Gesamtausgabe.* Sämtliche Werke hg. von Bernhard Suphan. Berlin 1877–1913. Bd. V.

Herlyn, Ulfert. «Individualisierungsprozesse im Lebenslauf und städtische Lebenswelt». In: *Kölner Zeitschrift für Soziologie und Sozialpsychologie* 29/1988. Opladen 1988.

Hirzel, Hans-Walter 1988. «Carlo Fetzer ou de la musique de divertissement au mécénat». In: *Presto, Schweizer Musikblatt.* 75. Jg. No. 3, März 1988. St. Moritz/Zürich, S. 4–6.

Hoffmann-Nowotny, Hans-Joachim u. a. (Hg.). *Kultur und Gesellschaft.* Frankfurt/New York 1989.

Hoffmann-Nowotny, Hans-Joachim. «Auf dem Wege zur individualisierten Gesellschaft». In: *Informationsblatt der Universität Zürich.* Nr. 6/1989. S. 3–5.

Hugger, Paul. *Lebensverhältnisse und Lebensweise der Chemiearbeiter im mittleren Fricktal.* Basel 1976.

Hugger, Paul (Hg.). *Stadt und Fest.* Unterägeri/Stuttgart 1987.

Hugger, Paul. «Das Fest – Perspektiven einer Forschungsgeschichte». In: *Stadt und Fest. Zu Geschichte und Gegenwart europäischer Festkultur.* Hg. von Paul Hugger u. a. Unterägeri/Stuttgart 1987, S. 9–24.

Hugger, Paul. «Das Weiterleben dörflicher Strukturen in der heutigen Stadt Zürich. In: *Innerstädtische Differenzierung und Prozesse im 19. und 20. Jahrhundert.* Hg. von Heinz Heineberg. Köln/Wien 1987, S. 85–104.

Janz, Curt-Paul. *Der Orchestermusiker.* Basel 1980.

Jauk, Werner. *Die Musik und ihr Publikum im Graz der 80er Jahre.* Grazer Musikwissenschaftliche Arbeiten, Bd. 8. Graz 1988.

Kalisch, Volker; Meier, Ernst u. a. (Hg.). *Festschrift Hans Conradin zum 70. Geburtstag.* Bern/Stuttgart 1983.

Kelterborn, Rudolf. *Musik im Brennpunkt, Positionen, Analysen, Kommentare.* Basel 1988.

Kocka, Jürgen (Hg.). *Bürger und Bürgerlichkeit im 19. Jahrhundert.* Göttingen 1987.

Komponisten-Sekretariat Zürich (Hg.). *Werkkatalog.* Winterthur 1983.

Lichtenhahn, Ernst/Seebass, Tilmann (Hg.). *Festschrift zu Paul Sachers 70. Geburtstag.* Basel 1976.

Lichtenhahn, Ernst. «Zum Wesen und zur Geschichte von Paul Sachers Kompositionsaufträgen. In: *50 Jahre Basler Kammerorchester.* Basel 1977.

Lichtenhahn, Ernst. «Zur romantischen Auffassung von Musikinstrument und Klangwirklichkeit». In: *Festschrift Hans Conradin zum 70. Geburtstag.* Bern/Stuttgart 1983, S. 71–82.

Lichtenhahn, Ernst. «Das Musiktheater des 20. Jahrhunderts und der Beitrag der Schweiz». In: *Schweizer Theaterjahrbuch.* Zürich 1983.

Lichtenhahn, Ernst. «Das bürgerliche Musikfest im 19. Jahrhundert». In: *Stadt und Fest, Zu Geschichte und Gegenwart europäischer Festkultur.* Unterägeri/Stuttgart 1987, S. 161–180.

Mann, Thomas. *Doktor Faustus.* Fischer Taschenbuch 1975.

Meyer, Martin (Hg.). *Wo wir stehen. Dreissig Beiträge zur Kultur der Moderne.* Zürich 1987.

Müller, Fritz (Hg.). *Friedrich Hegar. Ein halbes Jahrhundert Zürcher Musikleben 1865–1906.* Zürich 1987.

Müller, Kurt. *Mehr Vertrauen in die Zukunft.* Zürich 1986.

Neue Zürcher Zeitung und schweizerisches Handelsblatt (NZZ). Zürich. Jahrgänge 1980–1989.

Olivier, Antje/Weingartz-Perschel, Karin (Hg.). *Komponistinnen von A–Z.* Düsseldorf 30 1988.

Pappi, Franz Urban/Melbeck, Christian. «Die sozialen Beziehungen städtischer Bevölkerungen». In: *Kölner Zeitschrift für Soziologie und Sozialpsychologie* 29/1988. Opladen 1988.

Quartier-Anzeiger für Witikon und Umgebung. Jahrgänge 1985–89.

Sacher, Paul. *Reden und Aufsätze.* Zürich 1986.

Salmen, Walter. *Das Konzert.* München 1988.

Sawallisch, Wolfgang. *Im Interesse der Deutlichkeit. Mein Leben mit der Musik.* Hamburg 1988.

Schäfers, Bernhard (Hg.). *Einführung in die Gruppensoziologie.* Heidelberg 1980.

Schäfers, Bernhard. «Stadt und Kultur». In: *Kölner Zeitschrift für Soziologie und Sozialpsychologie* 29/1988. Opladen 1988.

Schoch, Rudolf. *Hundert Jahre Tonhalle Zürich.* Zürich 1968.

Schweizerische Arbeitsgemeinschaft kultureller Stiftungen, Bundesamt für Kulturpflege (Hg.). *Handbuch öffentlicher und privater Kulturförderung.* Zürich 1988.

Schweizerische Gesellschaft für Theaterkultur (Hg.). *Musiktheater. Zum Schaffen von Schweizer Komponisten des 20. Jahrhunderts.* Zürich/Bonstetten 1983.

Schweizerisches Musik-Archiv, Zürich (Hg.). *Schweizer Musik-Handbuch.* Zürich 1979.

Seidl, Mathes/Steinbeck, Hans. *Schweizer Komponisten unserer Zeit.* Winterthur 1983.

Sonntag, Brunhilde/Matthei, Renate (Hg.). *Annäherung – an sieben Komponistinnen.* Bde. I, II, III, IV. Kassel 1987/88.

Sorge, Arndt. *Organisationskulturen: Realer Hintergrund und soziologische Bedeutung einer Modewelle.* Typoskript, Postbus 616 Maastricht 1988.

Steinbeck, Hans (Hg.). *Schweizer Musik-Handbuch.* Zürich 1981.

Steinbeck, Hans/Labhart, Walter (Hg.). *Schweizer Komponisten unserer Zeit.* Zürich 1975.

Steinert, Heinz. «Subkultur und gesellschaftliche Differenzierung». In: *Kultur und Gesellschaft.* Frankfurt/New York 1988, S. 614–626.

Stuckenschmidt, Hans Heinz. *Zum Hören geboren, ein Leben mit der Musik unserer Zeit.* München 1979/82.

Sulzer, Peter. *Zehn Komponisten um Werner Reinhart.* 3 Bde. Zürich 1979/80/83.

Tagblatt der Stadt Zürich. Städtisches Amtsblatt. Zürich. Jahrgänge 1980–1989.

Tages-Anzeiger. Zürich. Jahrgänge 1980–1989.

Tawa, E. Nicholas. *Art Music in the American Society.* Metuchen, N.J./London 1987.

Weiss, Richard. *Volkskunde der Schweiz.* Erlenbach/Zürich 1945/1987.

Willimann, Joseph (Hg.). *Pro Musica. Der neuen Musik zulieb.* Zürich 1988.

Wiora, Walter. Artikel «Musikwissenschaft». In: *Die Musik in Geschichte und Gegenwart* (MGG). 1961.

Wir Brückenbauer. Wochenblatt des sozialen Kapitals. Zürich. Jahrgänge 1982–1989.

Zintgraf, Werner. *Neue Musik in Donaueschingen, 1921–1950.* Horb am Neckar 1987.

Züri Woche. Glattbrugg. Jahrgänge 1980–1989.

Bildnachweis

S. 59: Klaus Hennch, Zürich
S. 63: Keystone, Zürich
S. 64: Ursula Markus
S. 175: Ringier Dokumentationszentrum RDZ, Zürich
S. 190: Karl Hofer AG, Richterswil

Die Zeichnungen auf dem Umschlag sowie auf den Seiten 25, 28–30, 32–36, 44, 73, 104, 105, 117, 120, 177, 180 und 187 stammen von Linda Graedel, Schaffhausen.

Namenregister

Adams, John 48[77]
Andreae, Marc 205[74]
Andreae, Volkmar 13, 26, 45[5], 46[26], 53–57, 60, 82, 87[14, 23, 25], 88[29], 90[75], 94[150, 159], 141[111, 112], 155, 170[53], 189, 192, 207[105, 107]
Ansermet, Ernest 189, 205[82]
Armbruster, René 121, 125, 141[113]
Argerich, Martha 144[171], 174

Bacewicz, Grazyna 86
Bach, Andreas 204[60]
Bach, Johann Sebastian 56, 89[41], 92[101], 170[65], 174, 201[12]
Bamert, Matthias 189
Bär, Hans 93[131]
Barber, Samuel 130
Barto, Tzimon 64, 163
Bartók, Béla 91[88], 144[176]
Bärtschi, Werner 46[24], 49[108], 74, 75, 92[107], 110–112, 131, 132, 143[154–156, 158]
Beck, Ulrich 134
Becker, Howard Saul 19[13]
Becker, Thomas A. 144[173]
Beethoven, Ludwig van 53, 54, 68, 70, 84, 87[13], 94[150], 113, 142[125], 195
Beran, Jan 70
Berg, Alban 92[108]
Berganza, Teresa 191
Berlioz, Hector 172[89], 202[19], 207[109]
Bernstein, Leonard 91[84]
Bischof, P. Daniel 166[6]
Bizet, Georges 38, 179, 183
Blaukopf, Kurt 47[63], 49[99]
Bloom, Allan 9, 19[6, 13], 42, 47[67], 48[98]
Boer, Willem de 56, 57

Boesch, Rainer 202[37]
Bogner, Wolfgang 208[127]
Bolcoln, William 91[85]
Bölsterli, Matthias 160
Bosshard, Andres 127
Boulanger, Nadia 137[28]
Brahms, Johannes 53, 54, 56, 64, 90[73], 175, 178, 188, 189
Brentano, Clemens 192
Briner, Andreas 89[50]
Britten, Benjamin 68, 171[79]
Brotbeck, Roman 207[104]
Bruggmann, Heidi 142[132]
Bruhn, Manfred 172[95]
Brun, Fritz 57, 82
Buchmann, Marlis 98, 136[4]
Busch, Adolf und Fritz 54
Busoni, Ferrucio 13, 53, 54, 56, 133, 188

Cage, John 142[138]
Canetti, Elias 164, 172[91]
Carter, Elliott 66, 90[71]
Castelberg, Carlo von 172[95]
Chaminade, Cécile 86
Chatschaturjan, Aram 184
Chopin, Fryderyk 163
Cripell, Marilyn 142[138]

Dahlhaus, Carl 140[98], 191, 206[96]
Dahlhoft, H. Dieter 172[95]
Dahrendorf, Ralf 141[110]
Danuser, Hermann 140[99], 185, 203[54]
Davies, Peter Maxwell 48[79], 90[68], 94[152]
Debussy, Claude 184, 207[109]
Degen, Rolf 41, 48[96]
Delfs, Andreas 95[163]
Durigo, Ilona 57
Dvořák, Anton 57, 80, 82, 189

Eichenberger, Markus 127
Eisenberg, Matthias 26

Engeler, Margaret 45[5], 87[25], 88[29], 91[91], 94[159], 141[112], 170[53], 207[105]
Eschenbach, Christoph 163

Falla, Manuel de 191
Favre, Pierre 101
Feldmann, Martin 203[50]
Fierz, Gerold 87[8], 88[29], 141[112], 170[53]
Fischer, Kurt von 170[55]
Flor, Claus Peter 77, 93[130]
Friedell, Egon 203[50]
Frisch, Max 111, 139[74]
Furgler, Kurt 111, 139[74]
Furusama, Eiko 208[127]

Galway James 184, 186, 204[69]
Gasser, Ulrich 133
Gastgeb, Peregrin von 87[12]
Gershwin, George 38, 189
Göhner, Ernst 203[59]
Greverus, Ina-Maria 45[3], 48[80], 90[74], 98, 136[3]
Gruber, Heinz Karl 71, 179
Gyr, Wysel 36, 47[59], 162

Habermas, Jürgen 134
Haefeli, Anton 140[102]
Händel, Georg Friedrich 57
Harnisch, Christine 86
Haselbach, Josef 91[96], 138[65]
Haydn, Joseph 40, 48[87], 67, 87[13], 94[150]
Hegar, Friedrich 13, 26, 46[25], 53, 54, 56, 57, 60, 87[9, 23], 119, 176
Heister, Hanns-Werner 46[33]
Hendrix, Jimmy 142[138]
Herder, Johann Gottfried 9, 19[4]
Hermanns, Arnold 172[95]
Hess, Ernst 91[94]
Hesse, Hermann 60, 202[37]
Hiller, Emma 54
Hindemith, Paul 118, 130

Hoffmann, E.T.A. 207[109]
Hoffmann-Nowotny, Hans-Joachim 20[41], 134, 136[1]
Honegger, Arthur 95[160], 130, 141[124]
Hopkins, Carolyn 208[127]
Huber, Hans 56
Huber, Klaus 91[96]
Hugger, Paul 10, 19[8, 9, 20]

Irman, Regina 103, 106, 138[66]
Ives, Charles 143[155]

Jauk, Werner 42, 48[97]
Jelinek, Elfriede 202[37]
Johner-Berger, Michelle 160
Johnson, David C. 138[57]
Jünger, Patricia 90[77], 141[117], 202[37]
Jungheinrich, Hans-Klaus 48[91]
Juon, Paul 91[94]

Kägi, Erich A. 49[106]
Kaiser, Joachim 207[110]
Käser, Mischa 139[76]
Keller, Gottfried 60
Keller, Max Ernst 109, 138[58, 60]
Kelterborn, Rudolf 91[96], 134
Kessler, Thomas 133, 141[122]
Killmayer, Wilhelm 133
Köhler, Oskar 56
Krahl, Karl-Heinz 48[86]
Krättli, Anton 94[154]
Krebs, René 92[111, 112]
Kreis, Georg 47[64]
Krouchevsky, Evgueni 171[72]

Lakner, Joshua 114, 139[88, 89]
Langmeier, Samuel 170[59]
Léandre, Joelle 101
Lehmann, Hans-Ulrich 91[96]
Leinsdorf, Erich 186
Leisi, Ernst 7, 19[15]

Leverkühn, Adrian 192
Lichtenhahn, Ernst 205[78]
Lienert, Meinrad 60
Lin, Cho-Liang 178
Liszt, Franz 13, 52, 53
Ljadow, Anatol 64
Losser, Rolf 91[94]
Lübbe, Hermann 185, 203[51]

Mahler, Alma 136[18], 137[28]
Manifarges, Pauline 54
Mann, Thomas 119, 141[109], 158, 171[69], 192, 205[80], 207[108, 112]
Marek, Czeslaw 170[55]
Martin, Frank 95[160], 130, 141[124]
Martinú, Bohuslav 48[77]
Matthei, Renate 137[27]
Mazzola, Guerino 70
Meier-Dallach, Hans-Peter 20[29]
Mendelssohn-Bartholdy, Felix 64, 84, 178, 191
Mendelssohn, Fanny 136[18], 137[28]
Menuhin, Yehudi 191
Messiaen, Olivier 78, 93[129, 135], 188
Meyer, Conrad Ferdinand 60
Meyer-Herzog, Kurt 172[92]
Meyer, Martin 140[98]
Monteux, Pierre 186
Moret, Norbert 205[73]
Moser, Roland 91[86, 95], 208[127]
Mozart, Wolfgang Amadeus 40, 48[87], 57, 87[13], 92[101], 94[150], 133, 170[65], 191, 201[5]
Müller, Paul 91[94], 142[125]
Mussorgskij, Modest Petrowitsch 38, 178
Mutter, Anne-Sophie 170[65], 186, 205[73]

Nägeli, Hans Georg 61, 87[1], 89[43]
Navarro, Garcia 191
Nielsen, Carl 142[125]
Novsak, Primos 208[127]

Offenbach, Jacques 30
Olivier, Antje 137[27]
Onozaki, Shigeru 208[127]

Pärt, Arvo 133
Pepusch, John Christopher 138[53]
Pergolesi, Giovanni Battista 80
Pestalozzi, Heinrich 61, 89[43]
Peyfuss, J. Karl 87[12]
Picker, Tobias 91[99]
Plasson, Michel 178
Puccini, Giacomo 202[19, 25]

Rachlin, Julian 64
Rachmaninow, Sergej 64, 202[34]
Ravel, Maurice 38, 47[69], 163, 178, 183, 184
Reger, Max 13, 53–56
Reiff, Hermann und Lily 158
Ringger, Rolf Urs 20[28], 121
Rooy, Anton von 54
Rosenberg, Wolf 144[163]
Rossini, Gioacchino 84
Roth, Peter 172[95]
Rouilly, Michel 208[127]
Rubner, Uli 171[78]
Rudy, Mihkail 191

Saariako, Kaija 142[136]
Sacher, Paul 205[72]
Sakagami, Hiroko 204[60]
Sandreuter, Emanuel 54
Satie, Erik 143[155], 183, 184
Sawallisch, Wolfgang 154, 170[51]
Scelsi, Giacinto 122, 133
Schepping, Wilhelm 19[1, 3]
Schibler, Armin 89[51], 181, 191, 202[39, 40]
Schiff, Heinrich 46[41]
Schmid, Beat 160
Schmid, Erich 53, 87[18]
Schmidt, Siegrun 137[32]

Schnitter, Alfred 191
Schnyder, Daniel 47[72]
Schoch, Rudolf 45[18], 53, 82, 87[4, 8, 20, 22], 94[159], 140[101], 170[54], 207[106]
Schoeck, Othmar 56, 57, 60, 82, 141[111]
Schönberg, Arnold 92[108], 118, 140[98]
Schostakowitsch, Dmitrij 46[41], 95[160], 141[124], 178
Schubert, Franz 195
Schumann, Clara 136[18], 137[28]
Schumann, Robert 87[13], 90[73], 189, 193
Schwaar, Eva 101
Sibelius, Jan 203[42]
Silone, Ignazio 138[58]
Sollberger, Jakob 70
Sonntag, Brunhilde 137[27]
Spohr, Matthias 48[81], 91[94, 98]
Spörri, Bruno 115
Steinert, Hans 136[12]
Stockhausen, Karlheinz 131
Stokowsky, Leopold 186
Stoutz, Edmond de 16, 80, 157, 159
Strauss, Richard 37, 40, 47[70], 57, 82, 92[108], 94[159], 141[111], 179, 183
Strawinsky, Igor 68, 108, 140[98], 163, 189
Suppan, Wolfgang 47[62], 89[48]

Suter, Hans 109, 138[60]
Suter, Hermann 141[111]
Szymanowska, Maria 86

Talmi, Yoav 179
Tawa, Nicholas E. 19[13]
Telemann, Georg Philipp 47[48]
Tinguely, Jean 162
Tischhauser, Franz 70
Travis, Francis 70, 91[100]
Tschaikowsky, Pjotr Iljitsch 64
Tschupp, Räto 89[42], 158
Turina, Joaquin 191

Uchida, Mitsuko 205[75]

Varèse, Edgar 68
Verdi, Giuseppe 179, 183, 202[19]
Vivaldi, Antonio 80, 186
Vogel, Wladimir 188
Vogler, Carl 56
Vollenweider, Andreas 139[72]

Wagner, Richard 13, 48[77], 52, 53, 90[73], 170[55], 179, 183, 188, 206[98]
Wakasugi, Hiroshi 179, 184

Weber, Carl Maria von 48[86], 64
Webern, Anton von 118
Wehrli, Martin 127
Weill, Kurt 201[17]
Weingartz-Perschel, Karin 137[27]
Weiss, Richard 136[8], 138[61]
Wettstein, Peter 140[100]
Whiting, Jim 161, 162
Widmann, Joseph Viktor 13, 19[18]
Widmer, Ernst 91[88, 94]
Widmer, Sigmund 13
Will, Jacob 160
Willimann, Joseph 205[71], 207[104]
Wiora, Walter 19[2]
Wohnlich, David 138[67]
Wolf, Hugo 141[111]
Wolfrum, Philipp 56

Zimmerlin, Alfred 127, 143[145], 168[16]
Zimmermann, Bernd Alois 48[77], 141[118]
Zimmermann, Werner G. 170[55]
Zinsstag, Gérard 133, 141[122]
Zürcher, Liliane 101